中国近世社会和政治研究丛书
何兹全　主编

清朝嘉道财政与社会

倪玉平　著

商务印书馆
2013年·北京

图书在版编目(CIP)数据

清朝嘉道财政与社会/倪玉平著.—北京:商务印书馆,2013
(中国近世社会和政治研究丛书)
ISBN 978-7-100-09565-5

Ⅰ.①清… Ⅱ.①倪… Ⅲ.①财政史—研究—中国—清代 Ⅳ.①F812.949

中国版本图书馆 CIP 数据核字(2012)第 238924 号

所有权利保留。
未经许可,不得以任何方式使用。

北京市社会科学理论著作
出版基金重点资助项目

中国近世社会和政治研究丛书
清朝嘉道财政与社会
倪玉平 著

商 务 印 书 馆 出 版
(北京王府井大街36号 邮政编码 100710)
商 务 印 书 馆 发 行
北京瑞古冠中印刷厂印刷
ISBN 978-7-100-09565-5

2013 年 5 月第 1 版　　开本 880×1230　1/32
2013 年 5 月北京第 1 次印刷　印张 13⅙
定价:32.00 元

总　序

何　兹　全

中国社会史和政治史,是中国历史发展演变的主流,研究中国社会和政治史应该是研究中国史的主流。

北京师范大学历史系有重视中国社会与政治史研究的传统。解放初期,侯外庐同志任历史系主任,为重视社会与政治史研究奠定了基础。以后多年在白寿彝教授的主持下,这一传统一直得到了保持并有所发展。

中国历史分期问题,迄今尚无定论,这是坏现象,也是好现象。这正好促使中国历史研究者,特别是中国社会和政治史研究者,对中国社会历史作更深入的研究。

我在上世纪三四十年代,即开始发表了多篇关于中国社会和政治史的论文。我在这些文章里提出了一些与别人不同的见解。

上世纪90年代初,我出版了《中国古代社会》(原由河南人民出版社出版,2001年北京师范大学出版社作为"北京师范大学教授文库"之一再版),2003年晁福林教授出版了《先秦社会形态研究》(北京师范大学出版社),这两部书,在中国史学界都起到了推动中国社会和政治史研究的作用。

我指导的硕士生、博士生和博士后,很多学有所成,大部分成为高等学校和研究部门的学术带头人和学术骨干。他们出版了不少有关中国社会和政治史的专著和论文。他们也是这套丛书的主要作者。

通观中外学术思想的历史,无论哪一门学科,往往走着一时重思想一时重材料,一时重整体一时重局部的发展路程。孔子所说"学而不思则罔,思而不学则殆"(《论语·为政篇》),可以引申来说就是偏颇的为害。孔子高明!

中国社会史研究虽然时间尚短,但大体上说,也不免有走这种偏颇道路的情况。上世纪二三十年代,中国社会史研究一出生就是以社会史论战的面貌出现的,偏重理论;不久就出现《食货》派,被认为重材料。解放后中国社会史的研究,自然是重理论的,其结果则是被目为走向教条主义。上世纪80年代后的社会史研究又出现重材料,重局部,重个别社会问题的研究的动向。

历史经验是值得重视的。任何一门学科都应当理论、材料并重,宏观、微观并重,不能偏重哪一方面。

理论不是天上掉下来的。理论是研究深入中一点一滴积累下来的认识客观的能力。认识能力的不断提高,对客观的认识才一步步地深入。

因此,理论和材料的关系是相互为用。要两条腿走路,缺一条腿就成为瘸子。

自古就有这样一句话,说是"坐井观天曰天小。非天小也,所见者小也"。坐在井里看天,只能看到天的一部分,就说天小。不是天小,是你所看见的小。做学问,要宏观、微观结合。要能真实地看到整个社会,才能认识你看到的那一部分社会和问题。研究任何一点一面的社会,必须有全面的观点,认识了社会的全面,才能真正认识你所见的部分。

自古以来,研究学问,往往出现这两者的偏差,不是重宏观、重理论,就是重微观、重材料。

我们编撰这套丛书,要重视历史上所走过的弯路,重视这种偏差。一本书也可能材料多些,也可能理论多些;一本书可能重在宏观,也可能重在微观。但我们希望整套书,是在理论、材料并重,宏观、微观并重的思想指导下完成的。这是中国社会和政治史研究的正路,是做学问的正路,也是我们编这套书的指导思想。

上世纪80年代后,随着改革开放,海外商品经济、技术和资本涌入中国,西方国家的学术、史学思潮和著作也涌入中国。辩证唯物史观一时有进入低潮的趋势。这是学术因素以外的人为原因造成的。辩证唯物史观还有极强的生命力,是先进的。

我们坚持辩证唯物史观,以辩证唯物史观推动中国社会和政治史研究,我们坚持理论、材料并重,宏观、微观并重的道路,避免偏颇,并决定从《中国中古社会和政治研究》丛书做起,以后再逐步扩展。我们希望这套丛书的出版,能推动中国历史学科的建设和发展,为中国学术走向世界作出我们应有的贡献。

目 录

绪论 ··· 1
第一章 清朝前期财政制度 ··· 5
  一、机构 ··· 5
    (一)中央 ··· 5
    (二)地方 ··· 11
  二、运行 ··· 25
    (一)制度 ··· 25
    (二)仓库 ··· 36
  三、财政收支 ··· 52
    (一)收入 ··· 53
    (二)支出 ··· 66
    (三)收支大势 ··· 75
第二章 嘉道财政收支 ··· 86
  一、收入 ··· 86
    (一)地丁钱粮 ··· 86
    (二)漕粮 ··· 97
    (三)盐课 ··· 100
    (三)关税 ··· 111
    (四)捐纳与报效 ··· 126

2 清朝嘉道财政与社会

  二、支出 …………………………………………… 140
   （一）军费 ………………………………………… 141
   （二）河工 ………………………………………… 150
   （三）赈济与蠲免 ………………………………… 156
  三、收支大势 ……………………………………… 164
   （一）银库 ………………………………………… 165
   （二）总收支 ……………………………………… 174

第三章　嘉道财政积弊 …………………………… 181
  一、钱粮亏空 ……………………………………… 181
   （一）指导思想 …………………………………… 182
   （二）亏空实态 …………………………………… 199
   （三）清查失败原因 ……………………………… 209
  二、漕运弊端 ……………………………………… 230
   （一）运丁的双重性 ……………………………… 231
   （二）浮收与勒折 ………………………………… 235
   （三）漕官的贪贿 ………………………………… 238

第四章　嘉道时期的财政改革 …………………… 244
  一、漕粮海运 ……………………………………… 244
   （一）初次海运 …………………………………… 244
   （二）道光末年海运 ……………………………… 262
  二、两淮盐政改革 ………………………………… 276
   （一）淮北改票 …………………………………… 276
   （二）淮南改票 …………………………………… 297
  三、关税改革 ……………………………………… 311
   （一）确立关税盈余 ……………………………… 311

（二）调整相关政策 ……………………………………… 316
　　（三）鸦片战争后的调整 …………………………………… 322
第五章　嘉道财政与社会 ……………………………………… 329
　一、政治与经济 ………………………………………………… 329
　　（一）吏治败坏 ……………………………………………… 329
　　（二）八旗生计 ……………………………………………… 341
　　（三）银贵钱贱 ……………………………………………… 348
　二、财政思想 …………………………………………………… 358
　　（一）指导思想 ……………………………………………… 358
　　（二）变革理论 ……………………………………………… 366
结论：有量变而无质变的嘉道财政 ……………………………… 374

附：道光地丁统计表 ……………………………………………… 383
参考文献 ………………………………………………………… 403

绪 论

近些年来区域经济史的研究成果,极大地丰富了人们对于嘉道时期的认识,并在很大程度上颠覆了传统的关于这一时期社会经济发展水平处于"停滞"状态的观念。① 与此形成鲜明对比的,则是部分学者对嘉道时期国力衰微、经济衰退和吏治败坏的全面论证。即以经济周期而言,不管是"驼峰"论,还是"翘尾巴"论,都认为嘉道时期的社会经济发展(包括关税征收),相较于乾隆时期,处于较低的水平。② 有学者还以此为重要根据,来论证"道光萧条"的存在。③ 在貌似悖论

---

① 相关著作可参见范金民、李伯重、许檀等人关于江南、河南、山东等诸多地区的大量研究成果。

② 参见戴逸、方行诸先生的论述,均见《清史研究》2008 年第 3 期。

③ 吴承明先生在数篇文章中都表示,清代前期存在着两次经济萧条,一次是"康熙萧条",一次则是"道光萧条"(参见吴承明著《中国的现代化:市场与社会代序》之《代序》、《传统经济·市场经济·现代化》、《16 与 17 世纪的中国市场》和《18 与 19 世纪上叶的中国市场》诸文,均载吴氏著论文集《中国的现代化:市场与社会》,三联书店 2001 年版。以下引吴氏著作均见此书。持类似观点的还有日本学者岸本美绪,参见氏著"The Kangxi Depression and Early Qing Local Markets", *Modern China*,10.2,1984;《康熙年間の谷賤についての——清初経済思想一側面》,《東洋文化研究所紀要》第 89 册,1981 年)。例如在《18 与 19 世纪上叶的中国市场》一文中,吴先生开篇即称:"17 世纪下叶,在国家统一、生产恢复中,曾出现商业凋敝、市场萧条局面,物价剧跌,农民窘困。……进入 19 世纪不久,发生第二次市场萧条,三四十年代达于低谷。其影响面广,较前次为严重。惟 50 年代即转入复苏,形成近代市场,交易空前扩大。这两次市场萧条,考其基本原因,概属经济因素,与战乱、灾荒无关,故可视为经济周期。"为论证这次道光萧条,吴先生分别从人口与耕地、价格(田价、粮价、棉价、布价、丝价)和商税(盐课、关税和地方商税)等诸多方面加以论证。

的背后，其实隐藏着这样一个问题：嘉道时期的社会发展，究竟处在一种什么样的水平上？我们又该如何理解这种区域的发展与整体的不发展？

作为政治与经济、中央与地方之间的联系纽带——财政，恰好是打开此问题的一把钥匙。财政是国家政权得以生存，国家机器赖以运转的经济基础，也是国家为实现其基本目标与职能，参与和管理国民收入的分配而形成的各种活动与分配关系。关于清代财政史的研究，可以追溯至一个世纪以前的清末民初时期。1897年英国驻上海领事哲美森出版《中国度支考》，记载了当时清政府财政收入和支出的诸多方面。吴廷燮的《清财政考略》分朝概述财政大势，是第一部从总体上研究清代财政的著作。20世纪30年代，汤象龙组织人员抄录故宫文献馆收藏的大批清代档案，为清代财政史研究开辟了极为重要的资料来源，关于田赋、盐政、漕运、厘金、关税的专题性研究也得以逐渐开展。50—70年代，中国财政史研究整体趋缓，但仍出版了好几部涉及清代财政史的优秀著作或相关资料集，如许大龄的《清代捐纳制度》、彭雨新的《清代关税制度》、徐义生的《中国近代外债史统计资料》等。改革开放以来，清代财政史研究范围从早先以赋役制度为主扩展到财政管理、收入、支出、岁计、内外债等各个方面。在这其中，尤以何烈著《清咸同时期的财政》（台北"国立编译馆"中华丛书编审委员会1981年版）、周育民著《晚清财政与社会变迁》（上海人民出版社2000年版）、史志宏等著《晚清财政：1851—1894》（上海财经大学出版社2008年版）、陈锋著《清代财政政策与货币政策研究》（武汉大学出版社2008年版）等研究成果最为引人注目。

当然，目前的清代财政史研究也存在一些问题：第一，专题研究的范围不广，一些热门问题得到广泛关注，而某些需花大力气、长时间积累的题目虽然对清代财政研究十分重要，却乏人问津。第二，史料发掘仍有待深入。清代财政史料汗牛充栋，仅中国第一历史档案馆收藏的中央一级档案即达数百万件之多；清官书、政书、私人文集、笔记以及地方志、地方档案文献中与财政相关的史料更是数不胜数，目前得到利用的仅为其中一小部分。第三，一些论著思路和视野不够开阔，就财政论财政而不注意财政问题与社会政治、经济各方面的联系和相互作用，从而影响了成果的质量。第四，分别畛域，画地为牢，人为割断历史过程本身的统一性和连续性，研究清前期财政的学者对清后期财政状况不甚了了，研究近代财政的学者又对清前期财政印象模糊，这种局面不但影响到对清代财政全貌做总体性观察，对于前后两个时期的各自研究，也因为不通前后变化而具有很大的局限性。

百余年前，魏源在《复何竹芗同年论会计书》中语重心长地写道："考财赋之源流，不难于入数而难于出数。"在他看来，"天下赋税入数，自雍正以后至今百余年，未尝加赋，未尝改法，总不过岁入四千万两之数。但披《会典》户部一门，立见纲领。即因银贵钱贱有今昔，民欠多寡亦不甚悬绝。以历次捐输补之，有赢无绌，故入数不难稽。所难稽者，岁出之数而已。"岁出之数，以河工、宗禄、兵饷为常规。惟兵饷一门，乾隆四十年曾增各项开支二百万两，嘉庆十年，仅裁汰四十万两，"此兵饷出入一大关键"。河工则康熙以前靠沿河州县拨派民夫，乾隆中则朝廷全额拨款，而岁修亦不过百余万。至嘉庆中加价，南河遂至三百万，又加以东河二百万，"此河费出入一大关键"。宗禄生齿日繁,开支年年加大,远非八旗生计可比。因为八旗兵马有定额,而宗禄无定额,多一口即多一粮。计自乾隆至今六十载,其繁衍不知几倍,"此又国用一大关键"。而在此三者之中,惟有兵饷可稽,河费、宗禄皆不可考,而此二者皆不能考,"又何从议国用之丰俭,财赋之消长乎?"他表示:"至救时务之书,宜易简不宜繁难,而钱谷琐杂,尤使人厌惮。与其钞胪簿籍,无文行远,似不如约举大纲,作为数论之易览而有裨也。"①其实,魏源所说的这些难题,到今天仍然存在,而且由于资料的散失,解读资料的能力受限,导致我们在研究清朝的财政问题时,不仅难知出数,亦难知入数。②

　　清代的财政史研究,注定是需要几代学者来共同完成的。本书将研究对象集中于长达五十五年的嘉道时期,正好续康乾盛世余响,启近代屈辱先声,是清朝历史上承前启后的转折时期。除了财政史本身及嘉道朝断代史的研究意义外,本书亦想通过较为实证性的研究,为目前学术界"道光萧条"、"嘉道衰微"等问题的讨论,提供新的视角。

---

① 魏源:《复何竹芗同年论会计书》,《魏源集》,中华书局1976年版,第506—507页。
② 许檀、经君健在《清代前期商税问题新探》(《中国经济史研究》1990年第2期)一文中,对相关年份的财政收入做了统计,但也不得不说:"有些统计数字令人难以放心地使用。例如,《大清会典》和《史料旬刊》均载有嘉庆十七年的地丁杂税额,前者来自《十七年奏销册》,后者引自《汇核十七年各直省钱粮出入清单》。两者都有权威的依据,但却都无法复核确认,令人难以取舍。尤其应该注意的是,封建财政税收的分类,与今天的概念大不相同。而其中某些项目,我们又不能查到具体的说明,仅从税课名称很难确定其课征对象,也为我们重新分类统计增加了困难。"刘锦藻也在梳理赋额时感叹:"同一官书,而人人言殊,何能考焉!"(《清朝续文献通考》卷六六《国用考四》)

第一章 清朝前期财政制度

一、机构

清初财政几乎完全承袭明朝旧制。户部为全国财政最高监督机关,各省布政使司是地方最高财政机关,厅、州、县则是基层单位。一般钱粮由厅、州、县直接征收,道府加以督催,汇缴布政使司。布政使总核一省钱粮,依规定酌留部分供本省庶政开支,其余悉数提解户部,或依部令协拨邻省,或解往指定地区。布政使对所属各级政府经征钱粮有考核的责任。至于部分特殊的财政,如关税、盐政、茶课、漕政、官产收入等,除悉由户部统理外,各省并设有专官董理其事。

(一) 中央

户部作为政府的财政中枢,"掌天下之地政与其版籍,以赞上养万民,凡赋税征课之则,俸饷颁给之制,仓库出纳之数,川陆转运之宜,百司以达于部,尚书侍郎率其属以定议,大事上之,小事则行,以足邦用"①。户部由尚书主管,左、右侍郎佐之,下设郎中、员

---

① 光绪《大清会典》卷十三《户部》。

外郎、堂主事、司主事、司库、司务等官,俱满汉缺并置,又可另由蒙古、宗室担任。户部管理全国疆土、田亩、户口、财谷的政令,由下属14个清吏司分别掌核,相较于明代,只是增加了江南一司。

江南清吏司 掌核江宁、苏州、安徽三布政使司钱粮收支奏册及江宁、苏州二织造支销奏册,兼管各省平余银动支及地丁逾限事。

浙江清吏司 掌核浙江布政使司钱粮收支奏册及杭州织造支销奏册,兼管各省民数、谷数。

江西清吏司 掌核江西布政使司钱粮收支奏册,兼管各省协饷。

福建清吏司 掌核直隶、福建二布政使司钱粮收支奏册及内务府庄田、游牧察哈尔地亩事务,兼管各省赈济及官房之事。

湖广清吏司 掌核湖北、湖南二布政使布政司钱粮收支奏册,兼管各省耗羡。

山东清吏司 掌核山东布政使司及盛京钱粮收支奏册,兼管盐课、参课及八旗官员养廉事务。

山西清吏司 掌核山西布政使司钱粮收支奏册,兼管各省一年岁出和岁入银数奏销。

河南清吏司 掌核河南布政使司钱粮收支奏册,兼管察哈尔及围场捕盗官兵俸饷。

陕西清吏司 掌核陕西、甘肃二布政使司钱粮收支奏册,兼管茶法及在京各衙门经费,以及八旗俸饷。

四川清吏司 掌核四川布政使司钱粮收支奏册,兼管本省关税及在京入官户口等事,以及全国各省麦禾收成。

广东清吏司 掌核广东布政使司钱粮收支奏册,兼管八旗继嗣之政令。

广西清吏司 掌核广西布政使司钱粮收支奏册,兼管矿政、钱法及内仓出纳。

云南清吏司 掌核云南布政使司钱粮收支奏册,兼管漕政及水次仓收支考核。

贵州清吏司 掌核贵州布政使司钱粮收支奏册,兼管全国关税事务。

可以看出,清吏司按地区分司,以省区命名。各省清吏司除掌管和审核本省钱粮外,还兼管其他省份的赋税。有时,同一性质的职掌,也会由几个清吏司分别掌管,如江宁、苏州两处织造奏销由江南清吏司兼管,杭州织造奏销由浙江清吏司兼管,八旗官养廉银由山东清吏司兼管,在京官俸兵饷则由陕西清吏司兼管。简言之,分工混乱奇特,想必清廷欲借此达到互相监督和牵制的目的。

户部还有一些特殊机构,如捐纳房、钱法堂、井田科和三库等。捐纳房专管捐纳之事。钱法堂专管钱币事务和铸钱政令,下设宝泉局(工部又下设宝源局铸钱)。井田科掌管八旗土田及内府庄户,征收岁租。在这些机构中,尤以三库为最重要。三库即银库、缎匹库和颜料库,分别掌管银钱、绸缎布匹及颜料纸朱出纳,也就是中央银钱出纳和各省起解物料、绸缎布匹的总库。清朝户部银库的建立可追溯到顺治初年。其时清廷设立后库(因设于户部署后而得名)。至顺治十三年(1656年),又分设三库,成立三库衙门,而银库仍位于户部署后,内分南、北二库。同归于三库衙门管理的银库内库则位于紫禁城内。就体制而言,清代银库是户部的下属机构,但在实际的运作过程中却并非如此。按照定制，户部满汉左侍郎例兼三库事务，但真正负责的是由皇帝另派的"管理户部三库大臣"（简称"三库大臣"或"管库大臣"）。三库大臣无定额（一般为满汉各二人），每三年更派一次，从雍正元年始一般以亲王、大学士兼理部务，铸管三库银印。户部银库实际上起着国库的作用，但它每年的出纳数并不代表全国财政的岁入和岁出，因为银库的收入主要是各省税收除存留作为本省经费和协饷之外起运到京城的部分，还有宝泉局的铸钱交库数。

此外，户部的相关机构还包括：

内仓：沿自明代内官监仓，所储用于供支内务府、太常寺、光禄寺、理藩院、会同四译馆等处所需白粮及钦天监、太医院、宗学等处粳米。内务府油房芝蔴及宾馆牧马黑豆，亦由内仓供应。

北档房："掌缮清字、汉字之题本奏折，拨京省之饷。凡拨饷，曰春拨，曰秋拨，令各省以其实存之数报于部，乃察其盈绌而拨于京者。曰冬拨，各省估其来岁之兵饷以报部，则酌而拨之，凡拨饷，先以本省，不足，则视其省之近者而协拨焉。会计各省岁出岁入之数。"①

八旗俸饷处：掌八旗之俸饷与赏恤。

坐粮厅：掌验收漕粮，转石坝土坝水陆之运，司通济库之出纳。

至于南档房（掌本部档案，兼司八旗丁口编审造册及本部满官升补）、司务厅（掌收外省衙门来文，并管理本部吏员及工役）、督催所（督催各司办理所管事件，每月于户科江南道注销）、当月处（掌收

---

① 光绪《大清会典》卷二〇《户部》。

在京各衙门来文)、监印处(掌监本部堂印并盐、茶引印)、饭银处、现审处等,亦系办理本部政务。

盛京户部:掌治盛京之财赋,虽地位崇高,但职权范围有限。

户部除主管财政外,负责的事务还包括土地、户口、农业丰歉、矿务、仓储、灾赈、盐茶产销、旗务等,在六部中首屈一指,但其编制虽较其他部院略多,堂官数目却是一样的,因此导致其部内的事务远非五六位科甲出身的尚书、侍郎所能胜任,"在嘉、道之际,户部已显得日益无能,不足担负它综理全国财政的重任了。"①因铨选制度所限,"缺一正卿,必升一亚卿,缺一亚卿,必取诸司寺。于是右者转左,丞者转少",一官升迁,满朝官员均要调动,造成"廨有十年之吏,堂无百日之官"②。户部堂官、司员不一定由本部或外省有关财政官署升转而来,对本部堂专管事务常苦不知底细,不能不倚仗胥吏办理,胥吏乃乘机"倚法为奸,上下其手"③。另外,在清代"部费"也是公开的秘密,有时皇帝还会下旨,催令各省保质保量地上交部费,以免"延误"。

还有一些与财政相关的中央机构,主要是负责奏销册的察核,有财政审计的作用:

光禄寺:负责燕劳祭祀方面的经费考核。

六科:在京部院衙门支领户部银物月册,各省收成分数、易知

---

① 何烈:《清咸同时期的财政》,台北"国立编译馆"中华丛书编审委员会1981年版,第28—29页。
② 王命岳:《请定京官久任之法疏》,贺长龄等编:《清经世文编》卷一三《治体七·用人》。
③ 孙光祀:《衙蠹宜剔其源疏》,贺长龄等编:《清经世文编》卷二四《吏政十·胥吏》。

由单,并奏销钱粮册。钱粮交盘册,漕粮全单及漕运交兑册,各仓收放米豆册,坐粮厅岁报抵通漕白册,盐课奏销册,各户关一年汇报册,皆由户科察核。官兵俸饷册,朋桩奏销册,驿站奏销册,由兵科察核。赃赎银谷册,由刑科察核。工程奏销册,一年汇报册,由工科察核。

十五道:掌稽在京各衙门之政事,诸如制签、搭饷、磨册、勘工,各分其职。

清朝建国后,吸收明代教训,专设内务府,管理皇室宫禁事务及财政收支。内务府的收入主要靠皇庄地租、各地岁贡及内外官员报效,以及借贷内帑给盐商生息获取高额"帑息",而不依赖于外廷。内务府下设广储司,掌库藏出纳之政令,设六库以储上用,即银库、皮库、瓷库、缎库、衣库和茶库,各稽其出纳之数,书于黄册蓝册,每五年钦派大臣察核。内库独立于户部银库之外,从而使广储司成为专门的内廷经费机关,在一定程度上限制了皇室支出的规模。内务府另设:计司,掌内府庄园户口、地亩及赋税;掌仪司除职掌宫廷祭祀、礼仪事务外,还负责管理皇室果园。此外,内务府所属的三织造处、三旗庄头处、官三仓、恩丰仓等机构,所司也都与皇室财务有关。

清前期,宫廷的部分费用由户部支出,但内府与外廷的区别较为清楚。户部定例向内务府拨解60万两的固定经费,在出现非常支出时,内务府拨款支持户部也是常事。自康熙年间起,内帑银两逐渐增多,乾隆时维持在200万两的水平,其余银两均拨给户部应用。乾隆四十六年上谕称,"以内帑论,乾隆初年内务府尚有奏拨部银备用之事,今则裁减浮费,厘剔积弊,不但无须奏拨,且每岁将内务府库银拨归户部者动以百万计。"① 至嘉庆十九年,内库存银已有1240万两,及至道光末年,此项存储仍在800余万两。② 道光时期,皇帝"制节谨度,三十年如一日,即一服一物之细,时时以黜华戒侈为主"③,此间内务府"前后拨出外库者,凡一千数百万"。④ 正如吴廷燮所称,"前代每竭左藏以供内储,此则发内储以供国用,求之历史盖所罕见。"⑤由此可见,当时两者存在着一种良好的互动关系。

（二）地方

鸦片战争前,除于京师、盛京及其附近地区特设顺天、奉天作为特别行政区直隶中央外,清朝共设有十八行省,每一省或二三省设总督,如四川总督、陕甘总督、两江总督,又于每省设巡抚一人,如山西巡抚、山东巡抚。亦有设巡抚无总督,总督兼巡抚者。总督为正二品官,加尚书衔者为从一品;巡抚为从二品官,一般例兼都察院右副都御史,负责监察本地政务,又多兼提督衔,节制本省各镇总兵。总督比巡抚事权更重,但以负责军政为主,兼管民政。

清承明制,于各省设立布政使司,置布政使一人。自乾隆二十五年(1760年)以后,江苏分设苏州、江宁二布政使司,较其他各省

---

① 刘锦藻:《清朝续文献通考》卷七〇《国用考八·会计》。
② 孙鼎臣:《通论唐以来国计》,盛康辑:《皇朝经世文续编》卷二九。
③ 刘锦藻:《清朝续文献通考》卷六三《国用考一·节用》。
④ 徐继畬:《三渐宜防疏》,《皇朝经世文续编》卷十。
⑤ 吴廷燮:《道光时之财政》,《清财政考略》。

为突出。布政使司之职责为:"掌一省之政,司钱谷之出纳。十年会户版,均税役,登民数、田数,以达于户部。"①可见布政使司系一省最高民事行政机关,亦为最高财务主管机关,凡一省户口、田亩、仓储、库藏之统计与上报,各州县岁征田赋及杂税之报拨及运解京、协各饷,地方存留经费之支出,每年的钱粮奏销,均由其主持。又称:"布政使掌宣化承流,帅府、州、县官,廉其录职能否,上下其考,报督抚,上达户部。凡诸政务,会督抚议行。"②故虽以统理一省财政为主要职责,但吏治、教育也系其职权范围。不过,布政使所管只是地丁银和杂赋,其他收入则归他库管理,如诉讼所入归按察使司库,漕赋银归粮道库,驿站夫马工料归驿道库,河工饷银归河道库,各省兵饷归兵备道库,盐课归盐法道库,关税归部设监督库,或由地方官兼理。

省下设道员,原非实职,仅为布政使司与按察使司的临时兼差。乾隆十八年以后,定道员职衔,始为实职。司道与基层州县之间设府,直隶州与府同。民族地区多设直隶厅,厅为府的分防机构,直隶厅则直辖于布政使,地位略如府及直隶州。知府、知州、同知或通判总掌各该府、州、厅之政令,负责所属州县赋役及诉讼,汇总于藩臬二司。县或散州为地方基层行政单位,辖于府或直隶州。另有散厅,或辖于将军,或辖于道、府,亦为基层单位。

除此之外,还有漕运、河工、盐务、榷关等特别财政事务,单设专门机构管理。

---

① 《清朝文献通考》卷八五《职官考九》。
② 《清史稿》卷一一六《职官志三》。

漕运。明代漕运及漕仓管理归云南司,清代一仍其旧,"凡漕政皆掌之",人员安排则为郎中满2人,汉1人;员外郎满3人,汉1人;主事满1人,汉1人。① 在地方,漕运最高长官为漕运总督,驻淮安,统领漕政,凡收粮起运,过淮抵通,"皆以时稽核催趱,综其政令"②。漕运总督亦统辖有绿营官兵本标及分防各营,称为"漕标",专司催护粮船事宜。总督之下为各省粮道,掌本省粮储,辖所属军卫,遴选领运随帮官员,责成各府会齐、佥选运军,并坐守水次,监督、验明漕粮兑换、面交押运官,随船督行至淮安,呈总督盘验。③ 粮道之下有管粮同知、通判和押运同知、通判,均为地方佐贰,前者专司漕粮监兑,后者专司漕船押运。清朝亦有卫所之制,卫所官兵给以屯田,专司领运,寻改卫军为屯丁,毋许混入民籍,五年一审,由粮道掌其事。领运按船分帮,每帮以卫所千总1到2人领运,武举人1名随帮效力。乾隆以后,常有"以不堪营伍"者出任运官,他们自知升进无阶,"聊复虱于其间,寄衣食焉。征粮理讼,小分州县之权;裘带肩舆,略无骑射之责"④,隶之粮道,而粮道相

---

① 光绪《大清会典》卷二二《户部·云南清吏司》。又,其司内分工,苏松、湖南、湖北三粮道归北漕科,江西、江安两粮道归南漕科,河南、山东、浙江三粮道归支科。因极为复杂,曾主管该事的董恂特编歌诀:"松广北,西安南,豫东浙江支科三。"至于漕项名目,则更为繁琐,江苏谓之漕赠银,浙江谓之漕截银,河南、山东谓之润耗银,江西、湖南、湖北谓之贴运银,董恂又编歌诀:"江漕赠,浙漕截,豫东润耗江广贴。"见董恂:《还读我书室老人手订年谱》,光绪十一年正月。

② 纪昀:《历代职官表》卷六〇《漕运官制·国朝官制》,光绪二十二年广雅书局刻本。

③ 押运原为粮道之责,后选管粮通判一人专职督押,约束运军,但因官卑职微,不得已仍改由粮道押运。

④ 孙芑孙:《转般私议》,《清经世文编》卷四七《户政二二·漕运中》。

悬数百里；帅之漕督，而漕督相悬数千里，所以贪污盛行。

明代仓场在京师，称为"总督仓场公署"，以专职带户部尚书衔，或以侍郎衔充总督，全盘管辖北京、通州两地各仓，下设坐粮厅等官。清代因袭，不同之处在于，仓场衙署移于通州，以满汉官各1人充当，以下各官也多为满汉同任，带有浓厚的民族统治色彩。为确保漕运无误，于淮安、济宁、天津、通州运河沿线设置巡漕御史，稽察本段漕运。此外，淮安、淮北沿河置有镇道将领，以催促入境漕船前行。在镇江与瓜州的南漕枢纽处，由镇江道催促，总兵官（后改为副将）巡视河岸，协同督促漕船过江。河道总督和各省巡抚负责催趱漕船挽运，征收漕粮由州县官员负责。漕粮北上，专设押运官员和领运官。漕粮抵京通，设有仓场侍郎、坐粮厅科道官、大通桥监督、仓监督等官员。这些部门和官员彼此监督，互相纠葛。

河工。清承明制，于顺治元年（1644年）设河道总督，驻山东济宁。康熙十六年（1677年），因江南河工紧要，河督移驻淮安清江浦；四十四年，山东河道任务由山东巡抚兼管。雍正二年（1724年），以河南堤工紧要，设副总河一人，管理河南河务，仍驻济宁，专管北河事务。四年，山东河务改由副总河兼管；七年，改总河为总督江南河道，副总河为总督河南、山东河道，分管南北两河。八年，又因直隶河工紧要，增设河道水利总督，驻天津。但到乾隆二年（1737年），裁直隶河道水利总督，河道归直隶总督兼领，且加"兼理河道"字样。此后，副总河时有增减，但整个河务系统已基本确立，即全国共有北河、南河、东河三河道总督，其中北河由直隶总督兼管，南河由漕运总督兼管，东河则专任，称"河东河道总督",与漕运总督同为正二品,并兼兵部侍郎右副都御史衔,与各省巡抚的品秩和兼衔相同。河道总督主要负责南北各河的疏浚及堤防,包括河道的挑浚淤浅、导引泉流,以及沿河堤坝堰闸的岁修和抢修。沿河道流域州县的同知、县丞等官吏都受河道总督的节制。三大区域的总体目标是治河保漕,淮安地当黄河、淮河和运河三河交汇之处,工程最为浩繁,关系漕运最重。

河道总督所属官员设置情况表(单位:人)

名称	直隶总督	河东河道总督	南河总督	总计
管河道	5	4	2	11
同知	8	8	4	20
州同	4	2	0	6
州判	11	4	0	15
县丞	21	14	0	35
主薄	15	21	0	36
通判	7	8	1	16
都司	1	1	0	2
巡检	7	5	0	12
守备	2	3	2	7
协备	1	5	0	6
千总	6	6	6	18
把总	14	6	8	28
外委	23	14	0	37
额外协防外委	21	8	15	44
闸官	4	30	14	48
总人数	150	139	52	341

资料来源:光绪《钦定大清会典事例》卷九〇一《河工》。

这些官员的职守是协助河督工作,同知、通判的官署为"厅",

州同以下官员的官署为"汛",这些官署都设在治河紧要地方,一旦决口,便可全力堵塞;平时进行日常事务(如检查河兵的挑土、种柳等)也较方便。以上官员例由河督考核黜陟,其品秩升补也与同级地方官类似,但河缺的拣选补授较为复杂,或河督挑选谙习河务者引见补授(如江南淮扬道);或为吏部请旨简用(如直隶天津道);或河督将派往人员委署一年后,经三次决汛期,胜任者保题,送部实授(如直隶顺天府南岸同知)。至于闸官,所掌为按时蓄水、泄水及各闸之维修,例由吏员除授,为未入流的杂佐。

河道总督也如各省督抚一样,拥有直辖军队,名为"河标",负责河工调遣、督护、守汛、防险及疏浚之事。河兵人数屡有变更,试以永定河道所属的河兵为例,康熙三十七年始设河兵,人数为2000名,四十年时裁掉1200名,仅留800名,到了嘉庆七年(1802年),因人手不够,又从天津和宣化调拨400名,后又屡经变化,最终才固定为1497名。根据光绪《大清会典事例》可知,清代最后的河兵数为13719名。河兵虽系绿营系统,但仍略有区别。他们所领粮饷,经乾隆帝特批,按"战二守八"(战银每月一两五钱,守银每月一两)的比例分配,也可"由守拨战"而升迁。如因公遇难,则按军功条例抚恤。其钱粮报销,有的归兵部(如永定河道),有的归工部(如河南省河兵)。有些地方的河兵可分得土地,以资贴补。河兵的工作,平日是"学习椿堤,并填补沟窝堆土植柳等事"[①],霜降后稍事休闲,可放假两月,但要求他们在此期间为河堤积土30方。河兵之下有河夫,起初由政府指派,至康熙十三年(1674年)改为

---

① 光绪《钦定大清会典事例》卷九〇一《河工》。

招募。河夫亦有定额,总计堡夫、闸夫、浅夫等共30066人。他们的工资依工种和地点而有所不同,但都由各省报销。笼统而言,嘉道时期,河工支出每年不少于350万两。

盐务。清代在盐务设官方面,亦基本上沿袭明制,"以盐务根本在场产,枢纽在转运,归墟在岸销",故设长芦、山东、两淮、两浙、两广各运司并河东、四川、云南各盐道,以司产运。设河南、陕西、甘肃、湖北、湖南、江南、江西、广西各盐道,以司岸销,"皆受成于盐政"①。具体而言,户部山东清吏司是盐务管理的最高行政机构,"职掌盐法而分其任于各省盐政,自运司、盐道以下皆受成焉"。巡盐御史,或称盐课监察御史、盐政监察御史,雍正后一般简称"盐政",系户部差遣至各盐区的最高盐务专官,官级各有差异,均统辖一区盐务,任期一年,掌理盐政而纠察部属之不法者,以时审盐价之高低而酌剂之,"凡盐赋之奏课与盐法之宜更者,以闻"。清初最早差遣巡盐御史的是长芦、两淮、两浙、河东等盐区。当然,各盐区也并非全都设置巡盐御史,有的归总督或巡抚兼管,如四川、云南等区就是如此。另外,清代巡盐御史的设置也多有变更,如顺治十年(1653年)即停差巡盐御史,盐务责成各运司之盐运使管理;十二年又因盐课多有逋欠,运司权轻,难以纠劾,仍复旧制。康熙十一年(1672年),裁撤巡盐御史,盐务由巡抚兼管;次年仍复差巡盐御史。道光元年(1821年),又进行了较大规模的调整。该年奏准,长芦盐务,专设盐政管理,兼辖直隶、山东、河南等处;两淮盐务,专设盐政管理,兼辖

---

① 财政部盐务署编:《清盐法志》卷五《通例五·职官门一·官制》。

江西、湖广、江宁、安徽等处;两浙盐务,浙江巡抚管理,兼辖江西、江苏、安徽等处;福建盐务,闽浙总督管理;两广盐务,两广总督管理;河东盐务,山西巡抚管理,兼辖山西、陕西、河南等处;四川盐务,四川总督管理;云南盐务,云南巡抚管理;陕西汉中府盐务,陕西巡抚管理;甘肃花马小池盐务,陕甘总督管理;贵州盐务,贵州巡抚管理。由此可以看出,管理体制已经由向各盐区差遣巡盐御史,而明显地转向由各该总督、巡抚兼管。道光十年(1830年)和咸丰十年(1860年),又前后议裁两淮、长芦盐政。至此,长芦盐务由直隶总督、山东盐务由山东巡抚、两淮盐务由两江总督、两浙盐务由浙江巡抚、两广盐务由两广巡抚、福建盐务由闽浙总督、河东盐务由山西巡抚、陕西汉中府盐务由陕西巡抚、甘肃花马小池盐务由陕甘总督、云南盐务由云南巡抚、贵州盐务由贵州巡抚、四川盐务由四川总督管理。①

盐运使,全称为"都转运盐使司运使",有时也称作"运司运使",或简称为"运使"。盐运使为一区运司的长官,从三品,其职权仅次于巡盐御史,具体掌管食盐的运销、征课、钱粮的支兑拨解,以及盐属各官的升迁降调,各地的私盐案件,缉私考核等。盐运使职权较重,事务亦繁,各运司一般下设吏、户、礼、兵、刑、工各房办事,两淮运司更设置19房承办公事。"盐法以两淮为大,请言两淮而以类推之说者"②,两淮各房名称及职能如下:

---

① 财政部盐务署编:《清盐法志》卷一四六《两淮四七·职官门一·官制》。
② 包世臣:《安吴四种·中衢一勺》卷三《庚辰杂著五》。

吏房:管理盐属各官升迁降调、补缺署缺、考核大计。

户房:分南北二房,南房管理淮南食岸引盐,北房管理淮北及江、甘、高、宝、泰食岸引盐。

礼房:管理扣销淮南加斤。

柬房:管理属内应用纸柬、各商充退总务等。

兵房:管理本衙门各役工食、救生红船工食等。

刑房:管理私盐案件,考核功绩及缉私律令事件。

工房:管理一切应办工程及下河水利、各场火伏、各处巡费、搜查粮船各事件。

广盈库房:管理正项钱粮手本挂号,及杂项钱粮弹兑。

杂科房:专管正项钱粮征比弹兑。

饷房:专管支拨各处饷银。

正另库房:管理收支钱粮查销额报,及弹兑杂费钱粮。

折价房:专管征收各场折价钱粮及荡地事件。

收支房:管理给本、造马、滚总、开桥、退认引窝、扣销淮北加斤,及一切纲引事件。

架阁库房:管理淮南给票中盐、收放引目。

承发房:管理奉发、转发及发掣、桅封、水程,并各州县督销、考核、开复各事件。

宁盐房:专管宁国一岸运盐事件。

仓房:专管盐义仓额贮、拨赈、买补等。

经历房:管一切呈词及教场地租。

稿房:专管应汛案件录供。

所谓"书吏之冗,莫过于两淮运司衙门;公事之杂,亦莫过于两淮运司衙门"①，这正是两淮盐政衙门的真实写照。

盐法道，简称盐道，正四品。清代在不设盐运使的省区一般设盐法道或盐茶道。在产盐省份的盐法道，"掌督察场民之生计，与商之行息，而平其盐价"，与盐运使的职掌大致相同，但同时又注重食盐的疏销。在不产盐省份的盐法道，职掌重在督察食盐的疏销，即所谓"水陆挽运必计其道里，时其往来，平其贵贱，俾商无滞引，民免淡食"。咸丰以后，由于普遍裁撤盐政，盐务归督抚管辖，各省区多设督销、官运局，盐法道名存实亡。河南、江西等省盐道改由藩司及巡警道兼理，两湖之盐道"均名存而实去"，江南盐巡道"亦仅管江宁食岸之销数，均与设官初意不合"。

盐运司同知（即运同，从四品）、盐运司副使（即运副，从五品）、盐运司运判（即运判，从六品）等官，为盐运使的重要属官，或各盐区盐运分司的长官，"掌分司产盐之地而纠察之，辅运使、盐道以分治其事"。盐运临掣同知，简称同知，正五品，掌验掣引盐之政令，称掣盐斤，割没余盐，并防查盐商夹带。盐课提举司提举，简称提举，从五品，设置于井盐之区，职掌与运使所属分司同。盐引批验所大使，或称盐运司批验所大使，正八品，专掌盐引的批验。各盐区各按事务繁简或设批验所大使一人，或设数人。盐课司大使，或称场大使、盐课大使，正八品，各盐场均设大使一人，职掌场课的收纳、食盐的生产、收贮以及缉查灶私等。另外，还有盐运司经历（从七品）、盐运司知事（从八品）、盐运司巡检（正九品）、库大使（分为盐运司库大使和盐道库大使，均为

---

① 李澄：《淮盐备要》卷八《官守吏行》。

正八品)等职,亦各有所掌。

从上可知,从食盐的颁引、征课到产运疏销,盐务衙门均有"分治其事"之权。除盐务衙门外,地方行政官员也有疏销盐引、核定盐价、缉查私盐的责任。特别是在通商疏引方面,上自督抚,下至州县卫所,责任更为重大,所谓"征课为盐官之专责,而疏引缉私,则地方有司亦与有责焉"①。

榷关。清朝继承历代"关市之征",在水陆冲要及商品集散地设置税关,对过往货物和船只征税,即为"关税"。关有户关、工关之别,前者隶于户部,税款岁输户部供国用;后者隶于工部,主要征收竹木税和船税,税款专佐工部营缮之需。

从顺治二年(1645年)开始,清廷在明代钞关的基础上,通过合并、划拨、裁革商关,先后重建和新增了京师的崇文门、左翼、右翼,直隶的天津、张家口、龙泉,辽东的奉天,山西的杀虎口,山东的临清关,江南的淮安关、凤阳关、芜湖关、扬州关、西新关、浒墅关,浙江的北新关,江西的九江、赣关,福建的闽安关等19个户部钞关。康熙年间增建直隶的坐粮厅,山海关,辽东的中江,湖北的武昌,四川的打箭炉、夔关,广东的太平关、粤海关,江苏的江海关,浙江的浙海关,福建的闽海关等11处;雍正年间增加了广西的梧州、浔州2处;乾隆年间分别增建了山西的归化城、多伦诺尔2处。以上皆为户部关,共计34处。②

嘉庆时期情况又有了变化。据嘉庆《大清会典》卷一六《户部·

---

① 财政部盐务署编:《清盐法志》卷五《通例五·职官门一·官制》。
② 郭蕴静:《清代商业史》,辽宁人民出版社1994年版,第53—54页。

贵州清吏司》记载,户部贵州清吏司所辖榷关为崇文门、左翼、右翼、坐粮厅、天津关、张家口、山海关、杀虎口、归化城、临清关、江海关、浒墅关、淮安关(兼庙湾)、扬州关(兼由闸)、西新关、凤阳关、芜湖关、九江关、赣关、闽海关、浙海关、北新关、粤海关和太平关,共计24处。选择贵州清吏司作为主管,是因为贵州司的事务较简,容易管理。但一般人容易忽略的是,除了贵州清吏司,户部还有其他几个清吏司,也管理着户关:福建清吏司所属的天津海税,山东清吏司所属的奉天牛马税、凤凰城中江,湖北清吏司所属武昌游湖关,四川清吏司所属夔关、打箭炉,广东清吏司所属梧、浔二厂,所以户部关合计有32处。不仅管理部门有差别,这两类关的税银管理及使用也存在着差异。"贵州清吏司"下各关的税款,"除以火耗及存留陋规银作为经费之外,其正项税银逐款分析,或留地方以充兵饷,或解送京师之户部及内务府",也就是说,正项税款的用途分两部分,一部分存留地方作为兵饷发放,一部分上交国库或内务府。山东司所属的奉天凤凰城中江等税款"报解盛京户部",其他如湖广司、四川司、广西司所属"诸关税银全部解送藩库,作为官吏养廉及兵饷之用,奏销附入地丁钱粮奏销册",说明这部分税款主要用于处理地方事务的经费使用。① 从税银的使用来看,这几个关可以算做"地方关"。

户部关之外还有工部关。户关来源于明代的钞关,而工关则源于明代的工部抽分。据《大清会典事例》可知,当时工关为山东

---

① 何本方:《清代户部诸关初探》,《南开学报》1984年第3期。

临清、江苏龙江、安徽芜湖关、浙江南新关、湖北荆关、湖南辰关、四川渝关等,"钦定工关赢余银两数目,辰关三千八百两,武元城一千二百六十九两,临清关三千八百两,宿迁关七千八百两,芜湖关四万七千两,龙江关五万五千两,荆关一万三千两,通永道三千九百两。渝关、由闸关、南新关、潘桃口、古北口、杀虎口六处木税,正额之外,向无赢余"①。据此可知工部关共有 14 处。在此之外,还有盛京木税、吉林木税、伊犁木税,分管着若干处小税口,均征木植。以上合计户工两关,共为 49 处。②

需要指出的是,因为由闸关例与扬州关合计,宿迁关例与淮安关合计,杀虎口木税归入户关内一并奏报,所以可以将嘉道时期的户工关认为是 46 处。另一方面,第一次鸦片战争后,清廷被迫打开广州、上海、厦门、福州和宁波五口通商,征收洋税,其中广州洋税列入粤海关内奏销,福州又列入厦门合并奏销,所以在道光晚期,有 49 处税关征税。

清代税关的主要管理者可以分为两类,专差或兼差。榷关的管关人员主要是督抚、监督等,但各关的具体情况在前后期、不同口岸都有很大的差异。康熙四年(1665 年),清廷曾下令将所有税关交由地方官管理,以后经过多次反复,最终形成地方监督专管、督抚兼管、共同治理的局面。专差官员一般称为"监督",是中央政

---

① 李鸿章等纂:《大清会典事例》卷九四二《工部八十一》,商务印书馆,光绪三十四年石印本。

② 此外还有诸如山东东海关、陕西潼关等零星征收之处,如东海关尽收尽解;又如迁安、抚宁、临榆、昌黎、乐亭 5 县共额征银 1700 两,每年汇交通永道;天津县、宁河县、义女县、通州、武清及京城共 6 处小口木税银 1200 两。因纷繁复杂,数额又极少,并未受到清廷重视,不在此一一列入。

府驻各地的征税官员。重要的税务监督,在地方上的名次,仅在总督、巡抚、提督、学政之下,而排在布政使和按察使之上。

雍正五年(1727年),清廷规定征税监督差,于六部官员内操守好者,每部保送一员,内务府保送二员,由皇帝简任。乾隆十二年对此再次明确:"凡崇文门左右两翼、张家口、杀虎口、山海关等处税差,例系宗人府六部各保一人,内务府保二人,同八旗内俸深官一并开列,题请简用。至用完保送之人,再行各衙门咨取。惟是税有大小,各官才具不同,嗣后若保送官用至剩二三人时,除所剩人员衙门毋庸咨取外,应行文别衙门令其保送。俟各关差满,一并开列引见。"①差官品秩的规定,最初承袭明朝做法,只是选官较为谨慎。清代税关专差监督,由两部分人组成,一是司官,即监督(仅粤海关曾一度设立副监督,后亦裁撤),一是笔贴式。官员任期,亦与明代相同,即严格执行一年更代的办法。

属于地方督抚、将军兼管的有广西梧州、浔州二府、武昌厂务、闽海关、临清、江海、芜湖、赣、浙海、太平等关。乾隆二十六年(1761年)归化城榷关设立时,初派役稽查,三十一年由理藩院司员征收,三十四年后归山西巡抚兼管。至于九江关由广饶九南兵备道兼管,凤阳关由庐凤道兼管,但因其本职亦加"九江关监督"、"凤阳关监督"衔,故可视为特殊的兼管。

监督、督抚及笔贴式等是由吏部注册的高级管关人员,各关还需雇用其他属员,如家人、书吏、巡役等,从事稽征税银、巡查走漏、看管与解送税银等项关务。以北新关为例,顺治时期的属员包括

---

① 光绪《大清会典事例》卷二三六《户部·关税》。

听事官4人,书办吏1人,听事吏4人,书办3人,造册书手5人,书算手17人,解户8人,阴阳生6人,门子2人,皂隶9人,铺兵2人,听事夫16人,总小甲18人,轿伞夫12人,军牢8人,"或奉公事役,或应徭役,或以力役,俱不可缺"[①]。清代榷关腐败、陋规繁多,与这些雇员有直接的关系。

二、运行

清前期财政管理制度实行以户部为中枢,统收统支、全国协调的制度。但在中央集权体制下,户部亦依定例管理,有关财政兴革事宜、重要财政措施和政策,均无权自行决定,只能提供建议,由皇帝裁决。而户部的例行管理,则通过存留、起运、冬估、春秋拨、京饷、协饷及奏销、考成等一系列制度来实现。

(一) 制度

一省地丁、漕粮、租课、杂税等项,通常由厅州县征收,除依规定以小部分钱粮"存留"本境支用外,其余绝大部分银钱解交藩司,米粮解交粮道。各省存留钱粮,无论州县坐支还是起解至藩库后本省留支,均系照例存留,其款目数额,悉载《赋役全书》,不能任意加增。存留的钱粮供支本省官俸、养廉、役食、衙署公费,以及祭祀、廪膳、科场、孤贫、驿站等经常性费用,部分用于支

---

① 乾隆《浙江通志》卷八六《榷税》。

放驻军官兵俸饷。

为确保中央财政收入,清廷曾多次削减地方存留比例,以下是乾隆时期的起运与存留比例。

乾隆年间各省起运、存留比例表

省份	总额	起运	起运比例(%)	存留	存留比例(%)
直隶	2401058	1913491	79.69	487567	20.31
盛京	41685	26031	62.45	15654	37.55
山东	3408797	2781647	81.6	627150	18.4
山西	3042468	2593517	85.24	448951	14.76
河南	3320491	2738250	82.47	582241	17.53
江苏	3144529	1898991	60.39	1245538	39.61
安徽	1837565	1379512	75.07	458053	24.93
江西	2007233	1571321	78.28	435912	21.72
福建	1248738	1037618	83.09	211120	16.91
浙江	2314142	2145083	92.7	169059	7.3
湖北	1173906	823102	70.12	350804	29.88
湖南	1194984	903517	75.61	291467	24.39
陕西	1608851	1356305	84.3	252546	15.7
甘肃	284689	191593	67.3	93096	32.7
四川	657584	490364	74.57	167220	25.43
广东	1257914	841372	66.89	416542	33.11
广西	390980	296035	75.72	94945	24.28
云南	209985	166201	79.15	43784	20.85
贵州	92452	75489	81.65	16963	18.35
合计	29638051	23229439	78.38	6408612	21.62

资料来源:乾隆《大清会典事例》卷三六《户部·田赋三》。

从上表可以看出,地方所占比例极少,总的存留比例不到22%。梁方仲先生则通过嘉庆《大清会典事例》做出了嘉庆时期的各省详细存留表。

嘉庆年间各省起运、存留比例表

省份	总额	起运			存留			起运比例(%)	存留比例(%)
		合计	正银	耗银	合计	正银	耗银		
直隶	2767730	1920377	1708521	211856	847353	745300	102053	69.38	30.62
盛京	40048	20319	20319	0	19729	16088	3641	50.74	49.26
吉林	36280	35255	31957	3298	1025	1025	0	97.17	2.83
江苏	2757161	2341162	2231264	109898	415999	320333	95666	84.91	15.09
安徽	1754945	1334308	1220310	113998	420637	365586	55051	76.03	23.97
山西	3345774	2918351	2645504	272847	427423	329389	98034	87.22	12.78
山东	3555072	3001269	2772630	228639	553803	345854	207949	84.42	15.58
河南	3369832	2991350	2747240	244110	378482	204762	173720	88.77	11.23
陕西	1850996	1407814	1341362	66452	443182	269402	173780	76.06	23.94
甘肃	326940	225031	214495	10536	101909	69531	32378	68.83	31.17
浙江	2515978	2205335	2121751	83584	310643	245014	65629	87.65	12.35
江西	2251772	1868260	1781608	86652	383512	287018	96494	82.97	17.03
湖北	1242692	1033032	961769	71263	209660	159544	50116	83.13	16.87
湖南	1288714	1011584	936648	74936	277130	234910	42220	78.5	21.5
四川	755320	586199	541502	44697	169121	114210	54911	77.61	22.39
福建	1473054	1168373	1037993	130380	304681	210424	94257	79.32	20.68
广东	1235596	990471	864211	126260	245125	192460	52665	80.16	19.84
广西	467008	343000	330846	12154	124008	97157	26851	73.45	26.55
云南	325260	194642	147000	47642	130618	66816	63802	59.84	40.16
贵州	109984	70909	65865	5044	39075	29373	9702	64.47	35.53
合计	31470156	25667041	23722795	1944246	5803115	4304196	1498919	81.56	18.44

资料来源：梁方仲：《中国历代户口、田地、田赋统计》，第426—427页。原表总额合计、存留总额合计、存留耗银合计有误。

可见嘉庆时期的地方存留比例进一步减少，已经不足19%。这种弱枝强本的方式，为财政体制的弊端埋下了伏笔。

各省钱粮，道、府衙门则只负责督催，并不直接经管。他们的日常行政经费，部分由所属州县解交，部分由藩库给发。藩司汇计全省钱粮，依照《赋役全书》规定，扣留本省各项支销，其余造册报部，待命拨解，谓之"报拨"。报拨一年分为春秋二次，故称为"春秋奏拨"。

全省所需官俸兵饷,例于先一年冬季估计总数,奏报京师,是为"冬估"。户部据各省"冬估册",核计与规定相符,然后酌盈剂虚。冬估和春秋奏拨制度,使户部得以掌握各省每年征收的赋税总数,以及其中需要在本省开支的数额。在此基础上,户部于每年春季和秋季,从各省所报可供解出的库存银中,分别指拨应解京师及邻省的数额。

清廷在制定解款协拨制度时,为便于统筹分配,调剂各省之间收支的盈亏,按各省财政经济状况将它们分为三类:仅敷、不足和有余。两广、福建等省是仅敷省份,其钱粮都存留本省开支,不解不协;四川、云南、贵州、陕西、甘肃等省是不足省份,不仅不解交京饷,还需要邻省协济;江苏、浙江、山东、山西、两湖、直隶、江西等省是有余省份,除协济邻省外,还应把剩余款项解交户部。关于协济邻近省份及次近省份也有规定,如陕西、甘肃,以山西、河南为邻近,直隶、山东为次近;四川、云南、贵州,以江西、两湖为邻近,以浙江为次近。当然,上述所谓仅敷、不足、有余三类情况,主要是指地丁钱粮,其他如盐课、杂课,则都要解交户部。临时协饷则多为用兵军需拨款,无固定地点、定额及解期,由户部视各省库存状况、所需数额及协款地点,临期酌定,奏请协拨。

京饷是从各省所报库存实银中,除去该省留支及协拨邻省部分,以其余数拨解来京的部分。关于京饷的起源,光绪《大清会典事例》卷一六九《户部·俸饷》记为雍正三年(1726年),罗玉东、周育民等承此说。① 何烈则认为,京师用款自始即有赖外省解交,京饷之名不可能始于雍正三年,必然更早。② 京饷供京师王公百官

---

① 罗玉东:《中国厘金史》,第196—197页;周育民:《晚清财政与社会变迁》,第242页。

② 何烈:《清咸同时期的财政》,第366页。

俸饷、八旗及绿营兵饷以及中央各机关每年例行的经费开支。乾隆以后,各省每年解运京饷的数额,约银1000万余两,大体占全国岁入总数的1/4。

清前期,起运优先于存留,备受重视。无论起运至省还是由省解出,均有十分严密的制度。州县起运钱粮,自开征日起,随收随解,不许藉称候齐再行汇解,并按州县距省城远近,分别规定押到省城期限,逾期不到及解不及数者,给予州县官中有催趱责任的人员处分。由省解出更为苛严,康熙时规定,十万两以上委府佐贰官解运,五万两以上至十万两委州县佐贰官解运,五万两以下委杂职官解运。京饷到京日期,雍正四年规定自户部拨解文书到省日起,直隶、山东、山西、河南限60日到京,江南、江西、浙江、湖广限80日到京,福建、广东、广西限100天到京。乾隆五十五年(1790年)改定:"凡应行解部各项银两,自奉到部文之日起,勒限六个月。"各省起解京饷,皆预将解官姓名、报解银数及起程日期知会三库大使厅,并出具印批、咨文交付解官。到京后印批交银库,咨文投部挂号。户部承办司付库后,限日由解官、监收官、管理三库大臣、库官眼同劈鞘,拆封兑收。验收无误,以司印实收及原批发解官赍赴户科查验,回省后缴布政使以为凭信。凡解京饷,按程支给解费,所经地方,大道给军马,小道给担夫,并令督抚沿途派拨弁兵防护。如有疏失,佥差之员、解官及地方官负责赔罚。①

为核准财政收支,清廷还规定了严格的奏销和考成制度,既有惩罚与议叙,又有主管与协管的配套,是极其严密的体系。京内外

---

① 光绪《大清会典事例》卷一六九《户部·田赋》。

一切财政收支，均报户部审核，合例后奏闻，准予销案，即为"奏销"。奏销有常例、专案之别。常例奏销，如地丁、漕粮、盐课、关税等经常性项目，均每年循例进行，且有固定期限、款目和报册格式。专案奏销为用兵之军需、专兴之工程、灾荒之赈济等特别动支款项的奏销，多于全案完成后专案造报，迁延连年者则按年份、款目分次造报。奏销的款项有定额者，有无定额者。凡经制项目，入有额征，动有额支，解有额拨，存有额储，皆依定例而审核之；其无定额之项目，征无额者尽收尽解，支无额者实用实销，拨无额、储无额者随时报拨、报储，奏销时皆循据旧案入销。

奏销制度大体上相当于年度决算，根据各省距京师远近，分别为限第二年四、五、六月不等。每年奏销程序大致是：各省布政使司在规定期限内，根据所属各州县造送的奏销草册核造总册，内容分为起运、存留、拨用、余剩，送呈督抚报部。奏销册送到户部后，凡有不符款项即加以指驳，限四个月内查明再报。户部认为有必要时，可以对各省回复提出意见，责令再造清册送部；然后户部于年底分省汇总奏报皇帝。至于各省解部和出入协款银数，都分别开单奏闻。经过此番程序，户部得以了解各省的财政收支状况。

考成与奏销相伴。清代规定，凡岁课经征官及督征之上司官，皆按所属钱粮完欠多寡，分别奖惩。地丁钱粮的考成，州县卫所官按经征之数计，督催之道、府、直隶州按所属之总数计，督抚及布政使按通省之总数计，各总作十分考成，分别议叙或议处。凡现年赋税全完者，除二、三官征完并署任不久者不予议叙外，经征州县按5万、10万两分为三个区间段，督征之知府、直隶知州及经管钱粮之道员，按10万、20万两分为三个区间段，各予记录一次至三次。

巡抚、布政使按50万两以下记录一次，50—100万两加职一级。卫所钱粮，经征之守备、千总按1000两、3000两为三个区间段，督征之都司按5000两、1万两为三个区间段，各予记录一次至三次。如各官只完地丁钱粮，而本色颜料及起运杂项未完，不准议叙。有将未完地丁钱粮捏报全完，或一年内二、三官征完捏报一官征完者，州县卫所官员革职，司道府都司各降二级调用，巡抚降一级调用。如下级官申报未完而上级官捏报全完，上级官革职，下级官免议。至于惩罚，则规定经征州县未完不及一分，停升并罚俸一年；一分，降职一级；二分至四分，递降至四级，皆令戴罪催征；五分以上革职。督催之布政使司、道、府、直隶州，未完不及一分者，停升并罚俸半年；一分，罚俸一年；二分，降职一级；三分至五分，递降至四级，皆令戴罪督催；六分以上，革职。巡抚未完不及一分，停升并罚俸三个月；一分，罚俸一年；二分，降俸一级；三分，降职一级；四分至六分，递降至四级，皆令戴罪督催；七分以上，革职。屯卫钱粮，经征官比照州县例，督催官照知府例议处。各官戴罪催征逋赋，州县官限一年全完，司、道、府、直隶知州限一年半，巡抚限二年。限内仍不能全完者，州县官原参未完不及一分，降职一级留任，再限一年；仍不全完，照原降之级调用。原参未完一分以上，能催完至八九厘者，降职三级留任，再限一年；仍不全完，照原降之级调用。原参未完二分者降四级，三分者降五级，皆调用；四分以上革职。巡抚、司、道、府、直隶州参后戴罪督催钱粮，原参不及一分者，初限不完降职一级，二限不完降职二级，均仍戴罪督催，至三限不完，降三级调用；原参一分以上者，照州县例议处。督催之都司限一年半，卫所官限一年。原参不及一分者，初限不完停升并罚俸一年,二限不完降职一级,均戴罪督催,至三限不完各降一级调用。原官离任,继任官接征、接催,计苙任月日扣算考成,亦同初参限期。署印官除不及一月者免其查议外,余俱照本任官之例。

各官现年钱粮完欠分数核算,雍正以前限至当年底,后改为次年奏销。又按上、下忙分别核计分数。嘉庆二十一年(1816年)改为上忙钱粮将征解实数造册报部,毋庸予以处分,统俟下忙征完后综计分数考成。另外,随地丁正银征收的耗羡初不入考成,乾隆年间规定,各州县耗羡随同正项报解,若有未完,经征各员照正项钱粮未完之例议处。后又按经征、接征及院、司、道、府、州督催各职名,核计已未完分数考成,随同地丁奏销。乾隆五十三年(1788年)奏准,各省耗羡已未完解数目,即随同正项钱粮,统计分数,合疏具题,以定考成。正耗全完,方准议叙,倘耗羡有缺,即统计正耗分数议处,其参后仍未完者,归于正项年限案内报参。①

针对特殊田赋的漕粮,清廷亦有严格的管理办法。为保证定额目标的达成,清例对漕运督臣的处分极为严厉。顺治十年(1653年)规定:各省粮道经营漕粮,全完者加升一级,欠一分者罚俸一年;如再运又挂欠一分者降一级调用,欠二分者降二级调用,欠三分者革职。收兑漕粮如夹有沙土,监兑官降一级调用,押运官革职。康熙五十一年(1712年)重新规定:各省押运同知通判,一次无欠者加一级,二次无欠者加二级,三次无欠者,不论俸满即升;一次挂欠者降一级留任,二次挂欠者降二级留任,三次挂欠者降三级调用,仍将挂欠之米分赔。② 事实上,清代除雍正、乾隆年间社会

---

① 光绪《大清会典事例》卷一三七《户部·田赋》。
② 康熙《漕运全书》卷三五《挂欠处分》。

安定、经济繁荣,可以办理全漕外,其他绝大多数时间,全漕目标很难达到,使得所有办漕之人均极感困难,"人人以为大,人人以为难"①。曾有人指出,清代漕运"无一官曾经征足,无一县可以全完,无一岁偶能及额"②。针对制度的严密,通常的补救办法是"报灾"。魏源称,每帮费加一次,则漕米减收一次,州县收漕折色,不能与之俱加,不得不听小民吁求报灾,以其数分缓漕之米,贴补数分浮折之米。于是每大县额漕 10 万石者,止可办 6 万石,"是以连岁丰收,而全漕决不敢办",不足部分则以报灾相抵。还有一种逃避处分的方法,康熙三十五年(1696 年)规定:各省漕项钱粮在十月开征,隔年三月奏销。因漕粮要两年后才奏销,"如及两年而州县离任他处者,则又可免处分",结果导致各州县几无两载不调之缺。③ 官员调动过于频繁,新任官员无法深谙漕务,漕书等人操纵漕粮之事,就在所难免了。

盐政与榷关的考核也与此类似。以榷关为例,康熙十四年(1675 年)规定,各关欠不及半分者,降一级留任;余照前例,全完者记录一次;溢额每千两者加一级,至五千两以上者,以应升缺先用。十六年题准,各关额税二万两以下者,仍照前议叙,二万两以上者,额税全完记录一次,溢额半分以上加一级,一分以上加二级,一分半以上加三级,二分以上加四级,三分以上以应升缺先用,数多者递准加级。十七年定关税足额者不准议叙。④

---

① 包世臣:《安吴四种·中衢一勺》卷一《自序》。
② 王安定:《求阙斋弟子记》卷二八。
③ 魏源:《上江苏巡抚陆公论海运书》,《魏源集》,第 426—427 页。
④ 《清朝文献通考》卷二六《征榷一》。

关于钱粮动支,清初沿明旧制,中央各衙门支领钱粮,皆由户部统筹支放。至顺治七年(1650年)改令各省径解部寺,分别支销。康熙二年(1663年),给事中吴国龙奏请仍归户部统收统支,他称:"各部寺分管,纷繁滋弊,请将一应杂项,俱称地丁。钱粮作十分考成,除扣拨兵饷,余通解户部。每省造具简明赋役册送查。至各部寺应用钱粮,于户部支给题解",于是"收解之制定于一"①。在中央,银钱掌于户部陕西司,粮米掌于广西司。驻京八旗俸饷,由八旗俸饷处核发。官俸、兵饷、公费、役食的发放,都有一定的时间。具体来说,文武官俸每年颁发两次,一在二月,一在八月,外藩、蒙古则在每年二月颁发一次。兵饷按月给银,夏、冬二季给米,八旗饷米则四季发给。公费皆按月发放,役食有月给、季给及岁给三种情况,各衙门方式各异。杂支则按性质,随时给发。非例行发放的钱粮,则由支用衙署奏准后,行文户部,由户部有关各司查核无讹,札文照发。

各省钱粮支放,与中央类似。学、按、提、镇等文武衙门,一切用款,例由藩司于本省留支项下拨发,不足则听命户部指拨。道府衙门的经费,除正印官的养廉须请领于藩司外,其各官俸银及其他定额经费,皆由所属州县供给。州县正印官的养廉银,时归藩库领支,时在本衙门坐支,屡有更易。佐杂廉俸及定额经费,则"准于额编银内坐支",于本属坐支。

临时性的开支,如军需、河工、赈济等,则与经常性经费支出不同。

---

① 王庆云:《纪会计》,《石渠余纪》卷三。

军需。军需是相对于饷乾而言的,饷乾系平时的军队支出,军需则指为镇压农民起义,或平定边疆军事行动所需经费。一旦朝廷决定向某处用兵,必择靠近前线、交通便利的地点,先行设立粮台,派遣委员吏役,经理收发粮饷事宜,同时由户部指拨各省关向粮台解缴钱粮什物。军队向粮台领取粮饷及补给品,事竣后由粮台编造单册,向户部奏销。①

河工。河工大抵以黄河及运河为主,其余永定河、淮河、长江及江浙沿海,也常有工程兴作。清廷专设河道总督来负责管理河道事务,江浙沿海则筑海塘防卫,沿江沿湖有水患的地方,也各筑堤堰,或设专官,或分隶地方兼理。运河以便利漕运为宗旨,需要不时修护挑浚。河工之岁修与抢修为经常性开支,另案及大工为临时经费。河工每岁有定额的额征经费,由各盐运司、淮关及所在各布政司按年征解,如有不敷,则动用司库钱粮,或专案请拨。河款出纳,由各河道库负责。支用经费,各河或有定额,或无定数,采取按年比较之法,不得递加。②

赈济。除了各级政府所设置的常平仓及裕备仓,民间自行捐置的社仓、义仓,平时积谷备赈,赈济支出并无一定专款。遇有灾赈,先开放仓储施赈,一面由州县向督抚呈报灾情,奏请发帑赈济。小范围赈济,准地方官动支当地所储米粮及公款,由督抚委员监赈。大规模赈济,往往由清廷特派大臣,或部差司官莅临放赈。动用钱粮,除本境所有,有时也会截留漕粮,颁发内帑或户部库银,或

---

① 郭嵩焘:《妥议变通报销草桂疏》,《养知书屋遗集·奏疏》卷十。
② 光绪《大清会典事例》卷九〇四《工部四二·河工四·河工经费》。

指拨邻省藩库,或指拨盐、关各库,解往受灾地区施赈。有时政府财力不足,则开捐例,筹款救灾。①

(二) 仓库

仓和库是政府保管所征钱粮的场所,仓储粮,库储银及其他物品。《大学》曰:"生财有大道,生之者众,食之者寡,为之者疾,用之者舒,则财恒足矣。"《礼记·王制》则称:"国无九年之蓄曰不足,无六年之蓄曰急,无三年之蓄曰国非其国也。三年耕,必有一年之食;九年耕,必有三年之食。以三十年之通,虽有凶旱水溢,民无菜色。"都是强调积储的重要性。为政权的稳固,清廷亦建立了完整的仓、库体系,和严格的保管出纳制度。

清代自京师至各省皆设仓以储粮,以备支放官俸、兵食及赈灾之用。京师仓包括内务府的恩丰仓、户部内仓与仓场衙门所辖之京、通诸仓。恩丰仓为供应内廷太监食用粮米的粮仓,由仓场衙门每年拨储供支,归内务府管理。内仓储粮来源,一为仓场每年从运到通仓的漕白二粮内拨储,一为直隶岁解户部的芝麻屯豆。

关于漕粮,大部分运到京城仓库,称正兑米,专供京师驻军食用;小部分运到通州,称改兑米,专供皇室百官俸食。如果地方有事情和军事出动时,也有由户部截留改拨的情况。漕粮除上述两项外,还有每年专供内务府、光禄寺等衙门和王公百官、各国贡使食用的白粮(即白粳米和白糯米)、小麦和黑豆。白粮专从江苏、浙

---

① 光绪《大清会典事例》卷二七〇至二七四《户部·蠲恤》。

江两省征收；黑豆则从河南、山东两省征收。据嘉庆十七年统计，全国八省漕粮实征正兑米256.1万石，改兑米42.65万石，白粮9.9万石，麦豆等项68.6万石，共377.2万余石。其中以江苏、浙江两省征收最多。

历年各省征收漕粮正改兑额数表（单位：石）

年份	正兑	改兑	合计	改兑比重
原额	3300000	700000	4000000	18%
乾隆十八	2715586	501488	3217074	16%
乾隆四四	2722898	482243	3205141	15%
嘉庆十七	2561278	426562	2987840	14%
嘉庆二五	2581587	430000	3011587	14%
道光九年	2562569	435509	2998078	15%
道光二五	2610726	463086	3073812	15%

资料来源：据彭泽益《清代财政管理体制与收支结构》（《中国社会科学院研究生院学报》1990年第2期）修正。按：乾隆《大清会典事例》卷一九四载，乾隆十八年的实征数为352万余石，与此表不符。

漕粮屯放京通二仓，京通仓数，清初有禄米、南新、旧太、富新、兴平、海运、北新、太平八京仓及西、中、南三通仓，合称京通十一仓。康熙、雍正年间，续建本裕、万安、裕丰、储济、丰益五京仓。乾隆年间裁通州南仓，至清后期又裁万安、裕丰二京仓，遂为京通十三仓。

直省之仓，首重常平仓。"常平仓谷，乃民命所关，实地方第一紧要之政。"[①] 常平仓始见于西汉，主要设置于各省州县，一直被视为最重要的官仓。它最初的作用是丰年平籴，荒年平粜，唐宋以后

---

① 席裕福：《皇朝政典类纂》卷一五三《仓库十三·积储》。

则逐渐发展为赈粜兼行。清初灾荒严重,欲赈无谷,统治者迫切感到有必要重建仓储制度。顺治十年(1653年)四月,顺治帝即以《请立常平仓疏》,试翰林学士等官员。① 十二年正月,他又发布上谕,指出水旱灾害,古今皆有,备荒之道,"全在预备得法"。一省报荒,必有不荒之府;一府报荒,必有不荒之县。荒者当速赈,不荒者即当早备,"如常平仓之法",米贱则增价以籴,米贵则减价以粜,官民俱便,历代行之,未尝有改,"若各地方官果有为国为民之心,岂不能于存留项下周详设处?"故他命户部严饬各省遵行。② 次年,清廷又议准积谷赈济,务令修葺仓厫,印烙仓斛,选择仓书,籴粜平价,"不许别项动支仓谷"。此后,常平仓在各地大量兴建。至康熙二十五年(1686年),连黑龙江墨尔根地方亦起造仓厫,收存米谷。③ 清代的常平仓组织完备,法律严密,堪为历代之集大成者,在清代的社会经济生活中发挥着重要的作用。

清代常平仓优于前代的重要特色是谷本充足。它的来源,有官绅富民捐输、贡监捐纳、按亩摊征、截漕增补、拨帑银采买等,其中最主要的方式是动用库银采买。国家直接出资,有效地保证了仓储充裕,随时可以平粜赈贷。如康熙四十三年,户部题准:陕西省动支西安司库兵饷银14万两,以10万两照时价买米增储。④ 雍正九年七月,四川总督黄廷桂等议准,川省除现存米谷42万石外,再买储60万石,分3年完成,每石约价3钱,所需银6万两于

---

① 《清世祖实录》卷七四,顺治十年四月丁酉。
② 《清世祖实录》卷八八,顺治十二年正月壬子。
③ 光绪《大清会典事例》卷一八九《户部·积储·设立常平仓》。
④ 光绪《大清会典事例》卷一八九《户部·积储·常平谷本》。

夔关及盐茶赢余银内动支,"总期三年内买足"。① 乾隆元年,令江西动用存公银买谷 10 万余石,分储各府州县,以备缓急。②

常平仓所储粮食,米、谷、麦、豆、高粱等皆有,因地制宜,合理取舍。大体来说,南方产稻诸省多储稻谷,间储以米;北方各省,则米、麦、豆、杂粮均有。雍正三年,雍正帝指出,常平仓积贮仓粮,特为备荒之用,但南省潮湿,米在仓一、二年便致红朽,改贮稻谷,似可长久。于是,经户部等议定,南方省分所储仓谷,除安徽有谷无米,及福建、浙江仓米有限,毋庸改议外,江西、湖北、湖南、四川储米皆在 5 万石内外,"令于一年内改易稻谷";江苏、广东存仓米皆 8 万余石,广西存仓米 10 万余石,"均分作二年改易稻谷";云南存仓米 57 万余石,贵州存仓米 40 万余石,一、二年内不能尽易,"令二省各以存仓之米支给兵饷,至秋成时征收稻谷补仓",云南限四年,贵州限三年,"尽行改易"。③ 当然,对于这一规定,日后也做过弹性的调整。如四川富顺等县仓米改易稻谷;茂州素不产米,向储米 200 石,令易荞麦 600 石;安徽凤阳、亳州等处,地产粟谷,稻米非本地所出,嗣后凡产粟谷之处,每逢粜三,即准其买粟补仓,"挨年易换";其多余价银,"增买粟谷"。④

由于所储粮食品种不一,必然会给统计带来麻烦。有鉴于此,乾隆四十一年特定,凡米、麦、豆、谷、高粱,"按各处出产,折算谷数"。其兑换稻谷一石的比率如下:

---

① 《清世宗实录》卷一〇八,雍正九年七月丁亥。
② 光绪《大清会典事例》卷一八九《户部·积储·常平谷本》。
③ 《清世宗实录》卷二九,雍正二年二月乙酉。
④ 光绪《大清会典事例》卷一八九《户部·积储·常平积储》。

粮食兑换比率表

省份	品种
山东	豆、荞、杂粮一石、麦六斗
河南	黑豆、高粱一石、麦七斗
江苏	大麦一石、黄豆或小麦五斗
安徽	大麦、粟谷、秫一石,粟米、黄豆、小麦五斗
陕西	小麦、黄豆五斗
四川	小麦五斗,荞子九斗,青稞八斗
贵州	小麦、荞一石

资料来源:光绪《大清会典事例》卷一八九《户部·积储·常平积储》。

不过,折换也不完全以稻谷为准。如甘肃省存储杂粮,粟米、小麦准互抵,青稞、青豆亦准互抵,豌豆准抵小麦、大豆,青稞、青豆亦准抵大豆,"归入杂粮项下报部"①。

清代常平仓保持了平粜、出借与赈贷三大功能。清代各地方政府运用常平仓存粮以调节粮价波动的办法主要是"平粜"。早在顺治十七年就有平粜的规定:"常平仓谷,春夏出粜,秋冬籴还,平价生息,务期便民。"②换言之,基本的办法是春粜秋籴,以平抑季节性的粮价波动。出粜定例为"存七粜三";如地方不适宜粮食久储,或遇灾荒之年,则准其不拘定例,斟酌办理。雍正九年议准:江苏所属仓谷,凡遇青黄不接,出陈易新,不必拘定例存七粜三,可酌量粜卖。乾隆元年,以湖南各属地有高下燥湿之不同,令将常平仓存粜之数,分为三种类型:长沙等四十五府州县存七粜三,永州等三十一府厅县卫存半粜半,龙阳等四县粜七存三;如果民间不须籴

---

① 光绪《大清会典事例》卷一八九《户部·积储·常平积储》。
② 光绪《大清会典事例》卷二七五《户部·蠲恤·平粜》。

买,或不能粜半粜七,则准该管官随时斟酌。七年谕:各省常平仓谷每年存七粜三,原为出陈易新,亦使青黄不接之时,民间得以接济,当寻常无事之际,自然循例办理,若遭值荒歉,谷价昂贵,小民难于谋食,而仍存七粜三,"则闾阎得谷几何"?嗣后凡遇岁歉米贵之年,著该督抚即饬地方官减价平粜,务期有济民食,毋得拘泥成例。二十九年,户部奏准:各省州县存仓米谷,除实遇歉收之年,米价过昂,"非粜三可济民食者",准其据实具详,酌量多粜;其寻常岁稔价平之年,不必拘定粜三之例,"或竟可全数停粜,或止需酌粜十分之一二",总之,必须察看各处情形,"临时酌办"。①

关于出粜价格,起初政府规定依照市价而定,但后来因遇到灾歉,变通为减价平粜,并且随之制度化。乾隆七年规定:"前奏请减价粜谷,于成熟之年,每一石照市价核减五分,米贵之年,每一石照市价核减一钱,此盖欲杜奸民贱籴贵粜之弊。但思寻常出陈易新之际,自应遵此例行,假若荒歉之岁,谷价甚昂,止照例减价一钱,则穷民得米仍属艰难,不能大沾恩泽。嗣后着该督抚临时酌量情形,将应减若十之处,预行奏闻请旨。如有奸民贱籴贵粜之弊,严拏究治。"②到了四十四年,清廷又进一步规定,减价平粜仓粮,"每石不得过三钱";如果必须大加酌减,则由各督抚临时奏请核准。③

常平仓谷除用于平粜以调节粮价波动外,另一项功能是出借给农民作为籽种口粮,以解决青黄不接时农村面临的部分困难,并达到仓谷出陈易新的目的。一般的办法是春借秋还,同时加收

---

① 光绪《大清会典事例》卷一八九《户部·积储·常平仓存粜定例》。
② 光绪《大清会典事例》卷一九一《户部·积储·买补仓谷》。
③ 光绪《大清会典事例》卷二七五《户部·蠲恤·平粜》。

10%的利息,即借1石收息1斗;歉年则只收谷本而不收息。至于每年出借的仓谷数额及是否与平粜同时并举,山西、陕西有些地方志称,常平仓在谷贵时"存七粜三",在价平时"存七借三",加一收息;收成在七分以下之年"免息"。① 由此可知,以常平仓谷出借或平粜,大约仍是因时制宜,每年至少会用必须出陈易新的部分(约为储量的30%)来举办。

仓粮借贷,例于冬后春初青黄不接之时出借,秋后征还;如遇歉收,准其顺延。乾隆二十三年谕:各省仓储,向例春借秋还,青黄不接之时,贫民既得资接济,而秋收后即照数征收谷石,可以出陈易新。若不如期催令完纳,而以旧欠作新领,则借出之项,年复一年,不肖书役即从中影射侵蚀,更有欠户逃亡事故,"日久遂致无著者"。且旧时领借之户尚欠,现在待借之户甚殷,仓储既虚,势不能另为筹给。是虽设仓备借,仍属有名无实,"大非慎重储积,赈恤困乏之意"。嗣后各督抚务当严饬所属,实力奉行,除缓征州县外,所有民欠仓谷,务令依限还仓;其有捏欠作完,以欠作领,即查明参处。②

常平仓的第三个重要功能是在严重灾荒时,以仓谷赈济灾民。早在顺治十七年即规定,常平仓谷除平粜外,"如遇凶荒,即按数给散灾民贫户。"③《大清会典事例》记载赈济的篇幅长达四卷(卷二七一至二七四),其中特别指明动用常平仓谷的事件列有如下几条:1651年的山西、江浙,1691年的直隶井陉等十四州县,1704年的湖北监利,1707年的江南,1714年的陕西、甘肃,1720年的陕

---

① 参见山西《介休县志》卷四、《平定州志》卷九,陕西《咸阳县志》卷三。
② 光绪《大清会典事例》卷一八九《户部·积储·常平仓存粜定例》。
③ 同上。

西、甘肃,1723年的直隶、河南,1725年的江南睢宁、宿迁二县,1726年的安徽无为州、望江等地,1730年的山东,1742年的江苏山阳等五县,1743年的山东,1746年的江南鄢陵等二十六州县,1747年的山东,1758年的甘肃,1760年的甘肃,1783年的陕西,1797年的安徽宿州等五州县,1801年的陕西咸宁等十州县,1807年的河南新乡等十七州县和江苏淮属一带,1832年的直隶,以及1853年的安徽。①

赈济过程亦会发生对常平仓谷的协拨。康熙十九年二月曾定,常平仓积谷原备境内凶荒,若拨解外郡,则未获赈济之利,反受转运之累,人将惮于从事,必致捐助寥寥,"嗣后常平积谷留本州县备赈",永停协解外郡。②但各省丰歉不均,具体情况各异,尤其江南气候湿热,仓谷易于霉变,存贮难多,人口又高度集中,救灾赈粜"非借资邻省不足以通有无",调粮救荒不可避免。故乾隆时期常平仓出省协济之事并不少见,且拨后缺额常以截漕补足。如乾隆十六年谕称:"浙省温台等属米价昂贵,本地存仓米谷不敷平粜。著江浙二省督抚于浙省及江省稍近州县常平仓谷内,酌量应需数目,作速动拨,碾米运往温、台等属接济平粜。其常平缺额,即于浙省冬兑漕粮内照数截留,拨补还仓。"③跨省协拨有利于更大规模地发挥常平仓的备荒救荒作用,也充分体现了清政府在此问题上的灵活性。

仓粮粜出,或因灾赈缺额,清廷均明确规定,限期于本地产谷

---

① 光绪《大清会典事例》卷二七一至二七四《户部·蠲恤·赈饥》。
② 《清圣祖实录》卷八八,康熙十九年二月丁卯。
③ 光绪《大清会典事例》卷二七五《户部·蠲恤·平粜》。

之区或邻境价平之处买补还仓。如遇谷价昂贵,可将所粜价银解交府库,俟次年秋成价贱时照数买补;或于邻邑、邻省采买。被灾州县如仓粮散给无存,务于秋收丰稔之时题明拨银买补。为防止买补仓谷派累百姓,短价低银、抑勒交粮、斗秤以大易小等弊端,乾隆七年特谕:"从前廷臣议买补仓谷,以本邑之赢余,为本邑之拨补,其他州县不得通融;如岁歉谷价昂贵,不敷采买,准其展限。朕思地方积谷,原以备民间缓急之需,必及时买足,方于储蓄有益。嗣后如州县当秋成之时谷价高昂,不能买补,而该处存仓谷石尚可接济者,照例展限,于次年买补;倘谷价既属不敷,而存仓谷石又系不足,准其详明上司,以别州县谷价之赢余,添补采买。"①以后类似的谕旨屡见不鲜。从乾隆时期诸多上谕来看,政府对买补仓额十分重视,遇丰年告诫地方督抚预为积贮,歉岁则根据情形相机筹划,尽量保证定额。即便发生困难,清廷亦多方设法,甚至截漕补仓。因此,乾隆中期以前常平仓贮谷较为充裕。

为了保证仓谷实贮,清代还规定了严格的盘查追赔制度。借粜仓粮时地方官要亲临验放。每年年底,州县官须将存仓数目造册上报。州县官离任时,将常平仓谷照正项钱粮交接,如有亏空限期赔补;如逾期不完,照侵挪仓谷定例治罪。督抚离任,要将册籍交代新任,限新任官三个月内查核奏闻。如有亏空,即行题参。清廷认为:"若亏空仓粮,则一时旱潦无备,事关民瘼,是亏空仓谷之罪较亏空钱粮为甚,自宜严加处分。"雍正四年议定,仓谷亏空,以谷一石比照钱粮五分定罪,"嗣后亏空仓谷,系侵盗入己者,千石以

---

① 光绪《大清会典事例》卷一九二《户部·积储·盘查仓粮》。

下照监守自盗律拟斩,准徒五年。千石以上,拟斩监候秋后处决,不准赦免";如系挪移,除数止千百石照律准徒,五千石至万石照律拟流外;万石至二万石,发边卫充军;二万石以上者,"照侵盗例拟斩"①,可见对此的重视程度。

关于常平仓的谷数,清初军务倥偬,并未限以额数,至康熙四十三年,各省常平仓储规模粗备,始议定积储定额。当时规定,各省府州县积储米谷,大州县存万石,中州县存 8 千石,小州县 6 千石,其余按时价易银解存藩库。但因南北地方气候不同,北方易于存储粮谷,故清廷规定,各州县额贮谷数略高一些。如山东、山西,大州县存谷 2 万石,中州县 1 万 6 千石,小州县 1 万 2 千石。陕西咸宁、长安二县额贮谷达 7 万 5 千石。南方如江苏、四川,大州县仅五六千石,中州县四千石,小州县二三千石。②

雍正一朝,于仓储积弊厉行整顿,屡派大臣赴各省盘仓,凡有亏空,一面惩治官员,一面勒限补足,务使仓储足数无亏。三年,雍正帝特谕大学士,积贮仓谷,关系民生,最为紧要,屡降谕旨,令督抚严饬州县,及时买补昔年亏空之数。今直省地方,俱着定限三年,将一应仓谷,买补完足,"不得颗粒亏欠";三年之后,必特差官员前往盘查,如有缺项,"定行重治其罪"。③乾隆初积储渐多,全国常平仓储总数逾 4800 万石。官聚太多,成为各省米价上涨的重要原因。"常平积贮,所以备不虞,而众论颇以为采买过多,致米价益贵。"考虑到粮食止有此数,聚之官者太多,则留之民者必少,"固

---

① 光绪《大清会典事例》卷一九二《户部·积储·盘查仓粮》。
② 《清朝文献通考》卷二四《巾籴考二》。
③ 《清世宗实录》卷三九,雍正三年十二月戊子。

亦理势之自然"，乾隆十三年又重新调整各省定额：直省常平积谷之数，应悉准康熙、雍正年间旧额，其加储者，以次出粜，"至原额而止"①。四个月后，乾隆帝复下谕旨：直省常平仓所存米谷，康熙年间或未经定额，或定额无多，难以稽考，"应照雍正年间旧额"；云南地处边疆，不近水次，陕西所属沿边积储兼备军粮，雍正年间仓储多寡亦属无定，二省均应以乾隆年间所定之额为准；福建环山带海，商贩不通，广东岭海交错，产谷无几，贵州跬步皆山，不通舟楫，三省仓储均宜充裕，"应以现存之谷作为定额"。计各省积谷3300万余石，较之乾隆十三年以前存仓之额减1431万余石。又令各该督抚视所属府州县大小"均匀存储"；其间有转运难、出产少、地方冲要以及提镇驻扎、各省犬牙交错之处，亦令"分别加储"。②

根据相关资料，可以整理出以下几年的数据：

乾隆朝各地常平仓谷数表(石)

省份	乾隆十三年	乾隆三十一年	乾隆五十四年
盛京	1200000	241618	520000
直隶	2154524	1975275	2198520
山东	2959386	2563305	2945000
河南	2310999	2391600	2866499
山西	1315837	2303263	211031
陕西	2733010	2156610	3558504
甘肃	3280000	1831711	6892250
江苏	1528000	1271857	1538000
安徽	1884000	1235707	1894000

---

① 《清高宗实录》卷三一九，乾隆十三年七月辛丑。
② 《清高宗实录》卷三三〇，乾隆十三年十二月壬辰。

续表

浙江	2800000	407363	2926561
江西	1370713	1341921	1405832
湖北	520935	763579	2091628
湖南	702133	1438349	1522682
福建	2566449	2689718	2984620
广东	2953661	2901576	2850038
广西	1294829	1380121	1294829
四川	1029800	1856437	3118004
云南	701500	844355	835246
贵州	507010	881848	2258496
总计	33812786	30476213	45810740

资料来源:光绪《大清会典事例》卷一九十《户部·积储·常平谷数》,《清朝文献通考》卷三七《市籴考六》。

通过上表可以看出,经过乾隆中期的小幅度调整,直到乾隆晚年,常平仓的储量又保持在高位水平。这至少表明,这个制度曾在相当长的时间内良好地运行着。

社仓、义仓、盐义仓,均为民仓,乡村立社仓,市镇立义仓,功用类似于常平仓。这些仓多由士民捐储,大抵官设官储由官府委员经理,士民捐设则由绅董经理。社、义仓始于康熙朝,雍乾时期得到推广,但地方官府已经介入管理,制定章程,规定奖惩,交代盘查,类似于半官方性质。嘉道时期,社义仓积弊日深,鲜有实效。

旗仓、营仓、边仓为军仓。旗仓设于盛京、吉林、黑龙江各将军所辖八旗驻防地方,营仓设于各直省提镇所在地,以及沿边沿海或距省会较远的偏僻驻军地方,边仓设于沿边卫、堡、所等处。各仓之设,以备兵丁平粜及借贷之需,与常平仓功能类似。这些仓的储备来源,或官拨米粮,或拨公款购买。所储粮食,亦因地制宜,有谷、米、豆、青稞等。

每年年底，地方官须将各仓储粮情形报户部备案。据嘉庆《大清会典》记载，嘉庆十七年各省仓存谷数为河南1053000石，四川800000石，贵州省10000石，安徽省200000石，西藏8400石，五省共计2071400石。同年东三省旗仓积谷数为盛京200000石，吉林为206845石，黑龙江为330000石，三省共计736845石。下面是嘉道时期的各省仓谷数统计情况：

嘉道时期各省存仓谷数表（单位：石）

时间	谷数	时间	谷数
嘉庆元年	37206539	道光元年	35120009
二年	31335999	二年	35355250
三年	30757763	三年	34896667
四年	31380799	四年	32884463
五年	29575297	五年	32610160
六年	30483879	六年	32702483
七年	31184052	七年	31552769
八年	30548273	八年	32982255
九年	29706248	九年	33806160
十年	29411999	十年	34054172
十一年	28103031	十一年	33686342
十二年	30218182	十二年	32234557
十三年	30483879	十三年	30555716
十四年	33528853	十四年	29914777
十五年	31443177	十五年	30531983
十六年	33390605	十六年	29676074
十七年	33588586	十七年	30350316
十八年	33704468	十八年	30828804
十九年	30802870	十九年	31615400

续表

二十年	30802870	二十年	32369626
二十一年	32651043	二十一年	32061540
二十二年	34097711	二十二年	32149031
二十三年	35563144	二十三年	32018021
二十四年	36773554	二十四年	32379814
二十五年	36713139	二十五年	32301219
		二十六年	32493302
		二十七年	31503126
		二十八年	29274285
		二十九年	25726606
		三十年	27492420

资料来源:《清仁宗实录》、《清宣宗实录》每年年终奏报。个别年份有漏报省份。

以上系就全国的总体情况而言,下面是根据相关档案做出的全国省份统计表:

道光各直省存仓谷数表(单位:石)

省份	道光十四	道光十五	道光二十七年	道光二十八年
奉天	170784	149218	144228	189459
吉林	22719	22818	35378	35465
直隶	790362	810463	685157	659393
安徽	1687733	1679830	1751186	1741786
江苏	291028	302358		
江西	1403180	1562724	1541465	1536610
浙江	1838378	1976059		
湖北	553253	655917	1095369	1109522
湖南	1004526（缺社仓数）	1026561（缺社仓数）	1736104	1706815
山东	1048213	998686	1314149	1302769

续表

河南	2959087	3027244	2454576	2321866
山西	1721623	1774857	1637179	1672135
陕西	2075810	2120832	2200218	1918638
甘肃	1838309	1790451	1893571	1874030
新疆	540325	526282	767903	775955
四川	3855948	3878946	3990374	3990816
广东	3310274	3352728	3433185	3438747
广西	1733524	1729189	1751790	1752844
云南	1196962	1189044	1220908	1222506
贵州	1872728	1957766	2024741	2024920
总计	29914776（缺福建数）	30531982（缺福建数）	31503125	29274284

资料来源:《道光年间各省民数谷数清册》,《历史档案》2008 年第 1 期。福建数据无奏报,暂缺。

由上两个表格可以看出,这时的仓谷存数仍然比较稳定,制度运行仍然相当有效。

以上为仓,仓外有库。京师有内务府广储司六库及户部三库,京外有盛京户部银库,各将军、都统、副都统、城守尉库,各省布政使司库、按察司库、督粮道、河道、兵备道、盐运使司、盐法道库、监督库,分巡道、府、直隶州及民族地区的分防厅库,以及州县卫所库等。其银钱储放关系如下:

藩库贮各州县征解田赋、杂赋银。

按察司库贮各州县赃罚银钱,驿站夫马工料银两。或由藩库移解,或由部拨邻省协解。

粮道库贮漕项银两,其他项下征解者,由布政司移解。

河道库贮河饷银两,或由藩库移解,或由部拨邻省协解。

兵备道库贮兵饷银两,或由藩库移解,或由部拨邻省协解。

盐运司库及盐法道库贮正杂盐课。

各关监督库贮关税,由道、府、厅、州、县经管税务者,税银各贮该员本管库内。

州县卫所库贮经征正杂赋银,除应解河道、粮道库银款外,余俱按款批解藩库。

雍正五年(1727年),令各省藩库按路程远近,各酌留数十万两,以备不虞。起初规定全国总数为四百余万两,后加至七百余万两。八年,复令于事务较繁之州县,分储若干银两,"以备急切之用"。后来道、厅、提督、总兵、副将、都统、副都统等属库也各有分储,惟分储银两数量较少。

雍乾时期各省封储数表(单位:万两)

省别	雍正五年	乾隆四十一年	省别	雍正五年	乾隆四十一年
直隶	——	3	福建	30	40
山西	20	31	山东	10	25
江宁	15	48	河南	20	35
苏州	15	40	江西	30	37
安徽	30	40	浙江	30	31
湖北	20	40	湖南	30	32
陕西	20	31	甘肃	30	38
四川	30	105	广东	20	20
广西	30	38	云南	30	49
贵州	30	46	总计	440	729

资料来源:《光绪大清会典事例》卷一八三《户部三二·库藏三》。另,乾隆二十五年(1760年)拆分江苏布政使司为江宁与苏州布政使司。故雍正五年之银数系两处均分。

储备银两如有急需,题明动支,于拨饷时请部照数拨补,名曰"司库封储"或"留储"。凡封储、分储银两,须先行题奏核准,方准动用。个别偏远地区,如台湾,遇有紧急事故,准一面拨用,一面具奏。用过款项,随时筹补归款。一岁动存数目,年底造册咨送户部。各省官兵军饷,或向藩库支领,或分拨附近州县,按季、月散给。①

三、财政收支

财政研究在相当大的程度上是通过对政府收支的考察来实现的。清初入关,战事频仍,自顺治元年至七年,每年仅有行盐引数、盐课数目及铸钱数,八年以后,始有人丁户口、田地、征收银米麦豆等资料。②《石渠余纪》称:"开国之初,法制未定,顺治八年以后,各省始有奏销数目。"③正是对这一现象的描述。《清史稿》亦称,顺

---

① 光绪《大清会典事例》卷一八三《户部三二·库藏三·寄储》。
② 顺治八年(1651年)的数字是:"是岁人丁户口一千六十三万三千三百二十六,田地山荡二百九十万八千五百八十四顷六十一亩,畦地二万二千七百九十八个,征银二千一百一十万一百四十二两有奇,米麦豆五百七十三万九千四百二十四石四斗有奇,草四百七十四万三千一百一束,中茶三万五千四百五十三蓖,行盐三百四十七万八千五百二十八引,征课银一百九十六万五千一百五十九两九钱有奇,铸制钱二十四万三千五十万九千五十有奇,旧铸铜钱二十一万三千三百七十有奇,钞一十二万八千一百七十二贯四百七十有奇。"顺治十八年(1661年),全国人丁户口一千九百一十三万七千六百五十二,田地山荡畦地五百二十六万五千二十八顷二十九亩,征银二千五百七十二万四千一百二十四两有奇,米麦豆六百一十万七千五百五十八石有奇。至康熙二十五年(1686年),"三藩之乱"已定,台湾回归大清版图,社会安定,这一年的全国人丁户口二千三十四万一千七百三十八,田地山荡畦地五百九十万三千四百三十八顷六十七亩有奇,征银二千七百二十四万一百八十九两有奇,米麦豆六百九十一万二千二百九十三石二斗有奇。参见《清世祖实录》卷六一、《清圣祖实录》卷五、卷一二八。
③ 王庆云:《石渠余纪》卷三《纪会计》。

治八年，刑科给事中魏象枢"请定布政使会计之法，以杜欺隐"①，自此以后，户部始有年度奏销，清代财政记录也逐步丰富起来。

(一) 收入

清代财政收入，主要包括四大项：田赋、盐课、关税和杂赋。

在清代财政的基本收入中，田赋占全部税收的大宗。田赋是土地税，即征收土地收益的直接税，根据土地面积和肥瘠而征收。清朝前期为了恢复社会生产和鼓励人口增殖，最初宣布以康熙五十年(1711年)的人丁为常额，以后"滋生人丁，永不加赋"；然后又实行"摊丁入地"，田赋就包括了丁银。因此，田赋又有地丁之称，即地税和丁银的合称。钱粮是指当时田赋里部分征银或钱，部分征粮，所以又称为钱粮。

清代前期田制有民田、官田、官庄(庄田、旗地)、屯田等之分。征收赋税的主要对象是民田。由于幅员辽阔，各地气候差异很大，土壤肥瘠不同以及物产丰歉不一，全国田赋税率极其复杂。民田分为三等九则(上上、上中、上下、中上、中中、中下、下上、下中、下下)，国家按则征收。各地税则很不一致，税率差别也大，即使在一省之内也不尽相同。例如，山西民田每亩征银合一厘七毫到一钱，粮一合五勺至二斗七升不等；浙江杭嘉湖地区税额最重，比其他省份多至 10—20 倍。

州县征收田赋，在雍正年间规定，地丁钱粮上期要在农历二月开征，五月截止，名曰上忙；下期农历八月接征，十一月截止，名曰下忙。每年分两次，这是根据农业每年两次收获而采取的征税办

---

① 《清史稿》卷二七〇《列传五十·魏象枢》。

法。当然,因幅员辽阔,各地差异很大,故征收田赋的期限实际上并不一致。奉天、直隶、河南、山东、山西、安徽、江西、湖北、湖南、浙江、广西、甘肃等省征收钱粮,是二月开征,五月结束,八月接征,十二月底全完。江苏、四川、陕西限二月开征,七月底交完半数,八月接征,十二月底全完。各省每年田赋额征多少,蠲缓多少,实征多少,存留多少,起解多少,都要分别奏明户部。

田赋报告主要有上忙报告、下忙报告、一年总结报告、前后三年比较报告,每年还要编造详细的黄册。根据各府州县收支情况,按四柱册式造报,分为旧管(原来库存数)、新收(本年收入)、开除(本年支出)和实在四项,旧管加新收减去开除等于实在。这种奏销册即黄册(清代黄册封面系黄绫,故名),由总督和巡抚按规定时间随同题本向皇帝报告。各省黄册进呈后,一般由户部审核,如有错误,则驳回再造。黄册之外,还有一种奏销册叫清册(封面多用青纸或青绫,又称青册),由布政使每年春秋两季编造,可视为黄册的副本,也是由督抚咨送户部,内容是把本省当年实存银数和第二年应需开支的官兵俸饷预先估算,这大致相当于下年度的预算。春季限二月上报,秋季限八月上报。户部根据这种清册进行审核,然后确定对各省拨解协济的银数。

除银钱外,各省尚征收部分实物,以米、谷、麦、豆为主,其他尚有草、丝、药材、颜料、黄蜡、茶叶等。征收方法,有易知由单、三联单、滚单、顺庄编里等法。粮户交米,各分都图界址,每都、每图设有粮差,专司造办册籍,催征钱粮。每年开仓之前,粮差将各户应纳粮数刊入易知由单,发交花户,前往粮仓交米。州县于每处派总书、漕书,经办收米兑运事宜。收纳完毕,州县兑交,押运北上。

乾隆十八年全国各省民田数目表(单位:顷)

直隶	657191	湖北	566913
盛京	25243	湖南	321287
山东	971054	陕西	252371
山西	329586	甘肃	177813
河南	722820	四川	459146
江苏	689884	广东	328832
安徽	338120	广西	87400
江西	479207	云南	69499
福建	128270	贵州	25691
浙江	459787	总计	7091054

资料来源:乾隆《大清会典》卷九、十。

由于可耕地面积及收成会随时间的不同而变化,故每年的田赋收入也会有所变化。清代田赋收入,每年约2000多万两到3000多万两。

清前期田额粮赋表

时间	田数(顷)	赋银(两)	赋粮(石)
顺治十八年	5493576	21576006	6479465
康熙二十四年	6078430	24449724	4331131
雍正二年	6837914	26362541	4731400
乾隆三十一年	7414495	29917761	8318735
嘉庆十七年	7915251	32845474	4356382

资料来源:王庆云《石渠余纪》卷三《历朝田额粮赋总目》。另,起运漕白不在此内。

实物征收之中,以漕粮为最重要。从性质上说,漕粮是田赋的一部分,也是土地收益的直接税。从税制上讲,它是从田赋中派生出来的一种独特制度。在清代,征收漕粮只限于8个省份,即山东、河南、江苏、浙江、安徽、江西、湖北、湖南。漕粮全部征收米和豆类,专门供应京师皇室、贵族和官兵食用。国家为此设立漕运总督,总管漕政。总督之下各省又分设粮道,粮道在运河两岸设立卫所,保护漕粮运输。在有漕粮的省份,还设屯田,主要是为赡养屯丁运兵。漕粮征收数目有定额,大致每年400万石左右。

  盐课是向每个食盐消费者间接征收的资源税,也是税制中相当复杂的一种。清代疆域辽阔,食盐、产盐皆众,即蒙古、新疆等地,亦"多产盐地","而内地十一区,尤有裨国计"[①]。清代实行盐的引岸专商制度。所谓引,指引票,是运销食盐的一种特许证;岸即"引地",即引票上规定的销盐地区。在这种制度下,清代把全国划分为若干行盐区域,每一区域内收盐、运盐、销盐事项,都由若干商人专利把持,官府则向专商征税。清代的盐区制基本上是沿袭明代旧规,主体盐区变化不大,主要按行政区化,以产盐所在省份为主,兼及相邻省区,仅奉天为新添,广东和四川的盐销区有所扩大。为对清代的产盐区与销盐引地有一更清晰的了解,下面将清代盐业的生产与销售区域做一总表:

清代产盐销引表

产盐	销盐引地
盛京盐	奉天、锦州二府属
长芦盐	直属顺天府、保定府、永平府、遵化府、易州、河间府、天津府、正定府、冀州、赵州、深州、定州、顺得府、广平府、大名府、宣化府、河南开封、彰德府、卫辉府、许州并所属之临颍、郾城、长葛三县、陈州府、怀庆府、南阳府舞阳一县

---

① 《清史稿》卷一二三《食货四·盐法》。

续表

山东盐	济南府、兖州府、东昌府、青州府、泰安府、武定府、莱州府、登州府、沂州府、曹州府、济宁州、临清州,河南归德府,江苏徐州府所属之铜山、萧砀、山丰、沛五县,凤阳府所属之宿州。
两淮盐	江宁府、淮安府、扬州府、徐州府、海州、通州、安庆府、宁国府、池州府、太平府、庐州府、凤阳府、颍州府、六安府、泗州、和州、滁州,湖北武昌府、汉阳府、安陆府、襄阳府、郧阳府、德安府、黄州府、荆州府、宜昌府、荆门州,湖南长沙府、岳州府、宝庆府、衡州府、常德府、辰州府、沅州府、永州府、永顺府、沣州、靖州,江西南昌府、饶州府、南康府、九江府、建昌府、抚州府、临江府、吉安府、瑞州府、袁州府,河南汝宁府、光州。(行于湖南兼行贵州思州府、镇远府、铜仁府、黎平府不颁引)
河东盐	山西太原府、平定州、忻州、代州、保德府、宁武府、汾州府、辽州、沁州、平阳府、蒲州府、解州、绛州、吉州、隰州、潞安府、泽州府,陕西西安府、凤翔府(后改食花马池盐)、邠州、乾州、商州、同州府、兴安府,河南河南府、陕州、南阳府、汝州、许州之襄城县。
花马池盐	陕西汉中府、延安府、鄜州、绥德州,甘肃平凉府、庆阳府、宁夏府、兰州府、巩昌府、秦州、阶州、洮州。
福建盐	西路:延平府、建宁府之建安、瓯宁、建阳、崇安、浦城五县,邵武府;东路:福州府之罗源、古田、屏南三县,建宁府之松溪、政和二县,福宁府;南路:福州府之闽侯官、长乐、福清、连江、闽清、永福七县,兴化府、泉州府、漳州府、永春府、龙岩州。(台湾府委台湾府兼管,官收官卖)
两浙盐	杭州府、嘉兴府、湖州府、宁波府、绍兴府、金华府、衢州府、严州府、温州府、台州府、处州府,江南苏州府、松江府、常州府、镇江府、徽州府、广德州、太仓州,江西广信府。
广东盐	广州府、韶州府、南雄府、惠州府、潮州府、肇庆府、高州府、廉州府、雷州府(以上均设额引)、琼州府(就灶征课,不设额引)、连州、嘉应州、罗定州,广西桂林府、柳州府、庆远府、思恩府、镇安府、平乐府、泗城府、梧州府、郁林州、南宁府、太平府、浔州府,江西南安府、赣州府、宁都州,福建汀州府,湖南桂阳州、郴州,贵州之古州,云南广南府、开化府。

续表

四川盐	成都府、茂州、宁远府、保宁府、叙州府、叙永厅、重庆府、酉阳州、忠州、顺庆府、夔州府、龙安府、绥定府、潼州府、眉州、嘉定府、邛州、泸州、雅州府、资州、绵州,湖北宜昌府鹤峰、长乐二县,施南府,云南乐川府、昭通府及曲靖府属霑益州、南宁、平彝二县。
云南盐	云南府、大理府、临安府、楚雄府、徵江府、景东厅、广西州、曲靖府、顺宁府、武宁州、丽江州、元江州、普洱府、蒙化厅、永昌府、永北厅、镇沅州、阿陋井在使、弥沙井大使。

资料来源:光绪《大清会典事例》卷二二一至二二九《户部·盐法》。

通过以上表格不难发现,在清代,几乎每一省份之食盐,均来自不同的盐产区。这种划分,一方面是为行政管理的方便,另一方面也是为盐的产运销方便。当时盐有三种:海盐、井盐和池盐。海盐主要是沿海如长芦、山东、淮南、淮北、两浙、福建、广东等地出产。井盐主要是四川、云南两省出产。池盐主要是陕西和河东一带出产。三者之中,以海盐产销数目最大,引岸区域最广。盐课按专商的引数和票数来征收,但在各个行盐区域,每引、每票行盐的规定都不一样,每引配盐有的100斤,有的600斤,所以税率也不一致。

盐课与田赋和漕粮这两种按固定额数征收的税种不同,全国盐课收入的总趋势是不断增长,在财政总收入中仅次于田赋,成为第二大税源。清朝前期盐课收数,顺治初年约为56万两,以后每年收课银约270多万至380多万两;乾隆时期,每年盐课奏销总额约556万至565万余两,另有盈余银42万至145万余两。在这些盐区中,最大的盐区为两淮,所征盐课也最多。正是由于这种重要性,才使得道光时期两淮盐政的改革具有风向标的作用。

清代盐课表（单位：两）

年代	全国课银	两淮课银	淮课比重	资料来源
顺治年间	2701124	1339864	50%	雍正《大清会典》卷四九
康熙二十四年	3882633	2039285	52%	雍正《大清会典》卷四九
雍正四年	3866034	1759787	45%	雍正《大清会典》卷四九
乾隆十八年	5560540	2179264	40%	乾隆《大清会典》卷十五
嘉庆五年	5652575	2202930	40%	嘉庆《大清会典事例》卷一七七
光绪十七年	7398799	3112182	40%	光绪《大清会典事例》卷二二一、二二三

资料来源：佐伯富：《清代鹽政の研究》，第15页。

关税是一种商品通过税。[①] 清初对关税并不重视，康熙时年征额不过100多万两。"各关征税，国初定有正额，后货盛商多，遂有盈余"[②]。清代各个关的正税银数，曾经历过调整，但变化的幅度不大，总数在190万余两。除正税银外，有些关还有铜斤水脚费用，即各关关差采办铜斤所需的水脚银（差旅费）。康熙四十五年（1706年）关差停止办铜以后，此项水脚仍旧存留下来，作为正额的一部分。据光绪《大清会典》记载，有铜斤水脚的关为崇文门7692两有奇（遇闰为8536两有奇），天津关、临清关（户关）、扬州关、西新关各为7692两有奇，江海关2500两，浒墅关22442两有奇，淮安关15384两有奇，凤阳关10320两有奇，芜湖关18423两有奇，九江关18392两有奇，赣关5346两有奇，闽海关7000两，浙海关3750两有奇，北新关15384两有奇，太平关5846两有奇，以

[①] 清代的关税与现代意义上的关税不同，现在我们所说的关税系指对进出国境的货物或物品征收的税，包括进口关税、出口关税和过境关税三种。

[②] 姚元之：《竹叶亭杂记》卷二，中华书局1997年版，第118页。

上合计163247两有奇。又粤海关的铜斤水脚则包括在正税银内。① 随着考核渐严，清廷规定各榷关不但有正额，还报解盈余，乾隆四十二年定为三年比较，即以当年收数与前三年收数最多的年份比较，若有短绌，由关员赔补。乾隆以后，每年解部关税，正盈合计户关为400余万两，多时达到500余万两；工关为40万两左右。

最后是杂赋。王庆云称："凡地丁之外取于民者，皆为杂赋。"但在实际的征收过程中，杂赋有较为确定的对象。据光绪《大清会典事例·户部·杂赋》记载，杂赋一般分四类：一是课，如各省芦课、茶课、金银矿课、铜铁锡铅矿课、水银朱砂雄黄矿课、鱼课等。二是租，如直隶省对旗地征收的旗租，各省对学田、公田和官田征收的地租等。三是税，如各省州县的田房契税、当税、牙税、落地牛马猪羊等税、牲畜税、烟酒税等。四是贡，主要是对少数民族地区征收的实物贡赋，如马贡、狐皮贡、贝母贡、蜡贡等。杂赋征收的方式和用途多种多样，有的定额包征，有的尽收尽解；有的专充兵饷，有的起运户部，也有的存留本省地方。杂赋收入，康熙二十四年为67.3万两，雍正二年为69.8万两，乾隆十八年为104.9万两。由于杂赋纷繁复杂，有些财政统计数据往往略而不列。王庆云称："纤悉不可备书。"②吴廷燮亦言："屯赋、学租、杂税、茶矿等及捐摊各款，皆不列。"③所以在使用这些材料时，必须做出准确判断。

---

① 崑冈等撰：光绪《大清会典》卷二三《户部》，中华书局1990年影印本，第203页。
② 王庆云：《石渠余纪》卷六《纪杂税》。
③ 吴廷燮：《清国财政考·乾隆时之财政》。

下表是吴廷燮根据相关史料,做出的未收录杂赋的乾隆十八年各省岁入表:

乾隆十八年岁入表(单位:万两)

省份	地丁	漕粮	兵粮	盐课	关税	合计
直隶	241		10	60	21	332
盛京	300		7			307
山东	334	34	15		4	387
山西	297		16	42		355
河南	330	22	2			354
江苏	337	171	43	217	77	845
安徽	168	56	27		60	311
江西	187	75	12		45	319
福建	117		16	39	33	205
浙江	281	85	27	73	30	496
湖北	110	3	15		9	137
湖南	116	13	14		1	144
陕西	153		16			169
甘肃	25		50	7		82
四川	56		1	8	18	83
广东	125		34	47	65	271
广西	38		13		10	61
云南	15		23	26		64
贵州	10		15			25
总计	3240	459	356	519	373	4947

吴廷燮:《清财政考略·乾隆时之财政》,民国三年三月校印本,中国社会科学院经济研究所图书馆藏。

从上可知,当时清廷的总收入即便不包括杂赋,也已经达到了4947万两。不过,据何本方的统计,这一年的收入似有大幅度的下降:

清代历朝诸项财政收入简表（单位：万两）

年代	地丁	比例	盐课	比例	榷关	比例	杂项	比例	岁入总额
顺治九年	2126	87%	212	9%	64	2.6%	36	1.5%	2438
康熙二十四年	2727	85%	276	9%	120	3.78%	67	2.1%	3190
雍正三年	3007	82%	443	12%	135	3.7%	68	1.9%	3585
乾隆十八年	2938	70%	701	17%	430	10.3%	105	2.5%	4069
乾隆三十一年	2991	71%	574	14%	540	12.8%	120	2.8%	4858
嘉庆十七年	2833	71%	579	14%	481	11.9%	120	3%	4013
道光二十一年	2943	69%	747	18%	435	10.2%	120	2.8%	3714

资料来源：何本方《清代商税制度刍议》(《社会科学研究》1987年第1期)。按，何氏另文《清代户部诸关初探》(《南开学报》1984年第3期)在学界影响颇大，然数字讹误。此处数据以后出之文为准。

以上表格所列收支各项，虽数额悬殊，但大致趋势却相同。需要指出的是，上述财政收入，只系常例收入。当时清廷的另外两项重要财政收入来源，也是清朝财政得以维持的两大支柱：捐纳与报效，并未被收录进来。

清代的捐纳，因其开捐及用途的区别大致可以分为军需事例、河工事例、赈灾事例、营田事例四种，其中以军需、河工为最多。报效则是统治者为解决财政困难而对商人采取的一种勒索办法。根据陈锋的统计，仅乾隆至嘉庆时期的盐商报效银，即多达65001491两，其中最大的用途是军需，其次是河工，又其次是助赈。① 这说明在解决统治者财政困难方面，商人报效起了很大的作用。但不管是捐纳还是报效，都产生了极大的负面效应。萧一山谈到乾嘉财政状况时说："乾隆狃于承平日久，渐开侈靡之端。

---

① 陈锋：《清代盐政与盐税》，中州古籍出版社1988年版，第220页。

寿典则铺张辉皇,巡狩则踵事增新,盘游无度,穷兵黩武,又迭免全国钱粮漕粮,以博政尚宽大之虚声,故财政之充裕,渐不如前。河工之费,糜帑数千万,用兵于金川、准、回、缅甸、台湾、安南、廓尔喀等,总计不下一万二千余万。乃不得不采用各种筹款之方法以资挹注:开行报捐事例、商人报效、关税加盈余、盐斤加价、公摊养廉(凡河工军需等项例不能销,及弥补亏空赔累者,皆取之于此)……夫以数万万之母财,而置诸不生产之地,民生焉得而不穷困乎?以故嘉庆一朝,凋敝之景况见焉。加之教徒扰攘,沿海不靖,先后糜帑数千万,而河道屡决,宣防并急,不特司农竭蹶,即社会经济,亦呈停顿之状态。逊至道光,国力益疲,有清末叶财政上之危机,实已胚胎于斯时矣。而政府所恃以补苴者,无他良法,仅数开捐例已耳。"[1]清廷既受益于此,也付出了惨重的代价。

压缩地方财政空间,是清廷一贯采用的办法,也对清廷的财政收入产生了一定影响。清廷首先是通过行政命令,对地方的留存数量进行裁减。顺治年间,迫于军费急需,从顺治二年就开始试行裁扣地方经费以充军饷,至顺治中后期及康熙前期,裁扣地方经费以充军饷的措施更为明显。其中尤以顺治九年、十一年、十三年、十四年、康熙七年、十四年和十五年这七年为突出。顺治十一年户部奏称:"钱粮乃国家经费所赖,兵民命脉所关,不容少缺。……州有知州、州同、州判吏目,又有学正一员、训导二员,共七员,每年俸薪经费衙役工食共银二千一十一两零,……酌量裁汰,将所裁钱粮

---

[1] 萧一山:《清代通史》卷中,第 358 页。

于紧要处养赡满洲兵丁,似可有裨于国计矣。"①顺治十三年九月遵旨会议,"应裁直省每年存留银两,……凡裁银七十五万三千六百三十四两六钱,以济国用。"②

顺治十三年地方经费裁减(单位:两)

裁减项目	裁减数额
抚道按臣巡历操赏花红银	6292
预备过往各官供给下程柴炭银	171064
督抚按巡历造册纸张、扛箱银	28916
衙门桃符门银价值银	1421
孤贫口粮、柴薪、布匹银	87767
朝觐、造册送册路费银	11748
生员廪膳银	126818
考校科举修造棚厂工食花红银	88088
乡饮酒礼银	4515
修渡船银	20708
修理察院公馆银	6053
进表路费银	3627
渡船水手工食银	10889
巡检司弓兵工食银	23290
督抚府州县书役工食	162342
合计	753535

资料来源:《清世祖实录》卷一〇三,顺治十三年九月辛未。

此次删减地方经费银多达75万两,全部收归中央统一调配。清前期裁扣地方经费以充国用的比例虽然各地有所不同,但是原属地方支配的财政收入有相当部分调整为中央政府使用,却是普

---

① 《清世祖实录》卷八四,顺治十一年六月癸未。
② 《清世祖实录》卷一三〇,顺治十三年九月辛未。

遍趋势。至康熙二十五年以后,地方存留经费基本被控制在岁入财政的20%以内。嘉道时期,裁减地方经费的办法仍在继续。嘉庆五年,清廷宣称进一步减少地方存留银两:"州县征收钱粮,照依赋役全书内额编银两,分别征收。各州县详明拆封后,责成道府查核实征银两,应支官俸、役食、驿站、夫马、祭祀、孤贫等项银两,由各州县自行支留,余存银两,即行解交藩库。"①仍是剥夺地方财政的空间。

清廷还往往将一些本来应由政府支出的项目,责成地方垫办、挪支、设法,并逐渐演变成民间的附加税,日久则沿为国家的固定收入。如津贴,乾隆十三年第一次金川之役,即有津贴之名,"川省每一州县派夫六十名,里下科派津贴银两,每夫一名,竟至四五十两之多。一夫在途或有逃亡病故,仍向本县补派,其津贴银两,亦一例重科。"②嘉庆元年,据四川总督孙士毅奏称,川省津贴起自金川用兵,民间惮于远出受雇,情愿出资津贴。此后,在白莲教起义过程中,清廷为筹措军费,又加大津贴数额,"川省办理军需,虽有民间津贴之事,但所谓津贴者,止如运粮脚价以及台站夫马等类,官价不敷,则由该百姓出资帮贴",历来办理津贴,有滥用侵渔之弊,故制定章程,以"均劳役而示公平"③。四川的新都、泸州、合江、江津、涪州等州县自嘉庆五年起征收津贴银,嘉庆七年征收的州县则达到91处。征收率一般为正粮1两,随征津贴银1两,遂使地丁钱粮加倍。道光十九年,户部尚书何凌汉还称:"川省地丁

---

① 《大清会典事例》卷一六九《户部·田赋·起运钱粮》。
② 《清高宗实录》卷三一八,乾隆十三年七月乙未。
③ 嘉庆《四川通志》卷六六《食货·徭役》。

额征六十余万两,加以津贴,较原课几增两倍,非藏富于民之义。"①道光以后,津贴成为正式的附加税。

(二) 支出

嘉庆《大清会典》记载:"制天下之经费,凡国用之出纳,皆权以银,量其岁之入以定存留起运之数,春秋则报拨。凡岁出之款十有二:一曰祭祀之款,二曰仪宪之款,三曰俸食之款,四曰科场之款,五曰饷乾之款,六曰驿站之款,七曰廪膳之款,八曰赏恤之款,九曰修缮之款,十曰采办之款,十有一曰织造之款,十有二曰公廉之款。"②清廷又从财政管理的角度,将这12项财政支出划分为三大块:京师经费、直省经费和杂支。京师经费包括:京师王公百官俸银,兵饷,盛京热河围场、东陵、泰陵各官兵俸饷,外藩王公俸饷银,内阁等处饭银、吏部、礼部的养廉银,京官公费饭食钱,内务府、工部、太常寺、光禄寺、理藩院备用银,宝泉宝源局料银,在京各衙门胥役工食等,各项支出均有数额。直省经费主要靠地方存留银两支领,如有不敷本省经费者,则由户部于邻省拨济。除此之外的支出,均为杂支,如贞节费、选秀女费用、差费、西藏驻防官兵费用等。总体来说,清代财政大致可分为皇室经费、宗室和官吏俸禄、兵饷、驿站经费、科场学校经费、河工塘工经费。与军费等临时性开支相比,这些都属于财政上的常例支出。

清廷每年财政支出的大项是王公百官俸饷、兵饷、河费及驿站

---

① 《清史列传》卷三七《何凌汉传》。
② 嘉庆《大清会典》卷十二《户部》。

费。据魏源统计,清廷岁出之数,满、汉兵丁 80 余万,实支饷、米、草、豆银 17037100 两有奇;王公百官俸 938700 两;文职养廉 3473000 两,武职养廉 80 余万两;满、汉兵赏恤银 30 余万两,八旗添设养育兵额缺银 422000 余两;各省学校廪粮、学租银 14 万两;驿站钱粮银 200 万两;漕船 5688 号,十年更造一次,每船开销料银 208 两,每十年约需银 120 万两;赎回旗丁屯卫田,官佃收租津贴疲丁,"岁不下数十百万";赎回旗人旧圈地,归官收租,于岁终分赏旗兵一月钱粮,约岁需银 38 万两;河工岁修银,东河 80 万两,南河 300 余万;宗室俸米无定额,京官各衙门公费饭食银 143000 两有奇;外藩王公俸银 128000 两;内务府、工部、太常寺、光禄寺、理藩院祭祀、宾客等备用银 56 万两,采办颜料、木、铜、布等银 121014 两,织造银 145000 余两,宝泉、宝源局工料银 107670 两;在京各衙门胥役工食银 83330 两,京师官牧马牛羊象刍秣银 83560 两,宫殿苑囿内监 2400 余人,所食钱粮 5 两至 1 两有差,"此岁出之大数。而蠲赈、蠲免、普免钱粮及河灾库需意外之事不与焉"①。当然,对于这些数据,还需要具体分析。

皇室经费是指皇帝和其家族开支的费用,由内务府经管,开支内容主要包括采办、织造和内务府的经费。这种经费,一部分是来自内务府管辖的皇帝庄田的地租,一部分是由户部指定从各省关税中解拨的税款。冯桂芬曾言:"国家经费有常,惟宗禄无定额。《会典》诸书,奉恩将军以上俸数皆不录。闻近来岁支三百余万,十倍于国初,此宜与以限制者也。至八旗生齿日繁,世复一世,尤难

---

① 魏源:《圣武记》附录卷十一《武事余记·兵制兵饷》。

预计,孽生无穷,兵额有定,其何以支?恐养之适所以窘之也。"①在公私财政不分的情况下,这是一笔很大的消耗,确数无法计量。

俸禄是官吏俸银、禄米和养廉的总称。清代官俸沿袭明代而稍有调整,一般是按品级发给俸禄,但文官和武官、京官与外官,都区别对待。京官收入分为俸银、禄米两种。正从一品给银180两,正从二品155两,三品130两,四品105两,五品80两,六品60两,七品45两,八品40两,正九品33.114两,从九品及未入流者31.52两。每俸银一两给禄米一斛。各省文官亦照京官按品支给俸银,数额与同级京官相等,但不给禄米,而是薪银、蔬菜烛炭银、心红纸张银、案衣什物银等项。其中俸银是个人和家庭的私人消费开支,其他各项皆属办公经费。

官员俸禄表(单位:两)

官职	薪银	蔬菜烛炭	心红纸张	案衣什物	迎送上司伞扇	总计
总督	120	180	288	60		648
巡抚	120	144	216	60		540
布政使	144	80	120	100		444
学政	36	180	360			576
按察使	120	80	120	100		420
盐运使	120	40	40	40		240
知府	72		50	70		192
知州	48		30	20	10	108
知县	36		30	20	10	96

资料来源:光绪《大清会典事例》卷二五一《户部·俸饷》。

从上表中不难发现,清代官员的俸饷是很低的。众所周知,正

---

① 冯桂芬:《节经费议》,《校邠庐抗议》,中州古籍出版社1998年版。

是由于官员俸禄过低,带来系列问题,才最终引发雍正时期的推行养廉银制度。

文官养廉银一览表(单位:两)

省份	总督	巡抚	布政使	按察使	道员	知府	知州	知县
直隶	15000		9000	8000	2000—4000	1000—2600	600—1200	600—1200
山东		15000	8000	6059	4000	3000—4000	1200—1400	1000—2000
山西		15000	8000	7000	4000	3000—4000	800—1500	800—1000
河南		15000	8000	8444	3893—4000	3000—4000	1000—1800	1000—2000
江苏	18000	12000	宁8000 苏9000	8000	3000—6000	2500—3000	1000—2000	1000—1800
浙江		10000	7000	6000	2000—4500	1200—2400	1400	500—1800
安徽		10000	8000	6000	2000	2000	800—1000	600—1000
江西		10000	8000	6000	2600—3800	1600—2400	1000—1400	800—1900
福建	13000	12000	8000	6000	2000	1800—2800	1200	600—1600
台湾			8000		2600	1600		800—1000
湖北	15000	10000	8000	6000	2500—5000	1500—2600	800—1000	600—1680
湖南		10000	8000	6500	2000—4000	1500—2400	900—1300	600—1200
陕西		12000	8000	5000	2000—2400	2000	600—1000	600
甘肃	20000	12000	7000	4000	3000	2000	600—1200	600—1200
新疆			9000	3000	3000	2000—3000	800	600
四川	13000		8000	4000	2000—2500	2000—3000	600—1200	600—1000
广东	15000	13000	8000	6000	3000—3400	1500—2400	600—1600	600—1500
广西		10000	6000	4920	2360—2400	1300—1780	787—1756	704—2259
云南	20000	10000	8000	5000	3500—5900	1200—2000	900—2000	800—1200
贵州		10000	5000	3000	1500—2200	800—1500	500—800	400—800

资料来源:光绪《大清会典事例》卷二五一《户部·俸饷》。又据《嘉庆道光两朝上谕档》道光六年十月初一日之《各省将军、都统、副都统、总督、抚提镇藩臬岁支养廉银数清单》可知,所涉及的184名地方官员共实支养廉银756931两,人均4092两。

官吏俸银、禄米和养廉合计,是一项巨大的开支。据嘉庆十七年奏销统计可知,当时的官俸银支出为191.4万两,文职养廉银为284.1万两,绿营养廉银为135.3万两,驻防八旗养廉银约5.2万两,总数约为 616 万余两。除此之外还有禄米,每年禄米开支大致在 95.7 万石左右。①

兵饷历来是传统国家最大的支出项。清代军队主要包括八旗和绿营,八旗在京师和各省都有驻防军,绿营主要维持地方治安。相较于前朝,清代"兵之数,非不多矣,养兵之费不可谓不广矣。司农计一岁之半以饷军,识者以为病,虽其如此而竭力从之,不敢有所变易"。② 清代八旗官兵的日常俸饷在乾隆以前大体确定:

八旗官兵俸饷表

官职	品级	年支俸银(两)	年支禄米(斛)
都统	从一品	180	180
副都统	正二品	155	155
统领	正二品	155	155
一等侍卫	正三品	130	130
参领	从三品	130	130
二等侍卫	正四品	105	105
副参领	正四品	105	105
佐领	正四品	105	105
三等侍卫	正五品	80	80
前锋校	正六品	60	60
护军校	正六品	60	60
骁骑校	正六品	60	60

资料来源:《清朝文献通考》卷四二《国用四·俸饷》。

绿营将领在顺治初年仅支领俸银与薪银两项,后增加蔬菜烛炭银、心红纸张银和案衣什物银三项。乾隆十八年,因食俸标准混乱,将绿营武官大小衔裁除,改为按品定俸,同时裁撤案衣什物银。

---

① 嘉庆《大清会典》卷十二、十三《十七年奏销册》。
② 孙鼎臣:《畚塘刍论》卷二《论兵二》,咸丰九年刊本。

绿营武官俸饷表(单位:两)

官职	品级	俸银	薪银	蔬菜烛炭银	心红纸张银	总计
提督	从一品	82	144	180	200	606
总兵	正二品	68	144	140	160	512
副将	从二品	53	144	72	108	377
参将	正三品	39	120	48	36	243
游击	从三品	39	120	36	36	231
都司	正四品	27	72	18	24	141
守备	正五品	19	48	12	12	91
千总	从六品	15	33	0	0	48
把总	正七品	12	24	0	0	36

资料来源:光绪《大清会典事例》卷二五一《户部·俸饷》;光绪《畿辅通志》卷九八《禄饷二》。

表面上看,绿营官员收入较八旗要高,但因八旗将军另有旗地,以及支领养廉银,合起来较绿营又为优厚,所以在军队中也显示了民族歧视。

乾隆时期武职官员岁支养廉银数额表(单位:两)

官职	直省武职	新疆	云南腾越镇龙陵协	四川崇化等五营
提督	2000	2800(乌鲁木齐)		
总兵	1500	2100(伊犁、巴里坤)	1600	
副将	800	1200(玛纳斯、哈密)	900	
参将	500	800		
游击	400	600	450	520
都司	260	380	300	340
守备	200	320	220	260
千总	120	180	140	160
把总	90	120	100	120
经制外委千总、把总	18	28	22	28

资料来源:光绪《大清会典事例》卷二六一《户部·俸饷》。

普通兵丁的兵饷亦有严格标准,如禁旅八旗,"前锋、亲军、护军、领催、弓匠长月给饷银四两,骁骑、弓匠、铜匠月给饷银三两,皆岁支米四十八斛。步军领催月给饷银二两,步军一两五钱,铁匠一两至四两,皆岁支米二十四斛。炮手月给饷银二两,岁支米三十六斛。由觉罗补前锋、亲军、护军者,月加饷银一两。养育兵月给银一两五钱,不给米。"①历朝绿营军队规模,大约57万至66万之间,连八旗军队合计,全国兵数约在86万左右。雍正五年(1727年)奏销统计,全国兵饷岁需银1390.9万两,米麦豆共318.5万石,马匹草料643.4万束。其后旗绿额饷约2000余万两,占全年财政收入的一半左右。

驿站是传递公文和军事命令的机构,遍布全国各地,数目不下数千处,兼具军政与民政性质。驿设立于各省腹地,隶属于各厅州县管,或设驿丞专管,专门投递中央和各省以及各省之间的公文文件。站则专门传递军报,设在八旗驻防所在地。在没有新式交通工具以前,驿站是当时传递公文最快捷的方式,公文上写有"马上飞递"的日行300里,写有"紧急公文"的日行500至600里不等。驿站的经费支销,有驿夫工食银、工料银、牛马价银、船价银、雇船雇夫价银、杂支银等项。驿站经费的支销列入地方财政"杂支之款"项下,一般在地方存留地丁银内坐支,"如遇钱粮蠲缓及有驿无征与额征不敷之州县,在藩库地丁银内拨给。每岁支销银两,按察司会同布政司造册详请题销,由兵部核复具题。"②每年清朝政府

---

① 光绪《大清会典事例》卷二五四《户部·俸饷》。
② 《皇朝政典类纂》卷一五八《国用五·用额》。

要为驿站拨付的经费,大约控制在200万两以内。

嘉庆年间驿站用银额(单位:两)

直隶	377592	浙江	71601
盛京	7919	湖北	97772
吉林	4908	湖南	64175
黑龙江	3666	陕西	153443
山东	139160	甘肃	182812
山西	172270	四川	56277
河南	162472	广东	11665
江苏	115148	广西	3541
安徽	75340	云南	26796
江西	66297	贵州	72700
福建	28350	合计	1893904

资料来源:《皇朝政典类纂》卷一五八《国用五·用额》。

嘉道时期,驿站弊端日趋严重,但统治者似乎拿不出更好的办法来整顿,只能听之任之。道光帝对即将出任四川按察使的张集馨说:"驿站是臬司专责,四川界接西藏,文报尤为要紧。近来驿站马匹,多不足额,汝在省办事,固不能无故出省,即路过点查,亦恐查验不出。我说句文话你听,州县一闻验马,早已挹彼注兹;我再说句俗话你听,早已东挪西掩。汝即委员抽空往查,委员回省也是欺饰。我倒有一定主见:汝竟不必查点,遇有文报迟延者参奏一二员,自然知所儆惧。"[①]可见连最高统治者都已经束手无策了。

科场学校经费主要用于科举和学校。科举是开科取士和选拔

---

① 张集馨:《道咸宦海见闻录》,道光二十七年八月二十二日,中华书局1981年版。

文武官员的考试制度,在各省举办乡试,在京师举办会试、殿试,考选举人、进士,然后发放各部或外省录用,每年科场经费大致在30万两左右。清代最高学府国子监,是进士、举人、贡生、监生、八旗俊秀和各省选拔的廪生、增生学习的地方。八旗设有专培养八旗子弟的学校,如八旗官学、东陵官学等。各省府州县也设有府学、县学等,经费来源于学田的地租。据张仲礼统计,太平天国以前,除国子监、省书院外,各类官学总数为1741个,学额为25089个,入学人数则更多,估计科场学校经费,每年支出至少为100万两。①

河道经费是财政支出的重要组成部分。江防岁修工程,有"官工"与"民工"两种。官工有定款,否则由百姓摊征兴修,为民工。海防工程有石塘、柴塘、土塘等名目,亦称塘工,主要集中于江、浙沿海一带,以防海潮冲击。海防有岁修之制,每年大汛之后兴修,经费由该省拨解,由管事官员报督抚咨部题销。治江工程则有"岁修"、"抢修"等名目,工程分为堤、坝、埽、闸、涵洞、坦坡等数种。如果新增工程不在岁修、抢修常例之内,则称"另案",而河江决口时须专案奏明办理的工程谓之"大工"。岁修、抢修为河工的经常费用支出,各河每年都有指定的数额支出款项;另案和大工虽不定期但为主要支出。乾隆时期,岁修工程一般规定每段用银数千两至一二万两,抢修规定每段用银五百两至一千余两。清代河工开支巨大,仅据《清史稿·食货志》所记载的大型河工开支12项,花费白银就高达1.24亿两,平均每项开支为1000万两。塘工也是另一笔大支出,据记载,雍正年间岁修银

---

① 张仲礼:《中国绅士》,上海社会科学院出版社1991年版,第141页。

每年约24万两,大修每次用银约数百万两。河工和塘工两项合计,每年支出银400万两左右。

除了上述六大项,还有祭祀、仪宪、赏恤等项杂支,估计每年约需银50至60万两。另外,户部每年还要拨银100至120万两以供盛京、吉林等处专项支销。

(三) 收支大势

清初财政非常困难,当时用兵略定各省,军事行动较多,军饷开支大,岁支常浮于入。顺治八、九年间(1651—1652年)岁入仅为1485万两,岁出之数则为1570万两。下面是顺治十年的收支情况:

顺治十年户部收支表(单位:两)

收入		支出		节余
原额地丁银	31645668	荒亡蠲免银	6394000	
		地方存留银	8371696	
		起解各部寺银	2076086	
		拨各镇兵饷银	11518400	
		应解户部银	3285480	
		应拨陕西等处兵饷	1800000	
		王公官俸	1901100	
盐课关税银	2720400			
裁扣工食等银	299800			
收入合计	34665868	支出合计	35346762	680894

资料来源:《清世祖实录》卷八四,顺治十一年六月癸未。

从表面上看,这一年还略有积余,但因有临时性水旱灾蠲及百姓拖欠,以及征战采办等数难以预定;而其他杂项收入却为数无多,实际上仍有赤字。顺治十三年(1656年)以后,"又增加至二千万,嗣后又增至二千四百万,时额赋所入除存留项款外,仅一千五百六十万,饷额缺乏至四百万,而各项经费犹不与焉,国用之匮乏,盖视前代为独甚。"①故约略计算,正与王庆云的说法相吻合:"终世祖之世,岁支常浮于入。"②由于入不敷出,军费拖欠的情景时有发生。顺治八年(1651年)湖南驻军15000余,各色费用365400两有零,迟迟不能供应,将军沈永忠激愤地奏称:"缺饷已半年余,士卒啼号,征剿孔亟,何术以慰之!"③

为应对这一危机,按吴廷燮的说法,即"顺治元年,以官冗费多,京堂等缺强半裁省。三年,裁并各府推官、各县主簿等缺。自是而后,裁并各省道府州县缺。十三年,复以钱粮不敷裁汰冗员,为节省之法。"④当然,裁冗官只是一种手段,其他的办法还有增加赋额、铸造钱钞、裁汰官兵、捐输、圈地等。⑤如盐政,从顺治九年开始,在本已偏高的引额基础上,复征明代的"宁饷"和"滴珠",又加引增课,结果造成盐引的进一步滞销和课额的重新摊纳。⑥

"天下财赋,半耗于三藩。"⑦与顺治年间情况类似,康熙朝初年相当多财力,均放在平定三藩、收复台湾等军事行动上。战争结束后,清朝财政开始走上正轨,收入增加,入不敷出的局面根本改

---

① 张玉书:《张文贞公集》卷七《纪顺治间钱粮数目》。
② 王庆云:《纪会计》,《石渠余纪》卷三。
③ 沈永忠:《揭报湖南亟缺粮饷请速拨济》,台湾"中央研究院"历史语言研究所现存清代内阁大库《明清档案》(张伟仁主编)第十四册,台湾联经出版事业公司1986年版。
④ 吴廷燮:《顺治时之财政》,《清财政考略》。
⑤ 参见何烈:《清咸同时期的财政》,第41—43页。
⑥ 陈锋:《清代盐政与盐税》,中州古籍出版社1988年版,第115—116页。
⑦ 魏源:《圣武记》卷二《藩镇》。

观。以顺治十七年(1660年)和康熙四十四年(1705年)户部银库收支和库存总数来看,顺治十七年收入只有165.7万两,存银16.3万两。而康熙四十四年收入910.1万两,存银达4158.4万两。收入增加了5.5倍,存银增加了254.7倍。康熙帝崇尚节俭,岁出相对较少,盈余不断增加。至康熙四十八年(1709年),户部已有余银5000余万两。①恃财力充足,清廷才有"盛世滋生人丁永不加赋"的盛举。康熙六十年,据统计"人丁户口二千四百九十一万八千三百五十九,又永不加赋滋生人丁四十六万七千八百五十。田地山荡畦地七百三十五万六千四百五十顷五十九亩有奇。征银二千八百七十九万七百五十二两有奇,米豆麦六百九十万二千三百五十三石有奇,草四百八十六万四千四十九束,茶二十九万五千五百七十引,行盐五百一十一万四千五百四十引,征课银三百七十七万二千三百六十三两有奇,铸钱四万三千七百三十二万五千八百有奇"。②康熙多次实施蠲免,大小名目不下500余次,户部统计,从元年至四十九年,免过钱粮银数"已逾亿万"③。特别是从康熙二十五年起,几乎每年都对一省或数省"普免",即免征全部额赋。从康熙三十一年起,逐省蠲免起运漕粮一年。从康熙五十年起,三年之内轮免各省钱数,计共免"天下地丁粮赋新旧三千八百余万"④,除去历年旧欠366万余两,实际豁免总额34395469两,相当于当时全国的地丁收入总额。

---

① 王庆云:《石渠余纪》卷三《纪会计》。
② 《清圣祖实录》卷二九五,康熙六十年十一月乙酉。
③ 《清圣祖实录》卷二四四,康熙四十九年十月甲子。
④ 王庆云:《石渠余纪》卷一《纪蠲免》。

康熙帝晚年吏治渐次松懈,康熙四十五年至五十三年,山东巡抚蒋陈锡仅吞蚀捐谷银即达217万两。① 康熙四十八年(1709年)至六十年(1721年),山西巡抚苏克济任内"亏空、侵蚀银两至于四百万两之多,而诈骗富户、题官受贿及一切婪赃之事,尚不在此数之内。"② 刑部尚书佛格等奏:"自五十四年至六十一年止,各省八旗亏空、侵挪、贪赃等项银米谷石新旧合算现有银九百一十三万余两,米谷二百四十二万四千余石。"③ 加之新疆、西藏等处迭次用兵,至康熙帝驾崩时,户库已仅余银800余万两。

雍正时期,大力整顿亏空,清廉吏治,后又将钱粮耗羡提归公用,充文武官员养廉及公费所需,禁革户部杂费及各省陋规,税收出现较大幅度增加。雍正十二年(1734年),全国地丁钱粮的征收额度基本维持在康熙末年的水平而略有上升,此年田地山荡畦地八百九十万一千三百八十七顷二十四亩有奇,征银二千九百九十万一千六百三十一两有奇,米豆麦四百七十九万三千八百二十把石有奇,草五百五十七万四千六十九束,茶三十四万三千七百一十引,行盐四百九十三万六百二引,征课银三百九十九万二千五百五十七两有奇,铸钱六万八千五百三十九万有奇。④ 这一时期的财政总体状况是"赋税并未加增"而"财赋充足"。户部库贮日益雄厚,为乾隆时期府库充盈奠定了良好基础。雍正初国库存银仅为800万两,中期激增至6000余万两,后因西北用兵,末年减至2400

---

① 《雍正朱批谕旨》雍正元年正月二十五日山东巡抚黄炳奏。
② 《上谕内阁》,雍正五年八月十三日。
③ 《雍正朝题本·贪污类》,雍正元年六月九日刑部尚书佛格等奏。
④ 《清世宗实录》卷一五〇,雍正十二年十二月庚午。

万两。① 按吴廷燮的说法，雍正元年岁入地丁银3020余万两，米豆麦412万余石，盐课征银426万，后又加耗羡300余万，关税盈余200余万，计共4000余万，而茶引杂税诸款尚不与焉，"此雍正中财政之大概也"。②

经康熙、雍正两朝的积累，乾隆时期清朝国力达于鼎盛。按萧一山的说法："不有康熙之宽大，则国脉不得而培植；不有雍正之综核，则吏治不得而澄澈；……而乾隆之治，亦正两朝昊殖之结果耳。"③稻叶君山则称："譬如农事，康熙为之开垦，雍正为之种植，而乾隆得以收获也。"④据魏源《圣武记》所列乾隆时期出入会计表，可知当时的财政收支情况：

乾隆年间收支表

收入	库平两	支出	库平两
直省地丁	29410000	满汉兵饷	17037100
盐课	5745000	王公百官俸	938700
关税	5415000	文职养廉	3473000
沿海沿湖芦课	122500	武职养廉	800000
鱼课	24500	满汉兵赏恤	300000
茶课	73100	八旗添设养育兵额缺	422000
落地杂税	858000	各省学校廪粮学租	140000
田房契税	190000	驿站钱粮	2000000
云南各种矿课	81000	漕船更新料银	120000
常例捐输	3000000	分赏旗兵一月钱粮	380000

---

① 阿桂：《论增兵筹饷疏》，贺长龄等编：《清经世文编》卷二十六《户政一·理财上》。
② 吴廷燮：《雍正时之财政》，《清财政考略》。
③ 萧一山：《清代通史》卷中，商务印书馆1928年版，第6页。
④ 〔日〕稻叶君山：《清朝全史》上卷四，中华书局1928年版，第129页。

续表

漕粮	4601900 石	河工岁修	3800000
新疆屯田	240000 石	京官衙门公费饭食	143000
		外藩王公俸银	128000
		内务府等祭祀银	560000
		采办颜料木铜布	121014
		织造	140050
		宝泉宝源局料	107670
		在京衙门胥役工食	83330
		京师官牧马牛羊名象刍秣	83560
		赎回旗屯津贴疲丁	数十百万两
		宗室俸米	无定额
		宫殿苑囿内监赏银	每人一至五两

资料来源：魏源：《圣武记》卷十一《武事余记·掌故考证》。按，魏源并未明说系乾隆何年份数据，但据《清史稿》及《清朝文献通考》来看，当为乾隆三十一年数据。库平，系清代征收租税的统一银两标准，每两重37.301克。

当然，对于这一统计，魏源也承认："蠲赈、蠲免、普免钱粮及河灾库需意外之事不与焉"，"此皆仅举大略"①。由于财力充裕，乾隆时期的蠲免规模更超过康熙，共计普免全国钱粮4次（十年、三十五年、四十二年、五十五年）、漕粮3次（三十一年、四十五年、六十年），每次分数年轮完，还普免过官田租和各省积欠。个别省份、地区、个别事由的蠲免和豁除旧欠则数不胜数。有些蠲免已经成为定例，如"每谒两陵及他典礼，跸路所经，减额赋十之三，以为恩例"②。一再大规模实行蠲免，也从另一个方面反映了当时国家财

---

① 魏源：《圣武记》卷十一《武事余记·掌故考证》。
② 吴庆坻：《蕉廊脞录》（中华书局1990年版）卷一《康乾普免钱粮》记载，康熙五十年，普免天下钱粮27854169两。乾隆十年，普免天下钱粮27940400两。三十年同四十二年，2759万两有奇。五十五年，2770余万两；六十年，27641900余两。

政状况的良好。

收入有了大幅度增加,支出在此期间也发生了较大变化。首先是兵饷,随着清初以来常备军的增长而呈上升趋势。八旗在顺治年间定甲额8万,康熙朝增至12万,以后增至20万以至30万以上。绿营兵在雍乾时期已达60万之数,两者合计近百万,军饷在千万两以上。康熙二十四年,统计各省兵饷为1363万余两;雍正五年,统计各省兵饷为1393余万两。乾隆年间,少则1500余万,多则1800余万两。

雍正、乾隆两朝屡有用兵,临时军费随之迅速增长。特别是乾隆朝,进行了多次大规模军事行动,有"十全武功"之称。这种因战争而耗费的临时性军费开支,视用兵的规模大小和时间长短而定,但都数额庞大。战争经费较多的,包括乾隆初次金川之役2000余万两,准回之役3300余万两,缅甸之役900余万两,二次金川之役7000余万两,廓尔喀之役1052万两,台湾之役800余万两。仅此六次战争经费支出即合1亿5千万两,而且这还只是就中央政府而言,为应付战争而由地方负担的差役和物资开支必然不少。

河工、海防支出,在乾隆朝也大幅度增长。清代的黄河水患,大致在顺治初年至康熙十五年间较为严重,因为当时战乱不已,财政困窘,朝廷无暇顾及。康熙十六年至二十一年,康熙帝任命靳辅主持治河,花费200余万两,以后不断有所维修,黄河水患明显减少。但到了乾隆中期以后,黄河水患再次严重起来,清廷一面治河,一面赈灾,经费支出也愈加繁重。乾隆四十三年闰六月,河南仪封十六堡决口,急流由睢州、宁陵、永城直接在亳州之涡河入淮,清廷"命高晋率熟谙河务员弁赴豫协堵,拨两淮盐课五十万,江西漕粮三十万石赈恤灾民"。同年十二月,河南开封府祥符县东西坝相继溃陷,明年四月,北坝复陷 20 余丈,至四十五年二月堵塞,"是役也,历时二载,费帑五百余万"。乾隆四十六年五月,黄河在睢宁魏家庄一带再次决口,清廷在堵塞的同时,"拨(江苏)藩道库银五十万两,盐课银五十万两,漕米五万石,……再拨银六十万两,于被灾较重贫民分别加赈"。乾隆四十七年黄河在仪封以及山东一带漫口,政府组织堵塞,"自例需工料外,加价至九百四十五万三千两"①。其他如海防、江防的费用也是如此。乾隆四十六年大学士阿桂等奏请将仁和县西塘、海宁城东石塘七段一律改建鱼鳞石塘,四十八年改修海宁县老盐仓一带,前者报销帑银 789000 余两,后者报销 539000 余两。后经乾隆皇帝南巡亲自察看,认为工程不符要求,下令"拨给部库银五百万两,连从前发交各项帑银,……予限五年,分段从东而西陆续修筑"②。江防最著名的是荆江大堤,雍正五年官府发动一次修筑,用银 6 万两,乾隆四十四、四十六年,大堤屡塌,维修费用大增,至乾隆五十三年六月,堤工漫溃至二十余处,清廷派大学士阿桂前往查勘,拨银 200 万从事修筑。

虽然乾隆朝铺张浪费、好大喜功之事频出,但因岁入亦较前大增,导致国库盈余仍能迭创新高。据统计,乾隆初年户部库银积至三千三、四百万两。三十七年(1772 年)增为 7800 余万两。虽征大小金川,耗去军费七千余万两,乾隆四十一年(1776 年)仍存库

---

① 《清朝文献通考》卷四六《国用考七》。
② 《清朝文献通考》卷九《田赋考》。

银 7000 余万两。① 乾隆四十三年（1778 年），库存银更是高达 8340 万两，这也是清代历朝国库存银数最高的一年，相当于当时两年的财政收入。

康雍乾户部银库存数表（单位：两）

康熙六年	1667 年	2488492	乾隆元年	1736 年	33959624
十一年	1672 年	18096850	二年	1737 年	34385138
十二年	1673 年	21358006	三年	1738 年	34858478
十六年	1677 年	5307216	四年	1739 年	32588478
十七年	1678 年	3339920	五年	1740 年	30485876
二十五年	1686 年	26052735	六年	1741 年	31463539
二十六年	1687 年	28964499	七年	1742 年	32746752
三十年	1691 年	31849719	八年	1743 年	29121104
三十一年	1692 年	34255285	九年	1744 年	31902518
三十二年	1693 年	37600663	十年	1745 年	33170655
三十三年	1694 年	41007790	十一年	1746 年	34633177
三十四年	1695 年	42263516	十二年	1747 年	32363404
三十五年	1696 年	42628989	十三年	1748 年	27463645
三十六年	1697 年	40639920	十四年	1749 年	28073043
三十七年	1698 年	40542966	十五年	1750 年	30796177
四十二年	1703 年	38368105	十六年	1751 年	32493786
四十三年	1704 年	39985306	十七年	1752 年	38630287
四十七年	1708 年	47184788	十八年	1753 年	39870397
四十八年	1709 年	43767904	十九年	1754 年	37605422
四十九年	1710 年	45881072	二十年	1755 年	42997048
五十二年	1713 年	43094239	二十一年	1756 年	43222030
五十三年	1714 年	40734825	二十二年	1757 年	40152254
五十七年	1718 年	44319033	二十三年	1758 年	36380809

① 魏源：《圣武记》卷十一《武事余记·掌故考证》。

续表

五十八年	1719年	47368645	二十四年	1759年	36732865
五十九年	1720年	39317103	二十五年	1760年	35496902
六十年	1721年	32622421	二十六年	1761年	36638572
雍正元年	1723年	23711920	二十七年	1762年	41927924
二年	1724年	31627608	二十八年	1763年	47063610
三年	1725年	40434744	二十九年	1764年	54273814
四年	1726年	47409780	三十年	1765年	60336375
五年	1727年	55252933	三十一年	1766年	66613127
六年	1728年	58235780	三十二年	1767年	66501052
七年	1729年	60248747	三十三年	1768年	71823888
八年	1730年	62183349	三十四年	1769年	76222877
九年	1731年	50375953	三十五年	1770年	77299736
十年	1732年	44392848	三十六年	1771年	78940001
十一年	1733年	37933747	三十七年	1772年	78740262
十二年	1734年	32503428	三十八年	1773年	68677071
十三年	1735年	34530485	三十九年	1774年	73905611
			四十年	1775年	64957274
			四十一年	1776年	74662671
			四十二年	1777年	81824044
			四十三年	1778年	83408014
			四十四年	1779年	75042231
			四十五年	1780年	75474894
			四十六年	1781年	76875691
			四十七年	1782年	76176568
			五十九年	1794年	71474458
			六十年	1795年	69391990

资料来源:康熙至乾隆三十六年银库数见中国第一历史档案馆编《乾隆朝上谕档》(中国档案出版社1998年版)第七册,第97—101页,乾隆三十七年七月初六日。乾隆三十七年以后数据见经济研究所抄档及中国第一历史档案馆存户部黄册。

如以图例形式来看,则如下:

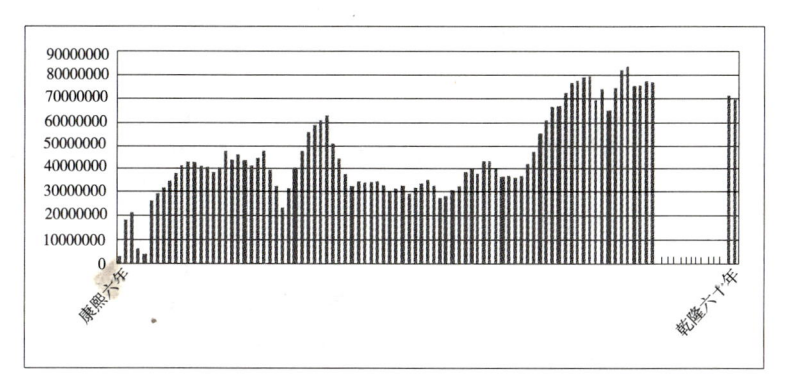

康熙六年至乾隆六十年的银库存数①

由上图可以看出,康雍乾时期的财政收支一直保持着较好的状态,户部银库积存数长期处于高位,成为社会经济发展繁荣的重要标志。乾隆六十年的库存银数为 69391989.647 两,钱数为 38.31 千文,这也是康雍乾时代留给嘉道的财政遗产。

---

① 此图由上表自动生成,以形象反映变化趋势。因年份、数据较多,此处只注出起止年份,具体数据参见表格。以下图例同。

第二章 嘉道财政收支

因为资料等方面的原因,在现有条件下欲详细考察嘉道时期的财政收支确数,是相当困难的,本章亦只能就所搜集资料,尽可能地复原当时的一些数据,以便为全面认识这一时期的财政经济状况奠定必要的基础。

一、收入

(一) 地丁钱粮

嘉庆朝的地丁钱粮,一般以《史料旬刊》中所载《汇核嘉庆十七年各直省钱粮出入清单》所提供的嘉庆十六、十七年的数据为准。

嘉庆十六、七年地丁统计表(单位:两)

省份	十六年实征	十六年支出	十七年额征	蠲缓未完	十七年实征	十七年支出
直隶	2613537	1484799	2577561	1097887	1479673	688251
奉天	42132	263198	51221	0	51221	409294
江苏	3781503	2513789	3785890	52935	3732955	2348335
安徽	1792357	655145	1904644	157878	1746765	620348
江西	2317550	1182872	2306206	0	2306206	959395
浙江	2643635	2454279	2776590	275535	2501055	2836959

续表

福建	1594300	2287612	1520671	810	1519860	2262360
湖北	1104412	1403845	1140826	17509	1123316	1597993
湖南	1153957	1376217	1153885	300	1153585	1535785
河南	3548577	2901047	3744477	481345	3263131	2998391
山东	2507508	1913320	3529580	1889133	1640446	1640446
山西	2560590	2347026	3186530	12751	3173779	2986037
陕西	1701163	1940086	1681046	10129	1670917	1767106
甘肃	335408	3281533	332986	0	332986	2922378
四川	1093481	1631478	1069423	0	1069423	1538313
广东	1853402	2006747	1891369	836645	1054724	1585428
广西	639775	1044181	854838	0	854838	1064092
云南	1250912	1637776	737734	0	737734	1598223
贵州	118688	865359	115582	0	115582	809885

资料来源:《汇核嘉庆十七年各直省钱粮出入清单》,故宫博物院文献馆:《史料旬刊》,第二十二期至三十期,1931年1—3月,京华印书局。

梁方仲先生曾根据《嘉庆重修一统志》对嘉庆二十五年的额征田赋数(地丁正杂银及米粮)做过统计,不过需要指出的是,梁先生系将米、米麦、米豆、谷、南粮、漕粮等统归入米栏;而豆、麦、粟米、高粱、榛栗、青稞、估种等或单写"粮"字的均入粮内。而且以上三类均有两组数据,其中一组系各府州县额数相加数而成,另一组则系原书所载总数。为简易起见,这里仅录原书所载总数。

嘉庆二十五年额征田赋表

省份	地丁正杂银(两)	米(石)	粮(石)	省份	地丁正杂银(两)	米(石)	粮(石)
直隶	2447560	15482	7752	山西	3036792		110901
奉天	321965	93559	180388	陕西	1612036		200058
江苏	3173333	2395503	5144	甘肃	310817		571824
安徽	1785731	415290	33297	四川	667228	13519	1295

续表

省				省			
江西	1749704	770266		广东	1026287	348248	
浙江	2816546	1360970		广西	393546	403185	
福建	1248379	126056	188484	云南	192901	233548	
湖北	1295623	266900		贵州	93821	162182	
湖南	1172340	163044		新疆	61211		189328
河南	3479014	50732	168813				
山东	3344061	345130		总计	30228897	7163715	1657284

资料来源:梁方仲:《中国历代户口、田地、田赋统计》,第401—413页,其中粮的总计有误,本处改正。

相对来说,前两组数据比较可靠,也是研究嘉庆朝地丁收入的资料起点。谈到道光时期的地丁钱粮,研究者一般会引用王庆云《石渠余纪》中下面的数据:

道光时期地丁表(单位:两)

省别	旧额	现额	道光二十一年实征	道光二十二年实征	道光二十五年实征	道光二十九年实征
直隶	2009113	2556866	2621912	2546746	2516872	2611079
奉天	249584 (疑为49584)	43865	37628	全完	49066	49119
江苏	3627016	3625814	3563686	2531320	2891023	1879614
安徽	1930256	1807563	1877285	1798800	1797332	1630191
江西	2158216	2249330	2292360	全完	2237133	2163282
浙江	2952194	2808718	1887046	2160861	2320222	1608401
福建	1380360	1421544	1451362	全完	1460221	1394043
湖北	1181334	1144208	528486	640765	743203	334179
湖南	1204002	912643	871377	885631	899764	825748
河南	3534023	4354543	2925524	3569294	3730213	2824703
山东	3434752	3589694	3034151	2940293	2795576	2108334
山西	3141800	3158890	3140203	3123879	3109909	3098336
陕西	1659265	1674935	1691635	1691648	1675931	1679768
甘肃	369819	324724	330443	全完	327414	333829

续表

四川	807966	1062380	1089176	全完	1057381	1097149
广东	1076991	1119066	1136889	1107920	1107658	1130165
广西	481375	694984	960221	全完	686393	778105
云南	384005	669144	862929	全完	682683	653125
贵州	147323	130307	129431	全完	125806	123502
合计	32724702	33348037	29431765	29575722	30213800	32813304

资料来源：王庆云《石渠余纪》卷三《直省地丁表》（单位：两）。说明：以上各数相加与总数不符。

王庆云的数据影响较广，但正如前文已经指出，清代的田赋征收极为复杂，① 王庆云的统计数据存在着两个问题：

---

① 笔者在搜集中国社会科学院经济研究所的抄档时，复印了原来汤象龙等人关于道光时期各省的地丁钱粮的奏销情况。据复印资料来看，每个省的情况都不相同。比如安徽，分别有地丁正项、地丁正杂等项、南屯米麦（以石计）、漕仓等项、漕项米麦（以石计）等类。江西分为起运解司地丁项、地丁屯粮存留屯粮、漕屯项。陕西有民屯更起运并粮价、民屯更起运存留、民屯更起运并粮折、陕西地丁、陕西地丁等项、陕西耗羡、陕西糯米折价、陕西本色粮、陕西本色草。四川有地丁条粮屯租等项正耗、本色仓斗米豆、杂项税课等款。直隶的还有上忙征收、下忙征收，以及上下忙各自征收的耗羡等等。以上每一类的每一年均有奏折及数据，但这些数据与王庆云《直省地丁表》中的旧额、现额、道光二十一年实征、道光二十二年实征、道光二十五年实征和道光二十九年实征数，无一能对得上。笔者曾专门请教史志宏先生，他做如下解释：

地丁有"正项"、"杂项"之分，杂项、漕粮、屯赋也都有正、杂的区别，前者为"正额"，即赋役全书规定的正税，后者是附加征收。正税都有一定的额数，纳入每年的奏销；附加税有的纳入奏销，有的不入奏销（即所谓"外销"）。纳入奏销的附加税实际已是正税的一部分，包括这部分在内奏销的"地丁钱粮"，公文用语通常为"地丁正杂"，否则为"地丁正项"。这里的"杂"指地丁正项的附加税，不是"杂赋"或"杂税"（此二语同义）的"杂"。

"南屯米麦"、"漕仓等项"、"漕项米麦"等都属漕粮征收（漕粮为漕粮的附加征收，用补漕粮征收及解运过程中的耗费，名目很多，亦有正、杂之分，一般为银，也有征部分实物的），不属地丁。所举其他词语中的"屯"、"屯粮"指归并州县的卫所钱粮，通常与地丁分开统计，但实际上已属民田赋的一部分。"更"指更名田赋，属地丁钱粮的一部分。四川的"地丁条粮屯租等项正耗"包括了地丁（该省地丁称"条粮银"）、屯赋两部分，其一，田赋征收包括本年度应征的额征数（被称为"新赋"），还应包括带征以往年份拖欠的部分（被称为"旧赋"）。而不管是新赋还是旧赋，均会分为额征数、蠲缓数、实征数、已完数和未完数几部分，随着田亩数量、自然灾害等情况的变化，这些数据每年均会有调整，而不可能数年保持一致。王庆云表中的"旧额"和"现额"，其准确性是值得怀疑的。

其二，当时各省的钱粮奏销，地丁、杂赋、耗羡、漕粮、屯赋（归并州县的卫所钱粮）是分别奏销的，各有报册。其中地丁、杂赋由州县而府而布政司造册奏销；耗羡原不入奏销，乾隆中以后另册单独奏销，户部湖广司掌核之，不与地丁正额混同；漕粮由粮道而漕督奏销；屯赋归州县征收者虽由布政司奏销，但另外造册，不与普通民赋地丁混同。而王庆云的表格并未说明这些数据所对应的类型。

都既有"正项"，也有"耗羡"，都合在一起。"杂项税课"即杂赋，由州县征收，与普通地丁分开奏销。

清代由州县征收的地丁正杂及杂项税课（杂赋）都既有起运部分，也有存留部分。程序是：州县征收后按规定存留小部分归本州县"坐支"的钱粮（通常是杂款），其余一律"起运"至藩库，称"解司"。解司钱粮（地丁、杂税的起运部分和耗羡的全部），一部分在本省"留支"充政费，其余均"听候部拨"，要通过冬估及春秋二拨的程序才可动用。部拨后，一部分留支本省兵饷，一部分对外省解送协饷或向京师解送京饷。以上存留、起运的钱粮，都由赋役全书规定具体条款，不是随意的，但各省不同，不同时期也不同，需查赋役全书；有的地方志有记载，也是抄赋役全书。耗羡一般用于本省，充政费及给各官养廉。漕粮、关税、盐税与地丁、杂税不同，其正额原则上都是"尽收尽解"的，不过地方上的附加征收一般留支（这部分有的进入奏销，但大部分外销）。

上忙、下忙是一年两次征收，要分开奏报的，都有时间规定，两者合起来才是一年的钱粮。具体规定会典及户部则例上都有。具体到直隶情况，要注意有少数县不在常规的上下忙之中，而是另有奏报时间（雍正时规定的）。上下忙分别奏报之外，第二年还要合总奏报及造册奏销，户部指驳后，各省在规定限期内"登答"，这之后的数字，才最后由户部统计进入全国总数。

笔者曾根据中国社会科学院经济研究所收藏汤象龙等人整理的关于道光时期各省地丁钱粮奏销抄档，对这一时期的地丁（正项）征收情况做一统计。由于目前该项工作尚未有人做过系统分析，故本处不惮烦难，一一列出，以方便研究者使用。

道光朝全国地丁征收表一（单位：两）

时间	直隶		山东		山西		河南	
	应征	实征	应征	实征	应征	实征	应征	实征
元年	1338990	1290956	2076390	1845356	2647186	2647186	2644793	2391215
二年	1338990	1290956	2076390	1845356	2647186	2647186	2644793	2391215
三年	966439	939009	2305385	2129255	2657395	2657395	2734017	2365963
四年	2332589	2312728	2908700	2446599	2647186	2647186	3096205	2666644
五年	2107787	1914914	2914646	2467836	2657395	2657395	2654629	2423060
六年	2133462	2029644	2833564	2403259	2657395	2653208	2751612	2307619
七年	2122593	2001364	3280087	2695039	2647186	2647186	3025735	2533118
八年	2151732	1922963	3023484	2699043	2657395	2657395	3033326	2639631
九年	2098432	1874916	3070545	2699638	2657395	2657395	2808475	2595304
十年	2050744	1931525	3160746	2755671	2646233	2646233	2665958	2402441
十一年	1995422	1919815	3320544	2708069	2656442	2656442	2683525	2485056
十二年	1829422	1814899	2739069	2641394	2621198	2621198	2353928	2186700
十三年	2021817	2011099	2817964	2618943	2656709	2655167	2606525	2279591
十四年	1865464	1836100	2934606	2601791	2656575	2656575	3157885	2461250
十五年	1896034	1871793	2536502	2448120	2636922	2636922	3168813	2405348
十六年	1981241	1945605	2153805	2054382	2635117	2635117	3213748	2407229
十七年	1841133	1793354	2504842	2341482	2646336	2646336	3074989	2539149
十八年	1988399	1921176	2516430	2330308	2680526	2678644	3084986	2443211
十九年	1936263	1843603	3158080	2423598	2661002	2657649	2917920	2395846
二十年	1972308	1890895	3053728	2289810	2665707	2653314	2958379	2463358
二一年	2036121	1971761	3245478	2379762	2662507	2653785	2475104	2125219
二二年	1996914	1881069	3260581	2277728	2657785	2644947	2500571	2012604
二三年	1980378	1913777	3656876	2391798	2638531	2629512	2463221	2080522
二四年	1912501	1849759	3434374	2252822	2668853	2655212	2369664	1961542
二五年	1799390	1745979	2856461	2125765	2660954	2641248	2653935	1975970
二六年	1794160	1704530	2667854	1926556	2656868	2424476	2614826	1995484

续表

二七年	1606008	1460610	2956146	2015979	2800934	2705580	1583330	1229012
二八年	2029244	1909108	3472006	2300747	2851615	2837477	2375544	1735135
二九年	1983670	1874703	3923878	2437778	2672368	2646134	3896066	2538943
三十年	1837029	1787507	2490585	2260148	2681474	2670850	3784845	2133972

资料来源及相关说明,参见本书附录。

道光朝全国地丁征收表二(单位:两)

时间	江宁		苏州		安徽		江西	
	应征	实征	应征	实征	应征	实征	应征	实征
元年	683473	542880	1811708	1455346	1614501	1156732	2423720	1488956
二年	683473	542880	1811708	1455346	1614501	1156732	2423720	1488956
三年	670556	511416	1387455	931663	1143020	855355	2423720	1488956
四年	762294	629888	2190387	1450066	1520995	1209927	2423720	1488956
五年	844854	652632	2241664	1819796	1640830	1273940	2423720	1488956
六年	610911	430405	2187005	1665485	1587873	1252725	2423720	1488956
七年	780713	639834	2247474	1719486	1573471	1282256	2544572	1485644
八年	654303	533818	2157045	1671168	1391661	1166901	2633359	1568226
九年	750659	643715	2115497	1607448	1438112	1164426	2636821	1494466
十年	726142	620277	2036235	1517518	1400365	1105180	2673777	1479921
十一年	475175	387324	1650834	1337325	1078061	801392	2663510	1317299
十二年	548934	405906	1915959	1616202	1187688	929493	2936274	1444317
十三年	622016	478207	1774319	1363844	1275430	863202	2923595	1433566
十四年	738616	604242	1916874	1462791	1786875	1067559	2875023	1320976
十五年	704522	556572	2158979	1708149	1381290	1028015	2331404	1064690
十六年	788302	562377	2331847	1783812	1908749	1290005	2768369	1306969
十七年	834090	578914	2504716	1859475	1597358	1268483	3205335	1549248
十八年	843869	591156	2113201	1792697	1702492	1170469	3541265	1661734
十九年	615863	505376	1853383	1495217	1304679	960765	3411057	1580952
二十年	610535	434738	1658839	1190419	1339765	960371	3424410	1570346
二一年	540645	392418	1606534	1051312	1148357	779214	3391081	1476391
二二年	675143	443726	1576099	917427	1461103	973750	3463308	1590125
二三年	678208	490641	2024678	1277102	1690443	1109069	3519205	1474317

续表

二四年	740959	5085935	2371306	1348956	1710038	1121495	3522436	1421033
二五年	803711	526546	2717934	1420810	1500460	1133854	3761440	1360015
二六年	733898	451169	2715074	1315871	1452153	1109637	4315671	1314084
二七年	851535	516854	2303602	1547308	1431509	1116100	4563134	1354212
二八年	661558	313579	2138572	1297350	1104460	848693	4024857	1338369
二九年	444425	306372	967912	524656	1069862	830700	3486581	1322526
三十年	654436	495844	1308300	1180008	1058846	825172	3486581	1322526

道光朝全国地丁征收表三(单位:两)

时间	福建		浙江		湖南		湖北	
	应征	实征	应征	实征	应征	实征	应征	实征
元年	1927626	851030	2341976	1975450	898129	883619	1110953	982652
二年	2049164	878085	2468254	2210611	898129	883619	1110953	982652
三年	2205538	939210	1995784	1741102	886040	886040	1015025	900407
四年	2299787	889839	2711171	2279085	902910	902910	963386	910178
五年	2444438	934379	2596713	2258521	896739	896739	994199	934864
六年	2544514	908421	2535552	2228108	849646	849646	1023754	991317
七年	2667662	952583	317476	2253574	929410	929410	958320	940692
八年	2748538	923005	2219749	2007894	899949	899949	990754	990754
九年	2859701	927985	2485392	2141493	904093	904093	1035447	1035447
十年	2939139	904223	2502585	2103380	897397	897397	975209	964198
十一年	3062117	910538	2416771	2011913	855840	828851	657478	614265
十二年	3184898	904992	2347865	1995385	894661	894661	811277	764777
十三年	3306435	946803	2649798	2047355	867358	867358	733065	701253
十四年	3403254	936487	2770780	2055321	860583	860583	907713	877319
十五年	3502407	896233	2072302	1660180	790064	736291	649525	623548
十六年	2162022	885894	2283829	2283829	947708	877990	958345	929772
十七年	2311696	887652	2224807	2224807	934328	858505	1020759	981600
十八年	2458558	894729	2155740	2155740	894572	852678	990796	960080
十九年	2599900	888368	1884556	1884556	865337	842164	732918	721927
二十年	2717804	899143	1840787	1840787	865162	851545	726295	726295

续表

二一年	2904153	895362	1516760	1218795	856558	845445	595994	595994
二二年	3060503	891581	1737286	1514450	870645	859880	808124	807851
二三年	3197922	880858	3798441	1884646	887955	884386	889953	889408
二四年	3354260	853023	4134029	1851976	861588	861588	747550	747550
二五年	3510598	825189	3587479	1700193	884952	884959	873120	873120
二六年	3002887	852637	3655397	1388993	882852	882852	807665	807665
二七年	2495177	880085	4748922	1704112	876680	876680	835435	835435
二八年	2651047	871698	5064537	1182768	829855	781348	554897	554897
二九年	2814188	843559	5087125	1000650	811319	791437	456430	456430
三十年	2988602	893952	1525641	1228863	849896	800399	767488	654526

道光朝全国地丁征收表四（单位：两）

时间	陕西		甘肃		四川		云南	
	应征	实征	应征	实征	应征	实征	应征	实征
元年	1340798	1339936	395379	268564	768536	768536	210575	210575
二年	1340798	1339936	395379	268564	790302	790302	211775	211775
三年	1333169	1332535	405790	257282	768536	768536	209382	209382
四年	1340053	1340053	416180	240105	795302	795302	211315	211315
五年	1331148	1331148	419243	270220	768536	768536	210930	210930
六年	1332087	1332087	483746	252176	768536	768536	212254	212254
七年	1339416	1339416	88045	480761	795296	795296	212214	212214
八年	1097789	1097789	165027	119185	681744	681744	211321	211321
九年	1097789	1097789	298078	263976	677406	677406	212249	212249
十年	1349963	1344537	343930	255328	795396	795396	212302	212302
十一年	1336486	1336486	269354	237468	768630	768630	212254	212254
十二年	1339838	1339838	369025	290517	795503	795503	212449	212449
十三年	1328575	1328575	311207	279076	766606	766606	205241	205241
十四年	1334405	1334041	294455	249312	768731	768731	212255	212255
十五年	1339736	1339736	283946	256460	794797	794797	212497	212497
十六年	1330819	1330748	331020	250742	768901	768901	212400	212400
十七年	1331525	1331525	315735	244779	768243	768243	212249	212249
十八年	1339994	1339339	327669	243497	793894	793894	212497	212497
十九年	1324742	1324087	370541	239686	768901	768901	212403	212403

第二章 嘉道财政收支

续表

二十年	1337928	1337928	362969	232262	768901	768901	212250	212250
二一年	1334536	1333359	247910	247910	795683	795683	212502	212502
二二年	1337417	1337417	314668	230850	795683	795683	212255	212255
二三年	1335686	1334509	422854	250405	795683	795683	212501	212501
二四年	1331439	1331439	454479	235322	768902	768902	212399	212399
二五年	1331439	1331439	343335	228646	768902	768902	212255	212255
二六年	1318461	1306609	389737	228885	795683	795683	212497	212497
二七年	1304544	1287731	453775	240620	768902	768902	212398	212398
二八年	1331439	1331439	432661	222735	768902	768902	211787	211787
二九年	1339155	1339155	434019	279344	795683	795683	211177	211177
三十年	1331252	1331252	421133	250365	768902	768902	211177	211177

道光朝全国地丁征收表五(单位:两)

时间	贵州		广东		广西		总计	
	应征	实征	应征	实征	应征	实征	应征	实征
元年	76452	76452	1169096	1112552	450198	319665	25930479	21607658
二年	78217	78217	1169096	1112552	450198	319665	26203026	21894605
三年	76455	76455	1148284	1104282	467484	361485	24799474	20455728
四年	78218	78218	1161385	1120044	450542	336455	29212325	23955498
五年	76455	76455	1133055	1104225	451053	339417	28808034	23823963
六年	76455	76455	1120524	1102380	448605	352301	28581215	23304982
七年	78218	78218	1135456	1118591	440273	353808	27183617	24458490
八年	76455	76455	1108493	1097192	423466	341318	28325590	23305751
九年	76455	76455	1102718	1097932	419146	334096	28744410	23506229
十年	78218	78218	1131538	1130824	429047	332916	29014924	23477485
十一年	75824	75824	1093035	1093035	433151	322420	27704453	22024406
十二年	78470	78470	1118304	1118304	454740	358414	27739502	22413419
十三年	76708	76708	1020458	1020458	433350	354541	28397176	22297593
十四年	76455	76455	1055660	1053745	415836	320486	30032045	22756019
十五年	76455	76455	1122003	1122003	373430	343866	28031628	21781675
十六年	76455	76455	1112278	1106732	373613	344184	28338568	23053143
十七年	64163	64163	1097997	1097023	366469	332494	28856770	23579481
十八年	66051	66051	1124520	1123435	378008	338417	29213467	23569752
十九年	64284	64284	1095723	1093181	376634	344658	28154186	22247221

续表

二十年	64163	64163	1095020	1093717	369027	335268	28073977	21815510
二一年	66008	66008	1119418	1118444	377805	331639	27133154	20491003
二二年	66072	66072	1093427	1092682	383219	344567	28270803	20894664
二三年	66137	66137	1118851	1118106	382676	322720	31760199	22006097
二四年	64378	64378	1093187	1092442	397031	340742	32149373	26056515
二五年	65259	65259	1093519	1093519	363371	294980	31788514	21208648
二六年	66140	66140	1118169	1118169	412439	359744	31612431	20261681
二七年	65209	65209	1092513	1092513	389754	315228	31339507	20224568
二八年	64278	64278	1093330	1093330	411591	342822	32072180	20006462
二九年	65852	65852	1118291	1118291	408594	381534	31986595	19764924
三十年	64508	64508	909217	728552	408594	381534	27548506	19990057

根据上表统计做出的示意图如下：

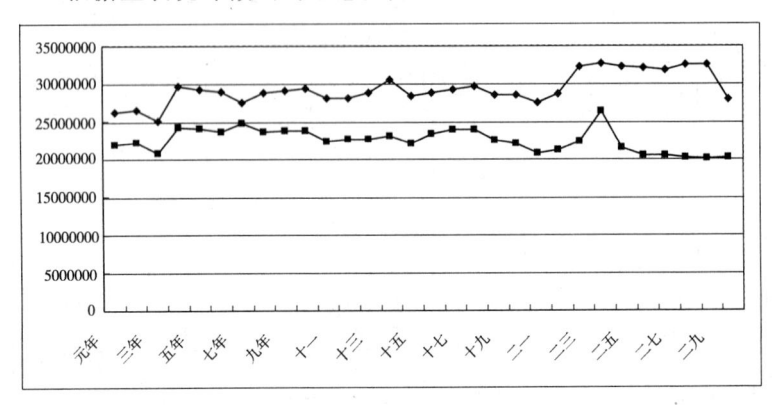

道光地丁正额应征实征表

表中曲线上线为应征数,下线为实征数。从示意图可以看出,道光朝的地丁应征数,在鸦片战争前,基本保持平衡,波动较小;在鸦片战争后则有所增加,估计当与政府开支增加而减少了相关蠲免的情况有关。实际征收数则保持在2000—2500万两之间浮动,略微有下降的趋势,这当然与当时百姓的支付能力、吏治水平有密切关系。

需要说明的是，上面的表格还包含着丰富的信息，诸如当时的每个省及全国蠲免情况、田赋实征情况及与自然灾害、经济发展的互动关系等，尚可进一步深入挖掘。即如道光三年（1823年，癸未年）的一次突然下降，当与"癸未大水"后应征数与实征数因灾蠲减免有极大关系，尤以直隶、江苏、安徽、浙江所受影响较大。另一方面，以上所统计的只是地丁正项，如果算上耗羡、杂赋等，数据就必然更大了。

（二）漕粮

漕粮是清廷最大的一笔实物收入。笔者曾搜集了三组与漕粮相关的数据，一组是有关征漕六省的实际漕粮（江浙含白粮）完兑数据，一组是各省漕粮起运数据，一组是各省漕粮实际到通州的数额。各组数据相互联系，但又各有明确的定义。为方便起见，这里仅录取后两组数据，稍加分析。

嘉道漕粮起运数表（单位：石）

年份	正米	耗米	搭运正米	搭运耗米	白粮正米	耗米	改糙正米	改糙耗米	漕粮小计	白粮小计
嘉庆二年	2189127	812968	6613	1371	50228	19564	36292	14516	3010079	120600
三年	2286389	834579	6939	653	78747	28120	35505	14202	3128560	156574
十二	3106578	1151427	506319	168552	99000	34196	36291	14516	4932876	184003
十三	2798837	1013726	98478	2023	99000	34196	34221	13688	3913064	181105
十五	3437674	1243734	74491	1903	99000	34196	39408	14384	4757802	186988
十六	3247312	1172577	83478	1880	99000	34196	38259	13924	4505247	185379
十七	2939487	1068350	81529	1880	99000	34196	33942	12287	4091246	179425
二三	3260950	1176822	75628	1880	99000	34196	36291	34196	4515280	203683
二四	3217714	1166737	46514	1880	99000	34196	36291	13995	4432845	183482
道光元年	3032211	1081442	36170	1883	99000	34196	39448	14280	4151706	186924

续表

三年	3082740	1139352	44430	1880	99000	34196	36016	13037	4268402	182249
六年	2078926	710141	47831	1880	39149	17617	46222	16732	2838778	119720
七年	2925764	1054782	464978	8119	115345	39099	36290	12765	4453643	203499
八年	3347830	1197026	70655	1880	99000	34196	36290	13137	4617391	182623
十年	3191487	1151551	56108	1880	99000	34196	35526	12860	4401026	181582
十二	2085997	740207	34356	1880	89217	29794	23667	8567	2862440	151245
十六	2521781	890553	32130	1880	99000	34196	35052	12688	3446344	180936
十九	2854750	102253	274577	83064	99000	34196	36290	13137	3314644	182623
二八	2076872	750332	90838		48515	19050	31463	11389	2918042	110417
二九	2487383	879416	214507		99000	34196	31890	11544	3581306	176630

资料来源：中国社会科学院经济研究所藏抄档，《清代黄册·户部漕运类》第十四册。搭运米系以旧年缓征漕粮，搭运济宁州支剩临仓平米及便兑节省脚耗米、采买米、失风米、捐办米等，一并计入搭运正米项。改糙正米系以白粮粳糯正米改征改糙粳正米，仍系白粮。道光六年江苏漕粮海运，正耗米等似均未包括江苏数据，白粮正耗米当均系浙江情况。

下面是各省漕粮交付通州仓的数据（不含白粮）：

嘉道漕粮运通数表（单位：石）

年份	山东	河南	安徽	江苏	浙江	江西	湖北	湖南	合计
嘉庆十四	34835	216664	318485	1412863	660467	603571	123317	180595	3550797
十五	290811	207550	424827	1434993	817210	627227	133295	133616	4069529
十六	291241	211000	390247	1302531	793010	615517	104612	163818	3872076
十七	242910	165869	304845	1300266	677089	569380	75108	114626	3450093
十八	182851	147525	426459	1299963	821399	527112	126086	117104	3648499
十九	151902	174205	375347	1268842	748214	610229	128246	101114	3558099
二二	399873	200885	463470	1472719	755392	602540	110772	119411	4125062
二三	270123	196124	464029	1311710	753286	596729	108406	142089	3842496
二四	348929	164956	399461	993544	743648	603185	111503	131246	3496472
道光六年	386422	183583	433089	1320897	760655	615067	105589	121541	3926843
九年	363811	169330	341050	1271833	744659	607115	103490	116096	3717384
十年	303776	168535	410153	1284547	745250	596517	110753	115633	3735164
十一	295396	157074	381105	1209890	747943	551283	102922	109350	3554963

续表

十二	294921	177476	392095	1262961	791913	476585	111548	107939	3615438
十七	297064	171388	441235	1316032	842028	557902	120175	140887	3886711
十八	280618	153565	436110	1206787	761074	745180	119180	116592	3819106
十九	297023	175233	412649	1185366	752550	751457	114775	113632	3802685
二十	298266	172017	217782	858651	664826	578652	80814	114087	2985095
二三	301300	155210	271085	645468	647665	607132	86232	121721	2836013
二四	296761	147875	363071	721190	628768	648738	110288	112126	3028817
二五	296584	141868	362929	883560	666371	545125	108139	82440	3087016
二六	294548	171203	364227	764148	706534	639479	109692	132723	3182554
二七	276047	107084	348953	798632	580682	537056	94267	111049	2853770
二八	237862	**168949**	228179	509227	662827	617394	121466	117433	2663337
二九	317294	230814	184661	889841	682836	596389	82972	131058	3115865
三十	328981	377234	197323	127874	**682836**	692291	92958	145903	2645400

资料来源：中国社会科学院经济研究所藏抄档《清代黄册·户部仓场类》第二三、二四册。表中黑体数据系据前后两年平均数取得，浙江三十年数据以二十九年补入。此表所录江浙两省漕粮数据，与笔者《清代漕粮海运与社会变迁》附表二《清代江浙漕粮海运数额表》不同，但皆缘自档案，原因待考。

显然，各省漕粮完兑数要大于漕粮起运数，漕粮起运数又要大于实际到通数。为求百姓的实际财政负担，当以各省漕粮完兑数为佳；为求清廷的漕粮收入实数，又当以交付通州数据为佳。以下是漕粮交通曲线示意图：

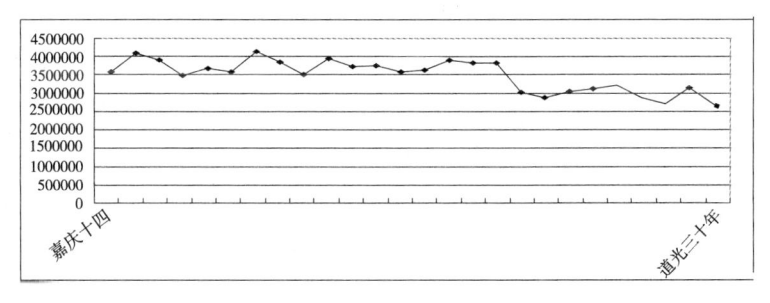

嘉道漕粮运通数示意图

从上表可以看出,嘉道时期的漕粮运通数在逐步减少,这当然与道光后期的频繁自然灾害和百姓的纳税能力下降相关。需要指出的是,在征收漕粮的过程中,清廷会随带征收相关的漕羡银两,这也是一笔巨大的开支。而与漕运相关的开支,诸如运丁行粮、月粮、免税土宜等等,更是无法确知其实数的糊涂账。

(三) 盐课

嘉道时期关于盐课的征收,在现有研究成果中,有两种数据常为研究者所引用。第一种是《汇核嘉庆十七年各直省钱粮出入清单》(简称嘉庆《清单》):

嘉庆《清单》所载全国盐课收入表(单位:两)

盐区	十六年实征	十六年支出	十七年实征	十七年支出
长芦	515659	1691	19570	1628
山东	214314	17864	58814	17868
河东	464920	26517	460226	24967
两淮	2552550	497642	2993614	488338
两浙	745813	22960	699952	22960
福建	247185	3280	210031	3280
广东	562116	11069	703641	11069
广西	47618	0	47618	0
甘肃	20416	32	20416	32
吉兰泰	40900	40900	63588	18541
四川	149838	0	150986	0
云南	683140	0	361569	0
贵州	6250	0	7615	0
合计	6250719	621955	5797640	588683

资料来源:《汇核嘉庆十七年各直省钱粮出入清单》,故宫博物院文献馆:《史料旬刊》,第二十二期至三十期,1931年1—3月,京华印书局。

仍据嘉庆《清单》可知,十六年直省岁入银 43501076 两,盐课收入占总收入的 14.36％;十七年直省岁入银为 44969056 万两,盐课收入占总收入的 12.89％。

另一种数据则是王庆云《石渠余纪》所记载的数据。按王庆云在该书卷四《直省盐课表》中称,直省的盐课共分为五类:灶课,通额征 642703 两有奇;引课,通额征 4061545 两有奇;杂课,通额征 2654723 两有奇;税课,两广贵州额征 60510 两有奇;包课,通额征 56398 两有奇。以上合计岁征 7475879 两有奇。以下是王庆云刈道光年间的盐课统计:

王庆云道光盐课统计表(单位:两)

盐区	灶课	岁额引课	二十一年实征	二十二年实征	二十五年实征	二十九年实征	引地岁出
长芦	13000	647373	502553	502553	502553	502553	1591
两淮	95880	3355327	2120948	2135654	2120948	2120948	350000
山东	15000	310067	107536	191626	185151	129804	8052
河东	无	533347	530603	531306	530435	496798	23353
两浙	114000	907281	418334	418354	418330	440338	22960
福建	14000	333010	145568	136117	153929	153929	3280
广东	4000	612126	534274	564254	562286	532389	10000
广西		78293	47614	47618	47618	47618	无留支岁出
四川	14000	288247	155451	152719	152719	145906	无岁支
云南		373771	366293	294023	372161	356922	无岁支
甘肃		29395	20859	20416	20416	20416	33
贵州		7615	8250	7615	7615	8250	无岁支
合计	269880	7475852	4958283	5002255	5074161	4955871	

资料来源:王庆云《石渠余记》卷五《直省盐课表》。外有课税移解各省藩库奏销者:山西阳曲等州县土盐额征税银 17800 余两。陕西汉中、延安、鄜州等处盐课额征 7400 余两。花马、大池、马湖峪等外盐课额征银 1500 余两。以上统共每年额征课税银 7502579 两有奇。

另据王庆云《石渠余纪》卷三所载《直省岁入总数表》可知,道光二十一年直省总收入为38597750两,盐课收入占12.85%;二十二年总收入为38715044两,盐课收入占12.92%;二十五年总收入为40612280两,盐课收入占12.49%;二十九年总收入为37010019两,盐课收入占13.39%。如果结合嘉庆年间的《清单》情况来看,大致可以推测,当时的盐课收入占直省收入(未包括捐纳、报效等例外收入)的10%—15%之间。

关于这一时期的具体盐课收入,笔者对于嘉庆《清单》及王庆云所提供的精确数据始终持怀疑态度,故亦曾搜集过一些材料。先来看嘉道时期两淮地区的行销引数情况。众所周知,实际行销盐引数与征税多少密切相关,在两淮地区,湖南、湖北(前者额行220316引,后者额行559616引,两合称湖广)额定行销盐引779932引;江西额定行销盐引270291引(自嘉庆十六年开始,新增饶岸盐引7000,故变为277291引),淮南食盐口岸及安庆、池州、太平三府额定行销盐引338285引,淮北264838引。在有关嘉道时期盐引销数成序列的数据中,湖广、江西和淮南食盐口岸及安庆、池州、太平三府的数据最为丰富;而淮北在道光中期经陶澍改革后大获成功,其销盐情况见后文分析。相关数据列表如下:

嘉道时期淮南行销盐引表(单位:引)

时间	湖广	江西	淮南
嘉庆元年	683332①	270388②	305444③
二年	790271④	281332⑤	
三年	756675⑥		287973⑦
四年	780793⑧		307376⑨
五年	813379⑩	281397⑪	313344⑫
六年	796464⑬		
七年	849948⑭	227349⑮	310108⑯
八年	882793⑰	303719⑱	329009⑲
九年	793566⑳	273266㉑	329041㉒

---

①④ 《宫中档朱批奏折·财政类·盐政》,嘉庆三年正月二十八日,湖广总督姜晟折。

② 《军机处录副奏折·嘉庆朝·财政类·盐政》,嘉庆二年三月初二日,两淮盐政徵瑞折。

③ 《军机处录副奏折·嘉庆朝·财政类·盐政》,嘉庆二年四月二十六日,两淮盐政徵瑞折。

⑤ 《军机处录副奏折·嘉庆朝·财政类·盐政》,嘉庆三年四月十三日,两淮盐政徵瑞折。

⑥ 《宫中档朱批奏折·财政类·盐政》,嘉庆四年正月二十日,湖广总督景安折。

⑦ 《宫中档朱批奏折·财政类·盐政》,嘉庆四年四月二十九日,两淮盐政徵瑞折。

⑧ 《宫中档朱批奏折·财政类·盐政》,嘉庆五年五月初四日,湖广总督姜晟折。

⑨ 《宫中档朱批奏折·财政类·盐政》,嘉庆五年闰四月二十六日,两淮盐政书鲁折。

⑩⑪ 《宫中档朱批奏折·财政类·盐政》,嘉庆六年二月二十一日,两淮盐政书鲁折。

⑫ 《宫中档朱批奏折·财政类·盐政》,嘉庆六年五月初八日,两淮盐政书鲁折。

⑬ 《军机处录副奏折·嘉庆朝·财政类·盐政》,嘉庆七年正月二十五日,湖广总督吴熊光折。

⑭⑮ 《宫中档朱批奏折·财政类·盐政》,嘉庆八年闰二月十七日,两淮盐政佶山折。

⑯ 《宫中档朱批奏折·财政类·盐政》,嘉庆八年五月十一日,两淮盐政佶山折。

⑰⑱ 《宫中档朱批奏折·财政类·盐政》,嘉庆九年二月十五日,两淮盐政佶山折。

⑲ 《宫中档朱批奏折·财政类·盐政》,嘉庆九年五月十一日,两淮盐政佶山折。

⑳㉑ 《宫中档朱批奏折·财政类·盐政》,嘉庆十年二月二十五日,两淮盐政佶山折。

㉒ 《宫中档朱批奏折·财政类·盐政》,嘉庆十年五月十九日,两淮盐政佶山折。

续表

十年	886980①	314639②	334015③
十一	839817④	294155⑤	342059⑥
十二	781976⑦	239285⑧	338285⑨
十三	785059⑩	270654⑪	326562⑫
十四	730832⑬	254104⑭	288753⑮
十五	750161⑯	257860⑰	293613⑱
十六	782278⑲		308036⑳

①② 《宫中档朱批奏折·财政类·盐政》,嘉庆十一年二月二十五日,两淮盐政额勒布折。

③ 《宫中档朱批奏折·财政类·盐政》,嘉庆十一年六月十一日,两淮盐政额勒布折。

④⑤ 《宫中档朱批奏折·财政类·盐政》,嘉庆十二年二月十二日,两淮盐政额勒布折。

⑥ 《宫中档朱批奏折·财政类·盐政》,嘉庆十二年五月十八日,两淮盐政额勒布折。

⑦ 《军机处录副奏折·嘉庆朝·财政类·盐政》,嘉庆十三年正月初九日,湖广总督汪志伊折。

⑧ 《军机处录副奏折·嘉庆朝·财政类·盐政》,嘉庆十三年二月二十九日,两淮盐政额勒布折。

⑨ 《军机处录副奏折·嘉庆朝·财政类·盐政》,嘉庆十三年闰五月十三日,两淮盐政额勒布折。

⑩⑪ 《军机处录副奏折·嘉庆朝·财政类·盐政》,嘉庆十四年二月二十四日,两淮盐政阿克当阿折。

⑫ 《军机处录副奏折·嘉庆朝·财政类·盐政》,嘉庆十四年五月十二日,两淮盐政阿克当阿折。

⑬⑭ 《宫中档朱批奏折·财政类·盐政》,嘉庆十五年二月二十五日,两淮盐政阿克当阿折。

⑮ 《宫中档朱批奏折·财政类·盐政》,嘉庆十五年五月十五日,两淮盐政阿克当阿折。

⑯⑰ 《宫中档朱批奏折·财政类·盐政》,嘉庆十六年三月初五日,两淮盐政阿克当阿折。

⑱ 《宫中档朱批奏折·财政类·盐政》,嘉庆十六年五月二十二日,署两淮盐政苏楞额折。

⑲ 《宫中档朱批奏折·财政类·盐政》,嘉庆十七年五月初六日,湖广总督马慧裕折。

⑳ 《宫中档朱批奏折·财政类·盐政》,嘉庆十七年五月二十九日,两淮盐政阿克当阿折。

续表

十七	660236①		307256②
十八	702501③	220399④	302446⑤
十九	731983⑥	233757⑦	
二十	731983⑧		284460⑨
二一	721049⑩	249629⑪	284974⑫
二二	723876⑬	232716⑭	294479⑮
二三	836334⑯	280180⑰	283859⑱

---

① 《宫中档朱批奏折·财政类·盐政》，嘉庆十八年四月初三日，两淮盐政阿克当阿折。
② 《宫中档朱批奏折·财政类·盐政》，嘉庆十八年五月十七日，两淮盐政阿克当阿折。
③④ 《宫中档朱批奏折·财政类·盐政》，嘉庆十九年闰二月二十六日，两淮盐政阿克当阿折。
⑤ 《宫中档朱批奏折·财政类·盐政》，嘉庆十九年五月十二日，两淮盐政阿克当阿折。
⑥⑦ 《宫中档朱批奏折·财政类·盐政》，嘉庆二十年三月初十日，两淮盐政阿克当阿折。
⑧ 《军机处录副奏折·嘉庆朝·财政类·盐政》，嘉庆二十一年二月初六日，湖广总督马慧裕折。
⑨ 《宫中档朱批奏折·财政类·盐政》，嘉庆二十一年五月二十八日，两淮盐政阿克当阿折。
⑩ 《宫中档朱批奏折·财政类·盐政》，嘉庆二十二年二月十八日，湖广总督阮元折。
⑪ 《宫中档朱批奏折·财政类·盐政》，嘉庆二十二年三月十六日，两淮盐政阿克当阿折。
⑫ 《宫中档朱批奏折·财政类·盐政》，嘉庆二十二年五月二十八日，两淮盐政阿克当阿折。
⑬⑭ 《宫中档朱批奏折·财政类·盐政》，嘉庆二十三年三月二十七日，两淮盐政阿克当阿折。
⑮ 《宫中档朱批奏折·财政类·盐政》，嘉庆二十三年六月十七日，两淮盐政阿克当阿折。
⑯ 《宫中档朱批奏折·财政类·盐政》，嘉庆二十四年正月十九日，湖广总督庆保折。
⑰ 《宫中档朱批奏折·财政类·盐政》，嘉庆二十四年正月二十四日，两江总督孙玉庭折。
⑱ 《宫中档朱批奏折·财政类·盐政》，嘉庆二十四年五月初八日，两淮盐政阿克当阿折。

续表

二四	779955①	227906②	286530③
二五	634173④	169876⑤	243424⑥
道光元年	645722⑦	196430⑧	249132⑨
二年	741150⑩	211782⑪	264839⑫
三年	704624⑬	208053⑭	242583⑮
四年	779934⑯	194490⑰	252403⑱
五年	801093⑲	232095⑳	250056㉑
六年	780072㉒	232598㉓	275845㉔
七年	780971㉕	208302㉖	237408㉗

---

①② 《宫中档朱批奏折·财政类·盐政》,嘉庆二十五年五月初二日,两淮盐政延丰折。

③ 《宫中档朱批奏折·财政类·盐政》,嘉庆二十五年五月十六日,两淮盐政延丰折。

④ 《宫中档朱批奏折·财政类·盐政》,道光元年二月初六日,署湖广总督湖北巡抚毓岱折。

⑤ 《军机处录副奏折·道光朝·财政类·盐政》,道光元年三月二十九日,两淮盐政延丰折。

⑥ 《宫中档朱批奏折·财政类·盐政》,道光元年五月十六日,两淮盐政延丰折。

⑦⑧ 《宫中档朱批奏折·财政类·盐政》,道光二年闰三月初四日,两淮盐政延丰折。

⑨ 《宫中档朱批奏折·财政类·盐政》,道光二年五月二十六日,两淮盐政曾燠折。

⑩⑪⑫ 《宫中档朱批奏折·财政类·盐政》,道光三年八月初三日,两淮盐政曾燠折。

⑬⑭⑮ 《宫中档朱批奏折·财政类·盐政》,道光四年五月二十五日,两淮盐政曾燠折。

⑯⑰⑱ 《宫中档朱批奏折·财政类·盐政》,道光五年五月二十五日,两淮盐政曾燠折。

⑲ 《宫中档朱批奏折·财政类·盐政》,道光六年正月初九日,湖广总督李鸿宾折。

⑳ 《宫中档朱批奏折·财政类·盐政》,道光六年六月初五日,两淮盐政曾燠折。

㉑ 《宫中档朱批奏折·财政类·盐政》,道光六年六月初五日,两淮盐政曾燠折。

㉒ 《宫中档朱批奏折·财政类·盐政》,道光七年正月二十八日,湖广总督嵩孚折。

㉓㉔ 《宫中档朱批奏折·财政类·盐政》,道光七年七月二十日,两淮盐政张青选折。

㉕ 《宫中档朱批奏折·财政类·盐政》,道光八年正月二十七日,湖广总督嵩孚折。

㉖ 《宫中档朱批奏折·财政类·盐政》,道光八年七月二十四日,两淮盐政福珠隆阿折。

㉗ 《宫中档朱批奏折·财政类·盐政》,道光八年七月二十四日,两淮盐政福珠隆阿折。

续表

八年	711423①	188594②	264933
九年	630741③	114960④	216500⑤
十年		164929⑥	182223⑦
十一	713286⑧	134478⑨	152792⑩
十二	720128⑪	180389⑫	197972⑬
十三	670128⑭	207980⑮	214531⑯
十四	723976⑰		
十五	662720⑱	209769⑲	222747⑳

---

① 《宫中档朱批奏折·财政类·盐政》,道光九年十月初八日,湖广总督福森折。

② 《宫中档朱批奏折·财政类·盐政》,道光九年七月二十三日,两淮盐政福珠隆阿折。

③ 《宫中档朱批奏折·财政类·盐政》,道光十年五月二十七日,湖广总督嵩孚折。

④⑤⑥ 《宫中档朱批奏折·财政类·盐政》,道光十年十一月十一日,两淮盐政钟灵折。

⑦ 《宫中档朱批奏折·财政类·盐政》,道光十年十一月十一日,两淮盐政钟灵折。另有安庆等51009引未据奏报。

⑧⑨⑩ 《宫中档朱批奏折·财政类·盐政》,道光十三年二月十二日,两江总督陶澍折。

⑪ 《宫中档朱批奏折·财政类·盐政》,道光十三年二月初二日,湖广总督讷尔经额折。

⑫ 《宫中档朱批奏折·财政类·盐政》,道光十四年三月二十九日,两江总督陶澍折。

⑬ 《宫中档朱批奏折·财政类·盐政》,道光十四年三月二十九日,两江总督陶澍折。另有池州24418引未据奏报。

⑭ 《宫中档朱批奏折·财政类·盐政》,道光十四年三月初十日,湖广总督讷尔经额折。

⑮ 《宫中档朱批奏折·财政类·盐政》,道光十五年二月初十日,两江总督陶澍折。

⑯ 《宫中档朱批奏折·财政类·盐政》,道光十五年二月初十日,两江总督陶澍折。另有池州24418引未据奏报。

⑰ 《宫中档朱批奏折·财政类·盐政》,道光十五年二月初四日,湖广总督讷尔经额折。

⑱ 《宫中档朱批奏折·财政类·盐政》,道光十六年正月二十四日,湖广总督讷尔经额折。

⑲⑳《军机处录副奏折·道光朝·财政类·盐政》,道光十七年二月十五日,两江总督陶澍折。

续表

十六	730114①	209797②	233108③
十七	733201④	210337⑤	264142⑥
十八	750265⑦	186242⑧	253802⑨
十九	712103⑩	186245⑪	188292⑫
二十	745011⑬		
二一	746552⑭	183033⑮	193056⑯
二二	718931⑰	161032⑱	264778⑲

---

① 《宫中档朱批奏折·财政类·盐政》,道光二十年二月初三日,湖广总督周天爵折。

②③ 《军机处录副奏折·道光朝·财政类·盐政》,道光十八年正月十三日,两江总督陶澍折。

④ 《宫中档朱批奏折·财政类·盐政》,道光二十年二月初三日,湖广总督周天爵折。

⑤ 《军机处录副奏折·道光朝·财政类·盐政》,道光十八年十一月二十八日,两江总督陶澍折。

⑥ 《军机处录副奏折·道光朝·财政类·盐政》,道光十八年十一月二十八日,两江总督陶澍折。另有安庆等51009引未据奏报。

⑦⑧ 《宫中档朱批奏折·财政类·盐政》,道光二十年正月初四日,署两江总督麟庆折。

⑨ 《宫中档朱批奏折·财政类·盐政》,道光二十年正月初四日,署两江总督麟庆折。另有池州24418引未据奏报。

⑩ 《宫中档朱批奏折·财政类·盐政》,道光二十年二月初三日,湖广总督周天爵折。

⑪ 《宫中档朱批奏折·财政类·盐政》,道光二十年十二月十三日,署两江总督裕谦折。

⑫ 《宫中档朱批奏折·财政类·盐政》,道光二十年十二月十三日,署两江总督裕谦折。另有繁昌等31710引未据奏报。

⑬ 《宫中档朱批奏折·财政类·盐政》,道光二十一年正月二十四日,湖广总督裕泰折。

⑭ 《宫中档朱批奏折·财政类·盐政》,道光二十三年正月二十七日,湖广总督裕泰折。

⑮ 《宫中档朱批奏折·财政类·盐政》,道光二十三年三月初十日,两江总督耆英折。

⑯ 《宫中档朱批奏折·财政类·盐政》,道光二十三年三月初十日,两江总督耆英折。另有安庆等51009引未据奏报。

⑰ 《宫中档朱批奏折·财政类·盐政》,道光二十三年正月二十七日,湖广总督裕泰折。

⑱⑲ 《宫中档朱批奏折·财政类·盐政》,道光二十三年十一月初四日,署两江总督璧昌折。

第二章 嘉道财政收支　109

续表

二三	745790①	181104②	242521③
二四	728310④		
二五	728518⑤	165454⑥	231523⑦
二六	731975⑧	153357⑨	231411⑩
二七	728621⑪	141494⑫	233440⑬
二八	741595⑭	132354⑮	121301⑯
二九	507527⑰		

其示意图如下：

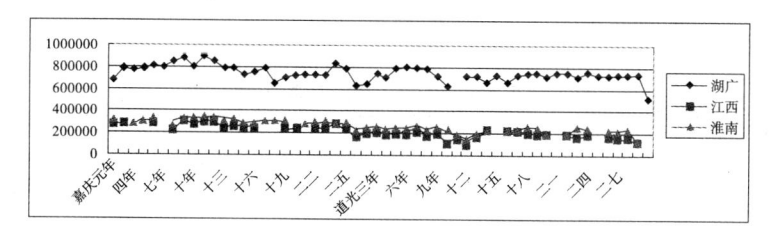

嘉道时期淮南销引示意图

---

① 《宫中档朱批奏折·财政类·盐政》，道光二十四年二月初四日，署湖广总督赵炳言折。

②③ 《军机处录副奏折·道光朝·财政类·盐政》，道光二十四年十月初六日，署两江总督壁昌折。

④ 《宫中档朱批奏折·财政类·盐政》，道光二十五年二月初四日，湖广总督裕泰折。

⑤ 《宫中档朱批奏折·财政类·盐政》，道光二十八年正月二十八日，湖广总督裕泰折。

⑥⑦ 《军机处录副奏折·道光朝·财政类·盐政》，道光二十六年十一月二十五日，两江总督壁昌折。

⑧⑨⑩ 《宫中档朱批奏折·财政类·盐政》，道光二十七年十二月二十二日，两江总督李星沅折。

⑪ 《宫中档朱批奏折·财政类·盐政》，道光二十八年正月二十八日，湖广总督裕泰折。

⑫⑬ 《宫中档朱批奏折·财政类·盐政》，道光二十八年十二月二十一日，两江总督李星沅折。

⑭ 《宫中档朱批奏折·财政类·盐政》，道光二十九年正月二十八日，湖广总督裕泰折。

⑮⑯ 《军机处录副奏折·咸丰朝·财政类·盐政》，咸丰元年四月十八日，两江总督陆建瀛折。

⑰ 《宫中档朱批奏折·财政类·盐政》，道光三十年二月二十五日，湖广总督裕泰折。

从示意图看,湖广的行销引数较为平衡,而江西和淮南(口岸部分)则有较为明显的下降趋势。不过,必须指出的是,道光十一年,经两江总督陶澍奏准,淮南引盐原额每引344斤,叠加至384斤,至此年开始再加至412斤,故分析销盐引数的变化,还必须考虑到盐斤数量,否则就会失去意义。

现在将所搜集的两淮、浙江两处盐课征收情况列表如下,以供研究者对照参考:

嘉道时期两淮、浙江盐区征课表(单位:两)

时间	公元	两淮征银数	两浙征银数	时间	公元	两淮征银数	两浙征银数
嘉二	1797	2507050	418958	道元	1821	1882371	418209
三年	1798		418669	三年	1823		418381
四年	1799	2538602		四年	1824	2027269	418316
五年	1800	2657862	418669	八年	1828	1781095	
六年	1801		421715	九年	1829	2278578	
七年	1802		417434	十一	1831		418800
八年	1803		417457	十二	1832		418830
九年	1804	2485710	417457	十四	1834		418838
十年	1805		417038	十七	1837	2558807	418319
十一	1806	2147493	417047	十八	1838	2333889	418327
十二	1807		417088	十九	1839		418327
十三	1808		417081	二十	1840	2616408	418333
十四	1809		417081	二三	1843	2300041	
十五	1810	876370	417182	二四	1844	2373384	418398
十七	1812	2584274		二五	1845		418333
十八	1813	2518161	417424	二六	1846	2370895	418341
十九	1814	925246	417424	二七	1847	2190693	418341
二十	1815	2297987		二八	1848	2221360	
二一	1816		417563	二九	1849		440338
二二	1817		417771				
二五	1820		418121				

资料来源:中国社会科学院经济研究所藏抄档,《清代黄册·户部盐课类》第七至三十三册。

其示意图如下：

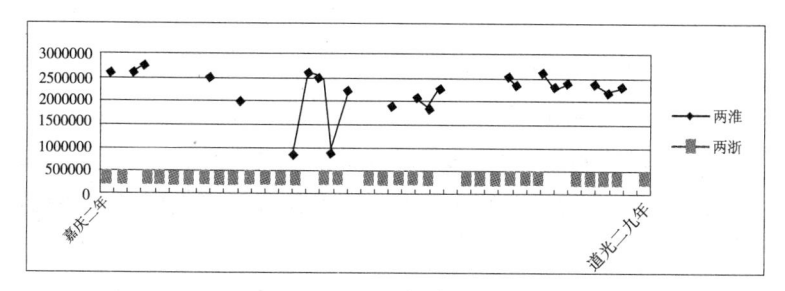

嘉道时期两淮、浙江盐区征课示意图

通过以上示意图亦可以看出，浙盐走势比较平稳，而淮盐则发生过较大波折，其中嘉庆后期一度有较大变化，但总体上却没有走下坡路。考虑到淮盐与浙盐在全国盐税中的地位，嘉道时期全国的盐税走势可以想见。当然，以上两组数据还不能说明全部问题，嘉道时期精确的盐税收入，对于今天的我们来说，恐怕已是一笔糊涂账了。

(三) 关税

由于在嘉道时期的财政收入格局中，田赋、漕粮、盐课及杂税基本稳定，只有关税发生过较大波动，且一般论者皆以关税的变动来论证商品流通及市场调整。此处将根据相关档案，详尽探讨这一时期的关税征收情况。

需要说明的是，目前关于榷关的资料浩如烟海，考虑到连嘉庆《清单》及王庆云《石渠余纪》这样非常有史料价值的资料都存在着很大的问题，[1]所以笔者在确定各关收入的时候，将主要以藏于中

---

[1] 参见拙文《〈汇核嘉庆十七年各直省钱粮出入清单〉所载关税额辨析》（《历史研究》2008年第5期）、《王庆云〈石渠余纪〉所载道光关税额辨析》（《近代史研究》2008年第5期）。

国第一历史档案馆的《宫中档朱批奏折·财政类·关税》(胶片号20、21)、《军机处录副奏折·财政类·关税项》(胶片号126、218—219)、《内阁户科题本全宗·税课类·关税》;中国第一历史档案馆编《嘉庆道光两朝上谕档》(广西师范大学出版社2000年11月版);以及20世纪30年代由汤象龙等人主持整理的《清代关税收支报告表(第六册)》(现藏中国社会科学院经济研究所,以下简称"中国社科院经济所抄档")为准。又考虑到本项研究系以解决嘉道时期的关税收入为目的,在找不到原始档案资料的情况下,嘉庆《清单》及《石渠余纪》相较其他资料仍有特定的优势,故仍酌量加以参考。具体来说,参考过嘉庆《清单》中嘉庆十六、十七年数据的为赣关、归化城、太平关和坐粮厅。参考过《石渠余纪》道光二一、二二、二五和二九年数据的为崇文门、归化城、太平关和坐粮厅,赣关参考过道光二二、二五、二九年,淮安关参考过道光二二年,临清户关参考过道光二二年,临清工关参考过道光二五年,张家口参考过道光二五、二九年数据。另外,江海洋关(上海关)之道光三十年数据,参考了太平天国历史博物馆编《吴煦档案选编》(第七辑)(江苏人民出版社1983年版,第82页)。

清代关税奏销,例于关期内奏报,关税征收截止日期,例为本年度的关税。由于各个关的开征与截止时间差异极大,这种通融的办法也是学术界的共识。试举一例,某关道光十六年正月十五日起征,至道光十七年正月十四日截止,那么关期则为道光十七年份。清代以十三个月为关期的共有崇文门(例于八月初三至次年八月初二日)、打箭炉(起初以每年四月二十一日一年为满,分别遇闰不遇闰比较征税情况,嘉庆四年确定盈余数量后,即改为以12个月计算)。道光十三年,杀虎口税务监督工部郎中祥麟因丁忧,奏明于服满后补足穿孝日期,计多征1个月零17天。此后,杀虎口关期随之而变。天津海关(道光末年一度延长至次年)、临清工关例于每年开河至封冻为本年度征收关期。另外,在第一次鸦片战争期间,闽海关、浙海关等因受到战争袭扰,一度封关。由于各个关的关税年度时间并不相同,时间差别很大。由此而产生的问题是,通常意义上的年度关税收入,并不是指在此年份内各个关所征收的关税收入,而是各个关在本年度关期内,所征收关税的总和。另一方面,大部分榷关征税向以十二个月起征,而随着闰月的积累,也有个别年份出现了两个关期的情况。出现两个关期需要具备两个条件,即上一个征收关期以正月结束,而本年度又出现了闰月情况。由于一年出现两个关期,导致统计只能当作本年次的税收收入。①

附加税是政府规定各关在征收正额、盈余之外加征的银两,包括火耗、并平、平余、饭食、笔墨、纸张、解费等名目,诸如九江关之平余、闽海关之并封、罚俸等,名目不同,实质一样,但为求中央所收正额之实际情况,在统计时一并略之。闽海关每年奏报的琉球贡船之漂失、免税等问题,亦做如此处理。这里只是想指出,实际

---

① 具体说来,在笔者根据资料而统计的数据中,出现了两个关期的榷关有张家口(道光二年)、山海关(嘉庆十九年、道光二十六年)、凤阳关(嘉庆二年、道光十年)、杀虎口(道光十年、十五年)、左翼(道光七年)、右翼(道光七年)、浒墅关(嘉庆八年、道光十五年)、临清户关(嘉庆十九年、道光二十六年)、九江关(道光元年)、天津关(道光七年)、龙江工关(道光四年)、西新户关(道光四年)、荆州关(嘉庆五年)、扬州关(嘉庆十九年、道光二十七年)、闽海关(嘉庆十九年、道光二十六年)、芜湖户关(嘉庆五年、道光十一年)、芜湖工关(嘉庆五年、道光十一年)、淮安关(嘉庆五年、道光十二年)、北新关(嘉庆十年、道光十八年)、南新关(嘉庆五年、道光十二年)、浙海关(嘉庆十九年)、江海关(嘉庆八年、道光十四年)、粤海关(嘉庆十九年、道光二十六年)。当然,由于有些关长期没有征税数据,其间隐藏着的两个关期,则笔者并未推算。

征税要多于奏销数据。①

下面根据资料,来全面汇总嘉道时期的关税总体收入。② 下表中的"实数统计"部分,系指根据档案等资料实际统计出来的数据;"补全后统计"系指如果年度出现空缺,则以正额、盈余补入后得来的数据。

---

① 根据邓亦兵的研究,清代各关的附加税占正额部分的11%—24%,"应该是比较低的"(参见邓氏著《清代前期关税制度研究》,北京燕山出版社2008年版,第173页)。

② 在全部的49处税关中,数据完整者为淮安关、浒墅关、江海关、浙海关、闽海关、厦门福州洋关、粤海关。

数据较为完整的为山海关(缺嘉庆五、二十至二二、道光二四、三十年数据)、张家口(缺嘉庆四、六至九、二二、二五、道光元、二十年数据)、杀虎口(缺嘉庆三至八年、一一至二三、道光十二、二三年数据)、太平关(缺道光四至二十、二三、二四、二六至二八和三十年数据)、打箭炉(缺道光七至三十年数据)、梧浔两厂(缺道光四至三十年数据)、辰关(缺道光四年至三十年数据)、左翼(缺嘉庆元年至三年数据)、右翼(缺嘉庆元年、三年、二一、二三年数据)、扬州关(缺嘉庆七年、十四年、二一年、道光三十年数据,另嘉庆十九年缺第二关期数据)、芜湖户关(缺嘉庆六、十四、道光六、二七和三十年数据)、凤阳关(缺嘉庆四、六、二一、二二年数据)、西新户关(缺嘉庆六至七年、十四年数据)、九江关(缺嘉庆六年、道光十一年、二三年数据)、北新关(缺嘉庆七年数据)、临清户关(缺嘉庆十二年、道光三十年数据)、武昌游湖关(缺道光四至三十年数据)、天津关(缺嘉庆六至七年、二一至二二年数据)、天津海关(缺嘉庆元至十一年、道光二七、三十年数据)、江海洋关(缺道光三十年数据)、浙海洋关(缺道光二八年数据)、临清工关(缺嘉庆元年至三年、五年、九年、十三年、道光三十年数据)、芜湖工关(缺嘉庆六、十四、道光六、二七和三十年数据)、南新关(缺嘉庆五至六、九、十四年数据)、龙江工关(缺嘉庆六至七、十四年数据)、荆州关(缺嘉庆十九、二一、道光七年及其后数据)。

数据缺失较多者为:归化城(有嘉庆元至三、十六、十七、道光二一、二二、二五和二九年数据)、崇文门(有嘉庆四、五、八至十三、十五至二十、二三至道光二、二一、二二、二五和二九年数据)、坐粮厅(有嘉庆元至九年、十六、十七年、道光二一、二二、二五和二九年数据)、赣关(有嘉庆元至三、十六、十七、道光三、五、十一、十七至二二、二五、二九年数据)、夔关(有嘉庆元至五年数据)。

另外还有10处没有在档案中搜集到资料,即奉天牛马税、凤凰城中江、武元城、盛京木税、吉林木税、新疆伊犁木税、直隶潘桃口、通永道、渝关和古北口。此10处税关的正额盈余银合计为35868两,相对于近500万两的定额,影响极微,故在下面的表格中不予录入。

嘉庆道光年间关税收入表一（单位：两）

时间	山海关	张家口	杀虎口	归化城	太平关	打箭炉	梧浔厂
嘉庆元年	137616	60570	43640	23873	133786	21296	124289
二年	137702	60581	43770	23875	133796	23409	124291
三年	110642	60605		23878	133812	23996	124292
四年	115624				128175	21341	191390
五年		60616			128175	20392	191390
六年					128175	20238	191390
七年	135568				128175	20000	191390
八年	136149				128175	20000	191390
九年	131939		45163		128175	20000	191390
十年	127550	60621	45230		128175	20000	191390
十一	127644	60621	45303		128175	20000	191390
十二	115390	60623	45344		128175	20000	191390
十三	113429	60631	45418		128175	20000	191390
十四	113658	60636	45493		128175	20000	191390
十五	114139	60642	45581		128175	20000	191390
十六	114231	60643	45677	32859	134353	20000	191390
十七	111598	60644	45755	32758	134384	20000	191390
十八	111551	60644	45781		128175	20000	191390
十九	223063	60644	45795		128175	20000	191390
二十		60649	45845		128175	20000	191390
二一		60650			128175	20000	191390
二二					128175	20000	191390
二三	111967	60652			128175	20000	191390
二四	112325	60652	45898		128175	20000	191390
二五	112601		45909		128175	20000	191390
道光元年	112940		45929		128175	20000	191390
二年	112461	121317	45946		128175	20000	191390
三年	112554	60663	45960		128175	20000	191390
四年	112623	60664	45972			20000	
五年	112755	60672	45982			20000	
六年	111245	60670	46003			20000	
七年	112612	60673	46021				
八年	111447	60676	46030				
九年	111738	60678	46059				

续表

十年	111457	60771	92131				
十一	111752	60684	46089				
十二	112204	60686					
十三	111887	60692	53878				
十四	112291	60694	46124				
十五	112515	60705	92304				
十六	112381	60708	46177				
十七	112430	60709	46187				
十八	112627	60710	46198				
十九	112891	60714	46206				
二十	112836		46215				
二一	111969	60717	46222	29657	135245		
二二	111327	60720	46229	30128	135724		
二三	87979	60720					
二四		60727	46242				
二五	111442	60561	46249	29510	135253		
二六	223120	60732	46253				
二七	111998	59508	46256				
二八	111845	59513	46259				
二九	111863	60561	46263	28841	118643		
三十		59494	46467				

资料来源：参见拙著《清朝嘉道关税研究》（北京师范大学出版社2010年版），第172—409页。

说明：本表资料统计中，已知一年出现两个关期的情况计入一年中，具体分布如上文所述。修正的数据均按每年一个关期计入，只具象征意义，并不代表实际征收数。但浙海洋关道光二十八年、江海洋关道光三十年数据，因无额数，未补入。

嘉庆道光年间关税收入表二（单位：两）

时间	辰关	崇文门	左翼	右翼	坐粮厅	淮安关	浒墅关
嘉庆元年	30531				13158	365400	486430
二年	30531			29083	13160	313995	487550
三年	30531				13162	291341	421285

续表

四年	30531	283887	35501	23646	12339	386796	451385
五年	30531	293979	36543	23666	12339	854170	456585
六年	30531		36717	23718	12339	402245	431677
七年	30531		36800	23764	12339	366484	423921
八年	30531	308205	36782	23773	12339	281966	800484
九年	30531	322540	36779	23775	12339	336703	431436
十年	30531	313565	36787	23778		387567	375072
十一	30531	314660	36909	23865		286565	329115
十二	30531	322501	36772	23776		294522	318346
十三	30531	322645	36936	23904		388488	360104
十四	30531		36851	23791		400079	414004
十五	30531	308280	37944	23908		363959	403499
十六	30531	322655	36857	23803	13368	221247	373177
十七	30531	286127	36901	23824	12380	272401	392802
十八	30531	297143	33360	23824		237829	423499
十九	30531	322804	36796	19501		155730	297091
二十	30531	314872	36756	23912		246384	343480
二一	30531		36751			386137	413526
二二	30531		36745	23849		346976	426571
二三	30531	314873	36740	23864		408831	428437
二四	30531	322892	36823			441153	426854
二五	30531	314873	36832	23917		253649	386391
道光元年	30531	290230	36785	23859		252211	401285
二年	30531	291651	36837	23919		275390	362486
三年	30531		36791	23919		184014	328377
四年			36881	23920		248008	474989
五年			36881	23921		287809	362172
六年			36881	23922		301615	371440
七年			73771	47847		258254	343383
八年			36843	23925		307984	374691
九年			36890	23935		301803	376531
十年			36891	23937		324412	380566
十一			36893	23940		309549	391310
十二			36897	23944		662832	353125
十三			36898	23943		146988	371407

续表

时间							
十四			36893	23952		279613	316409
十五			36894	23942		266716	679851
十六			36867	23922		302456	302389
十七			36902	23922		271789	300303
十八			36903	23922		309945	289172
十九			36904	23613		296787	276178
二十			36905	23614		328512	301623
二一		323166	36859	23565	12387	309613	296768
二二		315161	36877	23596	12383	309137	390698
二三			36840	23597		189426	274175
二四			36851	23597		207575	293347
二五		315627	36908	23670	12389	269279	288863
二六			36908	23667		273303	291754
二七			36908	23670		246921	313312
二八			36908	23670		189068	317390
二九		323739	36908	23671	12419	304859	279991
三十			36908	23656		327110	414420

嘉庆道光年间关税收入表三(单位:两)

时间	扬州关	芜湖户关	凤阳关	西新户关	九江关	赣关	北新关
嘉庆元年	172312	232699	122292	68815	569013	93993	195749
二年	152594	225348	214522	71514	607087	93997	195931
三年	164461	232754	124421	75149	560027	94001	196044
四年	173793	232757		75637	521522		196182
五年	167263	460402	114495	66423	567821		196415
六年	169040						208372
七年		230176	105476		538540		
八年	156202	230221	105670	64590	513948		248571
九年	154810	230164	110184	61446	542951		248658
十年	164896	230041	107367	53343	561520		429960
十一	164087	230038	95383	54922	492187		202126
十二	164899	230043	110005	59753	528760		202638
十三	164048	230040	119104	51569	500754		202713

第二章 嘉道财政收支 119

续表

十四			125534		544401		192148
十五	156215	230050	108977	57182	552154		202888
十六	153955	230048	107227	52889	514948	122136	203362
十七	144360	230050	95489	51970	492123	121611	200125
十八	151212	230029	111571	53235	582487		194343
十九	149835	230034	102528	47944	581324		194404
二十	160098	230046	102301	45178	570105		194436
二一		229919		47746	496810		194377
二二	157438	229935		46820	520567		194535
二三	165427	230080	117259	56161	403372		194373
二四	164061	230236	108411	54851	542679		194423
二五	144479	240030	104273	52922	521924		194451
道光元年	123985	238584	110054	56703	530623		194475
二年	129201	231159	107392	51640	1169252		194488
三年	135463	230842	107410	51491	579404	122522	192174
四年	143711	210434	107862	98738	584128		190077
五年	122317	229993	102322	47985	540675	135316	189124
六年	156884		102461	52702	523122		189216
七年	145117	229970	114568	51190	526917		189087
八年	162635	230028	127197	45382	539493		188171
九年	149607	230019	128567	47688	600009		189346
十年	159055	229999	247939	45628	541494		190153
十一	123319	229989	116571	45303	371374	123876	188880
十二	153953	435442	108504	41449	463842		188285
十三	113886	155502	107412	42063	505510		189183
十四	124191	229947	107431	42512	522469		162582
十五	163895	230943	107465	42715	531622		154942
十六	163791	229984	116206	41450	599670		169143
十七	163828	231426	108408	41395	603039	84470	188207
十八	163793	231354	108491	41572	589476	84470	337611
十九	163803	223919	100696	43173	574533	84470	188213
二十	163793	229971	107383	42612	562932	84470	188567
二一	163808	208944	107175	41437	536816	68192	188219
二二	133101	170297	96431	41815	424928	93048	170147

续表

二三	132550	230120	128389	34390		82711	185270
二四	110088	230099	116045	41481	451741		188526
二五	111049	230043	107278	41717	583026	93184	188802
二六	240385	230088	109845	41515	545004		188488
二七	115069		110646	41516	484646		179846
二八	118453	230304	99485	41892	585090		188499
二九	129861	223810	106304	41548	562592	93771	188258
三十			109853	41493	469351		188292

嘉庆道光年间关税收入表四(单位:两)

时间	临清户关	武昌游湖关	夔关	天津关	天津海税	江海关	江海洋关
嘉庆元年	50487	55619	188961	91075		72934	
二年	50489	55621	127280	107992		72940	
三年	50491	55624	90446	91207		72953	
四年	35498	45000	113403	108123		72954	
五年	33205	45000	142324	111705		72958	
六年	36742	45000				73013	
七年	48388	45000				73330	
八年	62872	45000		97387		146938	
九年	35142	45000		100346		73557	
十年	34857	45000		98926		73562	
十一	46237	45000		99149		73574	
十二		45000		99748	37942	73580	
十三	79663	45000		96048	53051	73583	
十四	66295	45000		89793	69220	73587	
十五	70524	45000		96244	64138	73593	
十六	32285	45000		96292	46500	73607	
十七	33151	45000		94885	50119	73613	
十八	30286	45000		94615	53418	73620	
十九	106605	45000		95783	51517	73629	
二十	72929	45000		95075	39102	73633	
二一	46187	45000			35643	73637	

续表

二二	56578	45000		40154	73641		
二三	57517	45000	95451	43664	73644		
二四	53717	45000	95901	44023	73647		
二五	24684	45000	95126	41615	73651		
道光元年	17650	45000	95874	42034	73657		
二年	21194	45000	98090	42752	73661		
三年	30818	45000	96834	43102	73665		
四年	58046		96866	43017	73667		
五年	44021		94815	42345	73660		
六年	47323		94707	41544	71385		
七年	45859		190718	42417	73671		
八年	48869		95536	42030	73673		
九年	38144		95741	40094	73673		
十年	42802		95225	40043	73674		
十一	53247		95750	40195	73675		
十二	48524		95622	21056	73676		
十三	48379		95747	20105	73677		
十四	19060		105034	40051	73678		
十五	43412		95854	40123	147360		
十六	54683		95877	40214	73681		
十七	51881		95888	41235	73682		
十八	39385		95899	40213	73683		
十九	38688		96099	24351	73684		
二十	48922		96000	20767	57047		
二一	50086		95630	25031	73686		
二二	25436		86384	9192	32621		
二三	32483		94812	28045	73686		
二四	43670		94909	29054	79822	42617	
二五	54308		94993	30311	79788	187961	
二六	89242		95025	33863	74291	1229628	
二七	38059		94842		81894	680295	
二八	77674		94128	39677	77796	587985	
二九	57405		95153	39587	75732	670603	
三十			95316		73752	704000	

嘉庆道光年间关税收入表五（单位：两）

时间	浙海关	浙海洋关	闽海关	厦福洋关	粤海关	临清工关	芜湖工关
嘉庆元年	59224		192850		981187		82454
二年	56469		198507		973173		103813
三年	80373		199164		1035757		119994
四年	75123		227640		937073	4971	119996
五年	66698		195975		1201247		234639
六年	75131		186550		1336172	4862	
七年	75133		219251		1540773	7733	117295
八年	77135		201521		1695389	5700	117267
九年	77135		198852		1555586		117274
十年	79048		171885		1641972	7279	117200
十一	73739		175720		1621376	6402	117202
十二	73889		168923		1663830	10039	117197
十三	79918		186853		1470460		117201
十四	79928		193421		1457202	7334	
十五	79935		186617		1408642	4825	117202
十六	79943		187061		1165263	4375	117205
十七	79952		189539		1347937	5157	117202
十八	79961		211478		1246708	5657	117180
十九	159955		430907		2420720	7112	117177
二十	79994		209673		1331240	7700	117179
二一	80014		205845		1446980	5350	117146
二二	79022		235866		1421304	6499	117160
二三	80024		196856		1302911	5565	117991
二四	80039		193462		1380097	5815	118832
二五	80054		195280		1479820	4179	117563
道光元年	79158		192688		1497022	4002	119313
二年	80064		186778		1485147	4231	118006
三年	80073		186767		1404913	4032	117459
四年	79116		186771		1444323	6344	101220
五年	79187		186759		1298829	5009	117174
六年	78955		188439		1576637	5835	
七年	79008		188913		1850046	6355	92571

续表

八年	79184		189392		1441925	5625	117183
九年	79302		187598		1499581	5383	117176
十年	79353		186873		1663635	8714	117166
十一	79426		187244		1461806	4573	117186
十二	79438		1867334		1532933	4573	200678
十三	79504		152939		1477846	6957	113412
十四	79506		176825		1669713	4231	91093
十五	79506		186914		1424944	4573	87249
十六	79507		184095		1674852	5968	117179
十七	79510		188887		1789424	4037	115748
十八	79510		191665		1242044	4878	115794
十九	79514		191391		1448559	4573	89146
二十	79506		186901		1186552	5627	101022
二一	79512		181451		864232	3827	70548
二二	18839		115953		1115742	3731	70547
二三	78026		86060		1182489	4311	117249
二四	77038	6264	127570	15134	2030543	4189	117196
二五	78019	6885	91463	48276	2360832	7271	117218
二六	78020	2173	305932	62767	4158620	3438	117178
二七	76542	1572	146418	29136	1825223	2622	
二八	78266		153180	24600	1424046	6011	117082
二九	78377	420	150831	30656	1471318	4980	123223
三十	76547	118	156092	33684	1476868		

嘉庆道光年间关税收入表六(单位:两)

时间	南新关	龙江工关	荆州关	小计	补全后总计
嘉庆元年	25430	111521	38088	4845293	5253964
二年	26129	122393	34878	4912422	5303767
三年	28603	118003	27225	4650244	5091249
四年	28766	118463	23791	4791308	5138528
五年		126670	58596	5970221	6329558
六年			28531	3440442	5569152

续表

七年	29346		25531	4424945	5770695
八年	29414	120694	30698	5919011	6342812
九年		121870	30708	5414454	5844463
十年	29509	124778	30695	5742105	6085346
十一	29454	93348	27037	5241757	5584999
十二	29344	128259	24236	5355455	5707073
十三	29571	130393	24241	5375859	5687473
十四			23555	4432025	5778240
十五	29254	130114	26670	5368272	5671514
十六	29445	134429	28214	5044977	5228717
十七	29474	135372	23953	5212576	5396316
十八	29485	133984	25834	5073832	5377073
十九	29061	134186		6509241	7006960
二十	28845	122828	22070	4989424	5403795
二一	28865	109624		4430302	5579092
二二	28954	129467	28821	4615997	5613547
二三	28726	132861	24601	5126944	5462519
二四	28716	133457	24664	5388726	5709294
二五	28758	106429	27224	5121731	5485537
道光元年	28824	141904	29749	5154636	5518442
二年	30215	140463	29976	5878813	6182054
三年	30172	144165	30103	4868784	5402519
四年	29445	262910	30689	4770416	5783718
五年	20554	115247	30690	4426222	5355054
六年	30056	115022	30687	4276751	5637117
七年	29843	137696		4936506	6000495
八年	30059	142936		4520912	5584901
九年	29715	139612		4608887	5672875
十年	30015	127073		4909005	5972994
十一	30088	118016		4440735	5420254

续表

十二	60154	91606		5036156	6132479
十三	28883	92038		4108736	5172724
十四	30096	88550		4442944	5506933
十五	30086	88808		4733339	5797328
十六	29798	114645		4675643	5739631
十七	30160	110573		4854041	5833559
十八	29886	99188		4448390	5427908
十九	30158	90230		4398491	5378010
二十	30072	95740		4137589	5177672
二一	28961	90599		4264322	4705268
二二	28435	95291		4203919	4818766
二三	30071	74232		3267632	4820525
二四	28568	100900		4603794	5778912
二五	30116	118718		5991008	6492357
二六	29910	106087		8697238	9761227
二七	30049	97439		4874387	6325441
二八	30158	120937		4879913	5943902
二九	30124	98671		5620981	6122329
三十	28936	86886		4449243	6231875

根据上面的表格，可以做出如下示意图：

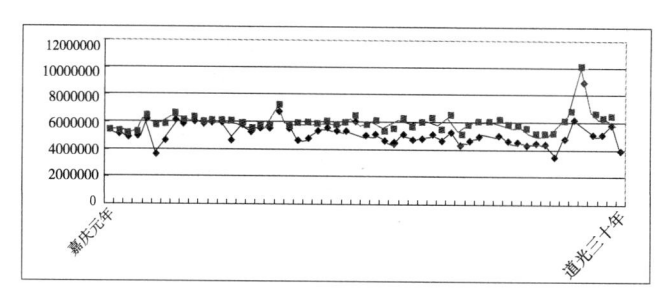

嘉道年间关税收入示意图

在这一示意图中,下线为根据档案实际统计出来的数据,上线则为补全后的数据。从图中可以看出,嘉庆道光时期,除了1841—1843年因鸦片战争的影响而导致关税收入稍有下降外,其余时间仍然保持了500余万两的水平,变化较为平稳,相较于乾隆时期没有出现大幅度的下降,尤其是道光二十六年,即便是仅依靠所掌握的实征数来看,也已经达到了869万余两的高峰。可以认为,不能通过嘉道时期关税量的变化,来论证"道光萧条"。

除了上述地丁、漕粮、盐课及关税外,杂税也是一笔较为稳定的开支,每年所入当在100万两以上。可惜受限于资料,目前还无法对嘉道时期的杂税做一较为客观准确的统计。

(四) 捐纳与报效

除常规收入外,大开捐例与商人报效,也是清朝财政得以维持的重要支柱。

捐纳历史悠久,即鬻官卖爵。清朝捐纳始于顺治年间。顺治时期捐纳人数少,纳银有限,仅限于得到应试资格,或入仕优先,但不能立即入仕。康乾时期,已经开始捐纳实职。康熙初年,戡定三藩,发帑行师,度支不继,廷臣请开事例捐输,"开例三载,所入仅二百万有余,捐纳知县至五百余人"。[①] 以后捐纳逐步推广。嘉庆初年对于开捐有所顾忌,嘉庆元年正月,因御史奏开捐例,上谕:"朕以捐例本非善政,恐无实济,而徒滋滚弊","其请暂开捐例者,亦未能确计其足裨国用。因派曹振镛、托津、铁保、英和四人另行妥议。

---

① 陈康祺:《郎潜纪闻初笔》卷二《开捐之始》,中华书局1984年版。

旋据英和单衔具奏,极言捐例之弊"。而曹振镛则以暂开捐例为请,于是嘉庆帝称:"现在军需、河工各项动用,均出常年经费之外,国家度支有常,实不能不预为筹备。斯时既别无善策,姑照所请,暂开豫东事例,此朕万不得已之举,非以捐纳为必可行也",各大臣果有真知灼见,能为裕国之策者,"立能济军需、河工之用,奏上时朕采取施行,即将捐例停止。若只言捐例之弊,而别无良策,其言皆朕所稔知,无庸虚陈奏牍也"。① 嘉庆三年,清廷定鬻官之制,中央朝廷自户部郎中主事,地方自知州知县,皆有定价。此后,因军需、河工开支庞大,不得不屡开捐纳。自此捐纳更为泛滥。

捐纳分为两种:常开事例和暂开事例。常开事例是指一般俊秀文武生捐纳贡生监生职衔,内外官员捐加级记录,复降革原衔和平民捐请封典等。常开事例中最重要的为捐监事例,人人皆可报捐。这是一项经常性收入,每年约可得银300万两。

暂开事例是对某一事件或某一问题的筹款办法,事过境迁即行停止,或给以一年两年的时限,在此期间内以捐款作指定的用途,但可以捐实职(文职京官自五品郎中以下,外官自四品道府以下,武职自三品参将、游击以下均可捐纳)。嘉庆十九年,英和称大捐为权宜之计,本朝屡经举行,嘉庆年间业已五次,川楚例收银2100余万两,工赈例收银700余万,衡工例收银1100余万,议叙例收银120余万,较之初次开捐只二十分之一比例,节次展限,延至三年,得银600余万。② 又如道光三年为筹措直隶水利经费,令

---

① 《清朝续文献通考》卷六九,考8257。
② 英和:《恩福堂奏稿》,手抄本,中国社会科学院近代史所图书馆藏。

浙江、江西、湖南、江苏、广东五省开办捐监,所收捐银均非少数。道光七年的捐纳,系因新疆张格尔叛乱所致,结果从七年正月开印日起至六月二十八日止,共收捐项银300余万两;后经奏明,将收呈期限展至十月底,自六月二十九日起至十月二十日止,又收银400余万两,连前共收捐项银750余万两。① 道光八年西陲善后,甘肃开办二卯事例,在十个月中收捐银1591027两,平余银63643两。仅是从这些枯燥的数据中,亦可以想见它们对于军需的重要性。

据汤象龙的研究,嘉庆朝在二十年中捐监收入达4000余万两,平均每年不下200余万两,其中以广东、江苏、江西、浙江捐款最多。道光朝开捐30年,各省捐监数合计3380余万两,平均每年138万余两,以江苏、广东、江西、浙江捐款最多。道光朝捐纳总数及年平均数额均低于嘉庆年间,"说明道光时期的捐纳处于衰落时期"。②

嘉庆年间所收捐监银总数表(单位:两)

省别	开捐日期	银数
山东	嘉庆五年？月	2039700
陕西	嘉庆五年四月	1667610
甘肃	嘉庆五年三月	365450
河南	嘉庆五年？月	2061950
安徽	嘉庆五年四月	1492700
江苏	嘉庆五年？月	5729180
浙江	嘉庆五年？月	4837670
湖北	嘉庆五年四月	2259230

---

① 不著撰者:《道光七年捐纳》,中国社会科学院近代史研究所图书馆藏。
② 汤象龙:《道光朝捐监之统计》(《社会科学杂志》第二卷第四期,1931年),收入汤氏著《中国近代财政经济史论文选》,西南财经大学出版社1987年版。

续表

湖南	嘉庆五年四月	3259300
江西	嘉庆五年三月	5176267
四川	嘉庆五年闰四月	2497950
云南	嘉庆五年？月	419220
贵州	嘉庆五年？月	268550
广东	嘉庆五年四月	6054160
广西	嘉庆五年闰四月	964190
福建	嘉庆五年三月	1631040
总计		40724167

资料来源：汤象龙《道光朝捐监之统计》(《社会科学杂志》第二卷第四期，1931年)，收入氏著《中国近代财政经济史论文选》，西南财经大学出版社1987年版。注：本表没有山西与直隶(京捐)两省数字。

关于道光时期的捐监收入，由于汤象龙主要依据档案得出结论，他的成果至今仍是最为可靠的，本处照录：

道光元年至三十年各省每年所收捐监银数表（单位：两）

年份	山东	山西	陕西	甘肃	河南	安徽	苏州道
元年	39960	36088	59900	13100	86380	101880	102850
二年	46900	38771	69900	11600	110400	55520	127800
三年	43780	38376	78200	10900	91100	51220	33700
四年	54500	34632	79980	24582	13400	49760	126700
五年	48760	44200	96560	13600	126450	46640	117700
六年	63900	47507	111580	22300	128240	93550	182750
七年	24240	25459	68160	21680	5910	53760	97230
八年	25440	27206	70560	81010	68400	37880	106800
九年	21000	16796	54120	11652	46680	37080	95900
十年	34670	20850	52320	12240	69000	42580	118280
十一	41532	28728	44212	11388	85096	51360	77628
十二	55572	32832	41256	8640	86508	51390	74610

续表

十三	65736	27216	39726	19764	79920	58980	62112
十四	67168	35316	40500	12420	92988	70524	55724
十五	45558	21816	34002	12420	68688	72558	53964
十六	24624	16200	37260	18684	68208	89004	62528
十七	28944	24732	29700	9612	100440	67908	55860
十八	25488	12852	26244	7992	93528	69374	37566
十九	24408	13176	26784	6588	77652	49152	44216
二十	28296	15336	20286	5076	100764	53868	35782
二一	32076	10476	19980	3024	71496	44712	44070
二二	43205	9180	15876	5616	74364	42888	49238
二三	65402	14256	22356	9596	116856	51804	77312
二四	50732	9072	19746	5804	99990	55386	76392
二五	23652	5292	12420	5400	71712	53148	60738
二六	28014	7110	16938	5076	43308	50880	46278
二七	24912	7776	16740	3780	35424	53010	52692
二八	35316	7668	18252	10044	40284	50166	53328
二九	33912	6264	20304	25508	50112	44832	48110
三十	22140	3456	13176	1728	39420	26136	28724
总计	1169837	638640	1257038	410724	2416968	1676950	2206582

年份	江宁道	浙江	湖北	湖南	江西	四川
元年	98090	133160	83100	109100	219460	82500
二年	123700	88900	142160	113600	151400	77700
三年	104960	59580	173560	59100	49000	78580
四年	87010	210380	108600	241300	245700	109200
五年	93160	195530	108800	212880	228500	109400
六年	109890	244710	124350	213880	240370	105100
七年	64260	125600	84600	106060	130760	90880
八年	76640	147880	88600	109660	150920	73730

第二章 嘉道财政收支 131

续表

九年	59770	125960	91200	99560	144600	41360
十年	68700	128700	81360	103280	157560	48720
十一年	41406	156054	61044	81132	140724	46524
十二年	46614	149712	49788	75168	140400	54864
十三年	32682	109268	52488	90072	119088	58104
十四年	65078	102044	82032	168428	143376	71604
十五年	43128	102780	70308	82512	121932	45684
十六年	34944	120228	75924	54000	115188	53244
十七年	39936	132990	83916	73656	143856	62622
十八年	25236	105696	67482	72144	120744	33912
十九年	23784	125820	46884	67500	115128	44772
二十年	26784	103416	44976	86616	116856	38556
二十一年	21240	89946	36828	97308	103140	23760
二十二年	16932	117444	27108	100164	118152	27540
二十三年	38340	171024	54756	115736	142452	32940
二十四年	35298	130014	45252	82512	127332	19980
二十五年	20528	99078	50896	60918	126528	21258
二十六年	24060	80844	43584	68364	122472	24408
二十七年	22272	54540	46872	66528	98712	18900
二十八年	21170	67776	33912	69120	98506	28620
二十九年	24762	92724	44496	80992	118800	44820
三十年	26244	62316	24408	56708	89424	27108
总计	1516618	3634114	2129284	3023998	4141080	1596390

年份	云南	贵州	广东	广西	福建	总计
元年	13500	12300	220450	37680	79100	1528598
二年	20100	12400	181060	32300	86160	1490371
三年	13700	8400	25250	32040	92280	1043626
四年	13300	10400	276830	30500	84000	1921774

续表

五年	14300	12600	332753	55900	93700	1951433
六年	13000	10900	217127	33500	79880	2042534
七年	10920	8280	199000	38900	55560	1254509
八年	13320	12600	199320	47520	76180	1413666
九年	8640	11880	201760	25800	55800	1149558
十年	11040	11520	137188	17400	58280	1173688
十一年	15456	11832	165656	35574	75642	1170988
十二年	13284	15552	140473	45234	90720	1172617
十三年	10260	12420	118212	35100	83160	1074308
十四年	12528	16848	133416	83268	111840	1365102
十五年	15984	13608	118566	40482	98280	1062270
十六年	15228	8424	79788	22248	70848	966572
十七年	16308	11772	85572	34884	91320	1094028
十八年	17820	8748	66618	17280	57348	866072
十九年	15552	12852	87936	24714	62748	869666
二十年	15444	10044	102588	35208	62208	902104
二十一年	12636	6912	59076	21492	43632	741804
二十二年	13500	15012	127740	26460	60048	896167
二十三年	19980	13068	139656	41472	88128	1215134
二十四年	20304	16200	118368	36396	72360	1021138
二十五年	13716	8748	89448	37476	64532	825488
二十六年	19900	13392	130632	48924	66744	840928
二十七年	13716	10566	89640	17802	52920	686802
二十八年	10458	8640	75828	17064	52056	698208
二十九年	20844	15876	105132	37800	57132	872720
三十年	13392	6912	77760	17496	37908	574456
总计	438130	348706	4103143	1017914	2160514	33886630

资料来源：汤象龙《道光朝捐监之统计》(《社会科学杂志》第二卷第四期，1931年)，收入氏著《中国近代财政经济史论文选》，西南财经大学出版社1987年版。

捐监银的分配都集中在解部、封贮、修缮（塘工、坝工、河工）、解甘（解往甘肃封贮）、军需和赈恤六项。仍据汤象龙研究成果，可知道光时期各省捐监银之用途：

道光时期各省捐监银用途表（单位：两）

省别	解部	封贮	修缮	军需	赈恤	解甘	其他	总计
山东	237700	363416	207320	69000	20000	250000	10825	1158261
山西	230095	256977	32000	21000	40000	150000	1600	731672
陕西	515200	410000	47546	102652		260000	35000	1370398
甘肃		250000		186000				436000
河南	531200	600000	358000	38262	266314	550000	53000	2396776
安徽	761000	360000	208352	93288	241614		24520	1688774
江苏	1974131	1164452	353839	83918	176730		168	3753238
浙江	2440480	210000	703696	198095			159783	3712054
湖北	782000	550580	219442	24800	110197	500000	23400	2210419
湖南	1489000	812000	295700	274904	80000		27000	2978604
江西	2944600	580000	453600	72000	21000		20756	4091956
四川	490000	790882		50000			295833	1626715
云南	109600	175504		9976			141000	436080
贵州	297370	288220					24276	609866
广东	3280811	559988	134812	2822			108700	4087133
广西	618300	323328	20000	111600			28276	1101504
福建	1434440	570000	62960	39160			73522	2180082
总计	18135927	8265347	3097267	1377477	955855	1710000	1027659	34569532

资料来源：汤象龙《道光朝捐监之统计》（《社会科学杂志》第二卷第四期，1931年），收入氏著《中国近代财政经济史论文选》，西南财经大学出版社1987年版。
本表无直隶省之京捐。

当然，捐监只系捐纳的一种，全部捐纳收入究竟有多少，恐怕已经成为不大容易解开的谜团。不过，关于捐纳占全部财政收入的比重,却可以从另一途径来了解,即户部银库收入中的捐纳比重。户部为了管理全国的捐输事例,特设捐纳房主其事,各省所收捐银除由户部指定用途外,余款都拨捐纳房。根据清代各朝户部银库的统计可知,捐纳房的进入银数非常大,如自雍正二年至道光二十二年,捐纳房收入的银两共达182590986两,相当于六年田赋总和。① 按罗玉东的统计,可知捐纳银所占户部银库的比重。

嘉道时期户部银库收入表(单位:两/串)

年次	公元	捐纳银数	户部全年收入		捐银占户部银数百分比(%)
			银(两)	钱(串)	
嘉庆七年	1802	9515957	11496754	1534981	82.77
九年	1804	10835017	13771202	1242981	78.68
十年	1805	9226174	13933952	1327849	66.21
十二年	1807	3231110	6938703	1438236	46.57
十三年	1808	4596118	9736061	1248029	47.21
十七年	1812	2894247	7712802	1151100	37.53
十九年	1814	5952779	12100660	1312240	49.19
二十年	1815	8355400	12435694	1142974	67.19
二十二年	1817	3540868	10637957	1168451	33.29
二十四年	1819	3755203	15217957	1257460	24.68
道光元年	1821	3888862	7630388	1102199	50.97
三年	1823	4052019	8183826	1121547	49.51
四年	1824	2784357	6979498	1348822	39.89
五年	1825	3774104	8507035	1183440	44.36
七年	1827	14809129	23802617	1232144	62.22
八年	1828	4953158	14422806	1166797	34.34
九年	1829	3285053	11557958	1119826	28.42

① 罗玉东:《中国厘金史》,商务印书馆1936年版,第6—7页。

续表

十年	1830	2586439	11289650	1172529	22.91
十二年	1832	2744777	8019700	1212635	34.23
十三年	1833	2607344	7160868	1152766	36.41
十四年	1834	10812888	15522249	1183231	36.41
十六年	1836	2818160	9551051	1148372	29.51
十九年	1839	2092083	8682740	1143850	24.09
二十年	1840	2492011	10349975	1137631	24.08
二十一年	1841	2069284	6796037	1233614	30.45
二十二年	1842	8945393	10914110	1144432	81.96
二十三年	1843	3815342	7919692	1222831	48.18
二十五年	1845	1493922	9069653	1160832	16.47
二十六年	1846	1738571	9044024	1209094	19.22
二十九年	1849	1072944	8781377	1238527	12.22

根据历年户部银库大进册,故宫文献馆档案。罗玉东:《中国厘金史》,商务印书馆印行,1936年8月版,第6—7页。

从上表可以看出,嘉道时期捐纳对于户部银库的重要性是显而易见的。当然,罗玉东对银库的统计并不全面,下文还将专门涉及。需要指出的是,捐纳对财政的支撑作用,已经由前期的主要弥补军需和河工,逐步演变为补充国库的日常性事务开支,而这种转变的意义,是不言而喻的。

在实施捐纳的过程中,必然会存在一些违法乱纪的事。嘉庆五年七月二十四,嘉庆帝曾给山西巡抚伯麟发布密谕称,近闻山西捐饷"办理不妥之至,民间颇有怨言",并闻有一县派至十万两,该县辄称奉旨捐派,如该户不能措缴,即行掌责锁闭班房,名曰"黑窨";复访知该户有亲属在京,押令雇工人赴京向其设措银两,"此事实出情理之外"。家道饶裕之人,稍出余赀帮助军饷,获得职衔,自系人所乐从,但捐纳岂能预定成数,岂有勒令缴银之理?认捐变成勒捐,则"与横征暴敛何异!"①朝廷卖官,地方官也私自卖缺。如湖南布政使司郑源寿,"凡选授州县官到省,伊即谕以现在某人署理,暂不必去,俟有好缺以尔署之。有守候半年、十月者,资斧告匮,衣食不供。闻有缺出,该员请示,伊始面允,而委牌仍然不下。细询其故,需用多金,名为买缺。以缺之高下定价之低昂,大抵总在万金内外。"②捐纳的实行,极大地腐蚀清朝的吏治和统治基础,造成了恶劣的社会影响,可谓得不偿失。

对于开捐纳的原因,道光帝表示:"登仕籍者只四样,满、汉、科甲、捐班而已,何途没有人才?我最不放心者是捐班,他们素不读书,将本求利,廉之一字,诚有难言。我即说捐班不好,何以又准开捐?"拍手叹息曰:"无奈经费无所出,部臣既经奏准,伊等请训时,何能叫他不去,岂不是骗人么?"③捐银人数众多,必然导致官场升迁秩序混乱。道光间,有西帮票某商甲号,遵例报捐知府候选,未几得缺。引见时,道光帝询其出身,以捐班对。问向作何事,曰开票号。道光帝询不怿,斥之曰:"汝原系做买卖的,做官恐做不来,还是去做买卖的好。"其人见事不谐,亦愤然曰:"既不许咱做官,如何收咱们的捐银,不是欺骗咱们吗?"道光帝询怒其贪鄙,而又怜其愚昧,挥令退出,即降手谕,将其革职,命户部发还捐银。④

嘉庆十九年,清廷曾集中讨论捐纳,针对是暂开捐纳还是将常

---

① 《嘉庆道光两朝上谕档》,嘉庆五年七月二十四日。
② 姚元之:《竹叶亭杂记》卷二,第52页。
③ 张集馨:《道咸宦海见闻录》,道光二十九年十一月初五日。
④ 徐珂编撰:《清稗类钞·度支类·索还捐报》,中华书局1984年版。

例推广,朝中大臣明显分为两派。潘世恩、苏楞额议请暂开捐例,卢荫溥、桂芳、赵秉冲则议请将常例推广加增。潘世恩等以常捐银数行之已久,未便议加,卢荫溥等以节次开捐之后,再议开捐,有名无实,持论各有所见。当时著名的理财大臣、时任吏部尚书的英和认为,治国不可言利,而圣人讳理财。理财之道,不外开源节流,暂开大捐,与酌加常捐,"均为一时补苴之术,未为良策"。今距土方例仅二年,即便开征,恐徒有虚名,竟无实济。且捐例自开办至截止,一年不能竣事,加以展限,约需二年。近来人心机巧,相率观望,又或一人报捐数项,统俟截止之日,探明某项人少,方肯上捐收呈银数。自己久在户部任官,知之最详,观历次所收银数,即知此次未必大效,"所谓人情踊跃等语,不过纸上空谈,其实大捐之开,汉官得以出结,吏胥得以沾润,银号得以通融,而于国家经费未见实有裨益"。此外如封典职衔,富家籍图荣耀加级、纪录,外官冀抵处分,酌加银两,未必便致观望,然为数无几。至贡监生一项,有乡民藉以支持门户者,亦有士子籍以入闱者,若遽议加增,"不免物议沸腾,且于经费未见有益"。现在军需善后并河工抚恤各事宜,通盘筹计,约需银一千万,"现在开捐,无论不能得一千万之数"①。英和反对捐纳的意思虽然有些偏激,但亦反映出清廷在此问题上的两难处境。

时人对捐纳的反对意见也比较集中,道光中期,冯桂芬的同年安徽朱凤鸣,发表《任官惟贤》,传诵京师,文章称:"国家用科目,君子、小人参半也。用捐班则专用小人矣。"又称:"上以急公好义为

---

① 英和:《恩福堂奏稿》,手抄本,中国社会科学院近代史所图书馆藏。

招,特假以为名;下以利市三倍为券,将务求其赏。""捐班逢迎必工,贿赂必厚,交结必广,趋避必熟,上司必爱悦,部吏必护持。""与其开捐,不如勒派。富民百十家之勒派,其害偏;开捐则将为贫民亿万家之勒派,其害普。与其开捐,不如加赋。有形有限之加赋,其害近;开捐则将为无形无限之加赋,其害远。"①冯桂芬对此大表赞赏。

与捐纳相对应的,则是报效,这是清廷为解决财政困难而对商人采取的一种勒索。即以财力最为富裕的盐商为例,仅根据陈锋的统计,乾隆至嘉庆时期的盐商报效银,即多达65001491两,其中最大的用途是军需报效,其次是河工报效,又其次是助赈。② 这说明在解决统治者财政困难方面,商人报效发挥了很大的作用。

嘉道时期盐商报效银数表(两)

	军需报效	助赈报效	助工报效	其他报效	总计
嘉庆四年	3756000				3756000
五年	2600000		500000		3100000
六年	2650000	376000			3026000
七年	100000	100000			200000
八年	1000000	30000	1100000		2130000
九年		200000	1600000	60000	1860000
十一年		140000		300000	440000
十三年			80000	200000	280000
十四年				110000	110000
十五年	80000			20000	100000
十六年	80000		160000		240000

---

① 冯桂芬:《变捐例议》,《校邠庐抗议》,中州古籍出版社1998年版。
② 陈锋:《清代盐政与盐税》,中州古籍出版社1988年版,第220页。

续表

十七年	80000				80000
十八年	70000				70000
十九年	160000	60000			220000
二十四年				4000	4000
二十五年			300000		300000
道光六年	400000				400000
七年	2000000				2000000
十二年	210000				210000
二十年	300000				300000
二十一年	400000				400000
二十二年	2100000				2100000

资料来源:《清盐法志》各区捐输门所载。

盐商报效是当时平衡国家财政的重要措施,在盐商报效的同时,食盐的价格也在不断上涨,从而变相地将负担转嫁到消费者头上。嘉庆十四年,大臣奏请盐斤加价,"查盐斤一项,乃民间日用所必需,而每口月食不过三钱,请于现在盐价每斤酌加三厘,统计两淮、长芦、河东、两浙、两广、福建、陕西、甘肃九处,统计每年共可得银四百余万两,似与民生无损,而经费少充,实于要工有裨"。嘉庆帝表示同意:"惟是近年以来,河患频仍,如海口、运口及高堰堤坝等处要工,层见迭出,需用浩繁。国家经费有常,岂能尽供工用,势不得不设法调剂","奏请酌加盐价以备工需,朕思盐斤一项,虽出之于民,而与加赋少异,似与闾阎生计不致大碍"[①]。此后,盐斤加价一直得到使用。

---

① 《清仁宗实录》卷二〇六,嘉庆十四年正月乙丑。

康乾时期,盐商报效较为盛行,嘉道时期则已衰落,变成"今之运商名为报效,实则分年带销,无从年清年额,逋欠累累,不下千百万,有虚名而无实济"①。到后来,商人不仅无力为河工、赈济报效,就连军需报效也是"劝输摊派"。嘉道时期盐商报效还出现了"借帑报效,分纲纳还"的现象,商人所捐之款并未上交,先由地方藩库垫支,最终导致捐款与藩库正项钱粮混杂的局面。

二、支出

清前期财政支出较为平稳,到嘉道时期,这种状况开始发生变化,各省虽力节经费,但支出增长的趋势却无法扼制。如道光三年(1823年)上谕:"户部奏请敕各直省力节经费,不得例外请支等语。国家出纳岁有常经,所入银数果能全行征解,即除岁出之数本有盈余,兹据该部接近三年比较开单呈览综计岁入每年多有缺少,实缘定额应支之款,势不能减,其无定额者又复任意加增。似此纷纷陈请,将来遇有要需,必致无从筹拨。嗣后着各直省督抚率同该藩司实力钩稽,不得任意动垫,尤不得违例格外请支。至于地丁各款,全完省份甚少,皆因不肖官员以完作欠,惟在地方大吏认真考核督催,力除积弊。此外盐务如何畅销,引课关税如何定额无亏,以及铜铅如何不致短绌,均令各该管上司力矢公忠,劝惩严明,以收实效。总期澄源截流,撙节糜费,初非与官民言利也。"②大致而

---

① 郑祖琛:《更盐法》,《清经世文编》卷四十九《户政二十四·盐课上》。
② 《嘉庆道光两朝上谕档》,道光三年三月初五日。

言,嘉道时期的支出呈现出定额不敷,实际需求膨胀的局面,而这种变化的关键,则在军费和河工。

(一) 军费

马克思说:"强有力的政权、庞大的军队和繁重的赋税是同一个概念。"①清初兵额有限,以后逐步扩大,从乾隆四十六年(1781年)扩增兵额,到嘉庆十七年(1812年)八旗兵扩至27万余人。陈锋根据相关史料,做出了关于嘉道时期八旗兵的统计表格。

嘉庆至咸丰朝八旗兵额统计表(单位:人)

类别	嘉庆数	道咸数	类别	嘉庆数	道咸数
骁骑营	80441	80538	太原驻防	684	684
亲军营	1756	1756	归化城驻防	5000	5000
护军营	15975	15975	开封驻防	920	920
前锋营	1759	1764	青州驻防	2450	2450
步军营	23153	21238	江宁驻防	4666	4666
圆明园护军营	6108	6508	京口驻防	1692	1692
健锐营	3832	3833	杭州驻防	2146	2146
内火器营	3936	4016	乍浦驻防	1798	1798
外火器营	3797	3797	福州驻防	2676	2676
陵寝兵	1435	1435	广州驻防	5269	5669
盛京驻防	19081	19862	西安驻防	6548	6588
吉林驻防	13261	13267	宁夏驻防	3472	3472
黑龙江驻防	11423	11423	凉州驻防	2450	2480
宝坻驻防	665	665	荆州驻防	6628	6068
保定驻防	765	765	成都驻防	2572	2673

① 《马克思恩格斯全集》卷七,第94页。

续表

密云驻防	2600	2610	伊犁驻防	13920	14608
热河驻防	2300	2200	乌鲁木齐驻防	3376	3376
山海关驻防	1400	1350	巴里坤驻防	1084	1084
察哈尔驻防	9425	9371	古城驻防	1084	1084
绥远城驻防	3680	3680	吐鲁番驻防	564	564
			合计	275851	275751

资料来源:陈锋《清代军费研究》,武汉大学出版社1992年版,第20—21页。其文称,嘉庆朝兵额据《钦定中枢政考》卷31所列各细数统计;道咸之际的兵额据翁同爵《皇朝兵制考略》卷二所列"京营、东三省、各省满汉兵数"。

据上表统计,嘉庆至道咸之际的八旗兵额均为27万余人。清代中期八旗兵额增加的原因,除了伊犁、乌鲁木齐、巴里坤、古城、吐鲁番增设驻防八旗外,还由于大量增设养育兵。如属于京城禁旅的八旗骁骑营,嘉庆年间的兵额为80441人,其中养育兵为26872人,占兵额的1/3;再查得骁骑营中镶黄旗满洲兵额为4481人,其中养育兵达2204人,占兵额的1/2。

与八旗相对应的则是绿营兵:

王庆云《石渠余纪》所列各朝绿营兵数表(单位:人)

时间	康二十四	乾二十九	乾五十	嘉十七	道元年	道二十九
京巡捕营	3300	5000	10000	9869	10000	10000
直隶	30700	44348	39402	42352	38131(不含河兵2541)	41335
山西	25000	28707	25752	25534	23875	22805
河南	10000	10436	11874	13834	13640	15381
山东	25000(含总河)	16797	17504	15933	15016	20057
东河		3252		4241	9004	并入河南山东

续表

江南	49850(含总漕)	41275	48747	39517	40789	47550
南河		13071		15666	12823	并入江南
漕运		5002		3681	3634	并入江南
江西	15000	14312	13929	13832	12856	12472
福建	69726	66566	63119	63324	63096	61675
浙江	43450	41529	40037	39009	36830	37565
湖广	40000	43447	31398	58248	44294	47620
陕甘	85978	96067	84496	98579	101571	93582
四川	40000	33970	31112	34188	33975	33811
广东	73110	72565	68094	69007	69181	68322
广西	20000	24166	23588	23408	23101	22472
云南	42000	48554	41353	42762	40730	39762
贵州	20000	38257	37769	48427	38402	36477
合计	594414	642323	599814	661671	633489	595412

资料来源：《石渠余纪》卷二《记列朝各省兵数》。

王庆云表示："天下之田七百九十余万顷，岁供地丁银三千二百余万两。通上中下地计之，是一顷出银四两也。今马兵月饷二两，加以赏恤，是七百亩之赋养一马兵，刍豆之费尚不在此数也。丁赋未归地粮以前，以每丁岁纳二钱为中，则今步兵月饷两五钱，加以赏恤，是百丁之赋而养一步兵，盐菜衣装之因事而给者尚不在此数也。养之如此其厚，徒以民出赋税以养兵，兵出性命以卫民。"[①]指出军饷开支虽然浩大，但清廷也不得不全力应付。

又据姚莹统计，乾隆四十七年定天下兵额，其中八旗满洲兵59530名，八旗蒙古兵16843名，八旗汉军兵24052名。京城巡捕

---

① 王庆云：《石渠余纪》卷二《记列朝各省兵数》。

营兵10000名,直隶省兵39402名,山东省兵17504名,山西省兵25752名,河南省兵11874名,江南省兵48747名,江西省兵13929名,福建省兵62119名,浙江省兵40037名,湖北省兵17794名,湖南省兵23604名,四川省兵32112名,陕甘省兵84496名,广东省兵68094名,广西省兵23588名,云南省兵41353名,贵州省兵37769名,以上合计近70万名,"东三省伊犁青海、察哈尔、西藏之数尚不在焉,通计中外盖常逾百万。"嗣后时有裁汰,犹保持在80余万的水平。在他看来,天下财赋所入,地丁银29781693两,耗羡银3490577两,杂税银2158726两,芦课银270436两,关税银4427753两,盐课银7084600两,漕项银2415584两,茶课银218226两,外捐银190万两,内捐银220万两,旗租银51万两,共收入银54457595两,除水旱民欠外,实入不及五千万。而官兵俸饷岁支银1736两,营中公费银314878两,红白恤赏银308087两,差兵盘费银58970两,共支用银19406628两,"盖五分而去其二以养兵也,更通口外经费计之,则去其半矣"。兵数如此,实不为多,然岁支有常,而岁入民间多欠,不能如额。水旱时有蠲免,仅敷国用,偶有大事用兵,则形不足。谨守成宪,永不加赋,"不得已而有捐输之例,虽名器不免猥滥,风俗人心日敝,无如何也"。① 将捐纳报效与军费相联系,是很有见地的意见。

乾隆四十六年,清廷曾对八旗、绿营兵进行次调整,主要包括:其一,将以前的虚额空粮改为实额,实质上是进行了扩兵。其二,对兵饷财源进行改革,将兵丁红白事件由生息惠济银支给改为正

---

① 姚莹:《寸阴丛录》卷三《天下兵额》,中国社会科学院近代史研究所图书馆藏。

项支给,提高武职待遇与文职相同。改革的原因,不外当时国家财政充裕,而平定新疆、西藏等地后需添设驻兵,大量挑补养育兵额,亦可以解决八旗生计。嘉庆初年,兵额继续扩大,比乾隆时期进一步增加,则主要是镇压川、陕、楚白莲教起义所致。

兵额的扩大对嘉道时期的财政产生了深远影响。早在乾隆扩兵增饷之时,大学士阿桂即预料到数十年后会发生经费困难的问题。他说:"国家经费骤加,不觉其多,岁支则难为继。此项经费岁增三百万,统计二十余年即须用七千余万两。请将武职议给养廉所扣兵拘,除边疆查明增添兵额外,其腹省均可毋庸挑补实额。"①但未被乾隆帝采纳,结果成为嘉道时期的沉重财政负担。嘉庆十九年,嘉庆帝在翻看《清高宗实录》此段内容时,曾颇有感慨地说,阿桂当日之奏,"通盘计画,逆料及数十年后经费难继,其深识远虑,亦不愧老成谋国"。阿桂奏折自所奏至今已三十余年,所用已逾所存,"设此时府库充盈,仍与昔年无异,则朕亦惟常守散财之训,岂屑鳃鳃计量?"假使乾隆年间库贮情形与今天相同,量入为出,"我皇考当日亦本不以阿桂之言为非"。况兵制定额已久,自增设名粮额缺以来,闻各省营伍积弊相沿,仍属有名无实,"于武备亦未能大有裨益"。他还命令大学士、军机大臣会同兵部详悉妥议,看能否恢复旧制。② 可惜事后并无结果。

战时军费的膨胀,更是嘉道时期极为严重的现象。仍据陈锋的统计,嘉道时期各地的军费支出,嘉庆元年至三年共拨四川军需

---

① 阿桂:《论增兵筹饷疏》,《皇朝经世文编》卷二六《户政一·理财上》。
② 《嘉庆道光两朝上谕档》,嘉庆十九年闰二月二十五日。

银 1950 万两,拨陕西军需银 1250 万两,拨甘肃军需银 200 万两,拨河南军需银 200 万两,拨湖北军需银 2000 万两左右。嘉庆元年至三年所拨各地军需银总额当在 6000 万两左右。他还认为,白莲教之役的军费不太可能达到《清史稿》说的 2 亿两,而是约为 1.5 亿两。自嘉庆七年至十五年二月蔡牵余部请降的靖海之役,作者估计广东、福建、浙江三省军费大致在 700 万两左右。自嘉庆二十五年八月张格尔寇兵至道光八年正月叛乱平定为止的道光初年回疆之役,作者估计前后用银 1236.5 万两。道光十年八月张格尔之兄玉素普寇边至十一年二月息兵善后的二次回疆之役,约 900 万两。道光十二年湘粤瑶民起义之役,湖南省剿办用银 488473 两,广东 746257 两,广西 297000 两,共计 1531730 两。① 由此可见当时战时军费开支的巨大。

  白莲教起义期间,一个与军费密切相关的现象是大量乡勇的存在。事后清廷曾对此进行过一次经费核销。据上谕可知,川陕楚三省军需案内乡勇支给银米,系按照随征及被贼、防堵、近贼防堵三项,酌减成数核销。或村民自相保卫,或官募分地巡防,或帮同官兵随营剿贼,虽已事隔多年,人数众多,随时开报,"非如兵丁有册档可稽",但依然花费 2000 余万两,嘉庆帝亦认为开销过大,"实从来用兵所无"。②

---

  ① 陈锋:《清代军费研究》,武汉大学出版社 1992 年版,第 266—275 页。这里还可以补充一点线索,据《嘉庆道光两朝上谕档》嘉庆十二年九月初一日可知,湖北自嘉庆元年军兴以后,动用军需各款截至三年六月以前,作为正案报销,其自三年七月起至十年十月防兵全撤之日止,作为续案报销,核计七年的续案报销,"动支帑项不下千万"。

  ② 《嘉庆道光两朝上谕档》,嘉庆十二年七月十六日。

第一次鸦片战争亦对清朝财政造成了巨大影响。有关鸦片战争的财政支出,主要包括三部分,即战争开支、赔款以及被英军掠夺的钱款。战争开支方面,《清史稿·食货六》记载,战争费用一千数百万两,是战时直接报部拨解的款项,但不包括战事停止后追报的款项。检索《清宣宗实录》可知,战争期间有福建报拨134万两,直隶报拨89.5万两,浙江报拨701万两,山东报拨15万两,广东报拨420万两,江苏报拨100万两,以上合计1495.5万两。不过,战事结束后,各省又有陆续报拨者,如道光二十三年四月,上谕称:"此次各海疆动拨银两,报部者已不下二千万两,现在截销,尚有陆续补报等项。"① 由此可以推测,当时的战争军费开支当不少于2000万两。② 关于战争赔款,中英双方所签订的《南京条约》规定,由清政府向英方赔偿鸦片烟价600万元,代偿行商欠款300万元,英军军费1200万元,总计2100万元,分四年偿清,如未能如期付款,则每年付5%的利息。③ 当时中方的赔款按银7钱合银1元计算,共计1476万两,自1842年到1845年分七期偿还。1842年户部银库结存账面余额不过1300万两,次年993万两,如果再扣掉后来才被发现的银库亏空925万两,几乎一贫如洗。故所有赔款只能由地方分摊。

根据彭泽益的研究,当时清廷的战争赔款高达1476万两,按省匹的分摊来看,广东筹款最多,支付10325000两,占总数的69.95%;江苏支付285000两,占19.31%;浙江支付975000

---

① 《清宣宗实录》卷三九一,道光二十三年四月丁丑。
② 据茅海建估计,鸦片战争的财政军费支出约在2500万两,见《天朝的崩溃》,三联书店1995年版,第420—421页。
③ 王铁崖:《中外旧约章汇编》第1册,三联书店1957年版,第31—32页。

两,占 6.61%;安徽支付 610000 两,占 4.13%。如果按来源来看,商捐 399 万余两,占赔款总额的 27.07%;出自各省库的官款 1076 万余两,占赔款总额的 72.93%。按行业来看,则赔款分配实数和比例如下:

第一次鸦片战争赔款来源表(单位:两)

赔款来源	银数	比例
总数	14760000	100%
关税	6388000	43.28%
地丁	3125800	21.18%
盐课	601200	4.07%
兵饷	650000	4.4%
商捐	3995000	27.07%

资料来源:彭泽益:《论鸦片赔款》,《经济研究》1962 年第 12 期。作者自注:其中地丁包括少量关税、盐课。

被英军掠夺的款项,比较重要的包括广州的赎城费 600 万元,掠夺宁波官库等 120 万元,扬州赎城费 50 万元,上海赎城费 100 万元,南京犒师费 100 万元,等等。① 后英国为迫使清廷尽快签订协议,同意将赎城费等 250 万元归入赔款总额,而未纳入的为 800 余万左右。以上三者合计,鸦片战争使得清廷的财政支出,折合成白银,多达 4500 万两左右,相当于清政府一年的全部财政收入。②

与吏治败坏相伴随,当时军费支出的弊端极多,如武臣克扣、虚报名粮、宿娼唤妓。在镇压白莲教起义期间,"军中糜费甚众,其帑饷半为粮员侵蚀,任其滥行冒销。有建昌道石作瑞,曾侵蚀帑银

---

① 梁章钜:《浪迹丛谈》卷二。
② 彭泽益:《论鸦片赔款》,《经济研究》1962 年第 12 期。

至五十余万两。然其奢费亦属糜滥，延诸将帅会饮，多在深箐荒麓间，人迹之所罕至者，其蟹鱼珍馐之属，每品皆用五六两，一席多至三四十品，而赏赐优伶、犒赉仆从之费不与焉。"①嘉庆帝亲政之初，亦指斥军营情况："总由带兵大臣及将领等全不以军务为事，惟思玩兵养寇，藉以冒功升赏，寡廉鲜耻，营私肥囊。即如在京谙达、侍卫、章京等，遇有军务，无不营求前往。其自军营回京者，即平日穷乏之员，家计顿臻饶裕，往往托词请假，并非实有祭祖省墓之事，不过以所蓄之资，回藉置产，此皆朕所深知。"②时人严如熤也称：平定白莲教，前后八、九年，兵调十数省，其中劲旅勇猛敢战者固然不少，"而矫捷坚实可恃，必以黔兵为第一"。各省提镇大营之兵，所驻通都大邑，"地方平衍，风俗华靡，平时未尝远出城郭，一旦负枪荷戈，走山路数十里，汗淫淫下，喘息不宁，又且饮醇啖肥，习以为常，山内包米杂粮，食不下咽，先自饥疲，与猾贼追逐百数十里，鲜不病乏者"③。

除军费开支外，战时向民间征调力役等，均需百姓支付。有人谓"军兴之后，文报有站，粮运有台，军营之移徙，使节之往来，其夫马不能不资于民力。近地不足，调之远处。虽官为给价值，而例案报销，岂能敷用？每县夫数百名，马数百匹，道途之费、守候之费、津贴之费、司事者口食之费，皆派之里下，不肖生监又从而干没其中，为日既久，民力竭矣。"④而这些开销是不会被统计到财政支出中的。

---

① 昭梿：《军营之奢》，《啸亭杂录》卷八。
② 《清仁宗实录》卷三七，嘉庆四年正月癸亥。
③ 严如熤：《三省山内边防论》，《清经世文编》卷八十二。
④ 民国《达县志》卷十一《食货门·徭役》。

（二）河工

清代笔记记载："本朝河防之费，乾隆中年以后始大盛。当靳文襄时，只各省额解六十余万而已。后遂定为冬令岁料一百二十万，大汛工需一百五十万，加以额解，已三百三十万。又有荡柴作价二三十万。苟遇大水之年，又另请续拨四五十万，而另案工程则有常年、专款之分，常年另案在防汛一百五十万内报销，专款另案则自为报销，不入年终清单。"①道光二十二年，魏源也说："国朝以来无一岁不治河，抑知乾隆四十七年以后之河费既数倍于国初，而嘉庆十一年之河费又大倍于乾隆。至今日而底高淤厚，日险一日，其费又浮于嘉庆，远在宗禄名粮民欠之上。"②可见河工是财政支出的重要项目。

康熙初年，战乱频仍，但政府仍投入大量经费治河。河道总督靳辅曾言："河流为害，自康熙六年至今，十载之间，岁岁兴工，费过钱粮三百余万。"③平定三藩后，随着国力的增强，清廷得以拿出更多的钱来治河。康熙四十年，康熙帝表示："朕念黄河、运河关系国计民生，三次看阅河工，屡次简任河臣，修筑堤岸，每岁不惜数百万帑金。"④雍正五年，因河工需用无时，总河齐苏勒奏准每年拨解河工盐课银30万两，以备河工办料修防之用，"两淮拨解河银始此"。⑤

---

① 金安清：《水窗春呓》卷下《河防巨款》。
② 魏源：《筹河篇上》，《微古堂集·外集》卷六。
③ 靳辅：《经理河工第六疏·筹画钱粮》，《文襄奏疏》卷一《治河题稿》。
④ 《清圣祖实录》卷二〇五，康熙四十年七月己丑。
⑤ 康基田：《河渠纪闻》卷十八。

雍正时期,常年河工费为60万两。乾隆时期,国家财政收入达到一个全新的高度,治河费用也得到进一步提升,昭梿称,当时的河工海塘开销"以亿万计"①。乾隆帝也自诩,"予临御五十年凡举二大事,一曰西师,一曰南巡",而"南巡之事,莫大于河工"。②

嘉道时期,物价上涨,黄河年久失修,黄水日淤,清口、高家堰一带尤甚,河费开支剧增。至嘉庆十二年,常年河工费增加到160万两。专案工程费在康雍时期为60万两,此时则增加到200万两。如果以大的工程来看,又可以发现开销数量实在惊人:嘉庆初年衡工加价730万两,嘉庆十至十五年(1805—1810年)南河工程共用银4099万两,二十年睢工用银300万两。道光年间治黄费用更高,每年约需银300万两,每年东河、南河岁请修防经费数百万金,东河、南河岁修银380万余两。

除正常的岁修、抢修外,另案工程也是嘉道时期河费开支浩繁的重要原因。道光六年,拨南河王营开坝及堰、圩大堤银合计517万两,道光二十一年东河祥工拨银550万两,道光二十二年南河扬工拨银600万两,道光二十三年东河牟工拨银518万两,道光二十四年修筑东坝用银1190万两。据王庆云记载,仅河工另案一项,道光二十五年东河另案用银2058007两,南河另案用银3304808两;道光二十六年东河另案用银1947123两,南河另案用银2953524两;道光二十七年,东河另案用银1798987两,南河另案用银2785000两,三年约计东河每年平均用银190万两,南河每年平均用银300万余两。③

---

① 昭梿:《普免天下租税漕粮》,《啸亭杂录》卷一。
② 《清高宗实录》卷一二〇一,乾隆四十九年三月己西。
③ 王庆云:《石渠余纪》卷三《直省出入岁余表》。

除费用开支巨大,嘉道时期河工还有工程繁兴的特点。"黄河无事岁修数百万,有事塞决千百万,无一岁不虞河患,无一岁不筹河费"①,嘉庆年间,河南境内的黄河工程,如曹工、唐工、邵工、睢工、减坝、李家楼、马港口、陈家浦、兰仪、马营坝,"几无三年不决者,一决则挑河筑堤两项,必开帑七、八百万,而人民庐舍蠲缓丁赋尚不与焉。"②河决之外,嘉道时期的海塘工程开支也极其巨大。如道光十三年修海塘,第一次拨款51万两,第二次拨19万两,第三次又拨92万两,合计162万两,次年又为浙江修塘拨银157万两。这里仅就相关材料做一简表:

嘉道河工用款表

年代	数额	内容	资料来源
嘉庆十年至十五年	4099万两	南河年例岁修、抢修及另案、专案各工	《清史稿》卷一二五《食货志》
嘉庆十三年	290万两	修筑黄河下游云梯关处大堤,开挖引水河道	《皇朝政典类纂》,卷一六三
道光元年	260万两	堵筑河南开封府仪封黄河决口工程	《清宣宗实录》卷一一二
道光三年	180万两,截漕55万石,拨奉天粟米15万石	直隶80余州县水灾,赈济及堵口工程	《清宣宗实录》卷四二、《皇朝政典类纂》卷一六三
道光六年	460万两	筑南河王营减坝	《清宣宗圣训》卷三八
道光六年、七年	148万两	修筑堰盱大堤	《清宣宗圣训》卷三八

---

① 魏源:《古微堂外集》卷三《明代食兵二政录叙》。
② 金安清:《黄运河利害议》,《清经世文编》卷九五《工政一》。

续表

道光二十一年	550万两	河南开封祥符黄河漫口工程	《清史稿》卷一二五《食货志》
道光二十二年	600万两	堵筑江苏桃源县黄河决口	《清史稿》卷一二五《食货志》
道光二十三年	518万两,后又有加	河南开封府中牟县黄河决口工程	《清史稿》卷一二五《食货志》
道光二十五年	205.8万两	东河另案河工	王庆云:《石渠余记》卷三
道光二十五年	330.48万两	南河另案河工	王庆云:《石渠余记》卷三
道光二十六年	194.71万两	江河另案河工	王庆云:《石渠余记》卷三
道光二十六年	295.35万两	南河另案河工	王庆云:《石渠余记》卷三
道光二十七年	179.89万两	东河另案河工	王庆云:《石渠余记》卷三
道光二十七年	278.5万两	南河另案河工	王庆云:《石渠余记》卷三

以上只是一个非常粗略的统计,但也不难从中发现河工开销的巨大。与开支巨大相伴随的,则是对河工经费的大肆侵占。道光十三年,御史那斯洪阿指斥河工劣员侵冒营私之弊:"国家各项经费皆有定额,独河工钱粮不能限之以制。惟其不能限之以制也,则河工劣员多方侵冒,肆意奢靡,相沿已久,视为固然"。这些人以冲决为可乘之机,岁、抢修各工已难稽核,至于大工,动辄万人,长或百里,兼之已堵复冲,既筑还垫,"若非经手之人,虽日在工次,亦不能知其底蕴,况不在事中之人乎?"虽欲稽查,亦无从稽查。至于核减岁、抢各案,若经核减,无事则已,倘有冲决,即以核减为卸责之地。至于大工,尤不能不听其开报,"即部臣就案驳诘,亦不过摘其失辞,去其小数,不能得其要害也。虽欲核减,无从核减也。"[①]

---

① 那斯洪阿:《条阿国用事宜疏》,《皇朝道咸同光奏议》卷二六。

为符合户部例案而顺利报销，河员对于奏销有一套独特的应付办法，无论实际收支多寡，各省均按例定数目填写奏销册，从而使之成为一本假账。嘉庆帝曾言，河工用费浩繁，所拨帑项动即盈千累成万，"国家经费有常，所应支销者不止河工一事。如果银两均归实用，原所不靳。然拨帑如此之多，若谓竟无冒滥，殊难凭信。"每年要工层见叠出，若尽归实用，则不应屡报抢修。河工岁修抢修及报险各工段，俱由河员开报领银办理，工成复又无人查收。"即该河督等毫无沾染，而工员捏报浮开，实难保其必无"。河督戴均元奏例价不敷，请照时价实用实销，"在该河督等之意，以河工例价不敷，向来办理报销时，因将例外支销之款于工段丈尺内通融开报，以免部驳，若仍前办理，则河员等浮冒虚销，视为泛常，该河督等明知所报不实，只因例价不敷，属员藉口赔累，不能逐加厘核，积习相沿，竟系上下相率为伪，大紊政体"。据戴均元奏称，堵闭义坝用银三十二万余两，照例应销者仅六万余两，其余皆悬款待销，"例价开销不过十分之三，不能开销者十分之七"。虽然嘉庆帝表示，若任其浮开工段丈尺以抵例价之不足，则河臣所报部中所核均属纸上空谈，自应据实报销，以清弊源。但如果完全按照时价开报，部中又无例可循，日久易滋流弊，"请以后仍查清将定例准销若干，不敷若干，照时价应增若干，随案详晰声明具奏"。① 这一议论无非空言，此后弊端并未得到改观。嘉庆十六年，上谕称每次派人清查河工经费，所查河工弊窦各款，大半付之空言，"河工连年妄用帑银三千余万两，谓无弊窦，其谁信之？"② 道光二十六年（1846年），

---

① 《嘉庆道光两朝上谕档》，嘉庆十一年十月十六日。
② 《嘉庆道光两朝上谕档》，嘉庆十六年正月初六日。

东河的一项定例不超过五万两的工程,河督竟请销银49990余两。道光帝在奏折中批道:"观此数目,可笑之至。当今之世,核实二字再不讲矣。"①

包世臣亦曾言,河工旧例以文官司钱粮,武官司椿埽,而武官做工之尤要者,则曰"效",故有当家效用之名,千把以上至于参游皆起于当家效用,"故做工者莫能欺,而文官但凭武官工册发饷稽数而已"。后来文官知做工系利薮,乃与武官分工,于是延友,始有外工小席,而外工必由参游所荐,但因荐主只考虑能力大小,故工程结实。近则工程全归文官,武官几同虚设,而外工皆院道所荐,外工待遇较差,于是不得不派之驻工。彼既不解工程,而厌欲甚难,于是与库贮大幕内外勾通,"彼报此销,循环暮诘,办工真账,各在库贮,居停为其挟持,即能洞知其弊,亦不敢声张更易"。清江弹丸之地,旧无声乐,近日流倡数至三千,计每人日费一金,则合计岁费当百万。这里的老百姓不耕不织,衣食皆靠河饷,南河库贮岁修银五十二万,而官俸兵饷与焉,如今加倍,"始足以给娼妓,宜河饷之日告匮乏也!"②他还沉痛地写道:"凡钱粮节省之时,河必稍安;钱粮糜费之时,河必多事。"③

清代河员之腐败,亦为时人所熟知。有一段较为典型的记载,照录如下:

河厅当日之奢侈,乾隆末年,首厅必蓄梨园,有所谓院班、

---

① 《军机处档案》,道光二十八年二月二十三日,管理户部潘世恩等密折,见中国人民银行总行参事室金融史资料组编:《中国近代货币史资料》第一辑,中华书局1964年版,第169页。
② 包世臣:《课官幕以慎要工逐倡优以绝浪费》,《中衢一勺》卷一《上卷》。
③ 包世臣:《策河四略》,《中衢一勺》卷二《中卷》。

道班者,嘉庆一朝尤甚,有积赀至百万者。绍兴人张松庵尤善会计,垄断通工之财贿,凡买燕窝皆以箱计,一箱则数千金,建兰、牡丹亦盈千。霜降后,则以数万金至苏召名优,为安润演剧之用。九、十、十一三月,即席间之柳木牙签,不钱可购十余枝者,亦开报至数百千,海参鱼翅之费则更及万矣。其肴馔则客至自辰至夜半不罢不止,小碗可致百数十者。厨中煤炉数十具,一人专司一肴,目不旁及,其所司之肴进,则飘然出而狎游矣。河厅之裘,率不求之市,皆于夏秋间各赍数万金出关购全狐皮归,令毛匠就其皮之大小,各从其类,分大毛、中毛、小毛,故毛片颜色皆匀净无疵,虽京师大皮货店无其完美也。苏杭绸缎,每年必自定花样颜色,使机坊另织,一样五件,盖大袗、缺袗、果元、外褂、马褂也。其尤侈者,宅门以内,上房之中,无油灯,无布缕,盖上下皆秉烛,即缠足之帛亦不用布也。珠翠金玉则更不可胜计,朝珠、带板、攀指动辄千金。其琪南珠,加以披霞挂件则必三千金,悬之胸间,香闻半里外,如入芝兰之室也。衙参之期,群坐官厅,则各贾云集,书画玩好无不具备。昔琦侯为两江,尝一手卷,乃元人王野云龙舟图,中绘数千人面目无一同者,已还价一千五百金,次日询之,则中河厅万君以二千金购之去矣。琦遂劾万,终身以此废弃焉。①

如此排场,令人咋舌。河员日趋腐败,宜乎河工开支日益浩繁。

(三) 赈济与蠲免

赈济系因灾或百姓遭受困难时对其所施行的救济。蠲免分为

---

① 金安清:《水窗春呓》卷下《河厅奢侈》。

灾蠲、恩蠲与普蠲。灾蠲系因灾害而发生的行为;恩蠲多因皇帝巡幸等特殊原因而举办;普蠲则系朝廷在遇到具有纪念意义的日期,在财力较为充裕的情况下,针对全国百姓而采取的蠲免。相对于康乾,嘉道朝的赈济力度与蠲免数量明显较少,但仍然可以看出它们对于当时财政的影响。

在清代自然灾害史中,嘉道时期上承康乾相对而言的灾害平稳期,下接晚清的"清末灾害群发期",是一个非常关键的转折时期。绝非巧合的是,它同时还是中国历史上气候剧烈变化、自然灾害频繁爆发的时期。在华中和华东,1791—1850年的半个世纪是一个寒冷时期,年平均气温比今日低出 0.8℃。最低的年平均气温出现在 1816年,该年平均气温竟然比今日低出 2℃,并且是自小冰期(mini-glacial)以来的最低气温。尽管在此寒冷时期开始于何时的问题上存在分歧,但是大多数中国气候学者都认为在 1816—1840年间,华东出现了以气温剧降为主要特征的气候剧变。①

另一方面,自康乾盛世以来,社会安定,人口快速增加,开发地域广阔,生态环境受人类活动的影响极大,一系列的生态环境问题自当时即逐步显现并日渐强烈。嘉道时期生态环境变迁的集中表现就是水、旱等多种自然灾害频发,呈现出频次高、范围广、种类多、后果严重的特点,进而通过天文、地质、气象、水文和生物现象的异常变动产生物理、化学和生物的作用,反过来对人类赖以生存的自然环境产生巨大的破坏作用,严重地威胁着人类的生存,并进一步对当时的社会经济发展产生巨大影响。而嘉道时期的社会经

---

① 刘昭民:《中国历史上气候之变迁》,商务印书馆 1982 年版,第 135 页。

济发展,既受自然灾害的影响,又通过政府政策和社会应对机制,反过来影响抗灾救灾的最终效果。当时政府与民间携手进行的防灾、抗灾、减灾、赈灾等方面的工作,都对自然灾害产生了或积极或消极的影响。

嘉道时期灾害发生频率极高,而清廷又每灾必赈,所以与赈相关的财政支出极为庞大。一般而言,能出现于清实录的赈济记载,多为较为重要的灾情。借助于电子化,对《清仁宗实录》和《清宣宗实录》进行检索可知,当时有关"赈"的记载就分别多达998条和1012条。虽然对于这些词条背后的意义还需要进一步分析,但却显然可以看出嘉道时期清廷在赈济方面所下的功夫。赈济系针对灾害当下的救济,赈济之后一般会对百姓进行赋税蠲免。仍然对《清仁宗实录》和《清宣宗实录》进行检索可知,含"蠲免"词条的分别为75处和37处,含"蠲缓"词条的分别为110处和256处。由于资料和统计上的难题,迄今还无法详悉在赈济方面的开支究竟有多大,本处只简单涉及其与财政相关的部分,数额较大的几次赈济支出:

嘉道赈灾用款表

年代	数额	内容	资料来源
嘉庆初	300—400万两	赈山东曹、单等县灾	《清史稿》卷一二五《食货志》
嘉庆六年	100万两,截漕60万石	赈直隶水灾	《清史稿》卷一二五《食货志》
嘉庆十九年	200—300万两	赈江苏、安徽之灾	《清史稿》卷一二五《食货志》
道光三年	100万两	江苏苏州、松江等府水灾,赈济灾民	《清宣宗实录》卷四七

续表

道光三年	180万两,截漕55万石,拨奉天粟米15万石	直隶80余州县水灾,赈济及堵口工程	《清宣宗实录》卷四二、《皇朝政典类纂》卷一六三
道光十一年	100余万两	赈济江苏水灾	《清史稿》卷一二五《食货志》
道光二十七年	100余万两	赈济河南祥符、陈留等60余州县旱灾	《清史稿》卷一二五《食货志》
道光二十八年	138万两	赈河北灾	《清史稿》卷一二五《食货志》

与前朝类似,嘉道时期亦进行了数次规模较大的普蠲。

在嘉庆朝,影响最大者当系嘉庆二十四年的嘉庆帝六十大寿普蠲天下钱粮。对于这次普蠲,嘉庆帝自称系"自嘉庆元年以来朕大赍寰区第一恩旨",所以希望"普惠群黎,共臻乐利"。① 此前,御史盛惇大曾奏请仅免正赋十之一二,"将各省积欠仅免远年少许,余仍照旧著追"。嘉庆帝不以为然,认为所蠲免者,"此内因灾缓带者居其大半",如该御史所奏,"官亏吏蚀诚不能保其必无,然岂能因此反汗屯膏,不行惠民之政?"他还举例称,赈恤灾民,从前亦屡有捏冒侵欺之案,"讵以此遂疑直省水旱偏灾尽成虚妄,将救荒之政概行停止乎?"② 不久,安徽巡抚姚祖同又上奏称,自己上任未久,关于豁免之事必须严查,以免下属混蒙,结果嘉庆帝并不认同。他称姚祖同向于钱粮出纳稽核认真,是以被

---

① 《嘉庆道光两朝上谕档》,嘉庆二十四年九月十三日。
② 《嘉庆道光两朝上谕档》,嘉庆二十三年十二月十八日。

擢任巡抚，但普蠲之事"该抚当仰体朕意，不可以行庆施惠之事，转致过于苛刻"。① 不过，由于蠲免力度较大，为防连锁效应，嘉庆帝特意发布上谕称，普免天下历年正耗民欠及缓征带征银，节经各督抚查明具奏，以次降旨豁免，"此皆国家维正之供，朕以大庆普惠群黎，原系特沛之恩"，若百姓惦记七旬、八旬、九旬，每届十年必有蠲除，遂不踊跃输将，"州县官更从中影射以完作欠，则大违尊君亲上之义"。②

经过对全国钱粮的调查可知，此次共计蠲免各省积欠钱粮21296800余两，米谷4045200余石。在这次蠲免中，相关省份呈现两极分化的现象，一方面是江苏、安徽、山东三省占此次蠲免数量的一半，嘉庆帝认为"皆由该三省官疲民玩，积习较之他省为尤甚"，嗣后三省当整饬吏治化导民风，"涤除积习，用副朕仁寿斯民至意"；另一方面则是四川、贵州二省"并无丝毫蒂欠，特加恩宽免该二省明年正赋十分之二以示嘉奖"。③

嘉庆二十四年普免钱粮详表

省份	免银（两）	免米豆（石）
奉天	134003	57855
吉林		8700
黑龙江	54753	122083
直隶	1029552	47926
江苏	4186986	1066545
安徽	4347140	458979

---

① 《嘉庆道光两朝上谕档》，嘉庆二十四年九月十三日。
② 《嘉庆道光两朝上谕档》，嘉庆二十四年十一月十四日。
③ 《嘉庆道光两朝上谕档》，嘉庆二十四年十一月十四日。

续表

山东	3563659	106139
山西	16161	19859
河南	1042153	140716
陕西	76793	139388
甘肃	382028	1403487
福建	1952190	317787
浙江	701202	1878
江西	128027	
湖北	1679138	65672
湖南	1136	
广东	116575	73848
广西	34423	
云南	7117	14408
江苏河工银	509982	
河南河工银	1083306	
长芦灶银	8458	
山东民佃盐课	2420	
两淮灶银	137973	
两浙灶银	34884	
福建灶银	63478	
云南灶银	3333	
合计	21296870	4045270

资料来源：《嘉庆道光两朝上谕档》，嘉庆二十四年十一月十四日。

在这次正式发布普免数额之后，还有几次零星的善后。一个月后，山东巡抚程国仁查称，自嘉庆四年起至二十二年止，山东省节年民欠河道止耗银40754两零，因灾缓带银148051两零，俱著加恩全行豁免。① 随后,青海又奏报历年番族积欠马贡银两,因番族例交马项亦与内地租赋无异,所有玉树及阿里克各族番民,自嘉庆八年至二十三年止积欠马项银206两8钱8分,"着加恩全行豁免"。② 道光二年,两江总督孙玉庭等奏称,江苏安徽二省民欠摊征银两,除借欠在嘉庆二十四年以后者仍按限分征外,其在嘉庆二十三年以前借款,共民欠未完银333663两零,"均在二十三年恩旨以前,核与成案相符",亦一体豁免。③ 总体而言,嘉庆帝一次普免全国财政收入的一半左右,力度还是相当大的。

道光登极,恩诏豁免官员赔项银31957200两零,制钱29200余串,米谷等项51600石零,后经核实,实豁免银930余万两,制钱3040余串,米粟28900余石。④ 不过此次系针对官员进行豁免,针对全国百姓的普免则发生于道光十五年的皇太后六十大寿和道光二十五年的皇太后七十大寿期间。

道光十五年八月,道光帝称,各省民欠钱粮,自嘉庆年间蠲免以后,"迄今又阅十余年矣",恰逢皇太后六十大寿,故将"各省节年正耗民欠钱粮,及因灾缓征带征银谷,并借给籽种口粮牛具,及漕项芦课学租杂税等项"之中的实欠在民者,全行豁免。⑤ 不久,御史况澄奏称豁免钱粮,各省于应行豁免各款,"或先期征存不行流抵,或既奉蠲免不为扣除,或以官亏捏报民欠,吏胥等又复从中侵

---

① 《嘉庆道光两朝上谕档》,嘉庆二十四年十二月十二日。
② 《嘉庆道光两朝上谕档》,嘉庆二十四年十二月二十六日。
③ 《嘉庆道光两朝上谕档》,道光二年十二月二十日。
④ 《嘉庆道光两朝上谕档》,道光二年十二月十四日。
⑤ 《清宣宗实录》卷二七〇,道光十五年八月甲子。

渔,是实惠不能及民,徒饱官吏之橐",此等情弊,实难保其必无。故要求各省认真稽查不法行迹,并将免数刊刻誊黄。①

此次蠲免的总数没有进行汇总,故只能以各单项相加。道光十六年奏报的相关数据为:盛京免银69981两,免米2649石。② 吉林免银824两,免米16884石。③ 湖南免银6663两,免米7373石。④ 福建免银1847709两,免米336580石。⑤ 陕西免米35393石。⑥ 浙江免灶课29819两。⑦ 热河免银12156两。⑧ 湖北免漕丁银97738两。⑨ 山西免银4783两,免米67448石。⑩ 河南免银293700余两,免米57390余石。⑪ 直隶免银212842,免米41579石。⑫ 两淮免灶课银346927两。⑬ 山东免银2675965两,免米15496石。⑭ 长芦免灶课银4276两。⑮ 福建免灶课银7048两。⑯ 江苏免银4714262两,免米1187362石。⑰ 青海免历年马贡银

---

① 《嘉庆道光两朝上谕档》,道光十五年十月初八日。
② 《嘉庆道光两朝上谕档》,道光十五年十月初五日。
③ 同上。
④ 《嘉庆道光两朝上谕档》,道光十五年十二月初四日。
⑤ 《嘉庆道光两朝上谕档》,道光十五年十二月二十六日。
⑥ 《嘉庆道光两朝上谕档》,道光十六年正月初八日。
⑦ 《嘉庆道光两朝上谕档》,道光十六年正月二十二日。
⑧ 《嘉庆道光两朝上谕档》,道光十六年二月初七日。
⑨ 同上。
⑩ 《嘉庆道光两朝上谕档》,道光十六年三月二十六日。
⑪ 《嘉庆道光两朝上谕档》,道光十六年四月十一日。
⑫ 《嘉庆道光两朝上谕档》,道光十六年五月初九日。
⑬ 同上。
⑭ 《嘉庆道光两朝上谕档》,道光十六年七月十四日。
⑮ 《嘉庆道光两朝上谕档》,道光十六年七月二十二日。
⑯ 同上。
⑰ 《嘉庆道光两朝上谕档》,道光十六年八月初六日。

1071两。① 安徽宿州等四州县未完借款摊征银214349两。② 山东免河工银146464两。③ 江苏免河工银819787两。④ 河南又免银2150326两,米41195石。⑤ 此次普免后续活动亦持续到十七、十八和十九年。其中十七年有江西免银6161两。⑥ 十八年福建免大田县银71两,安徽免银2348463两,米281014石。⑦ 十九年,江西又免漕米5704石。⑧ 以上数据并不全面,但总数已经达到了银32008674两和2103115石。据此可知,此为皇太后六十大寿普免数量,在银数方面已经大大超过了嘉庆二十四年的普免。

十年之后,逢皇太后七十大寿,道光帝又按旧例进行普免。不过据事后的统计可知,此次普免所免银数为930余万两。⑨ 如此大规模的缩小普免数额,当与鸦片战争之后的财政困难密切相关。

三、收支大势

论述嘉道时期的财政问题,一般皆称到鸦片战争前,清政府财政拮据,入不敷出。其实,从账面上看,整个嘉道时期的财政并不十分紧张窘困。嘉道朝与康雍乾各朝相比,只不过是库储银有较

---

① 《嘉庆道光两朝上谕档》,道光十六年十月二十三日。
② 《嘉庆道光两朝上谕档》,道光十六年十一月初十日。
③ 《嘉庆道光两朝上谕档》,道光十六年十二月十二日。
④ 《嘉庆道光两朝上谕档》,道光十六年十二月十九日。
⑤ 《嘉庆道光两朝上谕档》,道光十六年十二月二十二日。
⑥ 《嘉庆道光两朝上谕档》,道光十七年七月二十一日。
⑦ 《嘉庆道光两朝上谕档》,道光十八年十一月十八日。
⑧ 《清宣宗实录》卷三二七,道光十九年十月乙亥。
⑨ 《清宣宗实录》卷四六〇,道光二十八年丁巳。

大的减少而已。乾隆时期的户部银库最高存量达8千多万两,到乾隆六十年(1795年)库存还有6939.1万两,以后逐年减少,嘉庆元年(1796年)只有5658.4万两,嘉庆三年(1798年)仅存1918.5万两,嘉庆十六年(1811年)也只有2078.4万两。一直到鸦片战争前,道光元年至道光十四年之间,平均每年库存不过2716.3万两左右。鸦片战争后,由于战争赔款和对外对内频繁用兵,清朝政府军费等项支出突然增大,加之银库案发,才使得国库存银空虚到了极点。简言之,虽然这一时期的军费与河工等项开支急剧增加,但由于捐例的屡开以及盐斤加价等,国家财政虽然步履蹒跚,却尚未走到破产的地步。

(一) 银库

清代的户部银库事关中央财政的出纳,执行着类似国库的功能,中央银库的变化可以看成是财政收支平衡的一个重要指标。正如前文已经指出的,户部银库每年的出纳数并不代表全国财政的岁入和岁出,因为银库的收入主要是各省税收除存留作为本省经费以外起运到京的部分,还有宝泉局的铸钱交库数,但因户部银库的数据确切可查,故可以从侧面反映出当时较为真实的情况。

嘉道朝的银库收支一览表(单位:两/串)

年份	公元	收入银数(两)	收入钱数(串)	支出银数(两)	支出钱数(串)	银数收支相抵
嘉庆元年	1796	5734496	591663	18541762	591624	—12807266
二年	1797	6502957	587028	35168049	587088	—28665093
三年	1798	16413926	529854	25147965	520730	—8734038
四年	1799			15330063	1382322	

続表

五年	1800			13117179	1284066	
六年	1801	9301963	1166731			
七年	1802	11496754	1534981	8972546	1534843	2524208
八年	1803	20333437−	1456694	9720027+	1356684	
九年	1804	13771203	1242982	22198114	1340321	−8426911
十年	1805	13933953	1327850	11027518	1330552	2906435
十二	1807	6938704	1438237	9871636	1446607	−2932932
十三	1808	9736061	1248030	9350104	1159101	385957
十四	1809	9706555+	1280431+	8830739+	1294884+	
十六	1811	9448666	1366085	11572992	1365986	−2124326
十七	1812	7712802	1151100	9769631	1150003	−2056828
十八	1813	9604793	1157652	9093867	1158252	510927
十九	1814	12100661	1312240	9679662	1300769	2420999
二十	1815	12435695	1142974	9686981	1184843	2748713
二一	1816	9451035	1496370	10379921	1429077	−928886
二二	1817	10637957	1168451	10487742	1247637	150215
二三	1818	13990810	1195427	9951357	1151300	4039453
二四	1819	15217960	1257461	10933233	1245253	4284726
二五	1820	10264982	1193270	11007664	1261375	−742682
道光元年	1821	7630389	1202200	11351701	1203756	−3721312
二年	1822	7060251	1189489	11210691	1199720	−4150440
三年	1823	8022729	1121547	9948689	1094563	−1925960
四年	1824	6979498	1348822			
五年	1825	8507036	1183440	9218328	1151721	−711292
六年	1826			10935445	1154423	
七年	1827	23802617	1232145	11373705	1252178	12428912
八年	1828	14422806	1166798	10951956	1158856	3470850
九年	1829	11557959	1119826	11713017	1047489	−155058
十年	1830	11289651	1172529	12575834	1244338	−1286183
十一	1831	7010524	1144996	10392799	1136417	−3382275
十二	1832	8019701	1212635	10987586	1226884	−2967886
十三	1833	7160869	1152766	10886616	1151531	−3725747

续表

十四	1834	15522250	1183232	10773739	1160590	4748511
十六	1836	9551051	1148372			
十七	1837			9627521	1153751	
十八	1838			10651476+	1008237+	
十九	1839	8682741	1143851	11590120	1143703	－2907379
二十	1840	10350260	1137631	10312241	1139506	38019
二一	1841	6796038	1233614	15733178	1233598	－8937140
二二	1842	10914111	1144433	13519847	1140848	－2605736
二三	1843	7919693	1222831	10992455	1270073	－3072763
二四	1844			7609985	1381133	
二五	1845	9069654	1160832	8737519	1014232	332135
二六	1846	9044024	1209094			
二七	1847			8479905	1158391	
二八	1848	8872940	1165946			
二九	1849	8781378	1238528	9340395	1219044	－559017
三十	1850	7748585	1076127	9531910	1177265	－1783325

资料来源：中国第一历史档案馆藏《内阁大库现存清代汉文黄册》；中国社会科学院经济研究所抄档：《中国近代经济史资料·财政门·清代黄册·户部银库类》。说明：第一历史档案馆藏之内阁大库现存清代汉文黄册目录（北平故宫博物院文献馆编印，1936年），其分类在现在的第一历史档案馆，按文字分类（其余的是册），其中嘉庆至道光年间的档案号为文2509—2602。此外，还有清嘉庆道光朝报销册目录，档案编号为册6211—6807。经济研究所抄档系社会调查所抄编之《中国近代经济史资料·财政门·清代黄册·户部银库类》，第八为大进之嘉庆元年至十二年，九册为十三至二十四年，十册为道光元年至十二年，十一册为十三年至三十年，十二册为咸丰至光绪。第二十三册为大出之嘉庆元年至五年，二十四册为七年至十年，二十五册为十二至十七年，二十六册为十八至二十一年，二十七册为二十二年至二十五年，二十八册为道光元年至六年，二十九册为七年至十一年，三十册为十二年至十八年，三十一册为十九年至二十二年，三十二册为二十三年至三十年。三十三册为咸丰二年至九年，三十四册为同治二年至八年，三十五册为光绪五年至十一年，并附有四柱册。

以下是银数的收支示意图：

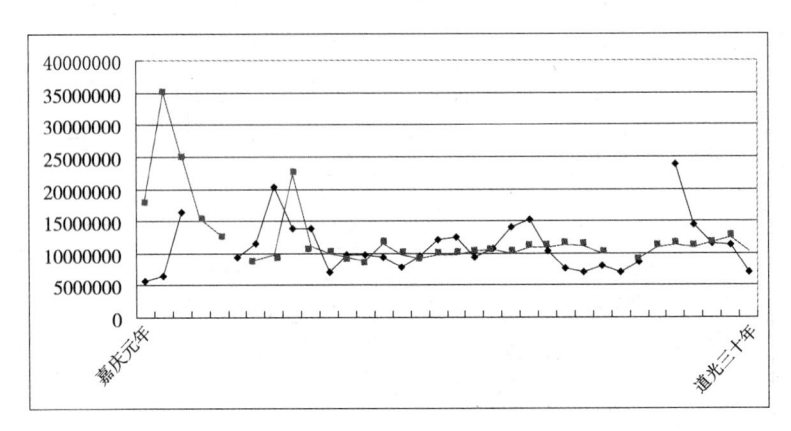

嘉道时期的银库银数收支示意图

从上表来看，收入（下线）与支出（上线）的波动变化极大。尤其是白莲教对于嘉庆时期的财政影响非常深刻。嘉庆二年（1797年），即白莲教起义爆发的当年，银库存银便从乾隆六十年（1795年）的6900余万两陡然下降到2792万余两，减少了4000余万两；三年（1798年）再减873万两，降到自清初平定三藩以来从未有过的1919万两的空前低水平；六年（1801年），为1693万两，比三年又少了226万两。此一轮银库库存剧降，到嘉庆七年（1802年）才因川楚之役结束而告中止，于当年底小幅回升了253万两，至嘉庆十年（1805年）以后，库银存额才略微恢复至2000余万两左右。从嘉庆元年到六年（1796—1801年），银库存银总计减少了5246万两。① 这是整个清前期都少有的收不抵支、银库存银剧减的时

---

① 以上数字均见中国社会科学院经济研究所清代抄档：《黄册·户部银库类》。

代,几乎耗尽了乾隆留下来的巨额库存,对以后的清王朝财政,产生了不利影响。而道光时期的户部收入与支出相抵,确实有较大的缺口。除了个别年份较多(因为出现了大捐情况),一般都有缺口。至于缺口的弥补办法,显然是通过积余来弥补。至于最终的户部银库存银数,则见下表:

嘉庆道光朝户部银库积存数表

年份	公元	积存银数(两)	积存钱数(串)
嘉庆元年	1796	56584724	77
二年	1797	27919631	17
三年	1798	19185592	132
七年	1802	19458973	353
八年	1803	30072382	100363
九年	1804	21645471	3024
十年	1805	24551905	321
十二年	1807	19995570	77831
十三年	1808	20381527	166760
十四年	1809	21257343	152307
十六年	1811	20784465	106975
十七年	1812	18727638	108072
十八年	1813	19238564	107472
十九年	1814	21659563	118943
二十年	1815	24408276	77074
二十一年	1816	23479390	144367
二十二年	1817	23629605	65182
二十三年	1818	27669058	109309
二十四年	1819	31953785	121517
二十五年	1820	31211102	53411
道光元年	1821	27489700	51855
二年	1822	23339350	41623

续表

三年	1823	21413390	68608
七年	1827	30009706	45017
八年	1828	33480556	52958
九年	1829	33325498	124493
十年	1830	32039315	52684
十一年	1831	28657040	61263
十二年	1832	25689154	47014
十三年	1833	21963407	48249
十四年	1834	26711918	70886
十九年	1839	24511410	47910
二十年	1840	24549429	46034
二十一年	1841	15612289	46050
二十二年	1842	13006553	49635
二十三年	1843	9933790	2393

资料来源：中国第一历史档案馆藏《内阁大库现存清代汉文黄册》；中国社会科学院经济研究所抄档：《中国近代经济史资料·财政门·清代黄册·户部银库类》。

以下是嘉道时期的户部银库积存银数示意图：

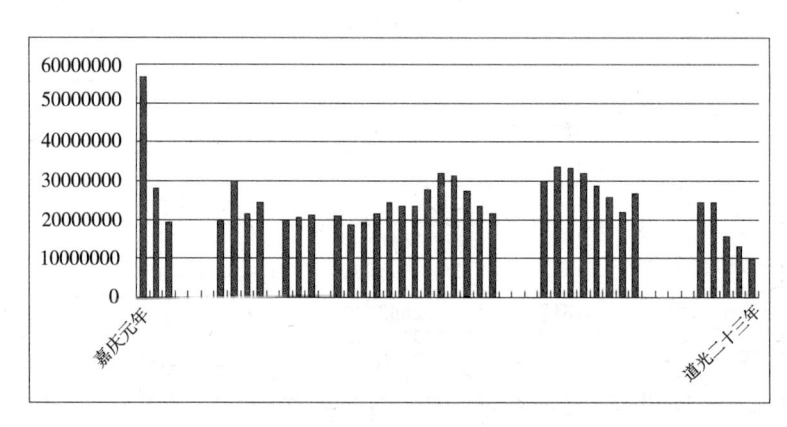

嘉道朝户部银库积存银数示意图

由此可以看出,嘉道时期的户部银库存数有过较大的起伏,但到后期,下降的趋势非常明显,原因主要在于鸦片战争的消耗与银库案的曝光。关于鸦片战争对财政的影响,前文已有论述,这里再以银库的情况稍做补充。至道光二十三年(1843年)止,三年间银库存银总计亏损1462万两。其时银库库存,据道光二十三年(1843年)四柱黄册,到年底结存银数为993万两。① 可见经此一役,短短二三年就把本已是康熙中以来空前低位的银库库存又赔了一大半出去,仅余刚够维持一年正常支出。

道光二十三年,因管理银库的大小官吏分赃不均,酿成库丁张诚保偷盗银库案曝光。道光帝震怒,借此机会谕令刑部尚书惟勤等人前往盘查银库,并一度亲自参加审问,最终获得全部真相。道光二十三年三月二十六日,刑部尚书惟勤等详细汇报了最终的统计结果。惟勤等人称,经过查对户部送来的会计簿,银库应有历年积余的正项银12182116两。而在逐袋查验后发现,仓库中只有存银2929354两,共计短少9252762两。面对这份奏折,道光帝不禁朱批:"朕愧恨忿急之外,又将何谕!"② 同一日,道光帝对内阁发布上谕,称:"户部银库设有管库司员,专司出纳,管库大臣总领其事,并多次派出王大臣盘查。近年又添设查库满汉御史,各该员果能认真经理,核实稽查,何至群相朦混,酿成巨案?"现在银库竟亏空

---

① 中国社会科学院经济研究所清代抄档:《黄册·户部银库类》第35册。
② 《军机处档案》,刑部尚书惟勤等折——报告户部银库亏款情况,道光二十三年三月二十六日,见中国人民银行总行参事室金融史料组编:《中国近代货币史资料(第一辑)》,中华书局1964年版,第165—166页。

至900余万两之多,"实属从来未有之事,览奏曷胜忿恨"。其自嘉庆五年以后历任管库及历次派出查库大臣,皆系亲信大员,竟毫无察觉,甚负委任,"不知诸王大臣有愧于心否?朕自咎无知人之明,抱愧良深"。为了把这一从未有过的特大盗库案查清,道光帝重新组织了清查班子,派宗室载铨、大学士兼军机大臣穆彰阿、大学士兼户部尚书敬征、兵部尚书裕诚、军机大臣兼工部尚书赛尚阿前往核实查办,对所有自嘉庆五年以后的历任管库司员、查库御史及库丁书役等,逐细查明,开列名单,从严治罪,并对短亏库银如何设法弥补的办法,以及如何防止类似的事情再次发生,提出具体意见。当然,他也明白:"事阅多年,官非一任,即书吏、丁役等,亦人数众多,倘不确切查明,恐致遗漏,幸逃法纲。"①

当时离鸦片战争结束不远,清政府的财政状况本来就十分困难,现在又发现户部银库只有200多万两的储备,一旦遇有变故,实在无法应付,道光帝自然是十分焦急,向内阁连发两道明谕:其一,要求清军官兵于各项需用,一概从俭,甚至要俭而再俭,兵丁军饷如不能按数发给,将来一定照数补发。其二,要求宗人府、户部、工部、内务府、三院、三山、太常寺、步军统领衙门、顺天府各堂官对所有大小工程及支领款项,可裁即裁,可省就省。三月三十日,与库案有关的历任银库司员、查库御史名单开列出来,报给了道光帝。道光再命吏部,将这些人中现有官职或因故回旗回籍人员一律先行革职;已故者,查其子孙有无任职及现任何职,继续查明,然

---

① 《嘉庆道光两朝上谕档》,道光二十三年三月二十六日。

后开列名单,交载铨、穆彰阿、敬征、裕诚、赛尚阿从严查办。四月七日,道光帝对库案有关人员实行经济制裁:1、自嘉庆五年(1800年)至道光二十三年(1843年)历任库官、查库御史,各按在任年月,每月罚赔银1200两,已故者照数减半;2、因此次库案已经革职的荣庆等六人和尚未卸任的萨霖、宋林曙均加倍罚赔;3、嘉庆以后历任管理银库的王大臣,每月罚赔银500两,历任查库王大臣,每次罚赔银6000两,已故者照数减半。①

道光对库案的处理是比较认真的,态度也是坚决的,就连最受道光信任的军机大臣、大学士们,也不能幸免。像道光朝身任宰辅多年的三朝元老、深受道光倚重的大学士、军机大臣曹振镛,也因库案所涉,被减半罚赔银2万余两,其人虽已去世,由其子照数赔补。其子赔补1万两后,因病身亡,又改由其孙曹绍桐继续追交。曹振镛如此,其他人不问可知。道光帝起初本打算将一切有关人员全部革退,但最终考虑到人数实在太多,如果一锅端掉后,无人接手,只得睁一只眼闭一只眼,全部从宽处理,将革职改为留任,只是把查库御史全部取消。至于管库制度,则并无任何实质性的改进。

另据史志宏研究,嘉庆朝年均1105万两的银库收入,"约占全国财政总收入的23.2%左右";道光朝年均990万两的银库收入,"占全国总岁入的22%",与他所推算的康熙朝的26%、雍正朝的1/3、乾隆朝的24.8%,②基本保持平稳,没有发生明显的下滑。这

---

① 《嘉庆道光两朝上谕档》,道光二十三年四月初七日。
② 史志宏:《清代户部银库收支和库存统计》,福建人民出版社2008年版,第40—42页。

也正好与本文前面的分析吻合。

(二) 总收支

嘉庆朝的常例岁出,基本仍然延续乾隆之制,按嘉庆《大清会典》记载(引《嘉庆十七年奏单》),嘉庆朝凡各省岁入岁出之数,"岁入银除蠲缓银四百八十三万二千八百六十二两有奇,实入银四千十三万六千一百九十四两有奇,岁出银三千五百十万七千五百三十四两有奇"。① 而据《史料旬刊》所载之《汇核嘉庆十七年各直省钱粮出入清单》称,当时的额征地丁杂税、盐课、关税等项岁入银为44969056两,嘉庆十六年实际岁入为43501077两,岁出银为36004605两;嘉庆十七年岁入银为40136194,岁出银为35107534两。从账面上看,收大于支。需要指出的是,这几组数据均系各直省之数,并不包括京城的支款及户部的另外入款。最后的500万两结余,仅仅是各省存留、支出、协拨之后存剩的上交户部之数。

关于道光时期的总收支情况,所有的研究者都会引用王庆云、翁同龢家藏抄本等数据。由于从所掌握的资料来看,目前学术界似乎很难有准确的数据来定性这一时期财政收支的情况,使用这些资料也是不得已而为之的办法。

王庆云的数据,按各类分别列入,精确到个位,当有所本。按其子王传璨的附注,系录自于山西司奏销红册与会典,"盖闻户部山西司奏销红册为一岁国用出入总汇之本,从而借观。惟直省地

---

① 嘉庆《大清会典事例》卷十三《户部·山西清吏司》。

王庆云道光直省岁入总数表(单位:两)

	定额	道光二十一年实征	道光二十二年实征	道光二十五年实征	道光二十九年实征
地丁杂税	33348034	29431765	29575722	30213800	32813340
盐课税	7475879	4958290	4981845	5074164	4985871
关税	4352208	4207695	4130455	5511445	4704814
合计	45176121	38597750	38715044	40612280	37010019

资料来源:王庆云《石渠余纪》卷三《直省岁入总数表》。
说明:以上各数相加与总数不符。

丁有额征蠲缓未完实征之数,若盐课,若关税,皆只载实征而不载额征。若河工、若甘饷,皆只载拨解而不及实销,盖山西司受诸司之成,诸司未尝以全案移会,则盐关之岁额,工饷之岁销,山西司莫由而详。且红册只载直省,而京师内外支销,各有典司,不相侵越。戊申正月取会典所列地丁盐课关税之正供岁额,与京师直省之经费岁支,附于红册出入之数,排比为表,以备检阅。"①关于道光二十八年各省的地丁杂税岁入岁出,翁同龢家抄本与王庆云均有数据,为方便起见,两者合并列入,王庆云关于道光二十九的数据也一并列入,以兹比较:

道光二十八年度各省地丁杂税等收付示例表(单位:两)

省别	翁同龢二八年数据			王庆云数据	
	岁入	岁出	两抵	二八年	二九年
直隶	2520818	2224913	295905	2284434	2224913
奉天	96305	87715	8590	68983	87715
江苏	2854178	2360618	223560	1516021	2360618

---

① 王庆云:《石渠余纪》卷三《直省岁入总数表》。

续表

安徽	1673197	858994	814203	70069188（当为769188）	858293
江西	2223508	1318293	905215	1302422	1318293
浙江	1806167	1894004	—87837	1662548	1894004
福建	1388613	1024602	364011	990656	1024602
湖北	430982	1804525	—1373544	2126006	1804525
湖南	844512	1850677	—1006165	1973219	1850677
河南	2652840	2260229	392611	2674709	2260229
山东	3005671	2897335	108339	2911634	2897335
山西	3097742	2545436	552305	2295765	2545436
陕西	1670263	1442978	227285	1505211	1442978
甘肃	329145	3984418	—3655273	4173801	3984418
四川	1058840	1405775	—346935	1621166	1451775
广东	1104715	1502587	—397873	1652385	1502587
广西	818036	749109	68927	759927	479109
云南	645191	1217476	—572285	1313304	1217476
贵州	126219	949998	823779	1301093	949998
盐课				419269（拨解）	支解在外
关税				3462177（拨解）	支解在外

资料来源：《道光十八年至二十八年岁入岁出册》，北京图书馆藏翁同龢家抄本。转引自中国人民银行总行参事室金融史料组编：《中国近代货币史资料（第一辑）》，中华书局，1964年9月版，第172—173页。

从表格来看，王庆云关于岁出的情况亦与翁同龢家抄本数据有所出入。何者更为准确，尚难判断。① 另外，正如上面已经指出的那样，通过本表相加所得数据，并不是全国的总体数据，因为中央有直接的收入与开支，且必然会占据很大的一块。此外，还有新

---

① 陈支平据龚显曾《龚咏樵藏钞》考证王庆云之道光二十八年数据，系错抄二十九年之数据，见陈氏著《清道光二十九年财政岁入岁出数字厘正》(《中国社会经济史研究》，2009年第2期)，由此愈发证明不可轻信没有经过考证的数据。

疆、黑龙江等地的银钱收支数据。① 按翁同龢家抄本数据,以上各直省的总收入为28346939.73,总支出为32379681.07,两者不抵额为4032754.34。这部分差额应该是由中央财政的收入来抵补。

道光朝各直省实征地丁盐课杂税等项岁出岁入表(单位:两)

年份	岁入	岁出	两抵
十八年	41272733	36209382	5063350
十九年	40307372	34787590	5519861
二十年	39035230	35805162	3230068
二十一年	38597459	37341583	1255875
二十二年	38715061	37149811	1565250
二十三年	42264529	41904904	359625
二十四年	40163855	38651695	1512160
二十五年	40612281	38815891	1796390
二十六年	39222630	36287159	2935471
二十七年	39387316	35584468	3802848
二十八年	37940094	35889872	2050222
二十九年	37000019	36443910	556109

资料来源:《道光十八年至二十八年岁入岁出册》,北京图书馆藏翁同龢家抄本,转引自中国人民银行总行参事室金融史料组编:《中国近代货币史资料(第一辑)》,中华书局,1964年9月版,第172页。二十九年数据来自王庆云:《石渠余纪》卷三《直省岁入总数表》。

非常明显,王庆云关于这一时期的数据与上表有着直接的关系,但除了数字略有差异外,还多出了二十九年的数据。关于这种差异,似难有确证说明何种更为正确。

关于嘉道时期财政收支之大势,吴廷燮在《清财政考略》中称,

---

① 周育民曾据此考察过《清史稿·食货六》所载道光二十二年财政收支之错误,参见氏著《道光二十二年财政收支考》,《上海师范大学学报》1986年第2期。

嘉庆元年亲政后，普免钱粮一次，"其时红苗未平，教匪又起，国用始匮"。三年以蒋赐棨请开川楚事例，视川运例加一成，以济军需。十年以军需河工又开豫东事例，共收7000余万。十九年以乾隆四十六年增兵之案，至今已三十余年，耗银多达7000余万，"逾于所存，复诏议酌汰增设各项，仍复旧制，清查仓库，催积欠，整盐务，裁定新疆用款，核减军需报销之旨，亦先后下"。初年以陵工军需用款繁巨，乃令东三省饷款动盛京库存1000万两。十九年，廷臣多条陈阻捐例者，"以用款无出驳之"。吴廷燮认为，嘉庆时期的财政受亏有以下几个主要原因：一是军务，"川楚之役逾二万万，黔苗艇匪、豫东之役，糜款均巨"。二是河工，自曹工决后，历次河工用款积至数千万。南河每年抢修各工，率至一百五十万，照旧增两倍。三是钱粮积欠，如十七年各省钱粮杂税等欠至1900余万，安徽、山东各至四百余万之类，每年皆有。四是白银出洋，十九年、二十年两次谕旨，谓洋商偷运纹银出洋，岁百数十万，其时鸦片入口已盛，总在千万以上，实不止此，"故一切经费皆有竭蹶之虑，而南漕运京输纳，州县有费，帮贴旗丁有费，度黄盘坝起驳有费，交仓有费，合公私所耗，率以数石而致一石，尤财政之蠹"。应付这一财政困境的办法，自捐例外，惟生息加价、公摊各项、捐摊养廉，"初年已禁之，后不能行"，四川捐输津贴于七年谕旨者收80余万，谓宜停止，计嘉庆十七年岁入银4013万有奇，岁出银3510万有奇，"此嘉庆中财政之大概也"①。

到了道光朝，这种情况仍无大的改观。三年户部奏称，近三年

---

① 吴廷燮：《嘉庆时之财政》，《清财政考略》。

出入比较清单,"岁入每年皆有缺少,各省额支势不能减,无定额者任意又加,遇有要需,必无从筹措"。以往之公摊养廉,盐商报效者皆反为官商之累,是年四月免福建剿办台匪军需摊扣未完银179万,七月免河南摊川楚二成军需银649万,各省均有所免,"合计在数千万以上"。淮商以引课滞销,亦令停止报效,"前后蠲缓数逾千万,各省积欠亦日多"。二年户部奏催各省欠解银632万,三年又奏催节年未完杂税银231万。其后有增无减,民欠则每年率二百万上下,积至五六年则千余万,有大恩诏则豁免。当时恃以应急的,惟捐例为多,常捐如苏州藩库,自嘉庆五年至道光四年收捐监银376万,安徽174万,云南47万,大省如江苏,中省如安徽,边省如云南,合计总在5000万以上,"军需河工赈济多于此筹拨。历次特开捐例在数千万以上"。

道光时期开支急剧增加,军费、河工等耗费之巨,"皆前此未有者"。当时度支告匮,民生日困,皆注意于谋本富,保利权,于是"增垦新疆之田,议展奉天之边,改盐法,行海运,裁节经费之令再三下,而鸦片之禁遂以财政而启兵端,五口通商,税款稍增,而纹银出洋亦愈巨矣"。按道光中用款之多,以二十一、二年为最巨,二十一年十一月户部奏各省办理军需河工灾赈,一年有余请拨银两至2100余万之多,除动用地丁盐课关税外,实拨内务府广储司及部库银730万两,次年有南京条约之赔款,虽分期清付,而此两年用款之巨,为道光中所未有。前代每竭左藏以供内储,此则发内储以供国用,"求之历史盖所罕见"。①

---

① 吴廷燮:《道光时之财政》,《清财政考略》。

道光三十年,咸丰继位后,通政使司副使王庆云奏称:"综今昔出入大数计之,盖今之视昔,绌于入者二,溢于出者一。"各省地丁岁额三千二百余万,近年来实征止二千八、九百万;盐课岁额七百四十余万,近年来实征常不及五百万;河工之费,嘉庆时只一百余万两,当时值钱一百余万串,近年来增至三百五、六十万,而银价倍加,是七百余万串矣,四十年间,增至五倍。"入者日少,出者日多,习为固然"①。同年四月,大学士管理户部卓秉恬亦奏称:岁入之数,应有四千四、五百万两;岁出之数,给需三千八、九百万两。按额核计,例有盈余。惟今昔情形不同,用款多寡难定,以近十余年计之,海疆、回疆及各省军务,东、南两河工用,南北各省灾务,统计例外用款,多至七千余万;清查库亏九百余万两。而岁额所入,除豁免、缓征、积欠等项,前后牵算,每岁不过实入四千万上下。如上年江、浙等省财赋之区,被灾较广,蠲缓赈恤,约计出多入少,又不下千余万两,"入款有减无增,出款有增无减。是以各省封存正杂等项,渐至通融抵垫,而解部之款,日少一日"。虽经叠次恩发内帑银一千余万两,删减各种开销,但仍然是"而入不敷出,为数尚巨"②。这也正是道光时期财政较为被动局面的写照。

---

① 王庆云:《敬陈正本清源疏》,《道咸同光四朝奏议》,第901页。
② 中国人民银行总行参事室金融史资料组编:《中国近代货币史资料》第一辑,中华书局1964年版,附录清军机处档案,第170—171页。

第三章 嘉道财政积弊

嘉道时期的财政积弊,考虑到已经有不少学者做过探索,且财政积弊问题涉及较广,这里将研究重点集中于两个方面:钱粮亏空与漕运弊端,以此做个案分析。

一、钱粮亏空

地丁钱粮是清代最重要的财政收入,钱粮亏空是反映吏治水平和财政收支状况最重要的指标之一,也是当时社会经济发展水平与统治能力的重要体现。清代极为重视钱粮亏空的清查。钱粮一项,税率有定额,征收有程序,起解有限期,存留有定数,奏销有考成,仓库有督察,侵蚀有处罚。钱粮亏空有着特定的含义,包括两个方面,一是额定赋税不能按时按量征收上交,造成拖欠;一是已征入库钱粮被官吏挪用、侵盗,形成亏短。

清代的钱粮亏空一直存在,康熙帝政尚宽纵,导致财政积弊日深,雍正继位后,大力整顿,成立钱粮奏销机关会考府,严刑峻法,吏治为之一肃。乾隆时期,财政再次陷入亏空状态。嘉庆亲政,即大力着手整顿,但前后期有所区别。前期采取密办方法,自行弥补，清查结果直达皇帝，不能咨报户部。① 嘉庆二十年以后，采取咨报户部核实办理的方法，但仍然主张徐徐办理。嘉庆二十五年九月，直隶总督方受畴上书道光帝，拟定"追缴官亏章程"，得到支持，在全国范围内开展。道光即位后，再次将清查亏空作为施政方针，但效果仍不理想。

(一) 指导思想

在乾隆帝还任太上皇时期，嘉庆帝对钱粮亏空就比较重视。针对福建的亏空，嘉庆元年十一月十五日，嘉庆帝发布上谕，称闽省仓库皆由伍拉纳、浦霖等在任时婪索营私，"以致通省属员毫无忌惮"，擅将仓库官项私自挪用，又勒令接任之员出结接收，积累因循，致通省亏项至二百数十万两之多，实为废弛已极。② 次年四月初十日，上谕又称，福建省对于亏空笼统开报，若仍由闽省咨催，"恐外省习气疲玩，视为具文"，不实力查催，仍致帑项久悬。故传谕魁伦等，即将未完银两系哪些人员、分别短欠多少，一一开单奏明，"由户部定催"。③ 两个月后，魁伦复奏如何赔补之事，其中提到如果亏空银两系"无可著追之员，归于同案摊赔"，但其中有常青等四人，有的是家产未被查抄，有的是还有子孙后代，却被纳入无可著追之列，结果受到军机大臣的批驳，嘉庆帝亦认为"所驳甚

---

① 密谕的大量使用，表明最高统治者嘉庆帝与道光帝，非常清楚高度中央集权制度的刚性缺陷，并欲通过密谕的方式，将一些无法言齿的潜规则融入到实际的政治操作层面。但如此一来，既容易破坏制度的权威性，又容易使地方官左右为难。
② 《嘉庆道光两朝上谕档》，嘉庆元年十一月十五日。
③ 《嘉庆道光两朝上谕档》，嘉庆二年四月初十日。

是"。在他看来,闽省清查案内应追银数甚多,办理已及两年,尚无眉目,其中单内多有已经查抄治罪之人,即如伍拉纳、浦霖、陈辉祖等人,"或有家产抄没及子嗣发遣者,或有已报家产尽绝无可著追者,不过以一咨了事,终属有名无实";且将一些人列入无可著追之列,不过为博取声誉起见,"以取人誉","所办实未公允","太不是了",故而让闽省重新议立章程。① 当然,这种办法,在很大程度上仍然是乾隆朝后期政策的延续,并未体现嘉庆帝的真实想法。②

嘉庆亲政后,更注重清查亏空。他深知直省仓库多有亏缺,即便上面查核,亦"冀图朦蔽,多系设法挪移弥缝掩饬"③,所以主张对于亏空一定要认真查核,但他的查核办法,却一改其父办法,而是首先针对近京地区的直隶和山东,主张通过密办方式,"徐徐办理"。嘉庆四年三月,山东巡抚岳起奏请勒令弥补亏空,嘉庆帝批

---

① 《嘉庆道光两朝上谕档》,嘉庆二年闰六月十九日。
② 陈其元:《庸闲斋笔记》(中华书局1989年版)卷四《闽省州县亏空案》记载:嘉庆初元,福州将军某,与总督伍公、巡抚浦公以事相忤,署方伯钱公则以争一优人有隙。会总督入觐,将军兼督篆,遂捏撮三人赃私事,并以福省州县亏空百万劾之。疏入,奉命查办,总督、巡抚、方伯皆正法。而所谓"百万之亏空"者,实无此数,乃以盐课及闲款凑成之。于是州县拟暂决者十七人,合省呼冤,而某扬扬自得也。谳案既定,部复未到,此十七人者发闽、侯二县监禁。二县以同官也,羁诸署中而已。一日者,有某令年六十余矣,向闽县令吉君泰恳曰:"我老,止一孙,今夜拟回寓一视,可乎?"吉许之。至明晨,部文至,署督即委吉君监斩。急使人至某寓,伪以他事促之。乃还报曰:"某已一早出门矣。"吉大窘,只得先押十六人赴辕,而拟自请逸囚罪。时天色惨淡,凄风苦雨,路人目之,皆为流涕。比至督辕,而某持伞著屐,已候于门矣。吉心大慰,遽前握其手曰:"何不谋而先至此?"某曰:"我自家行至中途,闻部文已到,因思回署再到此,则路迂,故迳来就死耳。"吉不觉哭失声。是日十七人死后,吉痛哭,呕血满地,遂引疾归。不二年,某移镇四川,又劾总督勒襄勤相国而代之。"未几,乃以纵贼渡河、贻误军机罪伏法,勒仍回任,闽人以为有天道焉"。
③ 《嘉庆道光两朝上谕档》,嘉庆四年四月初一日。

示:"徐徐办理,自有成效。百姓足,君孰与不足?培养元气胜于仓库实贮奚啻万倍!至于大吏洁己率属,各员尽革陋规,皆为善政,以此弥补足矣,捐廉罚银等事朕不为。"①

四年六月,直隶总督胡季堂奏请严追直隶亏空各员,并主张将有关人员拘至省城勒补。结果嘉庆批示:"封疆大吏当以吏治民生为重,而财赋次之,胡季堂何不知大体如此!"直隶钱粮亏空已悬宕三十余年,"即须次第清厘,何必哑哑?"②现在各省悬项分为子孙代赔及前任、现任三种类别,自应照此办理,不得拘押相关人员,以免造成事端。不久,嘉庆帝又密谕胡季堂:"仓库必须弥补,然须行之以渐。为大吏者正己率属,大法小廉,徐徐化导,革除陋规,自必渐次清厘。"如果贸然勒限催追,施之于一、二贪吏尚可,通省如此,"是令加派小民,徒饱私囊耳。再者激成别事,所费益大矣。缓急轻重可不详思乎?"③由此也可以看出嘉庆帝的指导思想。

五年正月初九日,嘉庆帝还就整理亏空向各督抚进一步说明自己的主张:"国家设立仓库,原备各省缓急之用,岂容稍有亏缺。若清查过急,州县借弥补为名,复有劝捐派累之事,是为民反成害民之举,理财变为聚敛之弊矣。若勒限在任弥补,则是剜肉补疮,无益有害,朕深知此弊。"④几天后,户部奏称,各省积欠,自嘉庆三四年以来不下二千余万,嘉庆帝再次强调:"此项银两岂尽实欠在民?"外省地方官于应征钱粮,往往挪新掩旧,以征作欠,每遇有协

---

① 《清仁宗实录》卷四一,嘉庆四年三月戊子。
② 《清仁宗实录》卷四七,嘉庆四年六月癸卯。
③ 《清仁宗实录》卷四七,嘉庆四年六月丙辰。
④ 《嘉庆道光两朝上谕档》,嘉庆五年正月初九日。

拨之项,"辄以本省现有急需为词,其实正项虚悬,是以不得不为挪移掩饰之计。似此年复一年,伊于何底?"因此,各直省内如有现在用兵省份,需用浩繁,或可暂缓查办,其余各省并无紧要事件,自应将连年积欠实力清查归还款项。①

随即,湖北布政使孙玉庭提出建议,将亏缺万两以下者革职离任,万两以上者立即监追,一有亏缺即行离任。但这一提议被嘉庆帝否决,他还解释说:"各省皆被不肖州县侵欺挪用,今欲弥终缝,不过又将小民剥削,设或激成变故,更需费用,反不如不办之愈矣!必通盘筹划,方可次第举行,切勿孟浪。"②三月,广西巡抚谢启昆奏上弥补之法:"宽则人心生玩,而胥吏贪缘为奸;急则众志警醒,而百姓先受其累,此立法之难也。惟在因地制宜,请敕下各督抚,先查明实亏数目,及原亏职名,除本员现在者照例办理外,其损亏无著之项,详记档案,使胥吏无可影射,多分年限,使后任量力补苴,不必辗转追求,亦不必逞功旦夕。督抚革陋规以清其源,倡节俭以绝其流,求讲爱民之术以培元气,奖擢清廉之员以励官常。"嘉庆帝看后非常高兴:"所论甚是,三年有成,亦不为缓。总之,仓库原不应亏,必须实贮。"如果真能徐徐办理,"缓缓归款,上行下效,未有不能完之理"。③

针对有官员将亏空官员名单直接上奏的行为,嘉庆帝感到十分恼火,认为这是理解错了自己的意思。五年六月二十九日,他专门发布上谕,称各省仓库亏缺,经密谕各督抚,逐一清查设法弥补,

---

① 《嘉庆道光两朝上谕档》,嘉庆五年正月十三日。
② 《清仁宗实录》卷六十,嘉庆五年二月辛亥。
③ 《清仁宗实录》卷六二,嘉庆五年三月辛巳。

以归实贮。这样做的本意,是因亏空之案,官非一任,事阅多年,"若概行查办,则经手亏缺及接任虚报各员,皆当按例治罪,人数未免众多,或尚有贤员,亦觉可惜,是以宽其既往之愆,予以弥补之限"。此系格外施恩,各督抚惟当实力查核,将该省如何亏空、如何追查官员等,一面查办,一面据实密奏,"方为实心任事之道"。近来江苏巡抚岳起将江苏省盘查案内亏缺一事,抄录朱笔密批咨报户部;安徽巡行荆道乾将安徽省州县交代展参案内,以仓库有亏声明咨部;山东巡抚惠龄则请将山东省未完州县处分,暂缓例议,"均属非是"。在他看来,各省亏空一事,"朕既责成各该督抚密行查办,自当仰体朕意,实必经理。岂得以和盘托出,即可自占地步,置身事外乎?"更重要的是,一经报部,即当按例参办,"又岂能姑容不肖之员,使之无所畏忌耶?"近日各省清查亏空,惟闻广东、浙江不动声色,以次清厘,办理已有成效,其余多系漫无章程,并无实效,所以日久仍应照章办理,不得将亏缺数目辄行咨部。若将亏缺各员一体参革治罪,"不成事体,并恐此内或有居官尚好之员,未免可惜"。他还警告,日后如实有一、二州县不能弥补,应行奏明严办者,自当据实参奏治罪,但即便如此,亦必须先令设法弥补,不得将挂欠数目于目下奏销册内,"遽行开报,图免本任处分,以致碍难办理"。①

六年五月,江西巡抚张诚基不知就里,仍然是将通省仓库实数咨部,结果受到嘉庆帝的斥责"所奏大谬,无此办法",还强调"弥补二字,原不可直达朕前,岂可公然咨部办理"? 近年因直隶系畿辅

---

① 《嘉庆道光两朝上谕档》,嘉庆五年六月二十九日。

近地,差务殷繁,各州县辗转挪垫,以致仓库亏短,事非一时,官非一任,特降旨将亏空各员姑免治罪,分别亏项多寡,予限著追。此乃格外恩施,他省不得援以为例。江西历年丰收,地方安静,何以自乾隆四十一年至嘉庆四年,各州县亏空银数至83万余两之多?"安知非该抚任内各州县任意亏缺归咎前人作为历任亏项,思以罚不及众,为属员开脱,而折内尚云不敢以咨部为自占地步之计,其谁欺乎!"想到各省督抚考虑到考成,自会认真筹办亏缺,果能不动声色,全数补完,何必因此辄兴大狱。"乃各督抚等竟似一经奏明,即有恃无恐,置身事外!"①云贵总督琅玕随即将全省仓库亏缺数咨部,仍是受到斥责:"原系密办之事,岂可公然咨部办理?""朕所以不即明降谕旨清查亏空者,原恐各省人数过多,数目纷纷咨部,是必欲朕执法办理矣。"②

七年五月,针对地方官将亏空变相摊赔的做法,嘉庆帝指出,赔缴官项原以警侵挪而杜冒滥,乃近来"率议摊赔,及摊赔无著,又复辗转分摊,以致年深月久,帑项虚悬,而私肥囊橐之员转置身事外,是于事理既不公允,而于国帑仍无实济"。③ 不久,因有人奏称漕粮浮收,嘉庆批示:地方仓库短少,如果系实欠在民之款,一经该督抚等确查具奏,无不加恩豁免;若系官侵吏蚀,自当据实参奏,著落追赔。但设法弥补原系各省权宜办法,"岂可公然以此为名,令各州县向百姓浮收漕米,设立漕余名目,提取归公?"④

---

① 《嘉庆道光两朝上谕档》,嘉庆六年五月初二日。
② 《嘉庆道光两朝上谕档》,嘉庆六年六月初二日。
③ 《清仁宗实录》卷九八,嘉庆七年五月丙子。
④ 《清仁宗实录》卷九八,嘉庆七年五月庚寅。

八年六月,嘉庆帝感到当前所采取的办法存在诸多问题,又发布上谕称,各省设立仓库以备缓急之用,系正供岁人及一切经费所关,原不容稍有亏缺,以前曾说一、二年严查弥补,清厘正项,"乃国家理财大端,非鳃鳃言利也"。今阅时已届二年,并未看到各省督抚将各属仓库如何勒限弥补、现在曾否弥补完竣,详悉具奏,只知一味迁延含混,故再传谕各该督抚,于接奉此旨后,"即将各该省现在有无亏缺,其查出亏缺之州县银数谷数共有若干,现在已补若干,未补若干,其在本省现任官名下勒令弥补者若干,已经离任各员由该省行知旗籍咨追者共有若干,究于何时可以全数弥补完竣,一一详细分晰,开单具奏"。① 一个月后,针对严追旧欠的做法,嘉庆还谈到:各州县缺有大小,地有美瘠,原难一概而论,全在督抚等量为设法,酌盈济虚,俾得从容弥补,"即向来沿习旧规,在各上司养廉优厚,自应将一切苞苴承应概行屏却,而各州县多系寒畯,岂能挟有余资垫充公用。若使将旧有陋规裁革净尽,又复责其弥补,势于地方词讼等事借端婪索,是于亏项毫无裨益,而闾阎反滋扰累",因而"不可刻意剔除,俾得逐渐归补正款,但不可明示以意,任其藉弥补为词,将规例私肥己囊,竟不实力补偿,甚至劝输派累扰及百姓。"②要求首先查清亏空情况,然后订立分赔代赔条例。

同月,山西巡抚伯麟称山西亏空,经嘉庆五年、六年两次清查,并坚决连年按款追赔,结果进展顺利,库项除已完银 171000 余两外,尚未完银 7000 两零;仓项除已完价银 79100 余两外,尚未完银

---

① 《嘉庆道光两朝上谕档》,嘉庆八年六月十六日。
② 《清仁宗实录》卷一一七,嘉庆八年七月己未。

12800余两零,"现在勒限一年内扫数全完"。嘉庆帝极为高兴,认为山西省办理亏空一事,该抚等悉心查核,得其详细底里,"并能不动声色,陆续催缴"。现在所欠之数已不多,"所办尚好,现已交军机处存记"①。可见,对于这种不惊动上下的办法,最能讨得嘉庆帝的欢心。

根据嘉庆帝的上谕,各省官员纷纷奏报弥补亏空办法。山东巡抚铁保称山东共亏180余万两,每年可补银20余万两,六、七年之间即可全数亏款。嘉庆帝同意,表示弥补之法,"原不能责效旦夕,该省亏缺各项,果能按照现定章程,于每年弥补二十万两,则六、七年后不难陆续清厘,全行归款,亦不为迟。但此事总须行之以实,不可徒托空言。"他还强调,应该让各州县从容弥补,"稍有所余,并可为伊等津贴办公之用,但不可任其借弥补为名,将规例私肥已囊,竟不实力补偿,甚至有劝捐派累等弊"。②

八年十月,闽浙总督玉德奏称,福建省所亏银两已经全行补足,"该督抚既言之凿凿,自必已将各属仓库盘查确实,断不敢捏饰朦混"。嘉庆帝又担心情况不实不尽,故特意强调:"朕已将该督抚此奏交军机处存记,将来不拘何时,当特派大员前赴该省详悉盘查,设另有亏缺,系在乾隆六十年清查以后者,则惟该督抚是问,君不可欺,法不可试,凛之凛之。"③贵州省则奏称历年从无亏短:"黔省应征各项银两,民间从无丝毫延欠,即经征地方官亦系依限起解,年清年款,从无挪新掩旧之弊。其仓储项下,除军需动支并各

---

① 《嘉庆道光两朝上谕档》,嘉庆八年七月初九日。
② 《嘉庆道光两朝上谕档》,嘉庆八年八月二十五日。
③ 《嘉庆道光两朝上谕档》,嘉庆八年十月二十七日。

员分摊赔补外,余俱实贮在仓,并无短缺。"[1]嘉庆帝也一视同仁,立此存照,以便日后核对。

嘉庆九年,经全国大调查,发现除贵州、四川、广西、山西、奉天五省本系年清年款,其他省份均有亏空。[2] 十年正月,针对直隶的钱粮亏空,嘉庆帝表示,直隶省各项钱粮,一直"挪移垫借,蒙混影射,樛轕纠缠,以致应解之项任意宕延",而从前清查款项亦不能按限追交,因循日久,自应大加振作,分晰清厘。之所以查而不清,总因直隶总督颜检"平素意存见好于地方事务,未免涉于粉饰,而属员等揣摩迎合,往往习为谀词,以致诸事不能核实"。比如追存各案银269000余两,留直备用一款,"朕早料及该省动用无存,今果不出所料。此时既无存银,焉能复行解部。"[3]考虑到以后清查仍然是查而不清,嘉庆帝随即又发布上谕称,清查一次,亏空数据即增加一些,"藉词清查,希图以一篇空账,仍如前两次之分别咨追虚悬了事",似此年复一年,任意亏短,叠次增多,"势将何所底止?必致将库项尽归无著而后已"[4]。次年,他还表示,直隶每次清查,"总未得实,而州县官见清查之后,上司并不严办,益无顾忌,任意续亏,遂至数年之间,续增此数","皆各上司因循姑息所致"。[5]

当然,对于亏空之赔补,嘉庆帝仍然主张分年办理。十一年六月,上谕安徽巡抚成宁,安徽亏欠之数,有可著追者银134万余两,

---

[1] 《嘉庆道光两朝上谕档》,嘉庆八年十一月初一日。
[2] 《嘉庆道光两朝上谕档》,嘉庆九年三月初五日。
[3] 《嘉庆道光两朝上谕档》,嘉庆十年正月二十日。
[4] 《嘉庆道光两朝上谕档》,嘉庆十年五月二十八日。
[5] 《嘉庆道光两朝上谕档》,嘉庆十一年正月十六日。

分别变抵咨追、无可著追者银55万余两。嘉庆九、十两年已完数目,查核原奏无著银应归现任节省弥补者,仅完银20万8千余两,较之原定每年应完之数已属不足,而原奏有著银应咨追变抵者,"缴银不及十分之一"。此项无著应补银两,各州县既不能如限完缴其原查有著之项,将来咨追无著,为数不少,亦须著落现任弥补,更难照原定四年之限一律完清,"所有安省原亏无著有著应行弥补银两,自嘉庆十一年为始,著加恩予限八年"。①

十二年年底,户部上奏严催积欠的办法。嘉庆帝表示,各省丁赋自嘉庆元年起至十一年止,除因灾缓带征外,仍有未完银886万余两,"我朝取民有制,从无加赋之事,唯藉此每岁正供,量入为出,岂容积有亏欠"。江南等省已欠至八百余万两,自己每逢灾事必有蠲免,现在户部折内各省缓征带征银385万余两,不在此列,"小民具有人心,于岁入正供自当输将踊跃,即间有拖欠,亦何至多至数百万两?总由地方官任意因循,征催怠惰,甚或有侵挪亏蚀情弊,皆未可知,而上司护惜属员,往往曲为地步"。不过,户部的办法并无新意,无非是要求地方官认真征收查办而已。② 十三年二月,对于山东之亏欠,嘉庆帝也不得不表示,所欠仓库银180余万两,"本应将该州县等按律革职治罪,特因该员等人数过多,事非一任,且一经去官逮问,帑项仍致虚悬,是以法外施仁,准令分限弥补"。③

安徽方面原先奏准,对于亏空,每年扣交银十五万两,但十三年四月,上谕称,恐州县力有不及,将数量减为每年交银十万两,较

---

① 《嘉庆道光两朝上谕档》,嘉庆十一年六月初一日。
② 《嘉庆道光两朝上谕档》,嘉庆十二年十二月二十四日。
③ 《嘉庆道光两朝上谕档》,嘉庆十三年二月二十六日。

之从前原定银数已减去 1/3。① 随即，安徽巡抚方维甸密奏初限弥补银数的办法，并打算将各员分别劝惩，请交吏部查办，仍然受到嘉庆帝的斥责。在他看来，弥补亏空原系交该督抚自行密办之事，其原亏数目及弥补章程并不咨报户部，此时如果交由吏部查办，"部中凭何查核议处议叙，部中如何措词"？且限年弥补，原系法外施恩，若弥补不完，亏缺暴露，仅止交部议处，"各省州县又复何所畏惧，名为从严，实属疏纵"，此事既由巡抚督办，则惟责成该抚。②

十五年九月，山东巡抚吉纶密奏陈东省仓库情形时，在奏折中出现了新亏、旧亏的名目。嘉庆帝对此大为不满，认为经四年、八年两次清查，应该已经缴完，何以还有亏缺？新亏、旧亏之语，殊属蒙混。从前所查亏缺数目系 180 万两，乃至今尚缺银 170 余万两，可见该省历年弥补不过挪新掩旧，"全系具文"。似此旧亏未结，新亏复续，年复一年，"伊于胡底"？但他又毫无办法，不能不准照所请，展限六年，至二十四年为止，所有应行归补款项自本日奉旨以前，"俱作为旧亏，毋得再有新亏名目"。③

十五年十二月，江西巡抚先福提出了摊扣官员养廉银以弥补亏空的办法，也遭到斥责。嘉庆帝认为，官员应得养廉，原为办公之用，今因弥补亏项，概行提扣，"其在谨饬者或不敢肆意妄为，而办理已多竭蹶。若遇不肖之员养廉一经提扣，转得藉口用度不敷，滋弊更甚"。如该抚奏称，各员系代为前官捐补，碍难概行参处，则此次该抚所请，提扣各官养廉，非即代前官弥补之项乎？"此奏断

---

① 《嘉庆道光两朝上谕档》，嘉庆十三年四月十七日。
② 《嘉庆道光两朝上谕档》，嘉庆十四年四月初十日。
③ 《嘉庆道光两朝上谕档》，嘉庆十五年九月二十五日。

不可行"。①

四年过去了,情况仍然没有好转。十九年四月初二日,户部将各省州县征存未解银两开单呈览,发现江苏、安徽、山东等各省份,不仅亏空没有减少,反而越欠越多,嘉庆帝极为恼火,称"各督抚受朕厚恩,具有天良,无一实心办事,思之实深愤懑,全不以国计为念,一任不肖官吏拖延弊混,总不上紧清厘,明知经费未裕,琐琐焉议于常赋之外设法巧取,而置份应提催之款丁不办,岂非本末倒置,公私罔办乎?"②两个月后,直隶总督那彦成称,既然直隶也是越欠越多,不如将其中的拖欠按比例蠲免,嘉庆帝称此等意见"乖谬之极"。在他看来,直隶省前次办理清查之后,业已严降谕旨,各州县不准丝毫再有续亏,嗣后亦不得更藉清查名目,"以为掩饰亏空地步"。那彦成到直未久,复为此奏,"自系该省属员欲将亏空混入民欠之内,创为此奏,觊觎邀免,那彦成受其怂恿,大胆冒昧入奏,著传旨严行申饬,总不准再提此事"。③江苏、山东的情况也是这样,"自有清查以来,不但不能分限弥补,且每续查一次转增多数倍,显系岁有续亏,名为密奏陈情,实则通同舞弊"。④

关于山东之亏空,山东巡抚章煦奏请核查藩库属库勒限交代、弄清实数后再行定议。但嘉庆帝表示,山东 107 州县,交代逾限未经出结者共有 65 州县,前后 186 任,"是通省交代不清之州县,已十居其六,各州县接收交代最为仓库虚实关键"。该州县等既逾限

---

① 《嘉庆道光两朝上谕档》,嘉庆十五年十二月十二日。
② 《嘉庆道光两朝上谕档》,嘉庆十九年四月初二日。
③ 《嘉庆道光两朝上谕档》,嘉庆十九年六月二十日。
④ 《嘉庆道光两朝上谕档》,嘉庆十九年八月十二日。

未经出结,何以不行查办,"辄听新旧官接任辗转耽延,巡抚藩司所司何事?"①

十九年十一月二十日,大学士托津等讨论江苏亏空追补章程,钦差大臣兵部尚书初彭龄及百龄、张师诚皆以江苏各州县库项亏缺过多,"亟思追补之法"。其中初彭龄提议,将原亏之项责成现任州县赔缴,分别一万两以上限六个月,五万两以上限一年,届期不完即革职监追,再各展六月、一年之限,不完治罪。嘉庆帝认为,初彭龄所拟各条,追补过速,江苏现任州县大半非原亏之人,欲于一、二年之间责令补完百万帑金,其势有所不能,"且操之过蹙,不肖之员仍不免朘削民膏,必至纷纷评控讼狱滋甚,或恣意敲扑,滋生他故"。②

从上面的分析可以看出,由于一直担心物极必反,嘉庆帝对于亏空采取不可不问,不可深问,不可不办,不可深办的态度。但是直到嘉庆二十年以后,由于密奏办理的方式不但没有取得实效,而且新亏不断增加,这才开始加大力度,严肃处理。

二十年正月,江苏巡抚百龄奏嘉庆宝山奉贤三县未完钱粮,请求分别督催,嘉庆指示:"如系官员亏缺,即当查明严参离任著追,分别敷办;如系官员亏缺而诡言民欠,更应加重治罪,以儆贪墨。若果系民欠,则当于奏销时按照分数将经征督催各员分别参处,必须区别分明,不容淆混。"③二月,章煦奏山东自元年以来亏银共达600多万两,嘉庆大为惊诧,认为"该省敝坏一至于此,实堪痛恨"。此项亏缺,皆起于嘉庆元年以后,近十余年来,自己并未举行东巡,

---

① 《嘉庆道光两朝上谕档》,嘉庆十九年九月二十三日。
② 《嘉庆道光两朝上谕档》,嘉庆十九年十一月二十日。
③ 《清仁宗实录》卷三〇二,嘉庆二十年正月戊戌。

该省亦从无贡献珍玩等物,"此中外所共知,将复何所藉口?"亏空之由,无非是历任巡抚藩司玩忽职守,纵任不肖州县,"将国帑付诸漏卮,此内若谓一无贿索,其谁信之?"①随后,朝廷将嘉庆元年以后山东省失察各属亏缺钱粮之历任巡抚藩司,除在任甫及半年者遵旨免其罚赔外,在任已逾半年者,分别罚赔示惩。②

二十年七月,御史叶申万奏,各省藩库借款易滋弊混,请旨严饬清厘,嘉庆帝朱批"所奏是"。他还表示,各直省藩库钱粮,国帑攸关,丝毫不容擅动,但向来各藩司因州县有急须支给之项,本款银两未到,另将别款借给,日久未归,又辗转挪抵,以致借款繁多,影射朦混,"著各督抚查明从前已经借出各款,督令现任藩司上紧清厘催追还款,毋许迁延时日,希图升调,后诿之后任"。③

二十年八月,江苏奏报,两江总督百龄任内追补之数,较之前任不及一半,嘉庆帝称,若似此任意延缓,何时方能弥补完竣?百龄、江苏巡抚张师诚"均著传旨申饬"。④ 不久,针对安徽巡抚胡克家奏称督查司库历任借放未归银两,分别著追著赔一折,嘉庆表示,安省藩库借放银两,自应立即追赔归还,不应借者,"著原借原放之员按数赔缴,即将此款永远停借;并著嗣后藩库遇有借放银两,均随时报部查核",如将不应借之款滥行借放,除著赔外,仍治以应得之罪。⑤ 同时,针对御史孙汶奏请将亏空州县解职一事,批

---

① 《嘉庆道光两朝上谕档》,嘉庆二十年二月初一日。
② 《嘉庆道光两朝上谕档》,嘉庆二十年二月二十三日。
③ 《嘉庆道光两朝上谕档》,嘉庆二十年七月十八日。
④ 《嘉庆道光两朝上谕档》,嘉庆二十年八月十四日。
⑤ 《嘉庆道光两朝上谕档》,嘉庆二十年十月二十九日。

道:"嗣后该管上司一经察出即据实参办,照侵盗挪移定例革职拿问,按限监追治罪。"①十二月,当嘉庆帝知道各地亏空情况仍然很严重时,非常生气:"近年以来,朕为各督抚所蒙,该督抚又为各州县所欺,办理宽缓,以致肆无忌惮,各省亏缺垒垒,几乎百孔千疮,不可究诘,若不严加惩办,何以警怠除贪?"②不久甘肃省报来原亏、新亏各百万两,嘉庆批道依山东处罚则例,分别追缴。

次年,针对山东亏空数额巨大的情况,嘉庆帝不得不同意其中的军需、煮赈、修营房、办剥船等项开支,一些例不准报销的只要有凭据也准报销,只有无著亏空项仍予追赔。不久,湖北巡抚张映汉等奏湖北各属仓库亏缺数目,总计亏短正项银30万余两,其余杂款及米谷价值各款,尚不在内,"是清查一次,即添一次亏数,必至再逾数年,复加清查,又指此次清查为遗漏,流弊何所底止!"③但为时已晚,在嘉庆二十三年五月庆保报告湖北办理亏空出现愈办愈多的情况后,嘉庆帝十分焦急,叹息:"该省督抚藩司自十二年清查之后,并不认真截流,以致旧亏未完,新亏又增,似此辗转相仍,伊于胡底?该州县等如此玩愒成风,其罪尚有何可原。"湖北巡抚庆保、张映汉虽先后将王澍、方遵辙、樊钟英三员参办,但亏空岂尽伊三人任内之事?④可见他已经失去信心。

二十四年山东奏报民欠官亏牵涉情形,嘉庆指出,东省民欠钱

---

① 《清仁宗实录》卷三〇三,嘉庆二十年二月癸酉。
② 《清仁宗实录》卷三一三,嘉庆二十年十二月乙亥。
③ 《嘉庆道光两朝上谕档》,嘉庆二十二年九月二十二日。
④ 《嘉庆道光两朝上谕档》,嘉庆二十三年五月十六日。

粮,将先后报出官亏 630 余万不行剔除,统入民欠数内,以致矇眬不清,藩司为通省钱粮总汇,蠲免积欠原期实惠及民,布政使广庆率将官亏列人民欠,至数百万两之多,"矇混具详,背谬已极",广庆著交部严加议处。①

不过,针对河南请求缓办的要求,嘉庆帝却表示了理解。河南巡抚琦善奏称,豫省原续清查案内,各属亏缺未完银两请于原展五年限外再行加展三年。虽然该省连岁屡丰,官民力已渐纾,自应及时筹补以清帑项,但"与其勒限过急,虚名无实,不若稍宽期限",著照所请,并统于年终将已完银数据实密奏交军机处存备查核。②

"德者本也,财者末也,法固宜严,民不可扰,切勿废本逐末,恐有流弊也"。③ 尽管如此,越到后期,嘉庆帝对于整理亏空越丧失信心。二十五年二月,因山东又有"三四任以致十余任矇眬不清者",上司一味徇隐,旧亏未补,新亏又续,更复何所底止,但他也只能是摇头叹气而已。④

道光上台后,元年十二月二十二日,军机大臣曹振镛等议复直省亏空积弊,认为"今欲求所以杜绝亏空之道,惟在封疆大吏随时随地实力实心大加整顿,庶仓库可冀充盈而吏治日有起色"。侵挪仓库律例未尝不严,稽察侵挪法令未尝不密,但各省亏空所在多有,其甚者如江苏安徽山东等省,皆亏空累至数百万,并非封疆大

---

① 《嘉庆道光两朝上谕档》,嘉庆二十四年闰四月初九日。
② 《嘉庆道光两朝上谕档》,嘉庆二十四年六月二十五日。
③ 《嘉庆道光两朝上谕档》,嘉庆二十二年六月十八日。
④ 《清仁宗实录》卷三六七,嘉庆二十五年二月乙未。

吏竟不查办。他们指出,此皆因为办理不得当所致。清朝承平日久,人口激增,百货腾贵,即如定例米一石合银一两,谷一石合银五钱,今粮价平减之年,已再倍之,稍贵即至三倍,凡民间日用所需无不类似。官员俸廉例给以银,以今视昔,所得同而其实少矣,"是俸廉不足,取资陋规,陋规又不继,因而及于仓库,其由来非一日矣"。嘉庆四年山东甘肃清查案内,复议亏空一万两、二万两以上分别缓立决,而数年以来,亏空仍复不减,非立法轻重之不当。他们重提七条建议,如衰庸宜汰、交代宜核实、调升之员如有亏空宜一体严办、道府以下摊捐扣廉宜酌减、常平仓各省宜实贮,并无新意。①

道光二年,直隶总督颜检奏直隶历次因差摊捐未归银两,请分限勒追。道光帝表示,直隶省历次因差摊捐银两,"库项攸关,不能概予豁免,惟年分既久,官多事故,豫难照数追缴,自应宽以年限",准予分赔。② 针对例外开支,道光帝也发布上谕,称国家出纳岁有常经,所入银数果能全行征解,即除岁出之数自有盈余,但户部上陈近三年收支情况,每年多有缺少,"实缘定额应支之款,势不能减,其无定额者又复任意加增"。如果将来遇有要需,必致无从筹拨,因此强调,"嗣后著各直省督抚率同该藩司实力钩稽,不得任意动垫,尤不得违例格外请支"。③ 道光六年,山东巡抚讷尔经额再次上奏山东亏欠情形时称,准其自道光七年正月起于通省司道府州县养廉内接扣二成,"先尽旧亏,次及悬抵,以次归补",俟补足之

---

① 《嘉庆道光两朝上谕档》,道光元年十二月二十二日。
② 《嘉庆道光两朝上谕档》,道光二年六月初五日。
③ 《嘉庆道光两朝上谕档》,道光三年三月初五日。

日即行停扣,也得到了朝廷的批准。①

二十多年之后,户部奏称,各省未完地丁正耗自普免道光二十年前逋赋之后,至今又积欠正征缓征银2390万余两之多,"似此年复一年,各省大小官员几将置钱谷于不问,积习相沿,伊于胡底?"且道光二十年前逋赋共免银930余万两,民力不为不宽,乃地方官视为成例积欠日多,完解日少,上次经户部奏催之后,各省大半完纳新款,其旧款则任意宕延,希望侥幸能得到豁免,"是以国家蠲租免赋之恩藉遂有司侵蚀亏那之计,思之实堪痛恨"。② 可见情况仍无大的改观。

简言之,从整理亏空至嘉庆二十年,嘉庆帝在历次清查亏空时,都没有提出明确而坚决的整治措施,只是一味强调亏空要及时弥补,而且一再强调要徐徐办理,不得大事张扬,这就导致官员认为可以优先处理其他事务。当时曾流行一首歌谣:"再清查,三清查,新旧款目多如麻。前亏未补后亏继,转瞬又望四查至。借问亏空始何年,半缘漕项半摊捐。帮费愈加银愈贵,民欠愈多差愈匮。"③自嘉庆二十年以后至道光朝结束,追查的要求愈加严格,且要咨户部备核,不过亦无实效。

(二) 亏空实态

嘉庆以前,清朝钱粮仓谷盘查制度已经逐渐建立起来,但未能

---

① 《嘉庆道光两朝上谕档》,道光六年十二月二十三日。
② 《嘉庆道光两朝上谕档》,道光二十八年十月十七日。
③ 魏源:《新乐府》,《魏源集》,第672页。

得到很好的实施。乾隆中叶以后,各省积欠就异常严重,乾隆六十年和嘉庆四年先后两次普免天下积欠,亦无济于事。嘉庆五年户部奏,自嘉庆三、四年以来积欠又不下二千余万。① 嘉庆六年清查未完正赋耗羨杂税,及历年带征等项共11276000余两。② 鉴于积欠之严重,威胁到国家正供收入和收支平衡问题,清廷不得不再次下令严催。

从历次清查状况来看,除二十一年积欠有所下降,其余年份的积欠数字却有增无减。据嘉庆十二年清查结果来看,江南各省丁赋自嘉庆元年至十一年止,未完银8861800余两,另外尚有缓征带征银385万余两,共计12711800余两。十三年,直隶等十五省份除去缓征带征,仍有未完地丁银8178290余两,而十二年续增未交地丁银3198900余两,共计11377200余两,十五年积欠达到1540余万两,十七年增至1900余万两,二十一年积欠有所下降,计1720余万两。此后又有所回升,嘉庆二十四年普免积欠一次达21296800余两,米谷4045200余石。这说明清查钱粮亏空,每年都会出现新亏续亏。

户部积欠包括直省未解部之正款,地方官于每年解部时,往往以民欠为借口,不能如数完交。历年缓征带征银两无法补交,就连当年的正赋亦完不成足额。在户部的正赋收入中,据嘉庆十七年的清查情况来看,奉天、山西、广西、四川、贵州五省皆年清年款,并无积欠;云南省积欠至五百余万,安徽、山东积欠各多至四百余万

---

① 《清仁宗实录》卷五七,嘉庆五年正月丙寅。
② 《清仁宗实录》卷一九〇,嘉庆十二年十二月辛卯。

两，福建、直隶、广东、浙江、江西、甘肃、河南、陕西、湖北、湖南各省积欠自百余万数十万至数万两不等。嘉庆二十四年普免积欠时，江苏、安徽、山东三省居其过半。

道光朝拖欠赋税情况更加严重。从道光元年至六年，各省积欠达380余万两，缓征、带征钱粮积欠849万两。① 到道光十一年，各省未完地丁银已达835万余两，未完缓征地丁银939万余两，共欠课银1770余万两。② 此外，盐税、关税也拖欠严重。两淮盐税自道光十年至十五年新欠未解银248万余两。③ 粤海关自道光十年至十三年未解部银达153万余两。④ 道光十九年，综计各省积年拖欠户部银2940余万两。⑤ 道光二十年普免各省未完地丁银930余万两，此后直到道光二十八年，又积欠正赋、缓征银2390余万两。⑥ 因各省历年均有积欠，遂至户部入不敷出，据称"历年以来，每将内府余款拨给户部应用，岁不下数十万，有将及百万者，而计部中正项钱粮积欠，竟至一千九百余万两之多，屡经督催，报解了了"。⑦

漕粮征收情况也是如此。这一时期，有漕省份如江苏、安徽、山东、河南、江西、湖北等几乎"无岁不缓，无岁不赈"⑧。江浙等地

---

① 《清宣宗实录》卷一一一，道光六年十二月甲寅。
② 《清宣宗实录》卷一九三，道光十一年七月丁丑。
③ 《清宣宗实录》卷二七六，道光十五年十二月辛未。
④ 《清宣宗实录》卷二五三，道光十四年六月癸卯。
⑤ 《清宣宗实录》卷三二三，道光十九年六月戊辰。
⑥ 《清宣宗实录》卷四六〇，道光二十八年十月丁巳。
⑦ 《清仁宗实录》卷二六〇，嘉庆十七年八月戊午。
⑧ 《清宣宗实录》卷二四四，道光十三年十月庚戌。

每大县额漕十万石者，止可办六万石，每岁缓漕不下百万。① 苏松太地区自道光十三年以后无岁不荒，无县不缓。江苏全漕160万石，自道光十一年至二十年，每年只得正额七八成，此后十年中仅得正额五六成。② 据王庆云统计，"江南额征共五百二十九万，道光十六年查豁前欠五百六十三万，约计十年蠲免一年之额，二十六年查豁二十年以前民欠一千一十万，约计十年已蠲两年；及本年查豁该省三十年以前未完一千三百八十六万，是十年租赋几至蠲免三年。"③据林则徐统计，江苏之江宁藩司与苏州藩司自嘉庆二十二年起至道光十年止，共计熟田未完银15.3126万两，未完米谷2166石，又因灾缓征银484万余两，缓征米豆麦谷139万余石。④ 税收上的不足，必然会导致亏空。

据王庆云的统计可知，道光时期各直省的亏空情况极为普遍，其中河南实征数与额征数相较，差额最大，悬殊甚多，江苏次之，其次为山东、浙江、山西等。⑤ 由于各地均完不成应征额数，使得地方有限的存留也不得不上缴中央，地方财政的缺口越来越大。同时，正项收入不足额数，以量入制出为财政原则的清廷，更是只能依靠非法途径来应付缺口了。

下面是笔者根据《嘉庆道光两朝上谕档》资料，做出的嘉道时期亏空表。

---

① 魏源：《上江苏巡抚陆公论海漕书》，《清经世文续编》卷四九。
② 《清史稿》卷一二一《食货二·赋役》。
③ 《清史列传》卷四六《王庆云传》。
④ 林则徐：《江苏各属道光十年以前积欠银米等请豁折》，《林则徐集·奏稿四》。
⑤ 王庆云：《石渠余纪》卷三《直省地丁表》。

嘉道时期亏空表

地区	亏空年限	亏空数据	上谕日期
全国	嘉庆五年	2000万两	嘉庆五年正月十三日
	嘉庆十一年	嘉庆元年起至十一年止,民欠8861800余两	嘉庆十二年十二月二十四日
	嘉庆十二年	民欠81782900余两	嘉庆十三年十一月十四日
	嘉庆十三年	民欠11377200余两	嘉庆十三年十一月十四日
	嘉庆十五年	1540余万两	嘉庆十五年十二月十八日
	嘉庆十七年	1900余万两	嘉庆十七年八月十八日
	嘉庆二十一年	1720余万两	嘉庆二十一年十二月十九日
	嘉庆二十五年	1700余万两	道光三年十一月初八日
	道光十一年	1700余万两	道光十一年七月二十七日
	道光二十三年	银10748370余两,钱1130余串	道光二十三年十二月二十二日
	道光二十八年	2390万余两	道光二十八年十月十七日
福建	嘉庆二年	1645818两	嘉庆二年闰六月十九日。
	嘉庆八年	已补银634800两,乾隆六十年以后无亏	嘉庆八年十月二十七日
	嘉庆十年	九年至十年共完银13401两零	嘉庆十一年正月二十四日
	嘉庆二十一年	1769745两	嘉庆二十三年六月二十六日
	道光十一年	1863000余两	道光十三年九月十八日
	道光十三年	1619100余两	道光十三年九月十八日
	道光二十八年	银799460两零,仓谷479520石零	道光二十九年十月二十四日
直隶	嘉庆四年	27万余两	嘉庆十年五月二十八日
	嘉庆五年	152万余两	嘉庆十年五月二十八日
	嘉庆六年	264万余两,后查实亏306万	嘉庆十年五月二十八日,嘉庆十一年正月十六日
	嘉庆六至九年	亏空银1943100余	嘉庆十年十二月二十二日
	嘉庆十一年	190余万	嘉庆十一年正月十六日

续表

直隶	嘉庆十四年	158万余两	嘉庆十五年十二月二十二日
	嘉庆十五年	160万两	嘉庆十五年十二月二十二日
	嘉庆十九年	340余万两,米14万余石,草6万余束	嘉庆十九年六月二十日
	嘉庆十九年	1906800两	嘉庆二十年十二月二十五日
	嘉庆二十年	2711100两	嘉庆二十年正月二十五日
	嘉庆二十一年	358万余两	嘉庆二十一年十二月十九日
山东	嘉庆八年	180余万两	嘉庆八年八月二十五日
	嘉庆十三年	180余万两	嘉庆十三年二月二十六日
	嘉庆十四年	341万余两	嘉庆十九年十一月二十五日
	嘉庆十五年	170余万两	嘉庆十五年九月二十五日
	嘉庆十七年	400余万两	嘉庆十七年八月十八日
	嘉庆二十年	600余万两	嘉庆二十年二月初一日
	道光六年	629759两	道光六年十二月二十三日
	道光二十九年	1449003两1钱8分6厘	道光二十九年九月十六日
安徽	嘉庆九年	189万余两,内有着134万余两,无着55万余	嘉庆九年八月初七日
	嘉庆十年	1682000两	嘉庆十一年六月初一日
	嘉庆十二年	1513000余两	嘉庆十二年六月初六日
	嘉庆十三年	180余万两	嘉庆十四年正月二十九日
	嘉庆十六年	2122000余两	嘉庆十六年四月十三日
	嘉庆十七年	400余万两(上谕)	嘉庆十七年八月十八日
	嘉庆十七年	1301790两	嘉庆十七年十二月二十三日
	嘉庆二十四年	银460万两,米46万石	嘉庆二十四年八月十三日
	道光三年	576777两,钱197千,米27599石	道光三年三月三十日
	道光二十九年	721275两3钱3厘	道光二十九年十一月初三日
江苏	嘉庆六年	30余万两	嘉庆十九年八月十二日
	嘉庆八年	江宁欠145500余两,苏州欠30万9千余两,合计454500两	嘉庆八年九月十四日

续表

江苏	嘉庆十年	十年共归还银79000两	嘉庆十一年二月十一日。
	嘉庆十四年	江宁亏银1703500余两,米8600余石,苏州亏银3335200余两,米3900余石;合计银5038700两,米12500石	嘉庆十八年二月二十六日
	嘉庆十七年	共欠400余万两	嘉庆十七年八月十八日
	嘉庆十七年	江宁亏银101万余两,钱2700余串,米7900余石;苏州亏银2621300余两,米1200余石;合计银3631300余两,钱2700余串,米9100余石	嘉庆十八年二月二十六日
	嘉庆十七年	3631414两零	嘉庆十九年十一月二十日
	嘉庆十八年	3162300两	嘉庆二十年八月十四日
	嘉庆十九年	2981300两	嘉庆二十年八月十四日
	道光四年	262万两	道光四年七月初九日
	道光二十九年	3897446两零	道光二十九年八月二十九日
浙江	嘉庆五年	1878000两零	嘉庆十六年七月初八日
	嘉庆十六年	691379两零	嘉庆十六年七月初八日
	嘉庆二十年	199000余两	嘉庆二十年四月二十二日
	嘉庆二十二年	无亏	嘉庆二十二年六月初七日
	道光三年	403142两	道光三年三月二十九日
	道光二十九年	390余万两	道光二十九年五月二十八日
甘肃	嘉庆八年	172100两	嘉庆十年十二月十七日
	嘉庆十年	91100两	嘉庆十年十二月十七日
	嘉庆十五年	2115880两	嘉庆二十一年正月三十日
	嘉庆二十年	202万余两	嘉庆二十一年三月二十三日
	嘉庆二十四年	954085两	嘉庆二十四年十一月初二日
	道光十年	银291100两,钱3000串	道光十年九月二十五日
	道光二十一年	189000两,钱45000串	道光二十一年十一月初五日
	道光二十九年	123万余两	道光二十九年九月二十四日

续表

湖北	嘉庆十六年	511735 两零	嘉庆十六年六月初一日
	嘉庆十七年	325112 两零	嘉庆二十年六月二十三日
	嘉庆十八年	287112 两	嘉庆二十年六月二十三日
	嘉庆二十一年	209613 两	嘉庆二十二年九月二十二日
	嘉庆二十三年	955000 余两	嘉庆二十三年五月十六日
湖南	嘉庆八年	原亏 148000 两,现仍欠 71906 两;米 127957 石	嘉庆八年十月二十六日
	嘉庆九年	欠米 477000 石	嘉庆九年五月初一日
	嘉庆十年	661500 余两	嘉庆十年十一月十一日
	嘉庆二十一年	无亏	嘉庆二十一年十二月十九日
	嘉庆二十二年	145000 余两	嘉庆二十三年五月初七日
	道光三年	221375 两	道光三年十一月初五日
	道光二十九年	欠谷 359713 石	道光二十九年十月初六日
江西	嘉庆四年	83 万余两	嘉庆六年五月初二日
	嘉庆六年	716000 两	嘉庆八年十月十四日
	嘉庆八年八月	631000 两	嘉庆八年十月十四日
	嘉庆十五年	229000 余两	嘉庆十五年十二月十二日
	嘉庆十八年	10 万余两	嘉庆二十年二月十八日
	道光三十年	874531 两零	道光三十年二月十三日
山西	嘉庆六年	库欠 17 万余两,仓亏银 9 万余两	嘉庆八年七月初九日
	嘉庆九年	无亏	嘉庆九年三月初五日
	嘉庆十七年	无亏	嘉庆十七年八月十八日
云南	嘉庆六年	社仓尚缺谷麦粟 281349 石零	嘉庆六年三月二十七日
	嘉庆九年	未完米 253900 余石,库未完银 328300 余两	嘉庆九年五月初十日
	嘉庆十七年	500 余两	嘉庆十七年八月十八日
	道光二十九年	193800 余两	道光二十九年十一月十五日

续表

广东	嘉庆九年	765400 两	嘉庆九年六月二十六日
	嘉庆十八年	无亏	嘉庆十八年二月二十九日
	嘉庆二十年	137000 余两	嘉庆二十年三月十八日
河南	嘉庆九年	146 万两	嘉庆九年十一月初七日
	嘉庆十年	1367000 两	嘉庆十年十二月二十六日
	嘉庆十一年	985728 两	嘉庆十年十二月二十六日
	嘉庆十四年	598190 两零	嘉庆十四年十二月二十五日
	嘉庆十六年	243100 余两	嘉庆十七年七月十五日
	嘉庆十七年	600660 余两	嘉庆十七年七月十五日
	嘉庆十八年	431000 余两	嘉庆二十四年六月二十五日
	嘉庆二十五年	818210 两	道光五年三月二十八日
	道光十三年	119 万余两	道光十三年二月初三日
	道光二十九年	银 1446088 两,钱 8520 千 600 文	道光二十九年九月初二日
陕西	嘉庆十二年	383000 两	嘉庆十三年正月初二日
	嘉庆十三年	银 194300 余两,米 48900 余石	嘉庆二十三年六月二十六日
	嘉庆二十年	28075 两零	嘉庆二十年正月初八日
	嘉庆二十三年	银 26590 两零,米 9885 石	嘉庆二十三年六月二十六日
贵州	嘉庆九年	无亏	嘉庆九年三月初五日
	嘉庆十七年	无亏	嘉庆十七年八月十八日
	嘉庆二十一年	无亏	嘉庆二十一年十二月十九日
	道光三年	亏米 209675 石	道光三年四月十六日
四川	嘉庆九年	无亏	嘉庆九年三月初五日
	嘉庆十七年	无亏	嘉庆十七年八月十八日
	嘉庆二十一年	无亏	嘉庆二十一年十二月十九日
广西	嘉庆九年	无亏	嘉庆九年三月初五日
	嘉庆十七年	无亏	嘉庆十七年八月十八日
	道光二十九年	欠谷 528536 石	道光二十九年十一月十九日

续表

奉天	嘉庆九年	无亏	嘉庆九年三月初五日
	嘉庆十七年	无亏	嘉庆十七年八月十八日
	嘉庆二十一年	无亏	嘉庆二十一年十二月十九日
	道光二十九年	银170900余两，制钱78000余串，小钱65000余吊，粟米112000余石	道光二十九年九月十六日

表中的数据不可简单化处理，认为它即代表着真实的情况。一方面，清查亏空往往不实不尽，以安徽为例，自嘉庆四年就开始清查，直到九年才清查完毕，在这期间各级官员的掩饰自不必说，直到十九年第五次清查时，仍然是不实不尽。安徽巡抚李鸿宾在《厘剔安徽亏空疏》中说："前办清查皆据在任人员自行开报其本身亏空，隐匿未开者在所难免。即就已开者而论，其中抵垫之项，前因核其款数繁夥，饬令自行清理，谓之提归另册。此等提归另册之项，即系未入清查之数，可见五次清查显有不实不尽。"① 嘉庆十四年，山东巡抚吉纶清查亏空179.8万两，又另案参追银6.17万余；嘉庆十九年时，新任山东巡抚章煦查出，十四年以前还欠155.2万两，若再加上吉纶的所查数字，十四年以前山东共亏341.2万两。② 有些省的亏空状态在上谕档中没有记载，但实际亏空也很严重。以陕西为例，嘉庆七年，陕西巡抚陆有仁进呈《陕省积年民欠银粮数目清单》，开列宁陕、孝义、南郑、西乡等二十四厅州县，民欠未完嘉庆六年并元、二、三、四、五等年地丁、盐课等项共银31.5077万余两，本

---

① 李鸿宾：《厘剔安徽亏空疏》，《清经世文编》卷二七《吏治十》。
② 《清仁宗实录》卷三三五，嘉庆二十二年十月丁亥。

色粮2177石,长安等四十厅州县未完银135.8941万余两,本色粮23.0851万石。①

更为重要的是,清廷会因万寿等原因而多次普免钱粮,"凡逋负之在民者,与银谷食种之贷而未收者,遇国家庆典,或巡幸,或军兴,辄止勿责。每库藏稍充,即务推所有以益下。于是又有普免钱粮、轮免漕粮之举。"②贪官寄望于此,平时侵渔库项,豁免时混入民欠。直隶自嘉庆二年至十八年间,积欠银340余万两,粮14万余石,那彦成奏请蠲免,嘉庆帝斥之为"自系该省属员欲将亏空混入民欠之内,创为此议,觊觎邀免"。③魏源亦称:"其民欠地丁银,则康熙五十年至雍正四年,八百十三万,计每年仅欠六十万。今则钱粮奏销七分以上得免考成,每年拖欠不下二百万。有亏于官,蚀于胥吏者,亦有欠于民者。皆冀十年恩免一次,是以民欠不数年复积千余万。"④正因为如此,给事中袁铣才会上奏称,"嗣后遇有庆典,请无议蠲等语"。⑤如果考虑到这些因素,清查亏空的效果必定会再打折扣。

(三) 清查失败原因

从总体上看,嘉道时期清查亏空的效果无疑是失败的。清廷认为亏空系由官员侵蚀所致,"非由吏蚀,即系官侵"⑥,企图通过澄

---

① 《宫中档朱批奏折·财政类·关税》,嘉庆七年四月二十八日,陕西巡抚陆有仁折。
② 王庆云:《石渠余纪》卷一《纪蠲免》。
③ 《皇朝政典类纂》卷一六四《国用十一》。
④ 魏源:《圣武记附录》卷十一《兵制饷》。
⑤ 《嘉庆道光两朝上谕档》,道光二年十二月十四日。
⑥ 《清仁宗实录》卷七七,嘉庆五年十二月己巳。

清吏治来达到消除亏空,但收效甚微。表面上,皇帝处理此事的暧昧态度无疑是造成清查亏空失败的重要原因。以嘉庆帝为例,从政二十余年,并没有提出明确而又坚决的整治措施,只是一味强调亏空要及时弥补,而且一再强调要徐徐办理,不得大事张扬,这就给相关官员一个错误的信息,即可以优先处理其他事务。初彭龄曾批评说:"亏空应立时惩办,而各督抚往往密奏,仅使分限完缴。始则属官玩法,继则上司市恩,设法掩盖,是以清查为续亏出路。"①这种态度,自然会影响到整理亏空的进度。但这只不过是表面原因。

造成亏空的原因有三:民欠、官贪和挪移。关于民欠,有记载称,清朝经过承平百余年,到乾隆时期,海内殷富,江苏尤东南大都会,"万商百货骈阗充溢,甲于寰区"。当是时,虽担负之夫,蔬果之佣,亦得以通过从事服务等行业养家糊口,且有节余,"遂无不完之税,故乾隆中年以后,办全漕者数十年,无他,民富也"。但嘉道以来,元气顿耗,商利减而农利从之,于是民渐自富而贫,"带征之后依然全漕,故以年计为减成,以十年计非真减漕也"②。因民穷而无力完赋,亏空自然在所难免。正因为如此,才有人表示:"当乾隆之季,天下承平,庶务充阜,部库帑项积至七千余万。嘉庆中,川楚用兵,黄河泛滥,大役频兴,费用不赀,而逋赋日积月积,仓库所储亦渐耗矣。"③

以征作欠,以新掩旧,是官吏捏称民欠的最常用手段。以征作欠是指官吏将已征正赋钱粮贪污,然后捏称民人未交,指为民欠。

---

① 《清史稿》卷三五五《初彭龄传》。
② 冯桂芬:《显志堂稿》卷九《请减苏松太浮粮疏》。
③ 《清史稿》卷一二二《食货二》。

以新掩旧是指州县官员侵贪在前,每年征税后挪垫旧亏,然后指为民欠。江苏为亏空最严重省份,"皆缘贪官污吏恣意侵欺,饱其欲壑,平素视国帑为己私,指官亏为民欠,究之实在致亏之由,与民何涉?实堪切齿痛恨,官侵吏蚀,其累悉归于民,甚或不肖之徒,转复藉此渔利,公项未消,私橐又饱,其朘民伊于何底!"①正是官员的这种惯用伎俩,导致嘉庆朝民众抗粮事件层出不穷。广东博罗县知县丁人松下乡催粮,发生民众与衙役争斗事件,由于该县庇护衙役,百姓打碎其所乘之轿。昌化县张聚奎派役征粮,征收过苛,民人呈控知府,知县拒不受理,仍派令催征,导致聚集多人,拆毁书役住房,该县见人多势众,辄令兵役放枪打死百姓4人。②官逼民反,民众抗粮,实因征收过苛过多所致。民欠与官亏纠缠,难以弄清实数。嘉庆二十四年普免民欠,山东巡抚和舜武查出民欠860余万两,由于款目混淆严重,后经巡抚程国仁查明,实际民欠仅200万两,混入官亏多达630余万两。③

官贪也是重要原因。嘉庆五年御史张鹏展在《请厘吏治五事疏》中分析亏空原因,称各省积弊皆然,但州县自有廉俸,且陋规未经尽革,何至亏空?他认为数十年来亏空之故有四:一是地方官素性奢靡,挥霍无度,以致用度拮据,不得不挪项偿逋,导致亏空日甚;二是地方官专意逢迎,投所好以邀上欢,希图保题美缺,或劣迹经人告发,竭帑馈送,以求曲护;三是经营过程中的疏漏,"或官亲及长随散耗,漫无觉察,或因上司微厉声色,即茫无主意,遂不顾惜

---

① 《东华续录》嘉庆十九年九月癸卯。
② 《清仁宗实录》卷六六,嘉庆五年闰四月戊辰。
③ 《清仁宗实录》卷三五七,嘉庆二十四年闰四月庚子。

帑项";四是公开贪污营私,"或将帑项私寄回籍,或开库为子弟捐官,以为亏空系众人之事,牵缠攀累,或难尽诛,所以侵私迄无顾忌"。其实,"因公赔垫,以致短少,实不过百中三、五而已。"他同时指出督抚不行参劾的原因,一是避处分和摊赔之责,二是因受过属员馈送供给怕牵连,三是徇情面,四是狃积习。① 御史李肆颂也在条陈民欠积弊时,称有地方官"交通胥吏,日久挂欠"。② 山东巡抚岳起则指出,致亏之由,"或冲途差务供亿浩繁,或驿站口分例价不敷,或前官已故交代难清。或穷苦小缺疲于捐垫者有之,或狃于积习,应酬馈送,私蠹无措,因而挪用者亦有之"。但具体情况具体分析,"有亏空者不尽劣员,无亏空者亦不尽能吏"。总之,大吏不能洁己率属,需用奢靡,取给无度,"上司即有欲不刚,属员遂有恃无恐,种种弊端,皆由于此"。③

交代是批州县官或藩司离任时,将所管钱粮移交下任。清制规定,新旧任交盘时,先查赋役,核对清册、账目、开支情况。因清查钱粮,首重交代,限40天交代完毕,否则罚俸论处。但新旧任往往互相勾结,以国家正赋作为交易,往往交而不清。清朝规定,新任不能接受旧任亏空,而应禀明上司。旧任为掩饰亏空,就与新任勾结,私立欠单,以此进行掩饰。如果协议不成,即由受贿之上司出现调停,甚至抑勒新任接受交代。欠单产生,将亏空列入无着银,由后任按年摊赔。这样,旧任调署时,甚至捏造亏欠,将捏造的部分席卷而走。嘉庆五年正月,嘉庆帝在给各省督抚的上谕档中

---

① 张鹏展:《请厘吏治五事疏》,《清经世文编》卷二十《吏政六·大吏》。
② 《清仁宗实录》卷三六八,嘉庆二十五年三月庚申。
③ 《清仁宗实录》卷四十一,嘉庆四年三月戊子。

指出:"国家设立仓库,原备各省缓急之用,岂容稍有亏缺。若清查过急,州县借弥补为名,复有劝捐派累之事,是为民反成害民之举,理财变为聚敛之弊矣。若勒限在任弥补,则是剜肉补疮,无益有害,朕深知此弊。大抵州县亏空,不畏上司盘查,而畏后任接手。上司不能周知,盘查仍须书吏临期挪凑,贿嘱签盘。况为期迫促,焉能得其真实。此所以不畏上司盘查也。惟后任接手,自顾责成,无不悉心查核,书吏亦自知趋向新官,不能隐藏册簿,然此皆向来之弊,非近年情形。近年则新旧任交相联络,明目张胆,不特任内亏空,未能弥补,竟有本无亏空,反从库中提出带去,名曰'做亏空',竟移交后任,后任若不肯接收,则监交之员两边说合,设立议单,其不肯说合者,又令写具欠券,公同书押,以国家仓库作为交易,实属从来未有之创举。凡此弊端,朕在深宫皆知,况亲临之督抚,独不知乎?既知而不办之故,则因三节、两生日之私情,有碍颜面,间有一二清正大员,又以不办为积阴功,殊不知保全一贪官,害百万生灵,其损阴功大矣。"①但这一道德教育似乎并不奏效。道光十一年,发生了山东兰山县王枚因代前任受过而自缢之事。据查,前任兰山县知县张希哲因改简卸事,本应交代清楚,乃因与接署县事的王枚系儿女姻亲,故先行写立合同,"令王枚先为出具无亏单结"。结果王枚卸事时,发现存在巨额亏损,复找张希哲一并清查,王希哲屡次推缓刁难,以致王枚恐担赔累,"情急动刀拼命,自行划伤小指,受风身死"。其女因恸父情切,自缢殒命,"是该革员于激毙一命后,又另酿一命"。②

---

① 《嘉庆道光两朝上谕档》,嘉庆五年正月初九日。
② 《嘉庆道光两朝上谕档》,道光十一年六月二十七日。

交代之外还有挪移,指因公务移缓就急,以有就无。当某地因河工、军务等急需钱粮时,部拨之款不能及时到达,官员就挪用地方库项,以备一时之需,名义上还款,实际虚悬无着,形成财政上的一大漏洞。地方官便利用制度上的缺陷,侵吞钱粮,捏称因公挪移。"滥支滥应,以致州县中胆大者挪动官项,胆小者亦未免科派民间"。① 嘉庆十年,查出易州知州亏空银十一万余两,借口就是因公赔累,办理差务而挪移。冯桂芬还称:"积欠之故在于亏空,亏空之故在于挪移,挪移之故在于漫无稽考。以一县之主,独操出纳之权,下车之日,公用后而私用先,室家妻子之百需,旧逋新欠之交集,大抵有收管而无开除,惟所指挥,莫敢问。迨上司知之而亏空久矣。于是因亏空而清查,清查一次,亏空又增多一次,徒费笔墨,无益帑藏。欲杜亏空,惟有宽既往而严将来之一法。"② 侵冒更是侵蚀国帑的常用手段,在河工料价报销上尤为突出。河员往往短发物价,偷工减料,甚至捏造工程,只求有工可做,不愿天下太平,"平日捏报险工,于办理要工时,又复偷工减料,任意冒销,以致屡筑屡垫"③。

吏蚀是官亏之外的又一重要原因。赋税征收的关键在于州县印官,地丁税银须州县官直接征收,不得委任佐贰官。县令必然将许多具体事务交由胥吏、幕友或长随办理。清制,从中央到地方,督抚为封疆大吏。但他们稽核钱粮,视为具文。清制规定,藩库遇有交代或收支时,督抚皆要前往盘查,年终核实,出具印结,报告户

---

① 《皇朝政典类纂》卷一六四《国用》。
② 冯桂芬:《杜亏空议》,《校邠庐抗议》,中州古籍出版社1998年9月版。
③ 《大清会典事例》卷九一七《工部·河工·考成保固》。

部。嘉道时,督抚对盘查钱粮"视为具文,不过到库略为抽验,虚应故事,日久酿成弊端"。属员亏空,督抚有失察之咎,且需摊赔,故一向隐匿。朝廷一再严谕弥补,但历任直隶总督"总未据实入告,每于差次逐日召对,面加垂询,亦未将实在亏短情形备悉密陈,只图含糊了事,实则并未上紧查办"①。究其原因,"州县交代亏空,上司惧于失察之咎"②。另外,督抚还接受规礼,并形成贪污集团。嘉庆十九年,初彭龄奉命署江苏巡抚,清查亏空,结果发现原两江总督百龄和江苏巡抚张师诚均有亏空钱粮行为。嘉庆命大学士托津、尚书景安前往调查,百龄和张师诚"多方沮格",结果初彭龄以弹劾不实罪而降调回京。③

吏部掌"天下文职官吏之政令,以赞上治万民。凡品秩铨叙之制,考课黜陟之方,封授策赏之典,定籍终制之法,百司以达于部,尚书、侍郎率其属以定议,大事上之,小事则行,以布邦职"④。但各部院大多以迎合己意为准,保送御史,多以年力衰竭、才具平庸之人录送。嘉庆六年,大考中定为不胜外任的黄永沛,甚至因资历深而被选送为内阁侍读学士。⑤道光时的江南河库道李湘臣在任多年,库款出入是其专责,道光十七年,朝廷钦派朱士彦前往查办,结果发现款目牵混,是该员才难胜任,已不待言。但查道光十五年林则徐密封内称该员"明练朴诚,办事细致";十六年陶澍密封内又

---

① 《清仁宗实录》卷一四五,嘉庆十年六月庚申。
② 《清仁宗实录》卷三百,嘉庆十九年十二月壬戌。
③ 《清仁宗实录》卷二〇三,嘉庆十三年十月乙亥。
④ 《光绪会典》卷四《吏部·尚书侍郎职掌一》。
⑤ 《清仁宗实录》卷九二,嘉庆六年十二月乙卯。

称该员"心地明白,谨饬安详",仅此支销出入种种错误,尚得谓之细致明白乎?"可见该督等平日非隐受欺蒙,即意存瞻徇,于兴贤去不肖之意,漠不关心,是上以诚求,下不以实应,殊失朕望!"①著名大臣如林则徐、陶澍等人尚且如此,他人办理可以想见。

各部院官员多不实心任事,互相推诿。六部九卿进署办事,遇有问题,只要有一人提出意见,他人随同画诺。部臣荒废政事,书吏便为非作歹。各部甚至把应办事件,皆委之书吏,外省各官进京办事,都要贿赂把持部务的书吏,以为部费。部务如此,督抚亦不听命于部臣,各省督抚"视部咨为具文,其意以为部中通行之案,非奉特旨严催者可比,遂尔意存玩忽"②。嘉庆帝曾抱怨:"诸臣全身保位者多,为国除弊者少,苟且塞责者多,直言陈事者少,甚至问一事则推诿属员,自言堂官不如司官,司官不如书吏,实不能除弊去害。"③

各级官员利用手中特权,侵吞钱粮,亏空国帑。嘉庆十一年,直隶藩库书吏王丽南伪造库官假印两颗,挖改库收款数,冒领或虚收税粮,勾通知县,销毁案卷。此案涉及二十四州县,参与分赃的知州、知县达十余人,时间长达十余年,数额多达30余万两,"实从来未有之案,而历任总督藩司等俱懵然不知,如同木偶,非寻常失察可比"。④ 十几天之后,又在湖北发生类似的案件。湖北藩司章煦到任后清查库项,结果发现武昌、通城、枣阳、光化、谷城等县,已

---

① 《清仁宗实录》卷三〇一,道光十七年九月壬午。
② 《清仁宗实录》卷一三四,嘉庆九年九月乙巳。
③ 《东华续录》卷四三,嘉庆四年六月戊辰。
④ 《嘉庆道光两朝上谕档》,嘉庆十一年九月十六日。

解嘉庆六七八九等年地丁正耗内,有二万五百余两,司库并未兑收,随密调该县等库收照票,与司库收簿核对,发现"所有枣阳县照票库收竟系将一千两洗改五千两,十月洗改八月"。武昌等县库收照票,亦"或将银数挖改,以少填多,或将旧存照票洗改年月"。而各该县钱粮均交银匠陈信义倾溶代解,节次侵挪。陈信义去年虑恐败露,业经服毒身死,其子陈士芳亦已在逃,"实可骇异"。① 嘉庆十四年,李毓昌案发。李毓昌被派往江苏山阳县查勘救灾情形,查明县令王伸汉在办赈期间捏报户口、浮冒赈银三万两。王伸汉贿赂不成,指使仆人包祥串通李毓昌家人李祥,害死李毓昌。事后,王伸汉贿赂知府王毂,假报李毓昌自缢身死。② 道光十四年,书吏蔡泳受、王书常等人利用假印冒领三库及内务府广储司库银两物料一事案发。两人居然凭空捏造事由,冒领库款达14次之多,"且诈传诏旨,指称钦派办工大臣姓名,伪造印文咨行部院衙门,以致各该司员等被其欺蒙,稽核者依样承行,典守者据文给发,而各该堂官等亦漫无觉察"。道光帝对此极为愤慨,认为虽然本日值瑞雪时晴,天气开朗,且节届迎年,并斋戒期近,但仍将该犯等即行处斩,并先于法场刑夹一次,再行正法,且传集六部三库内务府等衙门书吏各数人前往环视,俾共知儆惧。③

赋税征收的关键在州县印官,地方税须州县官直接征收,不得委任佐贰官。由于一人难支,而地方行政人员编制有限,县令必然将许多具体事务委任胥吏、幕友或长随办理。清制从中央到地方

---

① 《嘉庆道光两朝上谕档》,嘉庆十一年九月二十九日。
② 昭梿:《啸亭杂录》卷八,中华书局1997年版。
③ 《嘉庆道光两朝上谕档》,道光十四年十二月二十四日。

的各级衙门所用吏役均有定额，任期也有限制，五年役满。到中期后，吏役逾额问题十分严重。如四川达州知县戴如煌私设衙役达5000人之多。① 直隶正定县各色吏役至900人。正役之外，还有无名白役，虽不在吏役册簿登记注册，却实际充当吏役角色。如浙江仁和、钱塘两县白役不下1500—1600人。书吏遍及各个领域，为官府办事，为主官分理政务，司会计簿册，经手钱粮出纳，包揽钱粮，挟制官长，任意勒索，侵吞库项，成为亏空钱粮的主要角色。不肖官吏把书吏倚为心腹，上下为奸，无法查究。新任州县向库书挪移银两，归还私债，到征税时，就把串票交给书吏私征，以抵还代借之项，书吏从中侵渔。伪造假印、空印，甚至挖改串票，冒支钱粮，虚收税粮，也是常有之事。藩司为一省钱粮总汇，收兑皆有一定章程。州县应解银两，要具折申批，登载款数，经藩司验明，登记档册，盖用印信，给与回批，并有巡抚监督，层层核对，法甚精详。清中期，由于吏治懈弛荒政，藩司并不亲自验收，致收兑不实，形成财政一大纰漏。

官员是亏空的主体，但并非天性独贪，而是俸官制度给其贪污提供了借口，并引起社会同情。清廷长期减扣官俸，又抱怨各级官员贪污腐化，却始终不从官俸政策本身入手加以解决，这是其重大失误。明代官俸低于历朝，而清代更低于明朝。即以漕官为例，正一品的漕督年俸仅为180两，从二品的副将仅为53两。清初也曾对漕官进行补贴，如漕督在俸银之外，又有津贴性的"薪银"、"蔬菜烛炭银"、"心红纸张银"及"案衣什物银"等，每年约为648两。但顺

---

① 《清仁宗实录》卷七十二，嘉庆五年八月癸丑。

治十三年(1656年),清廷裁去薪银和蔬菜烛炭银两项;康熙七年(1668年),又裁减津贴,每年仅保留100两。这样一来,漕督每月收入仅为23两3钱①,根本不足以维持他们日常消费,贪污在所难免。所谓"以律言之,职官自俸给外,但有所取,分毫皆赃,既乏衣食之资,又乘可得为之势,而一介不取,非中人以上不能。吾恐三百年来,完人可屈指数耳",这样一来,只好上下相蒙,贪墨成风,虽严加诛戮不能止,"则制禄使然"②。经过耗羡归公改革后,漕运官员的收入大有改善,如漕运总督每年的养廉银为9520两,各省粮道由2000两至6000两不等,漕标副将为800两,参将为500两,③但一度持续下来的漕官贪污之风,已经无法根本扭转。正如包世臣所言:"饔飧不继,非所以优尊贵;经费不敷,则无以责廉耻。官贫志污,寖忘本职,所自来已。"④

另一方面,按清代规定,所有公务均应按户部事先确定的项目和数额开支、核销。"国家出入有经,用度有制"⑤,无论社会发生怎样的变化,财政支出的范围和额度,均不得突破规定的限度。定额制的确立,使得清廷不能根据形势的变化做出相应的政策调整。⑥ 另外,定额制虽极为繁琐细屑,却并不能完全囊括中央与地

---

① 光绪《大清会典事例》卷二四九《户部·俸饷》。
② 任源祥:《制禄议》,《清经世文编》卷十八《吏政四·官制》。
③ 光绪《户部漕运全书》卷二七《官丁廪粮·俸廉例款》。
④ 包世臣:《说储上篇序目》,《安吴四种·中衢一勺》。
⑤ 程含章:《论理财书》,《清经世文编》卷二六《户政一·理财上》。
⑥ 历代赋役改革,多系将杂派合并且数额固定,但随即就会出现新的杂派,并在事实上形成了对诸多杂派重复加征的局面,有学者称之为"黄宗羲定律"(参见王家范、谢天佑:《中国封建社会农业经济结构试析》,《中国农民战争史研究辑刊》第三辑,上海人民出版社1983年版,第28页)。

方财政的所有项目支出,许多经常性的行政事务开支被摒弃于外,这些事实上的财政缺口,只能通过谋求公开财政以外的其他途径弥补,既容易造成资金浪费,又为官吏贪污等行径大开其口,导致了法外巧取的泛滥、官僚豪绅的中饱私囊和国家与百姓的交受其困。地方经征钱粮分起运、存留二项,存留部分极其有限,而且有指定用途,不得擅自运用,否则论斩。由于毫无财权,地方政府往往无法应付不时之需,如军需、河工、灾荒、承办差务、修缮衙门房屋等。中央对财政统得过死,缺乏弹性,效率低下,下拨资金不能及时到位,缓不济急,形成脆弱的地方财政。地方官员一旦支出,便形成亏空。如州县流摊,"遇有垫修衙署、仓厫、监狱、驿号、桥道、岁科修理考棚桌凳、缉拿捻匪棍徒、设卡巡防及例价不敷各项,往往禀求本管府州批准,分年流摊。"①这种摊捐按缺分派,不管任职者有无亏缺,一律分摊,"近来州县摊捐之款按缺分派,自数百两至数千两不等,逐年递加,何所底止?扣廉不敷,复令解缴,州县竭蹶以供,每至侵公帑而朘民生。"②

养廉银本意在弥补官员俸禄的不足,由于养廉银本身包含着用于地方行政费的用意,演变至嘉道时期,诸多应由地方财政支出的费用,也开始由养廉银支付,遇有军需、河工、钱粮亏空等,也令官员扣廉。嘉庆四年,冬季多雪,次年积雪融化,山西临晋县仓厫漏水,霉烂储谷六百余石,知县张观担心另外被水弄湿的三千余石再烂掉,就擅自将其减价发卖,得银一千五百余两,除修理仓库用

---

① 陶澍:《条陈安徽亏空八事》,《清经世文编》卷二七《户政二·理财下》。
② 《皇朝政典类纂》卷一七七《国用》。

去银560两外,全部用来偿还私债。① 嘉庆五年,广西巡抚谢启昆说该省亏空原因:"地瘠民贫,仓库向无亏缺。自孙士毅办理安南事务,一切军需供亿所费不赀,且米谷粮饷、军装、器械在关外毁弃者不可胜数,均因不能开销,令各州县分赔,遂使通省各有亏短。"②嘉庆十年,查出易州知州亏空银十一万余两,借口就是因公赔累,办理差务而挪移。大学士王杰于嘉庆初年讨论亏空问题时,也把地方官所承受的接待、馈送上司负担作为亏空的重要原因:"自馆舍铺设以及酒筵种种糜费,并有夤缘馈送之事"。随从家人有所谓钞牌礼、过站礼、门包、管厨等项,名类甚繁,自数十金至数百金,多者更不可知,凡此费用,州县之廉俸不能支,"一皆取之库帑,而亏空之风又以成矣。"③江苏水灾频繁,河工屡兴,额定河费远远满足不了实际需求。江苏自乾隆四十七年到嘉庆二十五年,仅河费一项就亏空52万两银子。道光元年至七年又亏空河费48万两。④ 道光元年安徽布政使张师诚谈到安徽钱粮亏空问题时也说:"通省仓库几无完善之区,推原其故,大半由于摊款之多",而摊款约有数种,州县修理城垣、监狱、仓廒、衙署、庙宇、棚厂、桥道以及一切工程,如逾保固限期,实在坍塌应修,例应详请动项,原不责令地方官捐赔,乃近来州县往往以一详立案,不候批准,"辄动库项垫办,旋即浮开用数,率称独力难支,详请分年摊补,竟有并无要工,凭空捏造,专为交代流摊地步者",以致地方官多以办差为糜费

---

① 军机处录副奏折,嘉庆五年六月四日,山西巡抚伯麟折。
② 《清史列传》卷三一《谢启昆传》。
③ 《清史列传》卷二六《王杰传》。
④ 《清朝政典类纂》卷一六六《国用》。

开销地步。因此他建议工程不准流摊;因公费用不准议摊;民欠不准垫完,仓项不准作价流交;交代不准私立欠票;交代不准以物作抵。① 由于例费不足,额外支出增加,不得不动拨地方存留款项,这部分支出因属例外开支,不能奏销,形成亏空。

据嘉庆《大清会典》之《十七年奏销册》,可将各省耗羡收入及养廉支出列表如下:

嘉庆十七年各省耗羡收入与养廉支出表(单位:两)

省名	耗羡收入	养廉支出	省名	耗羡收入	养廉支出
直隶	308538	307571	湖北	206826	254297
奉天	12610	101373	湖南	163525	227095
山东	480750	344535	陕西	237709	238307
山西	370618	291007	甘肃	108276	391541
河南	416999	139603	四川	312731	342374
江宁	145898	356189	广东	233951	359820
苏州	318934		广西	42017	170382
安徽	191492	138034	云南	120426	319106
江西	228084	232079	贵州	24661	199597
福建	218530	335201			
浙江	164100	247056	共计	4306675	4995167

资料来源:嘉庆《大清会典》卷十二、十三。

由上表可知,大多数省的耗羡收入不敷养廉支出,如奉天、江宁、江西、福建、浙江、湖北、湖南、陕西、甘肃、四川、广东、广西、云南、贵州等。从总数上来看,养廉支出大于耗羡收入。

嘉庆以前,清廷对官员的处理多采用罚俸、停俸、裁俸、降俸等

---

① 张师诚:《杜州县交代积弊议》,《清经世文编》卷二七《户政二·理财下》。

办法,到嘉道时已经普遍发展为摊扣养廉。因地方官缺乏基本支出费用,遇有公务支出及弥补官项,只好自行设法办公,遂出现诸如"扣罚养廉"、"流摊"、"捐款"、"捐廉"、"摊捐"等名色,摊款致使吏治更加腐败。嘉庆四年上谕称:"从来额设养廉,原为大小官员办公日用之资,乃外省遇有一切差使及无着款项,往往议将通省官员养廉摊扣,以致用度未能宽裕。上司藉此勒派属员,而州县遂尔需索百姓,此弊朕所深知,自当概行严禁,以清吏治而肃官方,着通谕各督抚,凡遇有应办公务,原有耗羡备公银两可动,不得仍前摊扣各官养廉。"①但结果可想而知。

清朝规定,州县亏空无着,例应道府分赔,道府赔项无着,例应院司摊赔。从表面上看,流摊赔累是官吏报效朝廷,但实际上为亏空种下更大的病根,导致所有官员,不分贪廉,亏空与否,均要参加,所以官吏"以为亏空系众人之事,牵缠攀累,或难尽诛"②,于是更加滥支滥应。时人所谓,"流摊一日不止,积弊一日不除。"③章学诚则称:"州县之累,固贪横大吏诛求无厌,亦由钜工、太役、军需、差务,常支之外,又有例不开销,坐派捐廉,见奏报者,州县廉俸几何?办公尚忧不给,坐派出何款乎?督抚大吏,公私诖误,议罚缴养廉,运逾数万,罚赔摊赔之类,往往累数十万,虽清廉督抚,不能不取给于属吏。至如东抚有犯,后调西抚事发,是东省之缺,累数省矣。大抵操守愈清,则求助愈急,以家囊无可应诛求也。州县

---

① 《嘉庆道光两朝上谕档》,嘉庆四年五月初二日。
② 张鹏展:《清厘吏治五事疏》,《清经世文编》卷二十《史政八·人吏》。
③ 陶澍:《条陈安徽亏空八事》,《清经世文编》卷二七《户政二·理财》。

为贪墨督抚累者十八九矣,其为清廉督抚所累,未尝无什一二也。"①另外,养廉银虽然原则上可用于办公,但到此时,已经被看成是官员的私用薪俸。如督抚司道衙门到任,修理房屋、铺设器用、喂养马匹,以及凉棚煤炭等一切费用,应"自出余廉",结果却由承办州县"摊派各邑"②,所以摊扣养廉必然对官员的心理造成巨大冲击。

摊扣养廉数额通常很大,影响到了官员的生活水准。故嘉庆七年规定:"文武各官赔项有应扣缴廉俸者,此后每年只须坐扣一半,不必全行扣缴,免其借口索取,转遂其私。"③福建于嘉庆八年规定的匀捐章程省例中规定:各属应解军需、资助、水黄三款,"如有正署各半支廉者,各手捐解无实任者,照署事半廉扣捐"。至报资、铜费条、省例、蓍黄、塘站夫、缉匪六款,年有定额,如有正署各半、支廉各半、捐解无实任者,"署员照额全销"。随时派捐之各项、委员盘费、大庆之年恭祝万寿经费、各部则例工价、京借养廉等款,"应令在任奉文之员独捐"。随案议捐之无着、民欠、书价、社谷等款,以及前任缺交银数,应令在任之员,"不论正署,各照本案年限,按日全捐"。修理衙署一款,应归在任之员独捐,不得半廉半捐。应解臬库之田粮等四项,由在任之员独捐。办解颜料一款,奉文之员先行垫解,"匀作在任之员按日捐补"。此外,道府衙门尚有饬捐之千里马、工食及向由自行捐解款项,听其照旧,归于在任之员照额捐给,毋庸另议。至出差人员,应将军需等九款,"照旧于应支半廉银

---

① 《章学诚遗集》,《上石君先生书》。
② 同治《钦定户部则例》卷一百。
③ 《钦定六部处分则例》卷二八。

内扣捐"①。可见所捐项目几乎包括了州县的所有公费开支,就是将官吏的养廉银全部捐出,恐怕也难以满足公务之需。

要杜绝亏空,最根本的还是要对财政支出制度进行调整和改革,然后才能严刑峻法,禁止不法官吏侵吞。由于公私用度不足,官员们只能设法寻找来源,加派浮收,收取贿赂,挪移库项等。由于加派浮收为严令禁止,陋规、贿赂之费又不可能出自属员本身,自然又转向政府库项,于是造成亏空的所谓"官侵吏蚀"。嘉庆二十一年十一月,御史胡承珙表示,"新任州县私向库书粮户挪移银两,归还私债,迨至开征时即将串票交该书吏私征,抵还借贷之项,以致书吏侵渔,弊端百出,积欠日多。"②然而,即使在这种情况下,养廉银、俸禄等还往往因种种原因被克扣,从而使官吏收入急剧减少,势不得不挖空心思弄钱。时人称,"今朝廷所设官司廉俸一切银两,非扣俸即公捐,有名无实,百不一存","势有迫于无可逃而其用实无所从出,官司自廉俸而外一思展拓,何一非侵蚀剥削之端?"③

正因为如此,曾镛就为地方官之亏空抱屈,指出"州县之不肖诚非一端,窃以为坏于诎支弥补之故亦不少也",即便是好官,也必然疲于奔命,"又何暇加意于汛汛然之士风民风,为从容摩厉于农桑学校间哉?"所以建议改革弥补亏空办法,"无宁涣其大号,破格施恩,俾天下一空从前之累,而征输得循旧章,除现在州县本任亏空数立限追补外,其确为前任之所亏者,一并弃去,不复穷究,于是

---

① 不著撰人:《度支津梁》捐款类。
② 《清仁宗实录》卷三二四,嘉庆二十一年十一月己巳。
③ 梁章钜:《退庵随笔》卷六,第 24 页,郑苏年语。

肃清本源,更遵成法,按届输将,庶几积弊一法,可图再造,料天下赋税之所入,与州县仓库之所亏,多不过损国家半岁费耳,未为大病,而府库无空名之承受,岁时无先期之催科,民免浮额之诛求,吏少借端之剥削,不补而财转实,不弥而法已行,岂不直截,何计出于童稚之所知,而事苦于国家之所难也?!"①曾任漳州知州的周镐也说:"今州县廉俸多者千两,少者五六百两,以至延请幕友尚虑不敷,加以养父母蓄妻子,仆役之工饩,差使之往来,上司之应酬,亲友同僚之赠送,皆人情世势之所不能已者。又以莅位之初以及交待盘查奏销册报各项","准之廉俸不啻数倍矣。况以捐派,一年之间为数无定,区区州县岂有点金术耶? 以故缓则敲筋炙髓,而取之于民;急则剜肉医疮,而盗之于库。凡今各县之亏空,捐款居十之四五,其明验也。国家经费,必有旧章,用民力者,民力承之,无庸捐也,动国帑者,国帑承之,亦无庸捐也。今也下不在民,上不在国,而曰捐之州县,岂知州县且上侵其国,下病其民而并归于积欠也。"②

其实,对于官俸低下与贪污之间的关系,统治者也是有清醒认识的。嘉庆帝在《致变之源说》中表示:"百姓困穷为致变之源,而其本又在州县亦多困穷无暇抚字也。治乱系于州县,必先有守而后有为。今则或困于亏缺,或困于民欠,或困于摊捐,有此三困,难为清官矣。官不清则民不畏,挟制控告,首足倒置,罔上之念非一朝一夕之故,其所由来者渐矣。"③但因为恪守祖制,

---

① 曾镛:《上汪方伯书》,《清经世文编》卷十六《吏政二·吏论下》。
② 周镐:《上制军条陈利弊书》,戴肇辰《学士录》卷十一。
③ 嘉庆《御制文二集》卷十。

加之受困于财政,不能稍作变通,只能默许以数倍于正供之陋规弥补廉俸之不足。冯桂芬曾表示:官员"非本性之贪,国家迫之,使不得不贪也。"①美国学者巴林顿·摩尔在论及前工业化社会的中国时说,中国解决官俸问题,以不严重"撼动整个社会的结构"为前提,不得不"靠允许官员或多或少地公开受贿来解决问题"②,这是有道理的。

一般认为,雍正整埋亏空成功的经验是严格稽查,限期三年如数补足,不得苛派民间,若再有新亏,加重治罪。但雍正在清查亏空的同时,还对官僚的俸禄和办公费用不足问题给予了相当的关注,即承认盘剥羡余、火耗的合理性,并对其进行规范化管理,实行比较固定的养廉银制度,照顾到了官僚队伍公私用度不足的实际困难。而嘉庆时期面临更为复杂的形势,由于社会矛盾加剧,社会局势动荡不安,不能靠增加百姓负担来解决亏空问题,而且社会动荡也带来了更多的财政支出,这就要求通过清理和弥补财政亏空来为这些开支买单,但造成亏空的最主要原因又恰恰是地方财政困难。故而这项活动一开始就面临两难困境,注定要失败。

嘉庆四年二月,贵州学政索要红案银两一事被曝光,嘉庆帝表示:"此等棚规红案银两,原系相沿陋规,贵州学政养廉本少,距京较远,学政挈其家属,延请幕友前赴任所,需费自不免稍多,而该省并无棚规,亦系陋习相循贴补考费,非私卖秀才可比,若将棚规红

---

① 冯桂芬:《易胥吏议》,《校邠庐抗议》。
② 〔美〕巴林顿·摩尔:《民主与专制的社会起源》,华夏出版社1987年版,第135—136页。

案银两概行裁革,则学政办公竭蹶,岂转令其取录不公,营求纳贿耶?"因而只可量力交送。① 四月,尹壮图奏请查处陋规。嘉庆帝则称,尹壮图奏清查各省陋规一折,请按乾隆三十年格式,凡属多余事项一概删除。但真的如此处置,弄不好就会反而病民,且"所谓廉洁重臣一时既难其选,倘所任非人,权势过盛,尤属非宜"。况且积习相沿,由来已久,只可将来次第整顿,不能概行革除,"今若遽行明示科条,则地方州县或因办公竭蹶,设法病民,滋事巧为,其弊转较向来陋规为甚"②,说明嘉庆对此弊端及后果了然于胸。

但是,嘉道时期最高统治者对此的认识也仅限于此。道光初年,军机大臣英和,以州县办公无资,奏请以各省陋规酌定其数为公用,有于数外多取者重罚之。结果朝中大臣纷起反对,当时的广东巡抚康绍镛的奏折被称为最为畅达:"例严浮收之正供,忽明著甲令,许其折价,许其多取,无论国家轻徭薄税,断不值因办公费用,误蒙加赋之名,且即以折价而论,在驯谨花户,虽照旧规完纳,而刁生劣监、顽抗百姓,多不能照数,有于正数之外,丝毫无余者。更有正赋之内,收不足数者。州县以浮折事属违例,往往将赢补绌,自行赔补。今若定以折收额数,则所浮之价,即为应纳之数,设有短少,似难办理。又粤东兵米,零尾挂欠颇多,须州县先为垫解,是照正项,尚不能年清年款,设经明定额数,其挂欠代垫,恐较前尤甚。况贪官污吏,视所加者为分内应得之数,以所未加者为设法巧取之数。闻昔雍正年间,议将地丁火耗酌给养廉,当时议者谓今日

---

① 《清仁宗实录》卷三九,嘉庆四年二月甲寅。
② 《嘉庆道光两朝上谕档》,嘉庆四年四月初七日。

正赋之外,又加正赋,将来恐耗羡之外,又加耗羡。八九十年以来,钱粮火耗,视昔有加,不出前人所虑。前项折价,与从前火耗增收,事实相近,即能明查暗访,坚持于数年之间,亦断无周防远虑,遥制于数十年之后。夫兵米正额,各州县有定数,折收之价,粤省有通例,其不能行尚如此,况杂税等项,名目不一,或此地有而彼地无,或此地多而彼地寡,愿者减其数以求悦,黠者浮其数以取赢。究之浮者已浮,数已定而难改,减者非减,事甫讨而复加。此时毫发未尽之遗,即他年积重难返之渐。其中更有持蛮行户、刁滑商人,向不完纳平余,致送礼规,今以案经奏定,数已申明,在官视为宜然,在民视为非旧,两相胁制,互为禀呈,上司既不能为官吏分外婪索予以纠参,又不能因民间不缴陋规惩以官法。尔时办理更形掣肘,是杂项等税之难办,较兵米折价尤甚也。再四思维,实无万全良策,且各项所入,既有陋规名目,今逐款胪列,上渎圣听,于体制似亦未协。夫弊去其太甚,事不外旧章。臣等受恩深重,于查办此事万不敢畏难推委,而事有窒碍,不敢不将情形据实密陈。应请照常办理,并随时稽察,如有于常额外多取丝毫,一经访闻,轻则撤参,重则治罪。并督率司道、府厅、州县等官,行行俭节,屏除浮费,庶以俭佐廉,省一分之费用,即以纾一分之民力。"而两江总督孙玉庭亦上疏极言不可,奉旨嘉许,英和被赶出军机处,孙玉庭被赐"公忠大臣"四字,"天下颂圣主之明"。[①]

对钱粮的考绩要求,前文已有所论述,其中最不合理的成分是上下级之间的连带处罚规定。考察失实,必纠上司,下属如有亏

---

① 陈其元:《庸闲斋笔记》卷四《道光朝州县陋规之纷议》,中华书局1989年版。

空,上司也要受处分。江苏、安徽、江西、浙江等地是钱粮亏空的大省,因钱粮亏空而影响到政绩考成并受处分的官员最多,在这里任职的州县官大多任职不到期限就受降职、调署处分。有地方官为了自顾考成,甚至将已征钱粮垫充民欠,造成新亏。而这些地方几乎所有州县年年有亏,影响到政绩考成和升迁,"江右年限奏销最严,州县什七八不能任两年,与江苏同。而道府以年限案开缺,则各省所未见。故接任州县不能不挪经征钱粮,为前任办奏销,以保道、府考成。"①考成本以钱粮完纳为目的,结果反而使亏空更为复杂和隐蔽。

当然,社会风气的变化、吏治败坏也是重要原因,包世臣在《说储》中说道,"近日大吏颇勤图治,而治之大端则曰弥补。上达者日事追迫,密饬者相劝挪移。夫亏空之罪至重,而牵连之狱至多,凡属主守官员,皆若朝不保暮,自救身家,遑恤政体?徒假赃蒌以说词,无关积贮之实效。故宜普布腹心,绝其瞻顾,使能实举法意,勉臻循良。"要彻底清查亏空,就需要对原有的财政制度、官俸制度进行调整,并对吏治腐败问题进行彻底整顿,但嘉道两朝却把杜绝财政亏空当作解决吏治腐败问题的基本手段。不从根本上解决财政的不健全性,一味禁绝官吏挪移侵蚀,可谓是抓错了药方。

二、漕运弊端

清代漕弊并不始于嘉道,早在顺治年间,此类事情即有发生。

---

① 包世臣:《安吴四种》卷二七《齐民要术》,《留致江西新抚部陈玉生书》。

如顺治七年（1650年），江苏常熟县即因运丁"聚众鼓噪，各持棍械，殴辱印官，乘机抢掠"，特意立碑警戒。① 但总体而言，清前期的控制较为有效，制度的结构性弱点并未完全凸现，漕弊表现得远不如后世明显。嘉道时期，随着吏治的腐败，漕政日趋败坏，起运交仓粮额日减，漕粮质量下降，弊政渐多。州县任意征求，旗丁藉端勒索，民间受累日甚，"竟至逐层剥削，无所底止"②。嘉道之际的漕弊，与当时的封建统治弊政直接相关，如学者所言："漕运危机是这个世纪最初几十年公共职能普遍崩溃的一个方面。"③大致而言，嘉道之际的漕弊主要体现在以下几个方面。

（一）运丁的双重性

清沿明制，漕粮军运，长运者为旗丁，旗丁另立户籍，因其责任是运送漕粮，又称"运丁"。清初规定，漕船每艘额设运丁10—12人，分给屯田若干，免收徭赋，以资修船补贴等费。运丁终年往来于河道，耕种往往荒废，收入锐减，屯地多半转归民户，引发各种冲突。清廷不得不进行调剂，于屯田收入之外，另给行月粮，大约12—15石之间，一半给米，一半折银。折价为清初所定，嘉道时米价已昂，原定折银每担只能买3至4斗米，收入锐减。

嘉道时期，漕船支出也骤然增大。如兑运湖州府漕粮，由州县兑粮上船到通州交仓，沿途各项开支增至银810余两，每船出运应

---

① 江苏省博物馆编：《江苏省明清以来碑刻资料选集》，第586页。
② 《军机处录副奏折·道光朝·财政类·漕运》道光元年六月十九日，军机大臣曹振镛折。
③ 〔美〕费正清、刘广京编：《剑桥中国晚清史1800—1911年》，第134页。

领银仅为380—420两,不敷390—430两。运丁冬出冬归,终年辛劳,而所得津贴不敷沿途闸坝起拨、盘粮交仓之费,"倾覆身家,十丁而六"①。失之于此,必取之于彼,漕船帮费遂逐年增加。运丁向兑粮州县增索帮费,每以米质不符合要求为借口,勒索名目则有收兑漕粮之前的"铺舱费",兑粮上船之时的"米色银",开船离境之时的"通关费"和过淮安的"盘验费"。蒋攸铦指出,运丁知州县有浮收之举,遂得籍口多索,"州县惟恐误兑,不能不受其刁勒,是以帮费竟有递增至五六百、七八百两者"②。道光初年,两江总督孙玉庭也深有同感:旗丁勒索州县,必借米色刁难,各州县开仓旬日,各仓即已满贮,运丁深知米多仓少,每籍看米色为由,通仓挑剔,不肯受兑,粮户无仓输纳,因此滋事;旗丁乘机勒索,"或所索未遂,即籍称米色未纯,停兑喧扰",州县不敢不应。及至委员催兑开行,各丁不俟米之兑足,即便开船,"冀累州县以随帮交兑之苦"③。

除索要帮费外,盗窃漕粮也是常有之事。一旦盗卖,他们即用"搀和"方法弥补,一是掺和杂物,如沙土、石灰、糠秕、米屑之类。二是将发胀药品拌入米中,使米的体积胀大,如五虎、下西川、九龙散等。三是渗水浸泡,以石灰洒入米上,暗将温水灌入船底,复籍饭火熏蒸,米粒发胀,"以致贮仓之后,易于霉变"④。运抵通州后,仓场监督以既经验收,又曾得过好处,明知米色不符也不验驳,八旗兵丁和京师普通官吏则成为霉米的主要受害者。

---

① 包世臣:《庚辰杂著三》,《安吴四种·中衢一勺》卷三。
② 蒋攸铦:《拟更定漕政章程疏》,《清经世文编》卷四六《户政二十一·漕运上》。
③ 孙玉庭:《恤丁除弊疏》,《清经世文编》卷四六《户政二十一·漕运上》。
④ 光绪《钦定户部漕运则例》卷八二《搀和霉变》。

私货运输亦为补救办法。清初允许漕船北上,载米500石者,准予携带60石免税私货,雍正年间增为100石。以后数额一再扩大,乾隆年间改为126石,至嘉庆四年(1799年),准其多带至150石,①南返空船也增加为每艘84石。② 这是清廷在不愿意直接增加运丁报酬的情况下,放弃部分商税收入,改善运丁生活。但水手与各地商人勾结,在南装载纸张磁器杂货,在天津装载食盐,直接影响了关税收入。尤其是夹带私盐,致使全国私盐充斥,淮纲滞销至数百万引。清廷一再命令沿途稽查,但效果极差。如嘉庆十二年,浙江海宁水手林茂森、船工钱万中等夹带私盐,"讯弁捕拿,拒伤弁兵"③。押运官对此熟视无睹,并借机分肥,即使被革职,运丁也按股摊资,"代为捐复"④,导致贩运私盐之事越来越猖狂。

清例漕船开行时,民船皆须避让,水手经常利用这样的机会,欺压平民。清人有诗云:"粮船凶如虎,估船避如鼠。粮船水手缠头巾,上滩下滩挽长绳。十十五五无停留,估船不敢鸣锣声。押粮官吏当头渡,皂夫挥鞭赶行路。赶尔今朝下关去,估船偶触粮船旁。旗丁一怒估船慌,蛮拳如斗焉能挡?愿输烛酒鸡鸭羊,庙中罚金祭龙王。"⑤此外,纠众抗延停斛不兑、鼓噪殴伤州县官员、抢夺官银、捆绑粮长、擅闯关闸、漕帮持械群众,甚至劫掠居民,都是运丁报复的手段。

---

① 《清仁宗实录》卷五六,嘉庆四年十二月丁亥。
② 光绪《大清会典事例》卷二〇七《漕运》。
③ 光绪《户部漕运全书》卷八八《违禁杂款》。
④ 陶澍.《筹议粮船夹带私盐折子》,《陶文毅公全集·奏疏》卷十八《盐法》。
⑤ 清人诗句,转引自徐丛法主编:《京杭运河志(苏北段)》,第522页。

清代漕运按运粮区域，可分为百余帮，每帮有船五六十只，每运约需船只六七千只。每船以旗丁一人领运，其余由旗丁雇募水手。康熙三十五年（1696年）规定：漕船出运，"每船金丁一名，余九名以谙练驾驶之水手充之"①。此外，还需临时招募拉纤为职业者，谓之"短纤"，两者数量相近。这样，漕运行业中就形成了十万余人的漕运水手，他们多是直隶、山东等地的无业游民。清前期，运丁雇募水手，由千总保结，然后呈报卫守备及府厅等官，故水手素质甚佳。②后来水手多为无赖之徒，有些盗匪作乱失败后四处逃散，为谋生也变为水手。乾隆三十九年（1774年）八月，山东白莲教事发，乾隆皇帝为防此弊，曾谕令巡抚徐绩："向来粮船径行，随处雇觅水手，徐绩应饬相近寿张之沿河文武官员，晓谕各帮船于寿张一带，不得添觅水手，致匪得以冒名远逸。"③可见这种担心。随着水手素质的下滑，各种违法乱纪之案件逐渐增多。

漕运是季节性职业，每年回空时间在半年以上。水手每年仅有身工银10两，在回空时期，他们生活无着，无处安生，自然地与修筑在河边的罗教庵堂发生联系。罗教为佛教支派，主张扶危济困，患难相助，与水手心态相契合，因粮船水手回空时无处住歇，疾病身死亦无处掩埋，"故创设各庵，俾生者可以托足，死者有地掩埋"④。水手出运获利，按名提出若干收存生息，遇患病医药，或身故买棺，即于此项内酌量资助。平时未经出钱的，即无人照管，"是

---

① 《清史稿》卷一二二《食货志三·漕运》。
② 〔日〕星斌夫：《清代漕運營について》，《史學雜誌 65—10》，1956年10月版。
③ 《清高宗实录》卷九六六，乾隆三十九年九月丙辰。
④ 《宫中档朱批奏折·财政类·漕运》乾隆三十三年九月十日，浙江巡抚永德折。

以顽蠢之辈,利其缓急有恃,乐于从事,当角力斗狠时,执箸传呼,挺身相助"①。乾隆年间,地方官发现罗都庵堂系"不僧不俗之庙宇"②,徒众有吃素念经者,有不吃素不念经者,下令禁止,结果反而"促使漕运水手中的罗教组织最终转化为漕运水手行帮会社"③。漕运水手船帮逐渐发展演变为青帮,成为官府的心腹之患,也成为社会不稳定因素。

(二) 浮收与勒折

漕政首禁浮收,而浮收之原,"由于旗丁之索加帮费,又于沿途公用,及通仓胥役、催趱员弁,索费于旗丁"④,所有帮费均来自一般粮户。浮收勒折"始于乾隆,甚于嘉庆,极于道光"⑤。乾隆中期以前,并无所谓浮收之事;最初犹不过就斛面浮收,未几有折扣之法,"始而每石不过折扣数升,继乃五折、六折不等"⑥,浮收规模不断扩大。尤其是江苏,漕粮为全国之冠,小民终岁勤劳,完漕而外"所余无几"⑦。为达到浮收目的,收兑官员照例是在收粮时对粮户进行刁难,民米到仓,虽洁净干圆,总嫌米丑,及再换米,刁难如故,退

---

① 陶澍:《复奏粮船水手敛钱恃众大概情形折子》,《陶文毅公全集·奏疏》卷七《漕务》。
② 《宫中档朱批奏折·财政类·漕运》乾隆三十三年九月初十日,浙江巡抚永德折。
③ 赫治清、吴兆清:《中国帮会史》,台湾文津出版社1996年版,第232页。
④ 孙静安:《漕弊》,《栖霞阁野乘(下)》。
⑤ 欧阳兆熊、金安清:《陋规一洗》,《水窗春呓(下)》。
⑥ 姚文田:《论漕弊疏》,《清经世文编》卷四六《户政二十··漕运上》。
⑦ 陶澍:《严禁衿棍包漕横索陋规附片》,《陶澍集(上)》,第68页。

换数次,"或愿六扣和七扣,而淋尖撒地踢斛抄盘,一石之米又去其半"①。或者以零作整,将土地的零数一律转化,如土地1亩1分变成2亩,完粮1升1合为2升,农民有以正供数升而实完数斗者。湖北等省地方官还有意多处征粮,分头缴纳,"以图多得赢利"②。

在征收过程中,作弊浮收经常使用的手法有以下几种:其一,加大量斛容积。其二,量米时使用手脚,如使用踢斛法,加大量米密度。其三,使用淋尖法,使量尖高出斛面。道光元年(1821年),江西道监察御史王家相奏称:"仓斛本大,又兼斛手之重,故加一斗者,须加米二斗五升至于加六七斗者。"③即是指此。与浮收并行的是粮户必须应付的各种使费,吏胥和斗级索要茶饭钱,粮仓胥役索要各项花费,此外又有口袋花红等名目。有的州县甫经开征,即虚报满廒封仓,利用农民急于完纳的心情,故意拖延留难,逼迫农民行贿。总之,诸种弊端皆由官吏多勒掯,有意刁难,以致民户守候需日,"不得不听从出费"④。

嘉道时期还有所谓的"衿米"、"科米"、"讼米"等名目。缙绅之米谓"衿米",举贡监生米谓之"科米",好争讼者之米谓"讼米"。缙绅之米不能多收,刁生劣监好讼包揽之辈,非但不能多收,即升合不足、米色潮杂,亦不敢驳斥。最苦者乃平民百姓,"虽收至加五、六,而不敢违抗"⑤。缙绅地主对漕赋的侵蚀,主要表现在三个方

---

① 光绪《户部漕运全书》卷八一《侵盗折干》。
② 《清史稿》卷一二二《志九十七·食货志三·漕运》。
③ 《宫中档朱批奏折·财政类·漕运》道光元年六月十五日,江西道监察御史王家相折。
④ 光绪《户部漕运全书》卷八四《裁革陋规》。
⑤ 蒋攸铦:《拟更定漕政章程疏》,《清经世文编》卷四六《户政二十一·漕运上》。

面:将自己应完漕粮拖欠短交;包揽农民应完漕粮;向州县勒索"漕规"。州县官员征漕贪污,虑地方讼棍控告,"则分饱之"①,于是包漕之风大起。劣绅刁生乃至于教官、典史以及武弁,甚有家居绅宦,利用百姓惧怕纳漕的心理,勾通吏胥,广为包揽,官吏因有浮收,被其挟制,"不能不通融收纳"②。因包户代交较自交所省实多,是以包户日多,"不特刁民群相效尤,即良民亦渐趋于莠"③。这种情况在嘉庆时已盛,道光时更炽。江苏巡抚陶澍奏称:大约富豪之家与稍有势力者皆为"大户",每于开征之始,包揽花户由单,以同姓为一家,集零户为总户,竟有田无一亩而包揽数百石者。④有的豪绅还进一步发展到向地方官索要漕规。嘉道年间,州县浮收,绅衿纷纷告漕,尤其狡者名曰"白头",官吏惮其滋扰,唉吻厚贿。嘉庆十年(1805年),江苏吴江县有生监吴景修等314人,吵闹漕仓,强索规费,导致该县挪借公款2万两。⑤

地方积弊莫甚于浮收。浮收逐岁递加,有增无减,"民力惫矣,激而出于京控,州县之财竭矣,迫而至于侵亏"⑥。百姓在忍无可忍的情况下,也联名向上控告,但地方官对他们进行穷凶极恶的报复,甚至蓄养打手,"专殴控漕之人"⑦,使得东南办漕之民,控告无

---

① 王家相:《奏陈漕弊极宜革除疏》,董醇:《议漕折钞》卷三。
② 《清仁宗实录》卷四九,嘉庆四年七月丙子。
③ 蒋攸铦:《拟更定漕政章程疏》,《清经世文编》卷四六《户政二十一·漕运上》。
④ 陶澍:《严禁衿棍包漕横索陋规附片》,《陶澍集(上)》,第68页。
⑤ 《两江总督铁保审定王廷瑄等办漕亏缺案碑》,嘉庆十年十一月,上海博物馆图书资料室编:《上海碑刻资料选辑》,第150页。
⑥ 王家相:《奏为漕弊亟宜革除请禁浮收而节浮费事》,嘉庆二十五年九月十六日,《艺斋奏稿》。
⑦ 《清宣宗实录》卷一一三,道光七年正月丁亥。

门,这又进一步激起民变,以致道光时,每年江浙闹仓者十而三、四。他们众志成城,不谋而集,"抢斛拆仓,殴官之案相望而起"。地方官也明白,从前闹漕皆棍徒,现在则皆良民,之所以铤而走险,"实出不得已"①。

针对诸多漕弊,清廷亦曾屡次下达查禁漕弊谕旨,制定相关整顿措施。如道光帝即位之初就发布上谕,着令有漕各省督抚,如发现州县有浮收之事,立即严惩,勿稍徇纵。他还责成漕运总督及仓场侍郎,凡是沿途抵通官员需索使费者,"有犯必惩,使群知警惕,以塞漏卮"②。但因制度本身的致命弱点,使得各项工作或仅能收一时之效,或形同空文。

河运漕粮给朝廷、运丁和百姓都套上了沉重的枷锁,成为清代政治生活中的一大顽症。魏源给漕粮最为集中的苏、松、常、镇、太仓地区算过一笔账:它们的漕赋额近160万石,而每岁例给旗丁运费为银369900两,米411893石,以米折价值银936759两,共计银1295758两,"上之出于国帑者如此,而下之所以津贴帮船者殆不啻再倍过之,通计公私所费,几数两而致一石"③。漕弊的存在,可谓祸国殃民,不仅侵蚀了国家的赋税收入,还极大地激化了整个社会的矛盾。

(三) 漕官的贪贿

为顺利运漕,清廷建立了一套较为庞杂的漕运官制。清初大力整顿漕弊,廉谨之风持续数十年,但随着时间的推移,到嘉道时

---

① 包世臣:《畿辅开屯》,《安吴四种·中衢一勺》卷七。
② 《嘉庆道光两朝上谕档》,道光元年六月二十五日。
③ 魏源:《海运全案跋》,《清经世文编》卷四八《户政二十三·漕运下》。

期,漕政渐趋败坏。各级漕臣为己之利,多向各机构安插私人。例如,漕运总督所派漕务委员初为数人,嘉庆年间,因亲友谋充,已骤增至80余人。这些人一经委用,即设立公馆,"添雇走役,逞暴作威",需索帮费,邀求货物,无所不至。① 每当漕务终了,漕运总督、仓场侍郎等人,又借机保举有功人员,给予奖叙。

清初挽运事宜皆由各地卫所军承担,②各卫帮千总负责领运,设有两官,两年轮换出运,但仍觉不足,另委候补1员押运空船,一官3人。每省粮道负责督押,又别委同通为总运。漕船行经沿途地方的督催大员,自瓜洲至天津有数百员之多,明知无济公事,"然不得不借帮丁之脂膏,以酬属员之奔竞,且为保举私人之地"③。乾隆时,王芑孙即提议裁撤卫所守备等领运官,甚至认为漕运总督亦应撤去。他指出,漕督仅驻一处,呼应不灵,稽查难遍;及其出运,鞭长莫及,名为漕所总汇,其实无不由于州县代办。漕之误与不误,漕督无能为,"设可也,不设可也。"④冯桂芬也表示:漕运总督乃巍然大官,"夷考其职,不知何所为"。漕标官兵暖衣饱食,安坐无事,旗丁则自糜费国帑,"需索漕船之外,尢余事"。粮道不过岁一临仓,责州县陋规取盈而去。州县倚之为护符,弹压生监,恫喝平民,以为陋规之酬。此外又有督粮同知、管粮通判、主簿之类,"皆坐食漕规,不与漕务"⑤。

---

① 熊垤:《奏陈漕务积弊疏》,董醇:《议漕折钞》卷三。
② 清沿明制,有漕各省卫军继续挽运漕粮,惟将指挥官改名为守备,千户、百户改名为千总、百总。
③ 包世臣:《畿辅开屯以救漕弊议》,《安吴四种·中衢一勺》卷三。
④ 王芑孙:《转般私议》,《清经世文编》卷四七《户政_十二·漕运中》。
⑤ 冯桂芬:《汰冗员议》,《校邠庐抗议》卷上。

漕运官员接受"陋规"是尽人皆知的事实。直接负责征收的州县官吏为免遭弹劾,对上级派来的监兑官、催漕官,甚至书役家人,都须行贿打点。御史王家相奏称,州县向知府、粮道赠送的漕规银,自数百两至一二千两不等。① 粮道是各省总管一省粮政的官吏,兼负押运责任。各省运丁的行粮、月粮等费,均由其发放,他们多从中克扣,并部分购买各种礼物,以便向沿途有关漕官赠送,否则沿途必遭掣肘,故人们目之为"货客人"②。

漕船按运粮区分为帮,帮船中有代表运丁和运官进行联络的丁头。丁头权力最大,全帮受兑开行到验兑结束,整个过程都得听其指挥。丁头利用职权,借机舞弊,增索帮费,他们对运丁的剥削,如剋扣运丁的行粮、月粮,贪索各帮船应领漕项银两等,花样也很多,"运军疾之如仇"③。漕船停泊水次,在未开之前,领运官以演戏设席的名义宴请运丁,借机敛钱,谓之"分金";遇到生日及婚丧嫁娶,则会勒索"陋规"。他们还购置皮槁散给各船,额外索价。有的则纵容家丁买烟,高价散给各船舵工水手,乃至对运丁呵斥责打,"任意凌践"。其他如行船时征收的饭米银、篷税银、装带土宜银、沿途贴印花银等,名目繁多。

运河由南而北,沿途设有催趱漕船的文武官员,如管河官吏、漕务委员,还有沿河驻扎的武官,都以催趱漕运名义索取陋规,如银钱、土宜之类。漕船拨浅过闸,有漕运总督衙门派遣的文武官吏

---

① 王家相:《奏为漕弊亟宜革除请禁浮收而节浮费事》,嘉庆二十五年九月十六日,《艺斋奏稿》。
② 李文治、江太新:《清代漕运》,第307页。
③ 孙鼎臣:《论漕一》,求自强斋主人:《清朝经济文编》卷五二。

监督催趱,剥船之多少,吃水之深浅,全由他们决定。运丁为顺利挽渡,须预先花钱疏通。稍不如意,即于关闸危险处,风雨深黑夜,指粮船休息为逗留,"恣行责打,逼至深处,船碎人溺,米须重赔"①。漕粮先聚通州,再由此转拨各仓。仓场衙门和坐粮厅通同舞弊,所索"陋规"有"科房"、"漕房"等名目。仓场侍郎亲临验米时,会携带大批舍人、门丁、差役、轿夫人等,运丁亦须出钱打点。坐粮厅是亲临负责漕粮验收、转运及交仓的官员,漕船未至通州以前,坐粮厅先派吏胥前往通州东南杨村一带催趱,向漕船勒索"船价钱";漕船到通州起卸,又索要"验米费"②。斛量盈缺,米质好坏,全为经纪左右,运丁不得不事先疏通。坐粮厅书役皆吃帮,吃帮者绝口不提要费,"而帮丁委婉送给以买平安"。经纪手下有斛手,挑掣米色,"顷刻间即成奏案",如果运丁胆敢不交帮费,则经纪必令剥船户设法破坏,故也不得不预先招呼。③ 另外,漕船挽抵通坝停泊时,有"落地钱",交卸漕粮时有"兑收费",经纪中的头目伍长又额外索取"折帮钱"④。均须运丁额外承担。对运军的勒索,除上所述外,还有淋尖、踢斛、抛剩、漫筹、脚米等,以至于出现了"惟是帮丁长途苦累,费实不资,若竟丝毫不给津贴,则势必不能开行;若责令州县颗粒无浮,亦势必不能交兑"⑤的两难局面。因为蚀漕者众多,积弊甚深,导致运船向州县索取的帮费日增。雍正初

---

① 熊埘:《奏陈漕务积弊疏》,董醇:《议漕折钞》卷三。
② 《宫中档朱批奏折·财政类·漕运》嘉庆四年十二月十六日,监察御史陈大文折。
③ 包世臣:《安吴四种·中衢一勺》卷七《复桂苏州第四书》。
④ 《宫中档朱批奏折·财政类·漕运》嘉庆十七年八月十四日,监察御史陆泌折。
⑤ 蒋攸銛:《拟更定漕政章程疏》,《清经世文编》卷四六《户政二十一·漕运上》。

年每船索要不过20两,发展到道光时期,已增至700—800两,"前后数十年,多寡悬殊如此,闾阎之征敛可知矣,而运军固未尝受其利也"①。

对整个漕运制度来说,京通仓场是漕运制度的最后阶段,清廷对仓庾的管理也相当重视。但"坐粮厅吃帮,仓帅吃仓",也是历来的陋规。漕粮送入京通二仓后,仓庾管理及俸米发放,有一套麻烦的手续。仓场官员往往视为利薮,往往与商人勾结,侵盗仓粮。尤其应指出,八旗兵丁多不喜食大米,通常会将所得漕粮以相当低的价格卖给米商铺户,故朝廷花费一年辛苦,最后却为商人所得。分配给八旗兵丁的漕粮,则由牛录章京领米易钱折给,兵丁买杂粮充食,每石合银一两有奇。领米转发米铺,或掺杂泥沙,或霉烂不堪食用,只得发付糖坊,每石得银一两有奇,赴仓亲领米者,百不得一。难怪有人感叹:"盖涉途远则侵蠹必多,经时久则折耗自易,以漕运无穷之劳费,而每石仅获一金之用,亦可慨矣。"②

此外,漕运以河工为基础,清廷的漕运政策也人为制造了许多水旱灾害,严重影响了运河沿岸的农业生产。"漕米关系国家根本重计,而治河即所以治漕"③,为确保漕运畅通,清廷对运河水源的管理极为严格。所谓"江南水利以漕运为先,灌田次之"④,因为有以漕运为主的指导思想,地方官员一碰到紧急情况,就不顾老百姓死活,水小则闭闸蓄水,点滴不给灌溉,民田自有之水利也须供给

---

① 孙鼎臣:《论漕一》,求自强斋主人:《清朝经济文编》卷五二。
② 冯桂芬:《折南漕议上篇》,《校邠庐抗议》。
③ 陶澍:《筹议海运折子》,《陶文毅公全集·奏疏》卷八《海运》。
④ 光绪《荆州万城堤志》卷八《私堤上》。

运河,"农事益不可问";水大则开闸放水,听任农田蓄洪,冲毁房屋,伤毙人口。有时为保堤而开减水坝,即使妇孺横卧坝头哀呼求援,官府也仍会于深夜之时偷偷开挖泄洪,"而堤下民田立成巨浸"①。即以淮水流域为例,洪风过境,诸坝一启,田园淹尽,千里汪洋,数月不退,"惟有泣对洪波,束手待毙而已"②。又如山东微山湖、独山湖,皆为著名的济漕水柜,每届河运,须由泇河厅相度水势,开闸下注。河员惟恐误运,湖内蓄水总是超过定例,设遇春夏雨水连绵,环湖数百里悉为泽国。天旱水浅之年,则周围泉源尽以济漕,"更无涓滴之水润及农业田"③。至于因维护漕运而引起的河工弊政,相关方面的专著、论文已属不少,兹不赘述。

总之,清廷所施行的漕运政策,在嘉道时期已经弊端重重,积重难返,再也难以维系下去。如此上下交困,日甚一日,南粮北运陷入停滞的窘境。

---

① 沈葆桢:《漕项无从划拨海运难以议分折》,光绪五年六月二十八日,《沈文肃公政书》卷七《两江总督任内奏折》。
② 冯道立:《漕堤放坝水不归海江洋一片图》,《淮扬水利图说》。
③ 《光绪政要》卷二五,光绪二十五年八月。

第四章 嘉道时期的财政改革

改革是补救财政弊端的重要步骤。总体而言,目前学术界关于嘉道时期统治能力的评价较低。不过,客观来说,清朝统治者还是在此期间,从各个方面对财政问题做了力所能及的整顿和改革,并取得了一定的效果。

一、漕粮海运

清朝最初的两次漕粮海运,均出现于道光时期。第一次海运为道光六年,第二次为道光二十八年,两次海运又以第一次鸦片战争为分水岭,形成鲜明对照。

(一) 初次海运

清朝的第一次漕粮海运,始于道光六年。清初厉行海禁,顺治十三年(1656年)规定:商民私自下海贸易者,货物入官;人即正法,家产尽给告发之人。① 康熙元年(1662年),行"迁界令",十一年重申不得私行出洋贸易。直到二十三年,清廷才开海禁,将江浙

---

① 《清世祖实录》卷一〇一,顺治十三年六月癸巳。

等沿海省份海禁之例停止。康熙帝表示，出海贸易于闽粤民生有益，富商大贾"懋迁有无，薄征其税，不致累民，可充闽粤兵饷"，于各省俱有裨益。① 海禁虽开，但各种禁令依然不少：康熙三十三年禁商人在国外造船；雍正五年（1727年）禁私自出洋和久居外国；九年禁铁器出口；以及七年、十三年、乾隆十三年（1748年）、嘉庆十四年（1809年）等年禁贩米出口。

为解决国内粮食短缺，清廷又通过多种手段，鼓励进口洋米。随着海运在商品流通领域中作用的日益发挥，它的舆论影响也逐渐扩大，并得到部分官僚士大夫的提倡。康熙十年（1671年），都察御史姚文然请海运赈饥。他指出，若动官帑采买转运，"籴本省而得粮多，国帑不至甚亏，饥民可活多命"②。因为牵涉到是否开放海禁，为慎重起见，康熙帝指示臣下详察熟计，"亦预备救荒之一策"③。受当时客观条件的限制，姚文然的提议未得批准。三十九年，运河清口段要隘淤垫，康熙帝因情况危急，再次谕令部臣议奏海运，但河督张鹏翮表示，淤塞之处可以疏浚，"来岁粮船自是通行无误"④，恰逢淤垫被疏，海运之议作罢。

雍正时期，朱轼欲在天津开挖引河，实施海运，因工程量太大作罢。广州知府蓝鼎元鉴于河运靡费，重提海运之议，并建议通过保护海洋运输船队，控制海上交通要道，以提高水师作战能力。他认为海运行有明验，舟航安稳与内河相同，"海运之法，在今日确乎可

---

① 《清圣祖实录》卷一一六，康熙二十三年九月甲子。
② 刘锦藻：《清朝续文献通考》卷七七《国用十五·海运》。
③ 席裕福等纂：《皇朝政典类纂》卷五八《漕运九·海运》。
④ 高培源：《海运论》，《清经世文编》卷四八《户政二十三·漕运下》。

行",主张酌提江浙漕米海运,并创设海运总督驻上海、崇明等处,将江浙与山东水师统归其管辖巡哨,三省水师并为京东第一大水师,"内可以廓清洋盗,外可以镇压诸夷,上可以飞挽漕粮,下可以流通百货"①。针对反对派的论点,蓝鼎元一一进行反驳,他还表示,因担心奸商卖米接济异域,"恐将来为中国患",以及害怕洋船盗劫而禁艘舶出洋的观点,实为"迂谫书生坐井观天之见"②。也就是说,实际上他是想通过发展漕粮海运来加强海军力量,促进商品流通。无疑,这种理论素养及战略眼光在当时极为先进,惜未能被朝廷采纳。

乾隆年间,廷臣曾以河运耗费过大,建议招募闽广商船海运,仍遭反对。嘉庆年间,黄河屡次溃决,运道淤阻,漕粮海运之议复起。嘉庆八年(1803年)十一月,河南衡家楼决口,漕船不能运行,给事中萧芝奏请采买南米海运。两江总督陈大文指出,海运风信靡常,洪涛难测,利少害多,"实属窒碍难行"。浙江巡抚阮元也加以反对:海运经数百年不行,"猝支国帑,轻试风涛,非慎重之道"③。次年十月,洪泽湖水势低弱,不足以刷黄,河口再度阻塞,七省漕船皆不能动,阮元"乃暗筹海运一法"。他打算在江南筹海船400余只,每船载米1500余石,装卸、脚价俱立章程,海船一年往返3次,较河运即可节省费用2/3,结果他招徕商船百余艘,准备海运浙省全部漕粮,但不久河道畅通,海运之计"遂不复用"④。

---

① 蓝鼎元:《漕粮兼资海运第四》,《平台纪略·附奏疏》。
② 蓝鼎元:《论南洋事宜书》,《鹿州全集·初集》卷三《书》。
③ 《清史列传》卷三九《阮元传》。
④ 阮元:《海运考跋》,《清经世文编》卷四八《户政二十三·漕运下》。龚自珍著文述其政绩,称阮元"又以比岁淮弱黄强,重迟空晚,发议盈廷、图改运道。公乃考有元之成规,得海运之故道,计舟樯丰俭之用,较时日往返之程,度其险夷,权其常变,中流一壶,成书具载",见张鉴等撰:《阮元年谱》,第277页。

十五年,洪泽湖泄水过多,无力济运,嘉庆帝"不得不作万一之想"①,谕令有漕督抚:江浙各海商"习于风涛,熟于沙线",要求他们或将本年漕米,就近交商船分带,先为试验,"不妨使商船略沾微利,俾各踊跃承办"②。金匮知县齐彦槐作《海运南漕议》上江苏巡抚章煦,力陈海运之便,章煦召诘之,"条举以对,巡抚不能难",但终以"更张寝其事"③。章煦还奏称,苏省惟有大号沙船可海运,每100石即需费300两,且商船不能安设气筒,"易滋微变"。嘉庆帝深为不满,指出海运虽流弊极多,但万一河漕有误,"自不得不设法筹办"。既然江苏如此,"此时竟可无庸试办"④。次年六月,黄高于清五尺有余,嘉庆帝只好重提旧事,谕曰:"此事全在该督抚实力讲求,认真经理。"要求他们将应配备若干船只、应拨用何项米石、如何设法交卸,以及如何安置旗丁水手,熟筹妥办,"今岁不拘粮石多寡,务即赶紧试行,切务坐视因循,又以海运涉险为辞,率行推卸"⑤。但两江总督勒保等奏不可行十二事,大致而言,即河海并行而漕官不能减,徒增费用;沙礁丛杂,海道极险,不可轻于尝试;海运经费按旧制开销必然浩大;商船不敷雇用,造海船则需费国帑;海运需添设水师护防;水手不携带私货则京城物价必贵。嘉庆帝只得作罢:"其事之需费浩繁,诸多格碍……自系实在情形,此后竟无庸再议及此事,徒乱人意。"⑥终嘉庆之世,无人敢再提海运之事。

---

① 刘锦藻:《清朝续文献通考》卷七七《国用考十五·海运》。
② 《清仁宗实录》卷二二六,嘉庆十五年二月壬子。
③ 《清史稿》卷四八六《齐彦槐传》。
④ 《清仁宗实录》卷二二九,嘉庆十五年四月壬辰。
⑤ 《嘉庆道光两朝上谕档》,嘉庆十六年六月二十一日。
⑥ 刘锦藻:《清朝续文献通考》卷七七《国用十五·海运》。

道光初年黄河淤垫更甚,水位远高于洪泽湖,黄水向湖中倒灌,湖底日淤日高。道光四年(1824年)冬,清江浦高家堰大堤溃决,高邮至清江浦一段运河,水势微弱,河运漕粮已不可能,①京师的粮食供应面临严重危机。监察御史查元偁奏请以上海商船买米海运,被督抚们以"有妨民食"②驳回。随后因黄水挟沙,淤垫更甚,道光帝命吏部尚书文孚与漕河大臣妥商筹议,又均以"清水来源本缓,时难缓解"为由,虚于应付。

在此情况下,道光帝痛下决心,于道光五年二月五日发布上谕,令魏元煜、颜检、张师诚、黄鸣杰等大臣,讨论有关来年漕运海粮事宜。他宣称,从前海运之说,有谓可以试行者,有谓断不可试行者,至今并无结论。如果河流顺轨,漕船自可照常行走,但漕粮为天庚正供,所关匪细,如果将来运道淤滞,岂能坐以待毙?他表示,江浙滨临大海,这些地方的商船装载货物,在山东、奉天等口岸卸货售卖,一年往返数次,"似海运尚非必不可行",因此谕令他们将如何津贴沙船,如何雇用船只,以及如何起卸运通,"据实具奏,候朕裁酌施行"③。

道光帝颇有改革决心,各省督抚却并不体察。议行海运之初,漕运总督魏元煜等人即奏称,已经派主张海运之议的齐彦槐前往松江调查,江苏巡抚张师诚也派何士祁等人去吴淞口调查。通过

---

① 高家堰为黄、淮、运三河之聚集处,欲使湖水不分流旁泄,须蓄足清水以抵黄济运;若湖水不足,黄水倒灌,则清口势必淤塞,而湖水不能畅出,如其盛涨,则淮扬尽成泽国;倘湖水下泄过多,湖低于黄,又势必借黄济运,则清口淤塞更甚。由此可见,漕运与水运皆受其病。

② 英和:《筹漕运变通全局疏》,《清经世文编》卷四八《户政二十三·漕运下》。

③ 《嘉庆道光两朝上谕档》,道光五年二月初五日。

对调查结果的分析,发现海运仍不可行:其一,海运风涛难测,海运时商货可抛,漕粮则须全力防护。本年河运失事就多达16船,淹毙多人,此为内陆熟路,若试之于大洋,"益觉在在堪虞"。加之海风卤气侵损,易滋霉变。其二,海运仍需启用旗丁,而旗丁不识海性,上船即头晕目眩,不能起坐饮食,沙船商人观望不前,"若强行封雇,是更滋扰累"。其三,海运经费开支巨大,沙船受雇及制备口袋等项,运米100万石即需银100万两,且江广帮船须将漕粮剥运至吴淞,又添一剥运费,"漕粮设有疏虞,责成何人赔补"?他们仍主张盘坝较海运为稳妥,"即办理稍迟,亦尚不致贻误"①。从后来海运实践看,魏元煜等人的理由显为夸大之辞。不过正是他们的坚持,使得海运暂时受挫。两江总督孙玉庭以渡黄艰滞,须盘坝接运,请费达120万两。不久,运河水势短绌,难于挽运,他又奏请截留漕粮100万石,导致过黄之船仅1700余只,不及总数的1/3,耗时却达两月之久。夏至将临,水势更难预料,即使穷昼夜之力,能催趱数十只,未渡之船更多,全漕已无法按期运完②。

在运道阻滞、全漕不能运抵京通的严峻形势下,协办大学士、户部尚书英和上奏《筹漕运变通全局疏》③,指出要解决目前漕运

---

① 《宫中档朱批奏折·财政类·漕运》,道光五年三月二十六日,漕运总督魏元煜等折。

② 程祖洛:《覆奏海运疏》,《清经世文编》卷四八《户政二十三·漕运下》。

③ 关于英和上奏海运之议,据他回忆,"余未第时,因仓有海运之名,即注意于运务,迨入翰林后,每于清秘办公之余,辄阅永乐大典,凡有元一代海运事宜,手自摘录,汇钞成册,藏之于家,历数十年,每以河工为患,粮艘挽运维艰,时思海运而未敢轻举也",直到此年,因"南河水路阻滞,剥船官粮粒米狼戾,势不得不行海运而不能顾恤人言也",所以决定上疏。参见英和《恩福堂笔记》卷上。

危机,唯一的办法只能是"暂雇海运,以分滞运,酌折额漕,以资治河"。他列举了元明以来历次试行及议行海运的历史,认为当前虽全漕不可悉由海运,但商船未尝不可分载;江苏买米海运虽不可行,但额漕未必不可尝试。他归纳了反对海运的观点,将其总括为四种"责难":一、章程难以骤定,人情惶惑;二、官船须耗官费,不易约束;三、岛屿繁多,难以稽查;四、海运既起,河工必废。为此,他提出"四善"之说:暂雇商船,分运漕粮,不致贻误;所给脚价可从河漕费用中拨出,无须另筹;商船常例以泥土压船,海运准三分带货,自必踊跃;洋面安静,官取保结,必无意外。他还强调,那种认为试行海运不顾惜百姓生命的说法,是没有道理的。他针锋相对地反问:洞庭湖、鄱阳湖、长江,俱称险阻,历年河船多有漂溺情事,不独海洋为险,"且海洋节岁贸易之船,何以不闻淌失?"海运神速,风顺七、八日可到,较河运不啻十几倍。沙船历年运花草皆无恙,盐水盐风霉变漕粮当属无稽之谈。①

道光帝对英和的奏疏极为欣赏,称其"甚属明晰",认为所奏各款,"意在漕河并治,永资利赖"。他当即发布上谕,命魏元煜等人"悉心计议,总期不误转漕,有裨河务,勿得稍存成见,徒为目前权宜之计"②。不料魏元煜仍持反对意见,并回奏:"事关创始,头绪极繁,不容稍有疏漏。如蒙宸断,敕令施行,容臣再督饬司道,详晰妥议,分别拟具条款,另行奏请圣裁。"③道光帝极为不满,指出议行

---

① 英和:《筹漕运变通全局疏》,《清经世文编》卷四八《户政二十三·漕运下》。
② 《嘉庆道光两朝上谕档》,道光五年四月初十日。
③ 《宫中档朱批奏折·财政类·漕运》,道光五年五月二十九日,漕运总督魏元煜折。

海运乃择善而从,"是以谕令诸臣悉心妥议,计出万全,不为遥制",魏元煜首鼠两端,不着一字,实在"意存推诿,殊非实心任事之道"①。

道光帝命大臣琦善往查河工,并有意让"亦主海运议"②的琦善摸索海运。琦善称孙玉庭渡黄之船,有一月后尚未开行者,有淤阻御黄各坝之间者,应行剥运军船皆缪柱不能动,投入的几百万两银子化为虚有。道光帝深为震怒,魏元煜、孙玉庭、颜检等人均获罪遣。③ 为加强海运力量,道光帝对江南官员进行大幅度调整:江苏巡抚张师诚与安徽巡抚陶澍对调;琦善从山东调任两江总督,魏元煜则由原来的署两江总督回任漕督;而江苏布政使贺长龄、浙江巡抚程含章等人,原本就支持海运。

陶澍接到调令后,即由水路赴任,并于六月十五日行抵江苏境内。④ 在行进途中接到筹议海运的上谕,即回奏《筹议海运折子》。他认为英和所议"诚识时之要着",但他又称,现在正值秋季,盛行西北风,海运不便,止可预为布置。至于折漕,他坚决反对,指出只能偶一行之,如果遍地推行,势必谷贱伤农,有粜无售,需银而银不可得,民间骚动。⑤ 另外,他与琦善意见相同,均认为应着手商议海运章程。⑥ 根据朝廷命令,两江总督琦善到任后,即派贺长龄前

---

① 《嘉庆道光两朝上谕档》,道光五年六月十六日。
② 陶澍:《〈海运全案〉序》,《陶澍集(下)》,第41页。
③ 按,各人的处分情况,《清史稿·宣宗本纪一》有如下记述:"道光五年六月,丁卯,降魏元煜三品顶戴,仍留漕运总督。孙玉庭、颜检均交琦善督令挑浚运河,工费令玉庭、检、元煜分偿。"
④ 陶澍:《恭报接受江苏抚篆折子》,《陶文毅公全集·奏疏》卷四《赴任》。
⑤ 《宫中档朱批奏折·财政类·漕运》,道光五年六月十五日,江苏巡抚陶澍折。
⑥ 《道光起居注》道光五年六月二十九日。

往上海查勘。琦善又从人事方面入手,为海运做准备。他发现上海知县武念祖才识平庸,"于办理海运不甚相宜",将其撤回,而江苏按察使林则徐"细密精详",道员邹锡淳任劳任怨,"以之筹办海运,可期妥协得力"。道光帝朱批曰:"所见不差。"①

陶澍之后,各省督抚纷纷上奏,支持海运,并都反对折色。如湖广总督李鸿宾奏称:"征收折色,弊窦丛生,莫若仍令民间完交本色,由州县卖米易银,转解河工。"②仅安徽巡抚张师诚认为折色尚可,但也只是"以本折各半征收"。经过权衡众议,道光帝最后决定:漕粮征收本色由来已久,"改收折色易滋弊端,所有江苏、安徽、浙江、湖广折漕一节,已降旨无庸议,并将该督抚等变价归工及本折兼收之议,概予驳斥"③。考虑到折漕所得收入皆须押解朝廷,本省毫无所得,而谷贱伤农等弊端又易滋生动荡,地方督抚的反对就非常容易理解了。这和以后各省均愿折色、朝廷却极力阻止的情形,形成鲜明对照。

六月二十日,陶澍抵清江浦,视察河漕,时值六月暑天,数万运夫挥汗如雨,盘坝运米,"车声辘辘人如蚁,运米漕河无勺水。万竿楚舳与吴樯,涸向湖潯僵不起"④。这更坚定了他推行海运的决心。七月初十日,陶澍奉命覆勘黄茆工程,遂到上海。⑤他召集船

---

① 《宫中档朱批奏折·财政类·漕运》,道光五年六月二十二日,两江总督琦善折。
② 《清史列传》卷三六《李鸿宾传》。
③ 《嘉庆道光两朝上谕档》,道光五年八月初九日。
④ 陶澍:《乙酉六月二十日抵清江浦天气甚热运夫数万人搬米过坝由河口接运赴通州》,《陶澍集(下)》,第418页。
⑤ 陶澍:《七月初十日奉命覆勘黄茆工程遂赴上海招集海运商船从吴淞江返棹作》,《陶澍集(下)》,第467页。

商,"与约期冬归,受兑新漕"①,发布著名的《筹办海运晓谕沙船告示》。在告示中,陶澍谆谆开导,详细列举海运对船主的好处:洋面沙浅,沙船最为熟悉,冬季商货已卸,本系闲月,"受雇不致等候";载米给价,不经吏役之手,虽装官米,仍与民雇无异,"不致赔累";满载后任听放洋,不加催促,沙船往来自由,"不致掣肘";春初东风盛行,数日即抵天津,"不患风涛";专官收兑,即到即兑,船户管运不管交,"不患收米勒掯";上海收米准稍带客货,卸货后准至奉天揽装豆饼,官给运价之外"更有余利";赶紧往返,可装两运,如能妥速,赏给顶戴职衔,水手亦可领赏,"一举而名利两得"。他劝告商人,目前有受载商货北上的,务须早去早归;有愿在口岸等候受雇者,各随其便,"断不稍滋牵累"。他还郑重承诺,吏役如有阻难吓诈等事,"定当照阻挠军国重计例,处死治罪,决不宽饶"②。

八月,贺长龄复至上海,协助陶澍开展细致工作,议定水脚雇值及剥兑章程。③道光帝很快得到消息,上海已经雇有沙船1000余只,三不像船数十只,计春夏两次可以运米150余万石。④上海海运总局以上海川沙同知李景峄、苏州府督粮同知俞德渊为主管,亦正式设立和启动,⑤随船江南办运委员则为淮扬道邹锡淳、河库

---

① 陶澍:《〈海运全案〉序》,《陶澍集(下)·序》,第41页。
② 陶澍:《筹办海运晓谕沙船告示》,《陶澍集(下)》,第278—289页。
③ 陶澍:《〈海运全案〉序》,《陶澍集(下)》,第41页。
④ 《道光起居注》,道光五年九月初八。
⑤ 魏源:《道光丙戌海运记》,《清经世文编》卷四八《户政二十三·漕运下》。又据陶澍《祭俞陶泉都转文》(《陶澍集(下)》,第266页)可知,俞德渊经贺长龄和林则徐的极力推荐,被陶澍重用,"余议由海运,首拔君同知,督粮司海运局务。未几,奉讳归,及竣事,仍以君名达,得旨加知府衔,尽先升用"。

道李湘臣。江苏还奏准,海运分段稽查:苏松镇总兵、狼山镇总兵,负责自吴淞至鹰游门一段,登莱镇总兵负责自鹰游门至庙岛一段,天津镇总兵负责自庙岛至直沽口一段。

九月,两江总督琦善、漕运总督穆彰阿、江苏巡抚陶澍联名上奏《筹议苏常等处漕粮请由海运并酌定兑收章程》,兑收章程共六条:

一、沙船运送漕粮,难免折耗,应酌给耗米。

二、漕粮如无故短少微变,应令沙船赔补。

三、验米交米,应专派大员经理。

四、海运漕粮,宜饬沿海水师会哨巡防。

五、海运船商,宜分别奖叙,以示鼓励。

六、苏松等四府一州军船,宜酌加调剂。①

前五条规定均直接针对海运,第六条则系为安顿河运水手。初八日,道光帝对此作出批示:"著照所议办理。"此外又有御史熊遇泰条陈海运事宜六款,除所议条款和与上面重复的,另有海船押运到津,经纪人等难免需索刁难,"请派亲信大臣赴津验收监兑"。道光帝指出,其意见"尚为除弊起见",答应届时会指派大员前往。②

十二月初五日,琦善等人再次联名上奏,声称此次海运所需商船已经全部雇好,并重新增补海运章程五款:

一、验米应责成粮道会同苏松太道监兑。

---

① 《宫中档朱批奏折·财政类·漕运》,道光五年九月初二日,两江总督琦善等折。
② 《道光起居注》,道光五年九月初八日。

二、津交米应分别委员前往。

三、交米委员应以天津为竣事,无须再至通仓。

四、协贴天津通仓银两,由苏省筹款解交。

五、押运宜遴委武职大员。

奏章还提到,押运武官已经选好,川沙营参将关天培,堪以委押头批船只;京口协副将汤攀龙,堪以委押次运船只。[①] 因为已经责令沿途水师分段巡护,他们二人只须酌举随从数人,"以节糜费"[②]。出于对经纪勒索的担心,他们在附片中又强烈要求,江苏海运漕粮一经钦差验明,即算完结,万无再到通仓交兑之理。[③]

海运议行如火如荼,仍有人上疏反对。都察院左都御史松筠宣称:"上海沙船恐难两次兑运,御黄坝仍应照常开放。"道光帝反驳:商船经年往返,与内河如出一辙,沙船两次海运抵津,确有把握,且试行海运,并非此后长由海运而弃河运,所奏"著无庸议"[④]。正是道光帝的坚持,反对意见才没有重占上风。

十二月十九日,仓场侍郎百春奏准大通桥查米章程,明确规定了如何核查米质及维护船主利益:上海验兑,每船须提样米,装储木桶带津候验;商船可带货二成,关东装豆回南则照例输税。[⑤] 六

---

① 据关天培回忆,琦善、陶澍等人最初对于督运大员"颇难其选",他不避毛遂之嫌,"力请身任",遂兑运开行,一路平安。由此也可见推行海运的难度,见关天培:《筹海初集·序》。

② 陶澍:《会同江督漕督筹议海运陆续应办事宜折子》,《陶文毅公全集·奏疏》卷八《海运》。

③ 陶澍:《会同总督具奏江省交米委员不能到通缘由附片》,《陶文毅公全集·奏疏》卷八《海运》。

④ 《道光起居注》,道光五年十一月二十八日。

⑤ 王云五主持:《道咸同光四朝奏议》卷一,第192—193页。

年正月初八日，那彦成奏称，天津设立总局已经办妥。至于转漕所需剥船常例为2500条，经仔细查验，本年可用者2200余只，其余100余只亦在修理中，"似应足用"①。至此，海运章程的讨论大体结束。随着海运的推进，又有过一些补充性的措施和条例。

在琦善、陶澍、穆璋阿等人的共同努力下，本年漕粮海运进行得有条不紊，随后展开的善后工作，也能照顾到方方面面。道光六年二月初一日，清朝历史上的首次海运正式起动。十天之内，已受兑米80万石，每天受兑商船超过90只。② 考虑到当时的技术条件，这个速度是相当惊人的。沙船受兑后，陆续开出十一溦，候风信开行。接到奏报后的道光帝两次降谕，要求奉天等地一旦商船到达，即令置货开行，不得勒掯，并加紧催令南归，以免贻误二运。同时他指派穆彰阿前赴天津，全力准备接收事宜。③ 上海的受兑则仍在紧张进行中，上海海运局委员李景峰向陶澍禀报，截至三月十五日止，共兑耗米1234900百余石。崇明知县王青莲、县丞毕以绂则称，二月二十日等日，有船240余号自十溦开放外洋；二十四日，又放洋30余船。从二十九日至三月初十日，则开出船300余只，约计放洋船只，"现在已有1000余号"④。

受兑后的海船行驶神速，天津镇总兵克什德和直隶总督那彦成奏报：二月二十八日，苏州长洲县第十三号郁同发沙船，已经驶抵天津所辖洋面，水师营参将李心德当即将其迎护至拦江沙外寄

---

① 《宫中档朱批奏折·财政类·漕运》，道光六年正月初八日，直隶总督那彦成折。
② 《宫中档朱批奏折·财政类·漕运》，道光六年二月初十日，两江总督琦善折。
③ 《道光起居注》，道光六年二月初十日、十一日。
④ 《宫中档朱批奏折·财政类·漕运》，道光六年三月二十日，江苏巡抚陶澍折。

泊,于第二天清晨乘潮引进天津海口。① 那彦成预料此后各船可接踵而来,于是命令各员做好接收准备。② 郁同发沙船的入港,揭开了海运到津的序幕。此后,有关海船到津的奏报络绎不绝。

第一批海船于四月二十六日离开天津,大部分前往奉天购豆贸易。其中大多数于五月二十二日左右返抵上海。直接返沪的沙船,时间自然更早。因为采取先来后到、随到随兑的方式,第二批海运的起始时间不再统一安排。总计第一批海运,共用沙船308只,全部于六月五日前放洋。天津镇总兵克什德则向那彦成禀报,四月底即收泊有二运船主周隆顺、孙永盛。他向船上之人询问情况,水手们称,他们同时在上海装兑二运的有十余只,而北上沿途所遇到的回南空船,也有二三百只之多。③

六月初五日,陶澍向道光帝报喜:所有漕粮全部装载完毕,上海的工作于当日全部结束。此日,他亲赴海口,督饬放行,并按计划派京口副汤攀龙"押尾"。道光帝予以嘉示,称其"可嘉之至"④。到六月初九日,山东巡抚武隆阿奏报,经过山东洋面的船只已有1277只,海运运行顺利,成功已成定局。因遇事故而姗姗来迟的最后一位商船主黄遇泰,于八月二十六日将船开到天津,挽抵上园水次,经过检查米色干洁,天津局当即挑选坚固官船4只,督同坐

---

① 据参预此次海运的施彦士记载:"天津口外绝无名山海岛可识,趋向南北,复有阴沙拦门,粮艘来自登莱大洋,但见烟波无际,每惧不得其门,或搁沙播浪,实属危险。"他建议仿效明朝之制,挑筑土山,"以为海运船收口标准",高四十余丈,"口外须添大号样船两只,分列南北以作出入门户,庶保万全",见《海运刍言》之《天津海口分图》。
② 《宫中档朱批奏折·财政类·漕运》,道光六年三月初四日,直隶总督那彦成折。
③ 《宫中档朱批奏折·财政类·漕运》,道光八年五月十五日,直隶总督那彦成折。
④ 陶澍:《恭报海运全竣折子》,《陶文毅公全集·奏疏》卷八《海运》。

粮厅派拨经纪、斛手,于八月二十七日开兑,并于当天兑竣。① 九月三十日,海运漕米全部由天津转入通州,第一次漕粮海运结束。

道光六年的漕粮海运,从最初议行到最终试行,经历了艰难的发展过程,是清廷统治者迫于形势而进行的制度调整,在一定程度上顺应了历史潮流,具有丰富的社会内涵和研究价值。而其中的雇用商船海运,在内涵与外延上,均与元明时期的海运有根本的不同,完全是一种创举。可以说,道光六年的漕粮海运,是清代漕运制度中具有重大意义的改革。魏源在此次海运结束后,为它归纳了特点:其优于元代海运者有三因:"曰因海用海、因商用商、因舟用舟";其优于河运者有四利:"利国、利民、利官、利商"②;最后达到了"国便、民便、商便、官便、河便、漕便"③的众善目的。陶澍也称:海运一行,百余年弊端如沉疴去体,"岂非东南一大快幸事哉"!④ 此次海运由道光帝先期引发,英和倡导,并得到琦善、陶澍等人的补充和完善,具体海运之事由陶澍负责,收兑之事由穆璋阿、那彦成主持。应该说,此次海运的成功,在很大程度上得益于人事的安排。在朝廷,既有道光帝的支持,又有英和、穆彰阿、熊遇泰等臣僚的协助策划;在地方,则上有琦善、陶澍、那彦成等封疆大吏的通盘考虑,下有关天培、李景峄、俞德渊等官吏的共同努力。他们通力合作,尽职尽责,使得整个海运进行得井井有条。

海运漕粮,是漕运体制的一大变革,不仅可以节省帮费,增加

---

① 《宫中档朱批奏折·财政类·漕运》,道光六年八月二十九日,仓场侍郎阿扬阿折。
② 魏源:《道光丙戌海运记》,《魏源集》,第416页。
③ 魏源:《海运全案序(代贺方伯)》,《魏源集》,第410页。
④ 陶澍:《会同江督筹议新漕海运折子》,《陶文毅公全集·奏疏》卷八《海运》。

漕粮征运额,还可以节省为维持运道而支出的巨额治河开销和运丁的行粮月粮费用,预防了长途的盗卖与搀和,这对充实京师仓储是有利的。既然河运漕粮有诸多弊端,海运漕粮有许多优点,道光六年的初次海运漕粮又相当成功,为什么道光帝却突然改变主意,不再继续实行海运了呢?

最深层的原因,乃是当时清廷还无法从战略高度思考海运事业,仅视海运为权宜之计。联系到当时社会风气的变化、生态环境的恶化、吏治的败坏,以及英和、陶澍等人的精明实干,历史已经向他们提出了这种要求。但是,这种可能性在当时并不能转化为可行性。由河运转为海运,从熟悉而受限制的内陆转而面向浩瀚陌生但生机勃勃的海洋,是一种痛苦的抉择。这种转变触一发而动全身,会彻底改变传统社会的版图意识、主权意识、海洋意识、海疆意识,并对农耕经济造成巨大冲击。无疑,这需要巨大的政治勇气和战略远见。但当时的实际情况却是,"海运乃权宜之计"的思想严重束缚着海运的进一步推广。反对海运者自不必说,即如当时的海运支持者,上至道光帝,下到一般督抚,都普遍弥漫着这种思想,导致他们对海运并非一贯积极坚决。他们无法跳出固守成规的老套路,极大地消减了海运持续进行的可能性。从这个意义上说,他们错过了历史赋予他们的机遇。

在这种背景下,通过具体分析,又可以找出如下线索。其一,道光帝本人的妥协性和安于现状,是此次海运没能继续下去的最重要原因。道光帝乃一典型的守成之主,他心目中的理想是恢复康乾盛世,恪守祖宗法典。乾嘉以来,国家承平日久,各种矛盾激化,吏治败坏,清朝迅速走向衰落。道光帝为改变被动局面,亦曾致力于改革,并取得一定成效,但他往往满足于已取得的成就,先紧后松,浅尝辄止,其妥协性和不彻底性致使改革成果最终化为乌有,如禁止浮奢、革除漕弊、缓解河工等。漕粮改河运为海运,是清朝近200年不曾有过的变革,支持者有之,反对者有之,作为最高决策者的道光帝,只有坚决果敢,排除阻力,才能取得成功,否则瞻前顾后,投鼠忌器,注定要失败。海运夭折正是道光帝屈从"祖宗成法"的结果。当然,道光八年海运不继,与蒋攸铦的首鼠两端也有直接关系。蒋攸铦最初力主盘坝,受指责后又改称粮船归次,"请仍照常河运"。道光帝认为,蒋攸铦久任封疆,"自应确有把握,何竟茫无定见,一至于此"?① 早在嘉庆年间,他即曾与两江总督勒保一道上疏海运"必不可行者十二事",极力阻止海运。通过道光六年的海运,使他直观地了解海运的优点,转而积极拥护,多次上疏请行,结果导致道光帝怀疑他有惧兴工程自图方便之意。② 两相权衡,他主动提出停办。事实上,直到七年十一月初二日和初三日,道光帝在给讷尔经额及那彦成的谕旨中,还讲到苏松常镇太明年漕粮仍"系由海运",但次日收到蒋攸铦的奏章后,却立即下令停止。由此可见,蒋攸铦在这个转变过程中的负面作用。

其二,漕粮海运,不由内地,不经层层私饱,必然会触动一些既得利益者。如果相关体制不进行大的调整,这些人就绝不可能支持海运。魏源曾指出:"海运之事,其所利者有三:国计也,

---

① 《道光起居注》,道光七年十一月初四日。
② 《清史列传》卷三四《蒋攸铦传》。

民生也,海商也。所不利之人有三:海关税侩也,天津仓胥也,屯弁运丁也。"①这些人与整个官僚体系都有着千丝万缕的联系,并在很大程度上削弱了海运的舆论影响,扭曲了清廷的决策。所谓"非海难人而人难海,非漕难人而人难漕"②,他们反对海运的口实,无非是海洋风大浪恶、海寇劫掠、水手聚众难散、津通收兑必难、海商经久难靠等,但一直颇有市场。即使是二十余年后,仍有人主张:河运之费在内地,海运之费散诸外洋,"以所得内地之赢余,交易外洋之异物,将必致民膏暗耗,银价日增,于国计民生所关非细"③,将传统官僚对经济运行的荒唐思维模式,表现得淋漓尽致。相比之下,力主海运的下层士人如包世臣、魏源等却人微言轻,影响有限。

对十数万河运水手的安置,也是清廷不得不考虑到的现实社会问题。河运虽然弊端极多,但却极易安置人员。运丁有卫所屯田,尚不难安抚,要命的是数万名水手。嘉道以后,他们大多加入青帮,成为统治者十分担心的社会问题。他们以船为家,以运漕为生计,一旦废除河运,生计断绝,势必群情激愤,一触即发。事实上,道光五年水手船帮就发生了大规模骚动。二月初三日,嘉白帮潘安水手强占本应归该帮老安水手管驾的新船,二者发生殴斗。杭三帮、处前帮中的潘安水手闻讯,前往助嘉白帮中的潘安水手与老安水手相斗,"有戳死船内者,有砍戳落河淹死者,有在民船搜出

---

① 魏源:《复魏制府询海运书》,《魏源集》,第418页。
② 《江苏海运全案》松江府知府陈銮跋。
③ 《宫中档朱批奏折·财政类·漕运》,道光二十七年十一月二十日,漕运总督杨殿邦折。

杀死者,有追赶落河及投水溺毙者,并有在船自缢身亡及当时逃走者"。械斗持续到初七日始散,先后捞获59具。① 由此可见,为稳定社会秩序,重开河运,安顿运丁,不失为有利之举。

其三,道光六年的漕粮海运仅限于江苏一省,海运实为海河并运,其他地方如江西、浙江等省,办漕只有改折,但改折易滋弊端。在此两难之下,道光帝惟有治河济运。而此年河工持续好转,顶住了数次大洪水的袭击,为恢复旧制提供了条件,并向继续进行海运提出挑战。② 同时,海运自身也存在着一些急待解决的难题。陶澍曾奏言,海运创始甚难,人情观望,商船退避,其难一;章程新定,委员互不统属,其难二;各州县米赴上海,同时雇剥,船只难敷,其难三;各州县距黄浦水次远近不同,既恐停船待米,又恐米到船稀,其难四;海运用费并无旧章,其难五;商船赴津,万一停阻,有妨二运,其难六。③ 如何控制沙船水手,也是清廷考虑的难题。海运沿线一带岛屿,孤悬海外,难以巡防,而浙江疍船、三不像船水手,"率皆强悍不驯,不受弁兵约束,每致登岸滋事,居民深受其累"④。这些问题虽有大有小,但都需要清廷花费巨大精力和心血解决。

(二) 道光末年海运

道光朝的第二次漕粮海运,是在道光二十八年(1848年)进行

---

① 《宫中档朱批奏折·财政类·漕运》,道光五年九月二十一日,浙江巡抚程含章折。
② 《道光起居注》,道光七年九月十一日。
③ 《清史列传》卷三七《陶澍传》。
④ 王云五主持:《道咸同光四朝奏议》卷一,第187页。

的。和道光六年的漕粮海运相比,此时的国内国际环境已经发生了深刻的变化,这些变化不能不对漕粮海运造成巨大冲击,并使它具备了鲜明的时代特色。另一方面,浙江的反对海运、江苏海运所遭受的阻力、清廷对财政结余的严格控制等,都显现了制度本身的强大惰性。清代的漕粮海运正是在这两种力量的交互作用下,缓慢变化。

第一次鸦片战争的爆发,撕碎了清廷"天朝上国"的面具,漕运是最早感受这种冲击的体制之一。战争期间,道光帝多次降旨,强调长江对漕运的重要性,认为瓜洲系南方五省漕粮总汇,扼要之地,命两江总督牛鉴小心防护,"俾各省漕船照常稳度,庶京仓无匮乏之虞"。牛鉴回奏,瓜洲以下礁沙众多,虽长江沿岸渔船亦视为畏途,"为逆夷大船不敢轻履之地"①。道光帝朱批:"览奏深慰厪念。"②历史无情地证明,这些全为无稽之谈。中国通马理逊早就向英军统帅献计,漕运以江宁为咽喉,英军只需盘踞江面,阻绝南北,即可要挟清廷,"所求当无不如志";否则即扬言密招汉奸,挖冲高家堰堤,"计更无不得请者"③。耆英等人也借机恐吓道光帝:"传闻英人有战若不胜,即遣汉奸偷挖高堰之信,祸患尤不可问。与其兵连祸结,流毒愈深,不若姑允所请,以保大局。"④由于早有进入长江、切断漕运的战略企图,英军沿长江一线猛攻,占领镇江

---

① 《夷务清本》,两江总督牛鉴奏报防护漕船及江海情形并明年漕运无虞折,道光二十一年十二月初九日(朱批时间),见《鸦片战争档案史料》。
② 《剿捕档》,著两江总督牛鉴小心防护漕船并会商议奏稽查汉奸事上谕,道光二十一年十二月初九日,见《鸦片战争档案史料》。
③ 梁廷枏:《夷氛闻记》,中国史学会编:《鸦片战争》(六),第74页。
④ 《清宣宗实录》卷三七七,道光二十二年七月付癸丑。

后立即派舰队封锁运河口,将当时的近700只沙船阻断,切断了与北方的商业联系。① 尽管此年的河运漕船已先期运抵通州,美国学者 Hinton 还是认为:正是因为英国军队"通过占领运河和长江交汇处的南京,切断了运河,从而为鸦片战争迅速有结果作出了重大贡献"②。

战争结束后,清廷中的一些官员也开始分析英军的战略思想,认为其策有三:一是窥伺长江,梗阻漕船咽喉;二是偷袭天津,虚于肘腋;三是窥探山海关,滋扰根本,"三策两实一虚"③。不平等条约的签订,以及这种"夷人"战略态势的存在,使得包世臣也对海运发生动摇:洋人驻扎上海,控制咽喉,"虽仆亦不敢主持"④。受第一次鸦片战争的刺激,御史苏廷魁甚至奏请罢东南之漕,改征折色,采买西北杂粮,转运京仓支放。只是军机大臣穆彰阿等人坚决反对,认为采买之粮不能久贮,陆运之费更甚,至于八旗甲米不下240余万石,若全部改发折色,听其买食,市价必然腾贵,生计维艰,民食亦窘,且王公官员禄俸以杂粮充放,"亦与群情未洽"⑤,此事才未得推行。

重新议定漕粮海运,最直接的原因是河漕已无法令各方满意。

---

① 对此,英国早已有精细打算。有人分析,其侵入长江,"其意即在扼中国交通之冲要,藉以要挟",且镇江未陷以前,英军即以船封锁运河北口之瓜洲,"可知其断绝漕运之毒计,早决于未至镇江以前也",见姚薇元:《鸦片战争史实考》,第144页。
② Harold C. Hinton:*The Grain Tribute System of China (1845—1911)*, p. 4.
③ 《夷务清本》,前任漕运总督周天爵奏为英人和不可恃宜思患预防并密陈兵事折,道光三十年七月十八日(朱批时间),见《鸦片战争档案史料》。
④ 包世臣:《答桂苏州第六书》,《安吴四种·中衢一勺》附录四下。
⑤ 《清宣宗实录》卷三七九,道光二十二年八月壬辰。

二十五年(1845年),道光帝降谕,上年黄河毋须倒塘灌放,犹未能十分迅速;本年又因中河漫口,运河浅阻,抵通更形迟滞。① 相反,历年招商买米,由海运津,都相当踊跃。② 比如二十七年,清廷就曾一次收购江浙商运米粮41万余石,足资借鉴。③ 二十六年,道光帝谕曰:近年漕粮运京多有短少,本年竟亏至100万石,苏松、江安两粮道起运尤属不敷,他要求各省将前三届征漕数额同时入奏,以兹比较。④ 他指出:近年江苏漕粮缓缺日多,本年恳请蠲缓竟至50余州县,"似此有减无增,年复一年,伊于胡底"? 六年海运办有成案,如果能依照前章,每岁酌分数成改由海运,以二十八年为始,似可节省漕费,州县亦不至藉端捏报灾荒。⑤ 从这两条材料来看,重新提议海运的,似乎仍然是道光帝的"宸翰独断",而且他还表露了要将海运继续下去的信息。

道光帝指定要在一年后试行海运,所以整个海运的筹备工作进行得并不是特别着急。二十七年九月八日,两江总督李星沅、江苏巡抚陆建瀛联衔合奏,表示同意有限度地进行漕粮海运。他们奏称,江北及常镇等府,本年粮食丰收,河运不致短缺,自应仍由河

---

① 《道光起居注》,道光二十五年九月二十一日。
② 《道光起居注》,道光二十六年四月初二日。
③ 《户部谨奏为查验海运漕粮照案钦派大臣》,《海运续案》卷一《谕旨、章奏》。另,据《陆文节公遗集·附录》之《陆建瀛传》(王闿运撰)及《陆建瀛列传》(国史馆稿)可知,道光二十七年、二十八年等年,时任江苏巡抚的陆建瀛多次议定捐米津运章程,并取得了很大成效,"建瀛为巡抚,则请募商船转粟200万,杭海至天津,海运效自此始"。
④ 《道光起居注》,道光二十六年十一月二十五日。
⑤ 李星沅、陆建瀛:《督抚奏遵旨筹议河海并运》,《重订江苏海运全案原编》卷一《奏章文移》。事实上,此段上谕最后还有一句话,被184省略:"该督等既为大清之官,不顾大清之事,试问何人耶!"见《清宣宗实录》卷四三六道光二十六年十一月丙午。

运。只有苏松太二府一州可以试行海运,节省津贴亦可筹补米十余万石。但海运人所共疑,或以风涛为虑,或以盗贼为虞,或以水手安顿为难,或以天津交兑为不易,是否必然推行海运,仍需道光帝"独断"①。不难看出,和当初陶澍等人的态度相比,他们有了更多的顾虑。

身为漕运总督的杨殿邦,成为此次反对漕粮海运的总代表。他指出,河运对运河沿岸居民极为有利,"赖以生活者不下亿万",如果海运全无弊端,则六年海运断无停止之理,"是海运之诸多窒碍,未能确有把握,已可概见"。六年时虽漕帮未归,仍留在黄河以北接运江广新漕,水手养赡有资。此时改行海运,无粮可运,必至生计艰难,难免变为流匪。他特别强调,沙船水手常年漂荡于海滨,罔知国法。他曾在天津亲眼看到他们"率皆桀骜不驯,访知内地舆情,咸谓市井驵侩乐与周旋,贩负良民畏其强悍"。天津为畿辅重地,如果沙船水手蚁集,流弊不可胜言。他还意犹未尽,另片奏称,现在洋面情形不及从前安静,间有盗劫之案发生,在内海尚恐疏虞,在外洋断无把握。万一事出意外,"猝遇海氛,其时消弭不办,则有损国威;挞伐用张,则动縻军饷"②,比较隐晦地暗示,外国势力可能会破坏海运。

---

① 李星沅、陆建瀛:《督抚奏遵旨筹议河海并运》,《重订江苏海运全案原编》卷一《奏章文移》。需要指出的是,此奏折虽为李星沅与陆建瀛两人联衔所奏,但他们对海运的态度各不相同。据《李星沅日记》可知,李星沅较为积极,陆元鼎则相对消极。另,此奏章的最后一句为"漕臣杨殿邦尚未旋淮,不及会衔",其实,杨殿邦正是反对漕粮海运最为有力之人。

② 《宫中档朱批奏折·财政类·漕运》,道光二十七年十一月二十日,漕运总督杨殿邦折。

大学士穆彰阿等人对杨殿邦的意见进行反驳：海运行则帮费不禁自绝，且商船均系江南土著富民，招雇均经保结，岁赴北方贸易亦例所不禁，本非因运粮始赴天津。① 考虑到此次海运数量与六年大致相等，应饬江苏照旧章于二月内全数兑清放洋，俾得于河漕未到之前，剥运完结。因为对六年海运时河运水手的激烈反应记忆犹新，他们还表示，推行海运的地区，额设漕船未便连年全行减歇，以后仍以"河运为主"②。最终，这一派的意见占了上风。

六年漕粮海运过程中所制订的条例与规章，到现在已经变成有章可循的"成案"。此次海运的规则，大部分是原版翻印，并无新意。当然，国内外局势的深刻变化，在章程中还是有所反映。比如，针对新情况而出现新增的五条章程，则有以下五条：

天津通仓两处经费应于节省漕项款内动支；

佘山洋面应奏派崇明镇暂行驻扎实力防护；

沙船运米出洋应准携带器械以资保卫；

苏松太二府一州军船应酌量调剂；

各帮水手应酌给盘费分别押令回籍以免滋事。③

在这五条中，第一条系江苏漕运节余的分配，也是地方试图分沾财政结余的努力，尽管手法非常隐晦。第二、三条是对海运防卫问题的考虑，表明他们对水师护漕缺乏基本的信心。允许沙船水

---

① 穆彰阿等：《大学士等奏议河海并运事宜应如奏暂行缓议》，《重订江苏海运全案原编》卷一《奏章文移》。

② 穆彰阿等：《大学士等奏议苏松太三属漕白粮米改由海运并片奏漕船如何轮流减歇》，《重订江苏海运全案原编》卷　《奏章文移》。

③ 李僡等：《司道会详海运章程》，《重订江苏海运全案原编》卷一《奏章文移》。

手自带装备，则说明清廷已经丧失了保持正常商业活动的基本能力。第四、五条是对河运水手的安置，很明显，这是出于对道光六年漕粮海运问题的总结而得出的教训，不过历史证明，他们的努力并未获得应有的回报。

对漕粮海运章程的补充，李星沅、陆建瀛进行了两次。在第一次续议章程中，他们给出了此次海运的具体米石数：额征漕粮共计米1145546石零，内含交仓正耗米1023532石，给丁余耗米122113石，扣除上年秋歉缓征米306358石，实出运米839187石。除掉给丁余耗外，实应交仓749747石，计短缺米273785石。补以节省丁耗，尚不敷米113615石，查有节省向例给丁漕赠等银15万余两，将其用于采买补足。沙耗则共计87140余石。① 在第二次续议章程中，他们提到，天津验兑的木斛15只不够应用，需另造85只。同时，上年海运商米，直隶在验收时系用市斛，每石较漕斛多出3升4合，此次仍用漕斛。② 这些续议章程，都反映出清代财政体制的细屑处。③

安置水手则出现了骚动。福建监察御史曹懋坚提到，苏松太停帮水手在给遣资后，仍无家可归，并听说该省明知无善策处之，

---

① 《军机处录副奏折·道光朝·财政类·漕运》，道光二十七年十一月二十六日，两江总督李星沅等折。

② 《军机处录副奏折·道光朝·财政类·漕运》，道光二十八年正月初六日，两江总督李星沅等折。

③ 再试举一例，《李鸿章全集·电稿》卷十一《寄伯兄漕督》（光绪十五年正月初十日午刻），有这样一段话："户部来电所称本年漕米，未知系今年冬收之漕米，抑系起运去冬之漕米？现与司道商办，据称今冬之米定可照办，若今春之运，各州县米已抵沪，改办河运，恐稽时日，碍难办理。"可见李鸿章也很为这些琐屑的细节头疼。名称上的不统一，引发了工作中无穷无尽的混乱。

仍劝绅士团练乡勇,制备器械,"虽为防患起见,转恐激成事端"①。户部的回复极为明确:"无凭查核"②。另外,在此次海运中,水手问题尽管得到了各方面的强调与重视,结果仍不理想。杨殿邦奏报,即使是到了二十八年正月二十二日,海运验兑在即,也只有常熟、昭文、娄县三县完成了遣散,吴江一带仍有水手聚集,"在船则为水手,资遣则为游民,若仍责令帮弁管束,势必不能"③。正是因为这一问题没有得到妥善处理,才导致了中国近代史上影响较大的"青浦教案"爆发。④

道光二十八年(1948年)二月初四日,英国伦敦布道会教士麦都思(Walter Henry Medhurst)、慕维廉(William Muirhead)和医生雒魏林(William Lockhart)三人,拂晓以前从上海出发,租船到青浦,将船停泊在离青浦县城约五里的地方,然后进入县城,在城隍庙前场地上(今青浦县城曲水园西庙前街一带)散发"善书"。恰巧有几名看守停运漕船的山东籍水手,向他们讨取"善书",结果遭到拒绝。双方发生冲突,雒魏林在街心上挥舞手杖,掊击水手头部,把最前排一人的脸给撑伤了。其他的水手叫喊着,投了更多的石子,他们还忿忿回船邀人前来报复。懂得中国话的麦都思和雒魏林见势不妙,立即带着慕维廉逃出县城,在东门外不到半里路处,被

---

① 《嘉庆道光两朝上谕档》道光二十七年十二月初十日。
② 《军机处录副奏折·道光朝·财政类·漕运》,道光二十七年十二月二十二日,户部折。
③ 《宫中档朱批奏折·财政类·漕运》,道光二十八年正月二十二日,漕运总督杨殿邦折。
④ 当然,此事件与传教并无直接关系,称为"教案",实在有些勉强,但因已经广泛为人接受,姑妄因之。

追来的40余名漕船水手打伤。青浦县令金镕闻讯,立即派差役制止,从愤怒的水手中救出传教士。他一面派人将其送回上海,一面下令捉拿"凶犯",并很快抓到两名闹事的水手,进行处理。①

本来事件到此已经完结,不料三位传教士回到上海后,引起英国领事阿礼国(Rutherford Alcock)的注意。因为正值此年漕粮在上海受兑出洋,他决定利用机会,主动展开对江南大吏的外交交涉,谋求英国在华的更大利益。② 阿礼国的主要手段是命令英船

---

① 据Ernest O. Hauser描述:"几千个暴众将他们包围起来,用竹片、钝刀和铁链殴打他们,并把他们的眼镜和身畔的财物一起抢去",见《近百年来上海政治经济史》第24页。三位传教士则云:他们至青浦散书,水手围观,进以石子掷击,更有人掌击雒魏林。传教士反问为何打人,则曰有同伴在上海被洋人杀死,特来报复。三人向东门的船只奔去,但被水手追上,雒魏林头破被击倒,有人用大铁链重击其肩背。麦都思与慕维廉同时受伤。水手们还抢走三人的帽子、佩表、眼镜及衣物。水手原要押解三人至运粮船上,后又决定到城内的神庙前将三人处死,但在回城时遇到县衙数人,即各自溜走。三人同至县衙,县令道歉,并允找回失物,且派二文二武护送回上海,见 Chinese Repository, Vol. 17, March 1848: pp. 151—155, Statement of Dr. Medhurst; pp. 155—156, Additional Statement by Dr. Lockhart; pp. 156—157, Further Details by Mr. Murihead. 在此问题上,台湾学者与大陆观点分歧甚大,王尔敏言:"就教士而言,麦都思、雒魏林、慕维廉三人,均可称是一代贤哲,不惟信心笃诚虔敬,而对中国人民关心友爱,出于至诚,对中国事物尊重并且喜好。刚来上海不久,已经常向市郊散发宗教书册,虽受此次殴辱,未尝稍改初志",见《五口通商初期上海地区暴乱事件所反映秘密会社之生机及适存环境》,中华文化复兴运动推行委员会主编:《中国近代史论集》。

② 阿礼国起事原因,在清朝官员中有几种不同的说法,其一说由于以前对英国商人在上海关的偷税漏税管得不严,"是以该夷等均深感激,即礼节不周亦不介意。去岁夷货漏税竟照定约罚赔,该夷只唯利是图,不无饮恨。此次青浦粮船水手与该夷争殴,虽经查办,而该夷总不舒服。揆度其情,挟前罚税之嫌,迁怒于斗殴之事。现在赴宁呈控,大约借题发挥。"又云二月初五日,咸龄飞饬青浦县令追捕水手,阿礼国并无别话,初七日咸龄写信前去慰问,阿礼国"以为不上紧拿人,反写信宽慰,因而生怒"。还有一说则是"因夷人习气虚矫性成,从前被打之事常有,皆隐忍不言,今既写信,则各国皆知,不能装饰体面,是以一发难制"。见福禄堪:《青浦事件信稿》(《近代史资料》,1957年第2期)。

停止交纳关税、用军舰阻止漕船离港和派军舰到南京去要挟李星沅。他自鸣得意地说:"我采取的三种手段里,一个比一个更厉害,但他们是互相关联的。如果停付关税长久之后,中国就会受不了,这样就可使他们不至于将事拖延。1000只粮船不准出口,这当然会立刻引起地方官员的注意,但是他们还是会敷衍,而且他们想以假的罪犯来冒充真的罪犯。当然封港这件事情如果不被中国上级官员晓得,他们还是无所谓,到了我派副领事去南京后,他们晓得已无法阻止,这才害怕起来。"①为扩大影响,阿礼国还派人在吴淞一带遍贴告示,"声言夷人被粮船水手殴打尚未严办,海运米船不许开行等语",这不能不在沙船水手中间产生巨大恐慌。②

阿礼国要求苏松太道咸龄给予完全的赔偿、惩凶,咸龄则以"斗殴细故,不足深诘"将其驳回。阿礼国恼羞成怒,当场"语侵观察,适持长枋折叠扇在手,乃以扇拍观察之首而击之",大加侮辱。咸龄异常愤怒,拂衣而入,并对上海县令金咸说:"执民以媚夷,吾不为也。"③因当时并无一艘英国军舰停泊在港,阿礼国一连几天都没有下手。当装有16门炮的"奇尔特"号和装有12门炮的"爱司匹格尔"号开到上海港后,他立即决定利用这两艘双桅军舰来达

---

① *British Parliamentary Papers*, No.54—12, 1848, 3, 31.

② 与此同时,直隶总督则打算更改旧章,即将原定的免税货物二成,"不以米石之多寡核算,而以米石之价值核计",以致"各沙船畏累,纷纷停泊"。当然,江苏认为,直隶之变更无非是为了增加关税,"殊不思此次海运系为京仓储米,非为关津纳税",且"各沙船因运米守候多时,是奉省运货已少一次,若再以准带之货计价纳税,该商未免过苦",所以江苏由粮道出示公告,仍照原办法处置,才使得"该沙船遂即踊跃开行",见福禄堪:《青浦事件信稿》。

③ 夏燮:《中西纪事》,中国史学会编《第二次鸦片战争》第2册,第334页。

到目的。二月九日,他向咸龄发出最后通牒:如果在 48 小时以内,不能把 10 个"祸首"解到上海来审问,他将采取更为严厉的措施。同时,他命令所有英国船停付关税。① 10 日后,被逼得走投无路的咸龄,转请法、美、比三国领事从中斡旋,要求阿礼国延长 10 天,但他们与阿礼国沆瀣一气,拒绝咸龄的要求,只是答应将期限延长 24 小时。②

当延长的 24 小时到期后,阿礼国立即下令"奇尔特"号驶进黄浦江,停泊在下游河中央最有效的位置上,封锁住此次的海运沙船。③ 咸龄命沙船分批绕过英国军舰,阿礼国发现后,再次照会咸龄:"请把主犯带至上海,在英国官吏面前受惩罚,否则粮船不能过去。如果偷渡的话,英国军舰要开火。等到案件圆满解决,我将收回命令。"④当有几只沙船想冲破封锁线时,阿礼国真的命令"奇尔特"号开炮轰击,结果这些急于北上的船队全部被堵在黄浦江内,"一艘小小的英国帆船竟已阻止住这大批漕船的行动,这太奇了"⑤。这次封锁于二月二十四日才结束,长达 14 天之久,阿礼国还把扣留的关税"归还英侨"⑥。

在阿礼国咄咄逼人的进攻之下,李星沅接待了来自阿礼国的

---

① *British Parliamentary Papers*, No.49—16, 1848, 3, 13.
② *British Parliamentary Papers*, No.49—15, 1848, 3, 14.
③ 福禄堪:《青浦事件信稿》,《近代史资料》,1957 年第 2 期。
④ *British Parliamentary Papers*, No.49—28, 1848, 3, 18.
⑤ Ernest O. Hauser 著:《近百年来上海政治经济史》,第 26 页。
⑥ *British Parliamentary Papers*, No.66—1, 1848, 6, 26. 对阿礼国的行为,据上司文翰认为,"依据领事所应具的权力与责任,我对你这种不先请示于上级官厅而擅自行动以应付事迹的作为,实不胜遗憾",但事实上,阿礼国事后仍受到了英国的奖励,见 Ernest O. Hauser 著:《近百年来上海政治经济史》,第 27 页。

"申冤"副使罗伯逊,答应"惩凶赔偿"的要求。他命令地方官分3批从青浦获抓倪万年、王明付、刘玉发等10名漕船水手,枷号黄浦。在提审前,还一律在江海关前站笼1个月。阿礼国担心清朝官员对他们有所怜惜,"以青浦拏解来沪枷示之水手10名,风闻并非正凶,系以钱买来者;始犹未信,因遣人查看,果然枷封破碎,明系昼则枷号,夜则松放",故特意要求派英国官员"眼同封固"。在判罪时,清朝官员认为可判为口角争斗,而阿礼国则要求罪加一等,定性为"抢劫"。结果倪万年、王明付等人被诬首犯,杖100,充军3年,其他人也严加惩办。显然,阿礼国要借此机会,摧残中国百姓的身体和心理,使他们再也不敢对英国有任何不利举动。"青浦教案"发生之后,清朝官员见停运帮中水手仍复不少,为避免事态进一步发展,便紧急筹款,于苏松太三属停运帮中,每船预给官银,令其转散水手,声明于明年河运帮费内扣还,并造具水手花名清册备查。水手既获养赡之资,又知明年河运有望,故皆安静。①

与"青浦教案"相伴随的,还有清代海盗势力的猖獗。此年的漕粮海运沙船,饱受海盗骚扰与勒索,但清朝水师毫无应对之策。天津验兑进行得则中规中矩,并无创新之处。这些都显示出,清朝正处于急剧的衰落中,有限的政策调适能力难以应付新的形势。

经"青浦教案"的耽搁,此次海运能否按时到达已经成为关注的重点。教案结束后,陆建瀛马上向道光帝奏报:"夷情极为输服,

---

① 福禄堪:《青浦事件信稿》,《近代史资料》1957年第2期。

所有在后米船,先因北风阴雨稍有脱帮,现均跟接出口,毫无阻滞。"①话说得极为冠冕堂皇。山东巡抚张沣中则照例多次奏报船只到达山东洋面的情况,现根据《朱批奏折》中的奏报,列表如下：

截止日期	所到船只总数	奏报时间(均为朱批)
三月十五日	3	三月二十二日
三月十六日	16	三月二十二日
三月二十三日	119	四月初三日
四月初五日	130	四月十五日
四月十八日	579	四月二十七日
四月二十三日	589	五月初四日

由上可知,此次海运船只经过山东的时间,要较道光六年的晚半个月左右,这也正好和"青浦教案"耽搁的时间吻合。在奏报船只入境地的同时,张沣中还提到,上海船户张协隆"在洋遭风损桅",而据沙船户马德盛禀报,"佘山多有盗船伺劫"②。

李星沅比较详细地汇报了此年沙船遇盗的情况。川沙、南汇等厅县向多土匪,私造"阔头舢板",实施抢劫。一年前,他曾命沿海州县将所有渔船一律编号,书篷止准一篙一橹,不准在外过夜,无号船只虽无为匪情节,仍然锯示海滨,枷号责惩,并将海盗李得全等80余人分别定罪。但福建鸟船、浙江撑篷船为海盗者仍多,时常聚集到佘山洋面抢劫。这里为商船北上所必经,约可泊船二三十号,盗船向皆寄碇于此。为防护漕运,江苏游击黄登第带兵出

---

① 《军机处录副奏折·道光朝·财政类·漕运》,道光二十八年三月初八日,江苏巡抚陆建瀛折。
② 《宫中档朱批奏折·财政类·漕运》,道光二十八年三月二十三日,山东巡抚张沣中折。

洋,结果于二月二十三日碰到海盗船两只,经激战将其击沉。尽管如此,此年洋面的安全形势仍不乐观,很快即有吕永庆等数船被海盗劫持,经官兵追击,仅获 4 船。另外,浙江方面救出 2 船,通州方面救出 1 船,但未经救出之船则更多。① 在随后进行的江浙两省会哨中,他们又救出商船 32 只,难民 120 余人,其中也有海运商人。② 又因海盗在本年遭受重创,决定乘官船回港修理之机实施报复,结果从浙江南渔山倾巢而出,"追夺船犯不及,适商船 30 余号连踪在洋,致有围劫之事"。当清廷派员前往救护时,盗船即闻风远遁,所劫商船间有乘隙驶回者,"余为盗匪裹胁前至浙洋普陀山一带"③,但江苏水师已经无能为力了。

从表面上看,此次漕粮海运可以勉强称得上是成功的。但"青浦教案"的深刻刺激,使得安于现状的道光皇帝不可能再继续推行下去,而难以驯服的河运水手、横行海上的海盗,也令各级官员一筹莫展。清廷甚至连第二年的预筹也没有进行。十月十六日,李星沅和陆建瀛奏称,漕粮以河运为正途,海运属权宜之计,不能恃为长策。现在河运回空军船陆续南下,所有苏松太三属来年起运漕白粮米应请按常镇等属之例,仍归河运。④ 道光帝表示同意,并令一切事宜循照旧章,"赶紧次第办理"⑤。各种利害关系均被掩盖起来,清朝历史上的第二次漕粮海运就此草草收场。

---

① 李星沅:《胪陈江苏洋面情形折子》,《李文恭公遗集》卷十七《江督》。
② 李星沅:《附奏擒获洋盗片子》,《李文恭公遗集》卷十九《江督》。
③ 李星沅:《附奏办理洋盗情形》,《李文恭公遗集》卷十九《江督》。
④ 《军机处录副奏折·道光朝·财政类·漕运》道光二十八年十月十六日,两江总督李星沅等折。
⑤ 《道光起居注》,道光二十八年十一月初二日。

二、两淮盐政改革

清代盐政纷繁复杂，尤以两淮为最。道光朝的著名疆吏、盐务问题专家陶澍首倡淮北盐政改革，废除总商，推行票法，意在打破自明中叶以来盐务管理和盐课征收上实行的国家特许专商经营和引岸制度的"纲法"体制。①

(一) 淮北改票

制度变迁有两种类型：诱导性制度变迁和强制性制度变迁。纲法在实施过程中，形成的既得利益集团对现存制度有强烈的需求，他们力求巩固现有制度，继续获得他们的隐性制度收入，阻碍进一步的变革，哪怕新的制度比现存体制更为有效。这是制度的锁定效应，即制度的路径依赖模型。在这种情况下，靠自发的需求诱导制度变迁，是不能够实现从纲法到票法转变的，这种锁定状态的打破必然引进政府的强制性行为。那么，推动这场变革的动力何在？综合钦差大臣王鼎、两江总督陶澍等人的奏折，可知现存的纲法体制，存在着诸多弊端，严重损害了政府、商人与民众之间的利益分配格局，并使得纲法制度本身也难以为继。这些弊端主要

---

① 关于陶澍淮北票盐改革，学术界已经有过诸多研究，如陈锋：《清代盐政与盐税》(中州古籍出版社 1988 年版)；方裕谨：《论道光十二年淮北票盐之制的实行》(《盐业史研究》，1996 年第 3 期)；段超：《陶澍与嘉道经世思想研究》(中国社会科学出版社 2001 年版)等，但它们大多从制度本身的演变过程入手，而较少关注政府、商人与民众的关系。

第四章 嘉道时期的财政改革

体现在以下几个方面：

首先是浮费开销过大，运商成本增加。浮费开销最大的有两处，一是淮盐产地，另一为销盐口岸。在淮盐产地，除正常税课外，杂项开支亦复不少。杂项中办公、办贡等款，在科税时已经带征，为文武衙门公费及一切善举，然带征之数并不固定，往往随事而增。每年除养廉、兵饷、水脚、部饭等项银33万两，可作正开销外，还有普济、育婴、书院、义学、务本堂、孝廉堂等处需银20余万两，以及各衙门公费及盐政运司以下之书役、辛工、纸饭及"乏商月折"①等项，亦需银80万两，大大超过每纲额定20万两之数。此外，又有不少额外开销名目，比如扬州新盐院到任，修理衙署、铺垫什物，一切费用本不及数千两，开销却常高达八、九万两；手禀红贴一项，所费不过数十文，竟开销一千两。当地有德音、春台两戏班，专供总商、官员家宴，每年开销三万，亦由浮费开支。

淮盐产地如此，销盐口岸也并无二致。行销湖广之淮盐均要运至汉口，到岸有岸费，每引带捐六钱，后加二钱，道光十年（1830年）加至　两四钱，合计每年总计一百数十万两。岸店短少，徒劳运输，亦使成本加重。淮南官盐按规定由仪征逆江而上，运至汉口总盐岸后，再由此分配各销盐区。以前武昌下游的兴国、大冶，黄州府所属各州县，以及江西彭泽、德化、湖口等县，都要到汉口运盐回岸销售，这种"折回转售"，无疑会使脚费加重，"以致引地为江船、粮船各私所隐占"。② 此外，捏名冒支的也很多，如漕运总督、

---

① "乏商月折"，系綮养困乏盐商子孙，按月折取银，多用至十余万两。
② 《官中档朱批奏折·财政类·盐务项》，道光十年十二月十三日，钦差大臣王鼎等折。

河道总督、巡抚各衙门,从未有缉捕犒赏等款,而各处仍每年开销三、四千两。总之,名目繁多,"假公济私,诡混开销,种种浮费,倍蓰正课,统名为成本,归于盐价"①。据不完全统计,以上各种名目的浮费开销在200万两左右。

其次,手续复杂,层层盘剥。纲法旧制规定,领运例有请、呈、加三项名目,又有平、上、去、入四处截角名目,其余朱单、皮票、桅封等花样亦复不少,"不可殚述",以致运司衙门书吏多至19房,商人办运请引,文书需辗转11次,经盐务大小衙门12处,虽名为节节稽查,而并无稽查之实,"徒为需索陋规之具"②。

总商未成表率,反成获利渊薮。淮南设有总商,原为筹划公事,当淮盐盛时,总商、散商共数百家,有商本三、四千万,盐之运销转运裕如。到道光十年(1830年)时,已仅剩下数十家,资本不足一千万,且多为借款。③此时总商对盐务公事全不积极,以致钱粮滚动不对,盐运无几,惟办公费用仍按月扣领,并随意冒支。每年于定额经费外,仍以不敷办公为名,多领至数十万,前列浮数开支,多为总商所得。种种行径,无非"藉以营私获利"④。另外,运商请引行盐,必先向有盐窝之家出价买单,然后才有资格赴盐司纳课,"乃有窝之家,辗转私售,如操市券,以一纸虚根,无正课而坐享厚利"⑤,同样增加运商成本。

僵化的运输路线,亦加重了运盐困难。淮北三盐场均在海州,

---

①②③ 《宫中档朱批奏折·财政类·盐务项》,道光十年十月十六日,两江总督陶澍折。

④⑤ 《宫中档朱批奏折·财政类·盐务项》,道光十年十二月十三日,钦差大臣王鼎等折。

每年运送纲盐,须于秋后运漕粮之船过竣,开放双金闸,乘北运河下注之水赶运,完成一年运岸之需。由于河道多有淤垫,故常五驳十二杠,水陆节节盘剥才能运出。淮南盐场通泰两处亦因河道淤垫,江潮侵灌,牵堤坍塌。如遇淮河支流西水下注,即成一片汪洋,盐船只得待风而行。如晴朗日久,则水退浅涸,盐船无法顺行,只得多次盘剥分装,四处抛洒,运费增加,又误时间。而清廷为方便缉私盘查,却拒不加以变通。

其三,盐引积压滞销,资金周转不灵,盐商纷纷困乏倒闭。乾隆以前,淮盐运抵汉口后,随到随销。后来一些大商人为抬商盐价,封轮捱卖,"遂至船户盗卖,掺沙灌卤,过笼蒸糕",甚至沉船放火,百弊丛生。且成本占搁,转运更迟,"大商亦病,不止小商坐困矣"。行盐本以速销为贵,但封轮法"大碍新纲"[①]。至道光十年底,汉口盐岸滞留之盐不下2000万斤,邻私随之侵灌,又进一步加重盐引的积压。

盐引积压滞销,必然造成盐商资金周转困难和借贷负息。"两淮运本须二千万方敷转输,而各商实本不及四分之一。余皆借贷,贷息重至每月分半。盐去课回,非六百日不可,盐滞本压,贷息日行,完课则无资捆盐"。课额的积欠和逐年带征,给盐商套上了沉重枷锁,困乏倒闭是必然的。嘉庆时期,两淮盐政佶山即指出,淮北纲盐每年应运141千余引,现在办运只有12商人,"半属资本缺乏"。[②] 道光八年(1828年)奏销,征银不及六分;九年开纲百十来

---

① 《宫中档朱批奏折·财政类·盐务项》,道光十年十二月十三日,钦差大臣王鼎等折。
② 单渠等撰:《(嘉庆)两淮盐法志》卷十五《转运十》。

日,所运不过百分之二。开桥为新纲大典,"而其日竟无一重船下桥"。包世臣亦称:"两淮弊之今极矣。"①

其四,私盐泛滥。由于体制原因,清代的私盐问题极为严重。雍正时即有人指出,"今日私贩之卖私盐,盐商之夹带私盐,皆数倍于引盐数目"②。道光十年,两淮盐政钟灵在奏折中提出,"总计私盐倍于官额"③;包世臣则曰:"两淮纲食引地,无论城市、村庄,食私者什七八。"④日本学者佐伯富亦曾做过判断:"在清代,人民食盐的消费量基本上有一半来自私盐。"⑤盐是生活必需品,不具有选择替代效应。官盐成本过高,盐价过昂,百姓不愿买食官盐,又不能淡食,在这种情况下,私盐必然成为民众解决问题的唯一制度外解决办法。当时私盐的走私方式,主要有以下几途:

灶私:盐场场商浮收,灶户只得以盐售私,与盐贩共同获取利润。陶澍认为,场私产生的主要原因是灶丁清苦,"灶户煎丁,滨海穷民,最为艰苦"。以前收盐有定制,"近来场商每以大桶重秤任意浮收勒掯,致灶户以交官盐为累"⑥。有的灶户为对付场商大秤勒索,在食盐中搀进不少沙土,称为"脚盐",而将净盐售给私贩。搀有沙土的脚盐用高成本运到引地后,却发现质次价高,根本无人买食。

---

① 包世臣:《小倦游阁杂说二》,《安吴四种》卷五。
② 卢询:《商盐加引减价疏》,《清经世文编》卷四九《户政二四·盐课上》。
③ 《宫中档朱批奏折·财政类·盐务项》,道光十年十一月二十一日,两淮盐政钟灵折。
④ 包世臣:《小倦游阁杂说二》,《安吴四种》卷五。
⑤ 左伯富:《清代盐政之研究》,《盐业史研究》1994年第4期。
⑥ 《宫中档朱批奏折·财政类·盐务项》,道光十年十二月十三日,钦差大臣王鼎等折。

脚私:埠头串通商伙,从中克扣应给船户运费水脚;而船户、水手,为贩运私盐,也往往甘心忍受,甚至还出钱收买卖盐者,少装官盐,在盐船上预留空舱以装私,因此贩盐沿途有"买砠跑风"名目,到岸有"过笼蒸糕"情弊,将无课之私盐沿途售卖。有时,运盐商人亦夹带盐斤走私。陶澍表示,岸引之所以滞销,"不尽关枭贩,其商运官引之重斤,与装盐江船之夹带,实为淮纲腹心之蠹"。当时,商人行私有包内、包外之私,"其包内者系运商捆盐出场多带重斤,商厮、商伙亦复如之"。① 为达到售私目的,他们常谎报官盐淹消。两淮所产之盐,运至湖广,远涉长江,遭风失险,事故间或有之,例有津贴,准许批补,亦免课税。他们利用这一规章,在运送官盐时,或在沿途私售,或到汉口守轮待售时私售,然后将船凿沉,谎报淹消,既售私又获津贴、免税,可谓贩私盐反获几利,而官盐却停滞不前。

粮私:又称船私,即运漕船只的运丁、水手走私。南漕北运,漕船返回时多带芦盐于淮盐地区销售,本为清廷禁止。但在利益驱动下,虽有朝廷的三令五申,而此风不能尽除。陶澍认为,漕船回空,"坐占淮南数十万引之纲额",勾结枭匪,肆行无忌,"实为淮纲之害",又因漕船停泊买私,"尤有误于趱运"②。

官私:官员凭借手中权力参与走私。在走私官员中,尤以盐务官员为最。他们饱食终日,不尽职责,"或与商人联姻换贴,或与商人伙本行盐,最为劣习"③,官衙形同虚设,弊端百出。

---

① 《宫中档朱批奏折·财政类·盐务项》,道光十年十月十六日,两江总督陶澍折。
② 《宫中档朱批奏折·财政类·盐务项》,道光十三年九月十五日,两江总督陶澍折。
③ 《宫中档朱批奏折·财政类·盐务项》,道光十年十二月十三日,钦差人臣王鼎等折。

邻私：其他盐区的食盐通过走私而进入本地区行销。淮盐销售区与其他盐区相交，淮课又较其他地区为重，故往往受到邻盐侵灌。如两湖常受川私、潞私、芦私冲击，以前运铜船只经四川北上，"一路收买川私，入楚售卖"，导致湖北宜昌全郡尽食川私，并波及下游荆州各属。随州、应山与河南信阳等地相接，"多被潞私侵灌"，黄安、麻城与光山、固如及安徽英山等处，"多被芦私侵占"。湖南则常受粤盐冲击，其中郴州所属之永兴县，"系粤盐引地"，粤商在此开设子店，行销生盐，他们"多设熬锅，将生盐煎熟，侵灌淮界"①。

以上诸弊的出现，必然会导致纲盐运销困难，引额壅积。嘉庆二十四年，淮北未销盐达89769引，占额销引数296982引的1/3。次年，淮南所属的湖广、江西缺销亦高达25万引，占原额的1/4。道光以来，情况也毫无好转。元年，户部尚书英和曾表示，"近来淮引滞销，以致课迟运绌"②。迄至改革前的道光九年（1829年），两淮盐引的滞销仍在1/3以上。陶澍称，从道光元年至十年，十纲之中，"淮南商办课运止有五纲七分"，积引几至半数。③ 盐运不前，带销负担过重，又使得盐课无着。至道光十年，两淮库储全空，外欠高达4000余万两，另外1000余万两所借本息亦化为乌有。④

与此相伴随的，是库款出纳混乱，垫占款太多。两淮正杂税课

---

① 《宫中档朱批奏折・财政类・盐务项》，道光十六年十一月十二日，两江总督陶澍等折。

② 《宫中档朱批奏折・财政类・盐务项》，道光元年八月二十一日，户部尚书英和等折。

③ 《军机处录副奏折・道光朝・财政类・盐务》，道光十九年二月二十四日，两江总督陶澍折。

④ 《宫中档朱批奏折・财政类・盐务项》，道光十一年正月十三日，两江总督陶澍折。

本系按纲征收,而外支各款则按年支用,如能一纲之盐年额年销,则运库解支自可年清年款,无如口岸滞销,一纲之内均不能销足一纲之引。为凑解正课、杂支,数十年来,库款前后套搭挪垫,以致叠次清查欠款达数千万两之多。如道光二年(1822年)清查出积欠3687万余两。八年丙丁纲锐引案又查出积欠1157万两。库款之垫占,至道光十年十月垫款700余万两,除已归还者外,尚垫占500余万两,其中有因公垫用者,有锐引垫占者,有商用商捐垫借者。以上款项皆应按引归还,只因套搭过重,运滞商疲,致成库垫之累。

简言之,清前期的盐利分配格局由政府与总商垄断,政府、商人与民众的利益能保持在一种大致均衡的状态,但至陶澍改革前,由于受滞销、浮费、走私等因素影响,导致这三者的利益均受到不同程度损害。政府盐课无着,商人纷纷倒闭,民众违法食私,获益者却为盐枭与不法胥吏。又因私枭作为一种有武装、跨数省的贩私集团,往往与捻军或会党相结合,更为清廷的心腹之患。上述情况表明,两淮盐政已日暮途穷,改革迫在眉睫,势在必行。

制度创新主体对制度创新收益和成本的分析是从经验得来的。作为一种经验社会,仿照前人的成法,判断改革所带来收益与成本的比较,是最为合理的选择。陶澍改革所能仿效的经验有以下几途:

一由垣商纳课。招来殷商令其认课包纳,灶盐悉归该商经理出卖,寓散于整,较为扼要。但两淮池鳌,半系灶产,业已听命商人,不会情愿重新整合。况且商人惟利是视,秤收则勒以重斤,借贷则要以重息。灶不乐以盐归垣商,垣商亦必无资完课。

一由场官收税。就各场产盐引额摊定课额,商贩先向场大使报明认买斤数,照额纳课,赴各场配买盐斤。产盐最多之伍祐等场,照引定课,应征银六十余万两;即梁垛等场,亦应征银二十余万两,但"盐场微员岂能任此巨帑?"况试行之初,额难悬定,若听其尽收尽解,难保无匿报侵欺。兼之场署多在海滨,既无城郭之防,又乏营汛之卫,征解亦恐疏虞。

另有课归场灶。具体做法是,灶户与盐贩自相交易,由官府确定灶数,并令灶户将额引盐数与余盐数报于场官,场官查核并记录,比照引课,酌定额盐课数,不论富商与小贩,均可向灶户买盐,灶户于售盐时纳课,买盐者将盐运至何地销售,任何人不得干涉,形成人人可以从灶户买盐,贩盐者处处可以卖盐的局面,"数十万私枭不禁自绝,货运小贩皆化而为良"①。针对这一建议,陶澍前任、两江总督蒋攸铦等回应六不可行:两淮场灶向有商亭、灶亭、本池、客池之别,灶亭、客池多系极贫极累之户,若买盐之银先入灶户,"此等穷极无聊之辈,既无身家,又鲜廉耻,而嗜利之心十倍于畏法,非以多抵少,即有售无征,即使察出隐漏及欠课不完,徒事追呼究比",不可行者一。淮盐额产最广,引地最大,"一旦全撤藩篱,任其自便",则偏远之地运费加重,盐商裹足不前,"名虽淮盐引地,实则各属邻私",不可行者二。不凭引目随处贩卖,"则场灶之透漏便捷而贩私无课,获利较多",必然遍地皆私,无可防范,不可行者三。向来盐课归商,灶丁止纳折色,每遇蠲缓,在折色而不在盐课,若盐课归于灶户,遇灾无法征正课,不可行者四。两淮场灶皆在濒

---

① 《军机处录副奏折·道光朝·财政类·盐务》,道光九年九月初八日,御史王赠芳折。

海之区,盐课无处存放,日日会差护送,又"不胜烦扰",不可行者五。淮盐之根窝价值千余万,"一旦废弃,顿失所依";又有世业盐务之捆工等,"若遽令星散失业,则数十万穷黎流离失所",不可行者六。①

即便如此,以上诸法所提供的视角与思路,却为陶澍的票法改革提供了有益的参照,票法改革也的确大量吸收了其中的一些措施。道光十二年(1832年)二月十六日,署盐运使俞德渊遵陶澍之命,与前淮扬道邹锡淳,分路查勘淮北诸盐场及运道,并筹议设局收税章程。随后,陶澍亲自到海州,博采众论,制定票盐之制,并于同年五月初四日向道光帝具折,正式提出淮北于来年推行票盐。

为什么选择淮北而不是淮南呢?两淮共分为淮南、淮北两场,但淮南为主体。每年两淮共行纲盐169万余引,其中淮北仅30余万引;盐场23个,淮北也仅有3个。因大小不同,使得"淮南之利弊,视淮北为盛衰。其弊也,淮北最甚;其效也,淮北最速"②。由于陶澍在改单之初,顾虑重重,唯恐失败,造成淮南的巨额积欠归款无着,同时,"淮南擅盐利久,官吏衣食于盐商,无肯议改者"③。所以,两淮的废引改票只有先在淮北试行。当然,改革之初,淮南盐商虽疲,但仍能捆运50余万引,淮北则仅捆运2万余引,较应运定额不及十分之一,可见淮南尚可支持,而淮北已全面崩盘,除改

---

① 《军机处录副奏折·道光朝·财政类·盐务》,道光十年二月初五日,大学士两江总督蒋攸铦等折。
② 魏源:《淮北票盐记》,童濂编:《(增订)淮北票盐志略》。
③ 《清史稿》卷三九七《陆建瀛传》。

革外,别无起死回生之法。①

改革为系统工程,牵一发而动全身。考虑到"利之所在,弊即因之",即使先为试办,而清灶、金商、改官、变法,非数年不能粗定规模;商贩虽广为晓示,亦恐观望不前;即使票法畅行,又必南侵闽浙纲盐,北侵芦潞纲盐,"若不统各省盐务通盘筹画,实不免此赢彼绌之虞",故陶澍的改革步骤慎之又慎。

淮北纲盐共行41州县,陶澍表示:"近虽商疲引积,而其中尚不属极弊之地,仍有人认运者仍令商办,如商力支绌不能兼顾者,则实行官督商运,一切均照旧办理。"除此之外,安徽的凤阳、怀远、凤台、灵璧、阜阳、颍上、亳州、太和、蒙城、英山、泗州、盱眙、五河、天长(该处运道例由山阳、宝应入高邮湖,与淮南引地错杂,仍归商运,以固淮南盐引),河南之汝阳、正阳、上蔡、新蔡、西平、遂平、息县、确山,共21州县例由湖运,系淮盐极滞引地,"久已商疲课欠,配运不前";江苏之山阳、清河、桃源、邳州、睢宁、宿迁、赣榆、沭阳8州县,向因私盐充斥,官盐滞销,其钱粮均由盐纲商人摊带,食商配运亦复寥寥无几,以上共计29州县。另外,海州、安东两州县例不销引,特别是海州,向由扫丁将盐挑负数十里外各村镇,交付私枭转卖,一经拿获,枭贩必藉口买自筹担,"而私运之扫丁与得贿之兵役,皆可藉此置身事外",因此陶澍决定将其与离板浦盐场百里之外的安东县一同实行票盐,这样,淮北首批实行票盐之制的州县

---

① 新制度经济学家普遍认为,制度创新主体对制度创新收益和成本的分析是从经验得来的。经验对于中国这种人口流动性小、安土重迁的社会尤其重要,且愈是经过前代生活证明有效的,也愈值得保留。根据前朝或同时代业经试行有效的经验,行为人会获得推行改革的巨大心理优势。

为31个。次年,因试行获得成功,陶澍才再次奏请在淮北所有销岸推行。

淮北票盐实施的具体办法,根据相关奏折、详文等,可以归纳出以下几点:

其一,取消总商,销盐不再由总商把持。滞岸各州县招徕民贩,给予护照,护照上注明姓名、年貌、籍贯,持照赴场买盐后,到盐大使衙门呈照请票,该大使于护照内验讫戳记,立号簿登记备查。护照准行三年,每票买盐十引至百引,不得过于零碎。由运司刷印三联空白票式,一为运署票据,一留分司存查,一给民贩行运。三联票以中正、临兴、板浦三场各取上一字编列号数,盖用运司印信,颁发三场大使收贮,民贩纳税请票时,该大使于票内注明民贩姓名、籍贯、运盐引数、销往州县,并按道途远近规定到引地时限,任其贩卖。运盐出场,由卡验放,不准越卡,亦不准票盐相离及侵越别处,违者均以私盐论。民贩持照票赴指定引地衙门呈缴,该州县按月将照票上缴运司查核。裁存票据由本场大使按旬照册汇缴运司,以便核对。存查之票亦按旬上呈分司衙门备查。票盐行,窝引之法自然废除。

此后,因票盐行之有效,又有验货、掣签之例。票盐试行之初,票贩颇多观望,且资本无多,"是以随到随上,钱粮收足而止"。经过数年试办,人心踊跃,票本每岁加增,多至数百万两,均于开局前全数到场,无从分别先后,不能不先令挂号。为阻止有不法奸徒乘机生事,空挂数千百引,以空挂之号重价转卖,"是以不得不出于验货一法",即先让票贩各带资本,于开局前遵照示定日期,当堂验明注册,通摊派买。① 但以后群商依然踊跃,食盐供不应求。道光十八年(1838年)二月,票盐开局时,到场资本有二百余万两,而票盐额数以 40 万引为准,为防止多运多销,"致侵灌淮南",故决定在验赀挂号后,抽签定商,并按折派买。②

其二,裁汰浮费,降低淮盐成本。接新章规定,每盐 400 斤一引,场盐照钱时价合银六钱四分,抽税照商运科则酌减 1/3,计银七钱二分,又顷熔解费、设局设卡经费、各衙门书役纸饭、委员薪水、缉私经费等项共五钱二分,通共每引库平纹银一两八钱八分,此外不得有分毫需索。其捆工包索费用由民贩自行经办。经过不到一年的试办,销盐溢额,于十三年三月,奏准恢复淮北原定科则,每引征课税一两五分一厘。上年所征经费银因有节省,拨补正课,将经费酌减一钱二分,每引征银四钱。前定盐价银六钱四分,亦酌减四分。这样,每引共二两五分一厘。③ 向来行盐口岸文武衙门私设陋规,书役复加需索,新章规定不得藉端勒索,一经民贩告发,或别经发觉,即严行究办。

票盐之制未行之前,淮北课则虽轻,而辗转运至引岸,每单引成本即至十有余两,故官不敌私。推行票盐后,陶澍规定行盐不由杠坝旧道,而是改从王营减坝入湖,且出盐场后不再改捆,而是直抵引岸。这样,除盐价钱粮外,一两而至坝,又一两而至岸,此即改

---

① 童濂:《酌定票盐验赀章程禀》,道光十七年二月,《(增订)淮北票盐志略》卷四下《设局》。

② 陶澍:《奏明票盐验资挂号章程附片》,道光十八年二月十三日发折,童濂编:《(增订)淮北票盐志略》卷二《改票》。

③ 《宫中档朱批奏折·财政类·盐务项》,道光十三年二月初十日,两江总督陶澍折。

道不改捆之意。总计运费五两有奇,几减纲盐大半。

其三,减少手续,加速流通。淮北板浦、中正、临兴三场各盐幢远近多寡不一,于各场相度适中之地建立局厂,以便灶户交盐及民贩纳税。三场共设五局,均由运司遴委妥员,每局一人,长年驻扎。遇有民贩买盐,局员将其带赴本场大使衙门。随时纳税请票,再由本局委员于三、六、九日,各照票载引数,与民贩逐包称验,于照票后用戳记,听其运盐出场。倘途中查出包内夹带,惟局员是问。

肃清运盐道途之恶棍,是保证票盐得以顺利实行的又一关键。安东、清河、睢宁、邳州等处地界,均有地方恶棍私立盐关,索费包送,甚至公然抢劫。改行票盐后,民贩一经纳税,所运之盐即为官盐,故陶澍严饬地方官认真查拿,务使盐道通畅,匪徒敛迹。

由于成本降低,运道通畅,民贩乐以办运。如有多运,即融代江运之不足,弥补淮南盐务之全局。起初章程规定,须指定请运往州县,并于票内注明,如有越境即以私盐论。经过一年试行后,陶澍量为变通,重新规定,如票盐已经出卡,经委员加印验戳运行之后,因指定州县盐壅滞销,准许其呈明地方官后,转运他岸销售,只是仍不得越出实施票盐州县之界。

其四,加强缉私。"票盐之衰旺,全视缉私之宽严"。按章程,民贩买盐出场,必须由卡经过,候卡员查验有无中途添买夹带,然后才可运至指定引地。其卡隘设在距盐池百里内外水陆必经之地,海州房山系陆路要隘,大伊山、吴家集均为水陆要道,设此三卡,每卡由运司委员督查,各带书役一人,头役一人,散役八名,一年期满另委他人接办。又于沿周添十一处要隘,分派千总三员,把总四员,外委四员,兵二百七十名,不时巡缉。民贩过卡既经验明,其余经过州县各盐捕衙门,不得再加查验,以免扰累稽延。盐斤运到认销口岸,即赴当地衙门缴票,照票内如无卡员戳记,即系越漏,应照私盐律治罪。①为增强缉私效果,陶澍又规定,缉私人员薪工要以销盐为定,如果票盐溢销,按引酌赏;倘票盐迟滞缺销,即照现销引数摊扣。若半年后仍无起色,则官员记过,兵停俸禄,役则撤换。另外,如能查获私盐,则照价变价充赏;如在别处查获此处透私之盐,即将此处官兵分别参革治罪。②

加强对黄河两岸渡口船只的管理,是缉私的又一重要方面。私盐运销几乎均渡过黄河,黄河渡口本有定所,各河厅所辖多者五、六处,少者二、三处,其渡河船只多由河防官员管理,只要能将两岸渡口认真稽察,不许渡船载运私盐,则盐枭之盐可绝。因此,责成黄河北岸之邳北、宿北、桃北、外北、山安、海安、南岸之睢南、宿南、桃南、外南、海防、海埠等十二厅营督率文武汛官稽察。另外,陶澍还与直隶配合,严禁漕船盗卖芦盐,"以清粮船夹私之源"。并传令两淮盐务官员,"倘粮艘中有大伙带私者,即当一体兜拿"。③他还派

---

① 俞德渊、邹锡淳:《筹议设卡防私章程》,道光十二年,童濂编:《(增订)淮北票盐志略》卷五《设卡》。

② 对于加大官员缉私力度的考核,其意义不可低估。根据小偷和守卫的博弈模型("激励的悖论")可知,在守卫可以选择偷懒还是尽职的情况下,加大对小偷的惩罚力度对抑制偷窃只是在短期中有作用,长期中只是使守卫偷懒的机会增大而不会减少发生偷窃的概率,长期中真正能抑制偷窃的是加强对失职守卫的处罚而不是对小偷的处罚。如果把小偷和守卫博弈中的小偷理解为清代大规模存在的走私盐犯,把守卫理解成清代负责缉私的政府力量,那么此"激励的悖论"的意义就是,如果政府力量有松懈失职的可能性,那么只是加大对走私盐犯的惩罚力度,只是在短期中对抑制走私有所作用,长期中不一定有效果,长期效果必须靠加强对相关执法部门的监督和失职行为的查处来保证。

③ 陶澍:《再陈回空粮船未便任带芦盐折子》,《陶文毅公全集》卷十五《盐法》。

文武大员于黄河南北及淮扬等处漕船必经之处,严密迎查,"即寓催趱于查缉之中"。通过严密堵缉,漕私渐少,"回空归次亦较前迅速"。①

清代的盐业流通领域,存在着政府、商人、民众这三大利益主体,互相制约与牵制。淮北票盐改革前,政府、商人与民众三者的利益受到损害。陶澍废除纲法,同时也将政府的利益置身于一种并不安全的市场化调节机制之中,即只能随销售量的增长而增长。但由于它打破了官商的垄断,产运销各环节又控制得比较好,所以实际的盐销量确有增长,税收有大幅度的提升,而民众也从这种市场竞争格局中得到了好处。简言之,陶澍通过市场竞争方式,由散商取代总商,票引取代窝引;减轻浮费与手续,降低成本;加强缉私,打击税收外溢,重新平衡了政府、商人与民众的利益,所不同的是,此时商人所涵盖的对象,已经发生了彻底的变化。

"盐务官员向无赏罚,以致惟利是图,旷公玩误"。陶澍在加大缉私的同时,还严格奖惩。比如,"力肩奔走,不惑浮言"的龚照琪,"稽查卡局,相机经理"的谢元淮、孙玉树等,"巡缉奋勇",拿获私盐十二余万斤,盐犯十数名的孙丰等,由于他们的努力,使得"场务更加整肃,贩运益见流通",故陶澍为之上疏奏请,一一奖叙。② 相反,对于办事不力者,陶澍亦毫不手软,严厉惩处。淮北海州运判单壮图,本应认真工作,"讵该员因票盐无利于己,屡生异议,冀惑众心",经陶澍严行驳斥,人心始定,商贩渐集。后双金闸开,河水

---

① 陶澍:《陈奏回夺粮船未俾仟带芦盐折子》,《陶文毅公全集》卷十五《盐法》。
② 《宫中档朱批奏折·财政类·盐务项》,道光十三年二月初十日,两江总督陶澍折。

充足,该运判竟不顾场务,自七月初五日离场,十四日到扬州,连旬逗留,屡经运司催饬不归,忽于八月初一日,"以患病请假",大大损害了正常行票工作,闻讯后,陶澍当即将其撤参。①

推行票法之初,商人颇多观望。由于贩运途中之洪湖之南北两岸等地,向被地棍土豪盘踞;正阳临淮各关隘,胥役遇盐船过关,亦通常需索勒掯,"是以商贩怀疑观望",行票不畅。为此,委员谢元淮、州判龚照琪、孙从九等人,各捐资本认运。尤其是龚照琪,身先士卒,亲自押运盐斤500引,带领散商随行,前往安徽之怀远、凤台、怀凤售卖,并选带壮役沿途弹压防护。他还于经过地方,"会同各该地方官剀切劝谕,招致殷商,使远近周知底细"②。

票盐使原来的总商垄断地位受到沉重打击,许多商人破产了。据记载,"吾郡西北五里曰河下,为淮北商人所萃,高堂曲榭,第宅连云,墙壁垒石为基,煮火屑磁为汁,以为子孙百世业也。城北水木清华,故多寺观,诸商筑石路数百丈,遍凿莲花,出则仆从如烟,骏马飞舆,互相矜尚",一时宾客之豪,管弦之盛,谈者目为"小扬州"。但经陶澍改行票法后,总商地位一落千丈,不及十年,"高台倾,曲池平,子孙流落有不忍言者。旧日繁华,剩有寒菜一畦,垂杨几树而已"③。

改革的过程,实质上就是利益重新分配与调整的过程。由于

---

① 《宫中档朱批奏折·财政类·盐务项》,道光十二年八月二十一日,两江总督陶澍折。
② 《委员官运倡导札》,童濂编:《(增订)淮北票盐志略》卷三《改道》,道光十二年六月。
③ 黄钧宰:《金壶浪墨》卷一《纲盐改票》。

第四章 嘉道时期的财政改革

特殊群体的利益受到损害,导致他们纷起而攻之。按照陶澍的说法,淮北票盐系属创举,章程一切无可依仿,"当发令之初,物议横生,或言票盐有损于商,无益于官,或言引枭入场必为民害,或言坝扛失业,必滋事端,或言盐至中途,必被抢劫,或言充斥旁岸,必致亏课"①。对此,陶澍有充分的心理准备,他表示,浮议显系舞弊弁利之徒因票引兼行,化枭为良,便于公而不利于己,"是以造作浮言,暗计阻挠"②。

行票废纲,总商被革,收入全裁,其郁闷之情可想而知。陶澍奏称,"从前之每年坐食数千金,数百金者,俱多怨恨,吹楚多端。兼闻扬人相头纸牌,绘一桃树,另绘一人为伐树状,以寓诅咒"③。《清史稿·食货志》亦称,"时窟穴盐利之官胥吏,举嚣然议其不便"。另外,他们还试图通过政治代言人,来表达不满。比如御史周彦,指责票盐之法与场灶起征,名异而实同,认为"场灶起征利于私而不利于商;给票行盐,利于枭而不利于国"④。又如御史鲍文淳,为原来总商鲍有恒近族,鲍文淳未中进士时,常在扬州与盐商

---

① 《宫中档朱批奏折·财政类·盐务项》,道光十三年二月初十日,两江总督陶澍折。
② 《通饬浮议阻挠札》,道光十二年六月,童濂编:《(增订)淮北票盐志略》卷四上《设局》。
③ 《宫中档朱批奏折·财政类·盐务项》,胶片28,第2986—2988页,两江总督陶澍(附上谕)折。金安清:《水窗春呓》(中华书局1984年版)卷下《改盐法》亦称:"陶文毅改两淮盐法裁根窝,一时富商大贾顿时变为贫人,而倚盐务为衣食者亦皆失业无归,谤议大作。扬人好作叶子戏,乃增牌二张,一绘桃树,得此者虽全胜亦全负,故人拈此牌无不痛诉。一绘美女曰陶小姐,得之者虽全负亦全胜,故人拈此牌辄喜,而加以谑词,其亵可甚或。文毅闻之大恚,乃具折请另简盐政、辞两江兼管,上意不允。一二年后,其谣亦遂息。然"印心石屋",江南名胜皆建亭摹刻,惟平山堂一所,则以木板钉护,余颇讶之,盖为游人以铁椎凿去其名也。怨毒之于人如此,亦可惧矣。"
④ 《嘉庆道光两朝上谕档》,道光十二年十月初五日。

往来周旋,故在票法改革后,成为攻击陶澍的中坚,或称票法改革未有把握,或称淮北奏销未能如期,或称陶澍私刻奏章,处处加以掣肘。①

面对诸多阻力,陶澍不为所动,勇往直前。② 对此,道光帝极为欣赏,多次夸奖陶澍,"勇于任事,不避嫌怨"③,又称他"实心任事,不避嫌怨"④,大力支持。加之俞德渊等人兢兢业业,共襄其事,票盐改革终获成功。

票盐的成功,主要体现在以下几个方面:其一是积引问题得到解决,并超额完成任务。道光十二年(1832年)销引24万余引,十三年销引32万余引,十四年达59万余引,为淮北额引的两倍。到后来,甚至还不得不规定以46万引为限制,不得多卖,以防止淮北之盐侵灌其他销盐区域。其二是盐课也超额完成。除奏销淮北正杂课银32万两外,每年还能协贴淮南银36万两,后又带销淮南悬引20万,纳课银31万,"是淮北之课,较定额又增两倍矣"⑤。至于化私为良、民众乐于购买官盐等情况,更是无需多言。简言之,从政府的角度来说,可谓大获全胜。

---

① 双方的论争,可参考《陶文毅公全集》之《盐法》部分。
② 陶澍座师曹振镛以盐荚起家,陶澍曾致书探其意,振镛复书曰:"淮北盐务之敝极矣。势非更张不可,吾子有所见,何不急行之,如有困难,老夫当从中主持。老夫行年七十,何能更为子孙作家计,且天下焉有饿死之宰相乎!"表示完全支持。台北故宫博物院藏,清史馆《曹振镛本传》,转引见魏秀梅:《陶澍在江南》,"中央研究院"近代史研究所1985年12月版,第150页。
③ 《嘉庆道光两朝上谕档》,道光十九年三月初九日。
④ 《嘉庆道光两朝上谕档》,道光十九年六月二十三日。
⑤ 王守基:《盐法议略》卷一《两淮》,光绪丙戌十月刊本。

第四章　嘉道时期的财政改革　295

道光年间淮北销盐征课税银总数清单(单位:引/两)

年份	行销引数（引）	溢额引数（引）	征正税银（两）	征经费银（两）	征杂课银（两）	代纳淮南悬课银(两)	征银合计（两）
十二	242657	27295	174713	126181			466036
十三	329867	114505	326924	139112			841926
十四	580238	364871	609831	232095			531949
十五	366609	151247	385306	146643			592560
十六	408381	193019	429208	163352			652570
十七	449739	234377	472675	179895			774040
十八	468832	253470	492742	187532	93766		766798
十九	464445	249083	488131	185778	92889		761887
二十	461289	245927	484815	184515	92557		1081058
二一	468996	253634	492915	187598	93799	306746	1090432
二二	467314	251952	491147	186925	93462	318898	1021157
二三	468367	253005	492254	112408	93673	322822	1070506
二四	469589	254227	493538	159660	93917	323391	1091624
二五	466355	250993	490139	186542	93271	321672	1078358
二六	460000	244638	483460	184000	92000	318898	1078358
二七	460000	244638	483460	184000	92000	318898	1078358
二八	460000	244638	483460	184000	92000	318898	1078358
年均	440746	225384	457336	172367	60196	150013	885646

资料来源:《淮北自道光十二年改票起至二十八年销盐征银总数清单》,《淮北票盐志略》卷九《奏销》。说明:1.在改革过程中,淮北征税科则有所变化。道光十二年至十三年六月,每引征正税七钱二分,经费五钱二分,盐价六钱四分。至十三年三月起,改为每引正税一两五分一厘,经费四钱,盐价六钱。十三年三月以前征引59714,三月以后征引270152。十五年每引启征驳费一钱八分,签席人工一钱二分。十八年加征杂课二钱,盐价、驳费、签席九钱。二十一年,代纳淮南悬课每引六钱五分二厘一毫。二十二年代纳淮南课每引改为六钱九分三厘二毫。二十三年,经费银改为二钱四分,盐价、驳费、签席七钱八分。二十四年经费银改为三钱四分,盐价六钱,驳费、签席二钱四分。二十五年经费改为四钱,驳费、签席三钱。本表以实际收税情况为准。2.道光二十一年,淮北曾征报效银30万两。

淮北额引215362引,如果以道光十二年改行票盐之时的征税科则计,即每引正税七钱二分,经费五钱二分,盐价六钱四分计,合计每引共征银一两八钱八分计,则应额征 404881 两。通过数据处理,淮北地区溢销盐引数及溢征税银数的变化曲线如下:

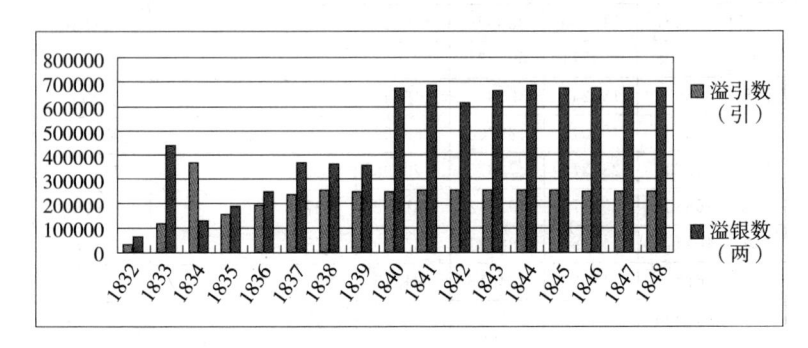

年份	溢引数（引）	溢银数（两）
1832		
1833		
...		
1848		

从上表中可以清楚看出,随着票盐改革的成功,清廷得以在淮北地区大量溢销盐引,并从中获得巨额税收。在制度变迁中,存在着报酬递增和自我强化的机制。这种机制使制度变迁一旦走上某一路径,它的既定方向会在以后的发展中得到自我强化。正是由于这种惯性的存在,故在陶澍去世之后,淮北票盐改革仍能获得巨大成功,并未随人事的变动而出现过大的波动与反复。

当然,陶澍的改革亦有很多缺憾。首先,两淮盐政改革的难点在于僵化的盐区划分,而盐区划分的根本原因,又正是清廷出于对税收征收的担心,希冀通过盐区划分与总商包干相结合的方式,来确保自己的利益。显然,陶澍的改革并不敢触动这根神经。其次,陶澍曾表示,如果淮北改革行之无弊,可在淮南推广,但由于反对票法改革的阻力太大,且易与其他盐区发生冲突,故终陶澍一生,票盐改革均未跨越淮北一步。其三,虽然票法改革的成功,在很大程度上,是陶澍借助市场力量,但不能认为票贩行盐已完全市场化。实行票盐法以后,无论是纳税、领票、付价、买盐、运盐、卖盐等环节,都保留了许多繁琐的手续。行盐的路线虽然较前简便,但必须遵循指定的路线,更不能脱离盐区范围。这也为日后盐法的进一步变革,做了必要的铺垫。

(二) 淮南改票

陶澍在淮北推行票盐改革,并迅速取得了人所共知的成效。道光十二年十月,御史周彦曾奏请移其法于淮南,陶澍颇为踌躇。相较而言,作为两淮盐区主体的淮南盐场,每年共行纲盐130万余引,共有盐场20个,陶澍在改革之初,顾虑重重,惟恐失败。在他看来,淮南引广课重,且居各省腹中,与全国各盐区之引界交错,如改行票盐,势必四侵邻境,于各省盐法多有窒碍,不可轻易更张。当淮北改行票法日有起色之后,反对改票者无所藉口,道光十六年,陶澍亦有仿淮北一并改票之意,商之淮南监掣同知护理运司姚莹。姚莹答以"淮北课少而地狭,淮南课多而地广,其事不同"。淮北票法之所以善者,在去专商之束缚而民众称便。淮北票法有票贩、水贩二种,票贩纳课赴场领盐,运至西坝而止,为时数月,行走内河不过数百里。水贩则皆系淮北诸府州县之人,至西坝买盐而归,散售于各州县之食户。官府惟收课于票贩,票盐惟售盐于水贩,"地近则易治",故而其法简而便。淮南则不然,其引地远在湖南、湖北和江西三省,且有长江千里之险,若行票法,则票贩断不肯赴场领盐,又冒长江风波不测之险,运至楚西,楚西水贩亦断不肯冒险售盐于淮南。如此一来,则楚西淮盐319州县百姓,既不能淡食,则惟有食川粤之私盐。在他看来,淮盐无所销售,课将十去七八,最终的结果必然是政府大受损失。① 针对这一意见,陶澍颇为犹豫。

嗣后,魏源又撰《筹鹾篇》一文,建议仿淮北之法,以救淮南之弊。他建议盐政改革,根本仍在化私为官,减价轻本,以敌私销。为此,他提出四条措施,即减轻额课、平抑场价、裁减坝工捆工和削减浮费。魏源还表示,如此改行票法,千数百金皆可办百引之票,散贩愈多,私盐自绝。与其以十余疲乏之纲商,勉强支持,不如合十数省散商之力,因势利导;与其以一纲商任百十来厮伙船户侵蚀,不如由众散商自行经理,简明扼要;与其让纲商本重而不敌私,不如让众散商轻本化私。这些便利之事,皆已行之于淮北,淮南果能仿效,必有大验。尤其是如果做到在九江设总局,夺两湖、江西岸吏之需索,"可庆十全而无一患"。②

可惜的是,当魏源提出这一整套完备的改革方案后,恰逢陶澍去世,故陶澍生前,票盐改革仅限于淮北。由于固守纲法体制,淮南盐政虽经过陶澍等人的诸多改良,始终弊端重重。

道光二十七年淮南销盐数表(单位:引)

类别	湖南	湖北	江西	安庆	江南
额销	220316	559610	277299	338285	81620
实销	220316	508305	141494	233440	67567
缺销	0	51305	135805	104845	14053
实销比例	100%	90.8%	51%	69%	82.8%

资料来源:《宫中档朱批奏折·财政类·盐务项》,道光二十八年十二月二十一日,两江总督李星沅。

---

① 姚莹:《变盐法议》,葛士濬:《皇朝经世文续编》卷四十三《户政二十·盐课二》。
② 魏源:《筹鹾篇》,《古微堂外集》卷七。魏源自注:"此道光中陶云汀宫保弃世时所草也,呈之后任李公星沅,未行。"

由上表可知,本年分淮南共应销引1477130引,实际销盐1171122引,销售率仅为79.3%,而这还不包括淮北票盐对淮南的融销。李星沅又称,楚岸盐价前因积滞过多,先后酌减,现在存盐积引几及三纲之数,银价日贵,盐价益形吃重,"若不亟加整顿,于国课关系匪轻"。道光帝特命李星沅与湖广总督裕泰等人共同商议:"确查汉岸现时盐价,每斤究系合钱若干,并现在存盐因何递年积压,一至于此?"①淮南盐政江河日下,与此形成鲜明对比的却是淮北票盐"行销畅旺,课额充盈",并每年利用自己的盈余,"拨补"淮南之不足。② 尤其值得注意的是,若非淮北票盐的融销,淮南盐政早已不可收拾。

正是由于体制本身的问题,使得即使李星沅对"积劳成疾"的纲盐极力整饬,最终的结果也不过是"骤难挽回"。他自己承认,"淮北改行票盐,著有成效,淮南课额较重,销数易亏,历年总无起色"③。当陆建瀛继任两江总督后,道光帝出于无奈,也只能说些"竭尽心力为之,朕惟卿是望"④之类的话。这表明,淮南盐政的制度变迁已经具备相当的舆论基础与现实需要。尽管如此,由于利益集团的存在,虽然当时已经具备了改革的各种有利条件,却仍有待偶然事件的诱导。

---

① 《嘉庆道光两朝上谕档》,道光二十七年十一月初五日。
② 《宫中档朱批奏折·财政类·盐务项》,道光二十九年正月初八日,两江总督李星沅折。
③ 《宫中档朱批奏折·财政类·盐务项》,道光二十七年九月十八日,两江总督李星沅折。
④ 《军机处录副奏折》,道光二十九年五月二十二日(朱批时间),见《军机处录副奏折·道光朝·财政类·盐务》,胶片号220,第960—962页。

汉口一带为湖北省咽喉之地,"云、贵、四川、湖南、广西、陕西、河南、江西之货,皆于此焉转输"①,此处"商贾毕集,帆樯满江"②,是南方一大都会。淮南盐大部分要通过汉口,然后再发往湖南、湖北行销,这里是江广总岸,大批盐船聚集于此,极易发生大灾难。史册上著名的武昌盐船大火,即发生于道光二十九年。不过,应该指出,以往的研究者往往只注意道光二十九年的火灾,却忽略了一点,即正好在一年之前,武昌即已发生过大火。

湖北省会武昌下游十五里计塘角一带江面,"商贾云集,凡到岸盐艘,与夫贸易民船,皆连樯结缆,分帮湾泊,排立如林"。因江水汹涌,颠簸厉害,这些船平时即互相挤靠,以防风浪冲击。道光二十八年九月十二日,半夜三更时分,忽有盐船起火,风狂火烈,延烧多船。湖广总督裕泰、湖北巡抚赵炳言等人闻信后,即督率文武各员,携带救火器具赶到事故现场。经过全力扑打,分投救护,火势得以平息。经查,事故原因系盐船唐德大到岸后,该船户旋即病故,其妻姜氏、妾何氏与子侄、水手人等在船守丧,恰因何氏之女巧姑患病,何氏燃灯缝衣,后未将棉絮收拾,即行睡觉,不料灯花爆落至棉絮上,烧及席篷顶板,时值夜静,风狂浪涌,火势猛烈,"砍缆断锚不及,以至延烧同帮湾泊之船",共计烧毁同帮之船11条,其他帮之盐船5条,所有盐斤"全载淹消"。巧姑、姜氏及水手多人,或被烧毙,或被溺毙,造成较大的人员伤亡。③

---

① 刘献庭:《广阳杂记》卷四。
② 钱泳:《履园丛话》卷十四。
③ 《军机处录副奏折·道光朝·财政类·盐务》,道光二十八年十月十六日,湖广总督裕泰等折。

血的教训并未引起人们对火灾的足够重视。次年,因同样的原因,导致悲剧再次重演,并造成更大的损失。据湖广总督兼署湖北巡抚裕泰奏称,楚岸盐船体质笨重,不能靠岸停泊,向在塘角江面停留,连樯停泊,分为48帮,抛锚结缆,凡商贾货船,"均在各帮空档内相间系泊,以防风浪之虞"。二十九年十一月十九日傍晚,陡起大风,三更时分,塘角有船只忽然起火,其时东北风紧,烈焰四射,自塘角起至黄鹤楼下之观音矶止,沿江八、九里,所泊盐船及过往官民商贩杂货船只,均因火星飞越,自北而南间段,顺风延烧,火藉风力,风助火威,猛不可遏,"情形之惨,呼号之声,实属目不忍见,耳不忍闻"。裕泰亲自赶往事故现场,飞饬兵役人等坐划破浪船,分投救护。火势则至次日黎明后始得熄灭。查系盐船尾六帮空档之内,有杂货民船张安顺发生火灾,事属仓猝,防备不及。甚至有的船已经砍断锚缆,开至江心,仍被风浪卷入火中焚毁。简言之,这场大火起于货船,延烧盐船,自尾四、五帮烧起,一直烧至头帮,风狂火烈,直到第二天天明仍未熄灭。

经过逐细清点,计烧毁大小盐船427只,淹消盐267600余引,临时开避及救出盐船222只,尚存大盐198700余引,商民船只被烧并焚溺致毙人口,则不计其数,无法一一查明。此事"为从来未有之事",惨状实系"莫能名状"。裕泰指出,善后事宜的处理虽多进行,但楚岸各商,因连被水灾,兼之钱贱银贵,运售赔累,已属竭蹶。各商遭此大厄,"一夜之间,赀本为之一空",困苦情形,"殊堪悯恻",纵使免课补运,而杂费甚多,亦力难筹措。① 当时扬州盐商

---

① 《宫中档朱批奏折·财政类·盐务项》,道光二十九年十一月二十五日,湖广总督兼署湖北巡抚裕泰折。

资本银不及一千万两,而此次大火即毁去盐本五百余万两。难怪众扬州盐商"闻之魂魄俱丧,同声一哭",群商纷纷请退。[①]

关于在淮南推行票法的建议,原本曾受到过很大的阻力,如督抚大臣牛鉴、璧昌、吴文镕等人都极力反对。这场大灾难,无疑使本已极端疲弊的淮南盐业雪上加霜,要求改革淮南盐法的呼声,再次形成强大的外在动力。在此情况下,两江总督陆建瀛接受了护理运使童濂的建议,仿照陶澍在淮北推行的票盐法进行改革。简言之,这场大火在客观存在促成了陆建瀛在淮南推行票盐改革。

"票法宗旨,在于轻本敌私","无论官绅军民,皆准承运"[②],这是后来学者对票盐精髓的归纳和总结。陆建瀛正是照此办法行事。他宣称,淮南盐务疲敝,"实由口岸之不销",不销之故,则在官价昂于私价,官本重于私本,而成本过重之故,又在银价日贵,浮费日增。为今日计,"欲畅销必先敌私,欲敌私必先减价,欲减价必先轻本。欲轻本必先大裁浮费,摊轻科则"。在他看来,淮南盐政之弊,在于其盐利既不能上归政府,亦不能惠及百姓,而尽归于中饱之人。淮南引地最广,涉及四省,与这些弊端相适应的,则是"官则文武印委各员,吏则大小衙门书役,以及商伙、商厮、商船,不可臆计"。虽然陆建瀛清楚,一旦自己提出改革动议,这些人"必群起而挠之,造谣结党以恐吓挟制,必使良法中阻而后已"。但若想改革成果,只能力破情面。仿效陶澍淮北票盐改革方案,他提出淮南盐政改革的章程共计十条:

---

① 王安庆等纂修:《重修两淮盐法志》卷一百五十七《杂记门》。
② 冯桂芬:《利淮盐议》,《校邠庐抗议》,中州古籍出版社1998年版,第132页。

一、酌减外费，以轻成本。二、酌复额引，加带乙盐。三、永禁整轮，疏通销路。四、核实岸费，以杜浮冒。五、分岸运销，利商便民。六、纲食各岸，划一办理。七、官定场价，以免居奇。八、盐包改捆，以百斤为限，以杜夹带。九、体恤灾商，分年批补。十、删除繁文，以归简易。

对以上章程进行简单梳理，即可发现，它所强调的重点仍不过是减轻成本、加速运销及简化机构。陆建瀛认为，以上各条专为除弊轻本，约可省浮费100余万两，南盐成本每引可省至4两有零，自出场到岸，每斤成本约制钱30文上下，如此一来，淮南之盐或可畅销。①

陆建瀛的改革得到了最高决策者的支持。咸丰帝曾在陆建瀛的奏折上朱批："所奏已与军机大臣商酌依议行矣。惟朕弱龄亲政，毫无见闻。于利弊实未能深悉，卿受皇考重恩简任春圻，自必激发天良，实心办事，但此时系整顿之始，尤须敬慎，乃心断不可有见长高兴之意，暴露于前，俾胥役得窥测也，勉之，钦此。"②可见其信任。

陆建瀛于扬州设总局收纳课税，每运盐十引，填票一张，以十张为一号。楚、西、苏、皖分为四界，凡商贩请运，在销界以内，无论何县，悉听转贩流通，并不作为专岸；如有侵越界外及盐与照离者，仍以私论。又于九江设局，派员经理其事，凡楚西商盐，就便发卖

---

① 《军机处录副奏折·道光朝·财政类·盐务》，道光三十年二月初八日，两江总督兼盐政陆建瀛折。
② 《军机处录副奏折·道光朝·财政类·盐务》，道光三十年二月二十二日，两江总督陆建瀛折。

水贩,任其运销。为达到这一目的,陆建瀛随后又颁布了许多配套措施。

三十年四月,陆建瀛上奏淮南新章未尽事宜。针对反对者的意见,他表示:"议者或以旧商既去,新商不来为虞,或以不会楚西,恐多窒碍为嫌,是皆未察新章之办法而亦不知各岸之视盐商为奇货也。"为进一步细化他的改革步骤,他又提出如下建议:其一,减少运盐手续,包括泰坝屯船、仪征江船均由商雇,自发水脚,无需官为经理,亦不准埠头把持。其二,减轻盐商成本,包括酌减引额,盐价随时涨落。其三,严格管理,包括具禀纳课,凡商贩请运自具正副手本,载明请运引数、往某省发卖,每逢一四七日赴总局上号,次日即将应纳正杂钱粮经费、盐价银两一并交纳,由总局当日给与库收。

为加速市场化过程,陆建瀛还提出,淮南行盐不分纲食,只分四路。湖广、江西、安徽和江苏各为一路。凡请运湖广盐者,准在湖北、湖南所属各府州县淮南盐区行销,水陆随商发卖,惟不准越出湖广淮引界外。而盐价亦可随时涨落,并不官为定价。至于江运八岸及天长一县,原系淮北引地,自陶澍改革起,因与淮南引地交错,恐致侵灌,故仍留为商人办运。后因商人搭配认运,年年销不足数,均以票盐溢请之盐拨补造报奏销。现成淮南亦行票盐,自然将其物归原主。①

由上可知,这些具有补充性质的条款,所强调的仍在于减轻成

---

① 《军机处录副奏折·道光朝·财政类·盐务》,道光三十年四月十五日,两江总督陆建瀛折。

本、加速运销、严厉缉查和减少手续等。对这些章程的评判,大学士户部尚书卓秉恬等人表示,陆建瀛全局通筹,自系确有把握。盐课居赋税之半,淮盐又居天下之半,"山海不尽之藏,惟天下无欲者理之,然后大弊去而大利可兴"。两淮自陶澍时期裁撤盐政,改归总督管理以来,向来积弊,早应一扫而空,"何以近十数年仍复运短课绌,疲敝日深?"此次章程所涉及的内容虽然不少,"然第一义则尤在任事之臣整躬率下,克己裕人,果能本正源清,自可令行禁止"。①

关于开办事宜,据陆建瀛称:淮南新章自四月初三日开局以后,他派江苏臬司联英、两淮盐运使刘良驹督同局员亲自督办。至七月二十六日,已据旧商新贩认运60余万引,陆续装运开江。八月下半奏销已敷造报,此后"仍源源请运,极为踊跃",效果相当不错。根据以往惯例,盐未到江之先,内河途径纡曲,每届冬末春初,担心水浅,夏季又担心卤耗,以致一年之中,"运盐不过数月,远处商贩因此观望"。经过与联英等人商议,他决定仍仿淮北西坝办法,于仪征解捆处所设立栈房,先行由司筹款,在扬州收盐,运至该处后,无论江广等处客船商船,自十引至百千万引,"均准缴价呈买,各赴淮南引地销售"。附近官绅商民,如果情愿出资收盐赴栈者,"亦准缴价自运"②。

等到了三十年九月,陆建瀛再奏,淮南纲食各岸额引1395510

---

① 《军机处录副奏折・道光朝・财政类・盐务》,道光三十年六月初五日,大学士户部尚书卓秉恬等折。
② 《军机处录副奏折・道光朝・财政类・盐务》,道光三十年七月二十八日,两江总督陆建瀛折。

引,辛丑等五纲减运60万引,丙午等三纲提复10万引,仍减50万引,原期渐次复还旧规,并非常年折减。今已酉新章,于提复10万引之外,又复20万引,是所减者只有30万引,较诸原减60万引,业已规复一半。至商盐出场斤重,新章定以660斤,系仿淮北票盐每引连卤耗包索440斤之数核算,自场运坝,自坝运仪,几经搬抬,捆掣消耗,是以援照定章,于正引外明加包索卤耗。若除去包索卤耗,计算每引仍止净盐600斤,并无加增,亦无不符。其加带乙盐二百斤,缘乙未纲系已纳钱粮之盐,屡奉部行催运,原奏请十纲分带,作为加斤,"与凭空议加者不同"。将来此项运竣能否裁撤,应视盐引畅销、银价平减,再行定议。①

淮南票盐改革之后,于四月初三日开局,截至九月初旬,已领运70余万引,尚有30余万引。南北贩商均欲认运,因为本年淮南通泰各场"夏秋风趣不时,间有缺产",而考虑到"两淮虽属一体,而南北两局究应剖分界限",故陆建瀛决定命南商从淮北提盐30万引,"仍由淮南商贩运销,免滋流弊"②。至十月十五日止,则已完全纲1095千余引。③

通过以上论述,再结合陶澍当初对淮北地区推行票盐的方法④,可知陆建瀛的淮南改革之法,基本上与淮北票盐之制相类

---

① 《军机处录副奏折》,道光三十年九月十六日(朱批时间),见《军机处录副奏折·道光朝·财政类·盐务》,胶片号220,第1149—1150页。
② 《军机处录副奏折》,道光三十年九月二十八日(朱批时间),两江总督陆建瀛折,见《军机处录副奏折·道光朝·财政类·盐务》,胶片号220,第1159—1160页。
③ 《嘉庆道光两朝上谕档》,道光三十年十月十三日。
④ 参见拙文:《政府、商人与民众——试论陶澍淮北票盐改革》,《盐业史研究》2005年第1期。

似,但因情况所迫,他不再强调缉私、盐区及盐价,而是包含着新的市场化因素,从而显得更为大刀阔斧。

陆建瀛的淮南票盐改革,在改行票法之余,重点仍是放在裁减浮费和减轻成本上。据《清史稿》记载,"凡省陋规岁数百万,又减去滞引三十万,年保行百零九万引,每引正课一两七钱五分,杂课一两九钱二分,经费六钱五分八厘"①。虽然引斤课费仍较淮北为高,但与前相较还是大为减轻。加上为弥补武昌大火的损失,规定每运新盐一引,带运二百斤,"既裁浮费,又多运盐二百斤,成本轻减过半。故开办数月,即全运一纲之引,楚西各岸盐价骤贱,农民欢声雷动"②。由此可见,陆建瀛的淮南票盐改革,亦是很有成效。清廷对陆建瀛的改革非常满意,咸丰帝宣称:淮南盐务新章,经陆建瀛督同联英、刘良驹等扫除积弊,自开局至今五月有余,已办过上下两半奏销,约十一月内外,淮南全纲可清,合之淮北盐课协饷,计应共银五百余万两,"办理尚属妥善",特决定对陆建瀛等人一一"议叙"。③

如果说淮南盐政弊端是改革的原动力,武昌大火是盐政改革的导火索,那么陆建瀛则是这幕大剧的总导演。与陶澍改革类似,在推行票盐过程中,亦有不少反对的声音,如御史周炳鉴奏淮南改票"未可轻行"④。但陆建瀛的态度相当坚决,他说,"但使淮鹾尚有一线之可图,新章并无十全把握,臣何敢轻议更张"。只缘近年

---

① 《清史稿》卷一二三《食货四》。
② 王守基:《长芦盐法议略》,《皇朝政典类纂》卷七十。
③ 《嘉庆道光两朝上谕档》,道光三十年十月十三日。
④ 《嘉庆道光两朝上谕档》,道光三十年三月二十四日。

岸费日浮,致商本耗于蠹蚀者为巨万,银价日贵,致官盐昂于私价者二三倍,即使汉岸火灾并未发生,淮南也已万无支持之理。该御史"当不知帑本之来历,并不知票法之作用,亦未见臣议之章程"也。他还表示,自己于道光三十年四月初三日在扬开局后,"各商感戴皇仁,甚属踊跃",所有己酉纲上年奏销可以赶办无误,可见效果相当不错。①

惯性总是会存在。即使在改革取得初步的成效后,反对改革者亦大有人在。给事中曹履泰奏请复根窝旧制。他认为以前设立根窝之制,"乃永远行之",不能轻易废除。陆建瀛则反驳称:商人有利则趋,无利则避,是以立此窝单为把握,"既可杜有利时之纷争,又可防无利时之趋避"。只因后人不守陶澍防弊章程,岸费日增,不遵散轮本意,故成本加重,愈不足以敌私,以致"挪正垫集,库储空虚,即无水灾、火灾,亦万无支持之理"。曹履泰之请,犹如名已倒闭之银店铺店,欲持其空票,不知鹾法本属贸易,"商之来去,视乎利之有无"。且淮北额盐30余万引,以前每年仅捆运2万引,不及额销十分之一,全为芦私场私所占,现在票盐每年行46万引,系恢复从前芦私场私所占之引地。总之,窝单不能复,"即复亦徒资奸商之把持而运必不充课,终不是北票不能融,即融亦徒坏淮北之成法"。②

除了来自上层的反对,中下级盐务官员也并非齐心协力。陆建瀛即奏参湖北盐道邹之玉"仍论各商板提售价,不遵永禁整轮办

---

①② 《军机处录副奏折·道光朝·财政类·盐务》,道光三十年四月初五日,两江总督陆建瀛折。

法",以致存盐滞销,民食盐贵;江西署盐道庆云"需索月费,争竞不已",并有应照廉俸支缴纳等语。① 对此,朝廷当然毫不手软,逐一加以处分。

又比如,武昌府同知劳光泰"议论新章利病,显有阻挠情事"。其子劳世楠又复"刊板刷送",虽经自行检举,板片亦查明销毁,而"刊刷散布,难免商情不为摇惑,于盬务大有关系",故奏请将劳光泰著交部严加议处。陆建瀛称,其议论新章利病,总以移岸九江为词,窥其意见,以为争回省岸即可,争回陋规实属利令智昏,设法阻挠。另外,他还指出湖北盐道邹之玉等对此"全不计较,诚恐遽怒商贩,寻隙挠累,于公事仍无裨益"。对此,朱批曰:"邹之玉如显有阻挠情事,何妨专折奏参,不可拘泥。"②

要求加价的也大有人在。湖广道监察御史汤云松系江西人,他宣称自己从小即知江西吉安府向受粤盐充斥,广信府向受浙盐充斥,建昌府向受闽盐充斥,但这些所谓的私盐贩,"不过微末细民,肩挑贸易,以沾毫厘之利",并不能当真。即安徽、湖北两省时有私贩往来,若巡缉员弁实力稽查,则叫无虞,只因巡缉薪水取于商人,商人即以官引夹带私盐,"先卖商私,后卖官引",而巡缉之员从中渔利。现在改票盐,核票商成本,每斤制钱三十五六文,就口岸之远近而论,近者约卖四十一二文,远者亦不过四十四五文,较从前价格已减去三十文。现在国家多事,需饷殷急,故请每斤加价五文,计小民日食三钱,每年食盐七斤,一年仅多三十五文,"万无

---

① 《嘉庆道光两朝上谕档》,道光三十年四月二十七日。
② 《军机处录副奏折》,道光三十年十二月初 日(朱批时间),两江总督陆建瀛折,见《军机处录副奏折·道光朝·财政类·盐务》,胶片号220,第1206—1207页。

病民之理",而每年多收二百八十余万千文,合银一百二十余万两。① 对此,陆建瀛的态度非常鲜明,直接表示"缉私本有经费,盐斤未便加斤"。他称,道光二十二年长芦请加每斤二三文,"曾不旋踵,竟致不可挽回。洵为前车之鉴"。只要盐斤畅销,"不必缌缌加价,致增成本"。②

事实胜于雄辩,淮南票盐"开纲数月,已全运一纲之盐"③,凭借着推行票盐所带来的巨大利润与良好的销售业绩,陆建瀛的票盐改革亦在相当程度上获得成果。经陶澍的淮北票盐改革,再至陆建瀛的淮南票盐改革,清代最大盐区的两淮,最终走上了以市场为主导、以利益为驱动的票盐之路。

陆建瀛改革后不久,即爆发了太平天国起义,起义军攻陷武昌、汉口,长江航路受阻,淮盐无法上运,正所谓"咸丰军兴,岸悬商散,北则军队林立,饷盐充斥;南则江路梗阻,片引不行,票法于是乎大坏"④,废引改票之事就此结束,加之官员已无力对制度做进一步修正,故淮南票盐很快即出现了"越二岁,即滞销抢跌,承办数千引之大贩皆为一二十引之小贩所误","淮盐遂以不振"⑤的局面。川盐济楚逐步登上历史舞台,等到太平天国起义被镇压后,

---

① 《军机处录副奏折·道光朝·财政类·盐务》,道光三十年十二月十五日,湖广道监察御史汤云松折。

② 《军机处录副奏折·道光朝·财政类·盐务》,道光三十年十二月二十七日,两江总督陆建瀛折。

③ 财政部盐务署编:《清盐法志》卷一百十六《两淮十七·运销门七·商运三·淮南票法》。

④⑤ 财政部盐务署编:《清盐法志》卷一百十四《两淮十五·运销门五·商运一》。

曾国藩、李鸿章等人重整旗鼓,恢复两淮盐运,但已时过境迁,今非昔比了。

三、关税改革

关于嘉道时期的关税征收,与学术界以往的观点不同,笔者认为其间的关税收入并没有下降,而是仍然保持着较为平稳的状态。[①] 众所周知,嘉道两朝是清代社会一个重要的转折时期,当时世风浇漓,吏治败坏,关税征收也绝不可能独善其身。由此产生的问题是,清廷是如何在这种氛围下,对关税做过哪些政策上的调整,并取得了较好的成绩呢?清廷在关税方面的大力改革,当是其中的重要原因。

(一) 确立关税盈余

盈余银是各关征收税款超过正额的部分,仍属于中央政府的关税收入。由于正额数量之外是巨大的盈余量,难以估计清楚,乾隆朝以后历次厘定关税税额,都是就盈余银两而言。清廷对盈余银的认定,经过了一个从肯定到否定又到肯定的变化过程。各关盈余初本无定额,乾隆初年定制以雍正十三年(1736年)之盈余数为定额,其后,随着商口流通规模的扩大,各关盈余银两远远超过雍正十三年的数额。乾隆中叶,清朝更定各关监

---

① 参见拙文《〈汇核嘉庆十七年各直省钱粮出入清单〉所载关税额辨析》(《历史研究》2008年第5期)、《〈王庆云〈石渠余纪〉所载道光关税额辨析》(《近代史研究》2008年第5期)。

督考成方法,将本届征收税银与前三届中的最高数额相比较,如有不敷责成经征人员赔补。三年比较之法,并不是一种合理的制度选择,其中不顾实际情况的一刀切问责制度,尤为时人所诟病。另一方面,至乾隆末年,由于全国经济布局和流通布局的变化,各关税收增减变化很大,沿江、沿海各关税额多有较大增长,而运河沿线的部分税关则出现连年征不足额的现象,导致三年比较之法的弊端更为彰显。因而,到了嘉庆四年(1799年),清廷被迫对相关政策做出调整,即对各关定额进行调整,按照实际征收的多寡,重新确定各关盈余银的定额,从而成为清代关税征收史上的重要事件。

在确定盈余之前,户部将头三年之盈余数量上奏,以便作新规定的参考。① 嘉庆四年三月十八日内阁奉上谕:"向来各关征税,于正额之外将赢余一项,比较上三届征收最多年分,如有不敷,即著征收之员赔补,以致司榷各员藉端苛敛,而赔缴之项仍未能如数完交,徒属有名无实,因思各关情形不同,所有赢余数目自应酌中定制,以归核实而示体恤,已于户部所奏各关赢余银数清单,内经朕查照往年加多之数,分别核减,自此次定额之后,倘各关每年盈余于新定之数,再有短少者,即行著落赔补,如于定数或有多余,亦即尽收尽解,其三年比较之例,著永行停止。至工部船料竹木等税,除渝关赢余向无定额,及由闸等关,并无赢余外,其余亦经分别

---

① 《军机处录副奏折·嘉庆朝·财政类·关税项》,胶片216,第1767—1777页,户部折,清单。关于停止上三年比较之例,有人分析道:"司榷者竞苛取以求胜,于是赢余一项,更有比较上三届最多年分之例,见好者固日渐加增,缺数者亦时多赔累。上洞悉其弊,嘉庆已未三月,分别减核,著为定例。"(姚元之:《竹叶亭杂记》卷二)

减定嗣后即一律办理,毋庸再行比较,单并发。"①

当时确定的数据如下:坐粮厅 6000 两,天津关 20000 两,临清户关 11000 两,江海关 42000 两,浒墅关 235000 两,淮安关 111000 两,海关庙湾口 2200 两,扬州关(兼由闸)68000 两,西新关 29000 两,凤阳关 15000 两,芜湖户关 73000 两,九江关 347800 两,赣关 38000 两,闽海关 113000 两,浙海关 39000 两,北新关 65000 两,武昌关 12000 两,夔关 110000 两,粤海关 855500 两,太平关 75500 两,梧州厂 7500 两,浔州厂 5200 两,归化城 1600 两,山海关 49487 两,杀虎口 15414 两,张家口 40561 两,打箭炉尽收尽解。以上所定的总数为 2387762 两。

随着时间的变化,至嘉庆九年,清廷又对个别户部关的盈余数额进行调整。当时户部的考虑是:"臣等将各关节年征收盈余数目通行核算,如粤海、天津、北新、赣关等处,与钦定数目增多几至一倍,较之嘉庆三年所收数目俱有盈无绌。数年以来,既已次第增多,嗣后自不虞其再有短缺。至江海、太平、武昌、归化城等处,与钦定数目增多一千余两至一万余两不等,较之嘉庆三年银数尚属不甚悬殊。坐粮厅、芜湖、梧州、浔州、打箭炉并淮安兼管之海关庙湾口,与钦定数目增多不过数两至二千余两,而较之嘉庆三年所征数目俱有短绌。闽海关嘉庆四、五、六、七、八等年所收盈余较之钦定数目多自九千四百二十余两至四万一千余两不等。……惟浙海、扬州、凤阳、西新、九江、浒墅、淮安、夔关,迩年间有收不足数之时,临清关竟至三年全数亏短,虽偶因地方偏灾,货物到关稀少,究

---

① 《嘉庆道光两朝上谕档》,嘉庆四年三月十八日。

由该监督等经理不善所致。……浙海等八关可否仍照嘉庆三年盈余数目征收,如有短少,责令赔补。"①据此嘉庆帝发布上谕,借"酌减"之名,上调了几个关的盈余数量,即浙海关调整为44000两,扬州关为71000两,凤阳关为17000两,西新关为33000两,九江关为367000两,浒墅关为250000两,淮安关为131000两,其余各关的盈余数据保持不变。这样一来,盈余总数增加为2455962两。②

至道光十一年八月,考虑到淮安关与浒墅关时常征不足额,清廷又将其盈余分别削减21000两和20000两,实各存盈余11万两23万两。上谕还称:"自此次裁减之后,不特将嘉庆九年加增之数全行减去,并较嘉庆四年原定之数格外减少"③至此,清代的盈余数基本固定。

道光朝各关税收额度一览表(单位:两)

关名	正额	盈余	应征总数	说明
崇文门	102175	212789	314964	系无闰年情况
左翼	10008	18000	28008	
右翼	10005	7321	17327	
坐粮厅	6339	6000	12339	
淮安关（含宿迁）	254364	110000	364364	变化见前文
浒墅关	191151	230000	421151	变化见前文
扬州关	92791	71000	163791	

---

① 《军机处录副奏折·嘉庆朝·财政类·关税项》,嘉庆九年六月十一日,户部尚书禄康等折。
② 李鸿章等纂:(光绪朝)《大清会典事例》卷二三八《户部八七·关税》。
③ 《嘉庆道光两朝上谕档》,道光十一年八月十三日。

续表

芜湖户关	156919	73000	229919	
西新关	41376	33000	74376	
凤阳关	90160	17000	107160	
江海关	23980	42000	65980	
天津关	48156	20000	68156	
临清户关	37376	11000	48376	
九江关	172281	367000	539281	
赣关	46470	38000	84470	
北新关	123054	65000	188054	
浙海关	35908	44000	79908	
闽海关	73550	113000	186550	
太平关	52675	75500	128175	
粤海关	43564	855500	899064	
山海关	61642	49487	111129	
张家口	20004	40561	60565	
杀虎口	16920	15414	32334	
归化城	15000[1]	1600	16600	
天津海税	26000	14000	40000	
奉天牛马税	3307		3307	
凤凰城中江	4000	1000	5000	
武昌游湖关	33000	12000	45000	
夔关	73740	110000	183740	
打箭炉	20000		20000	
梧厂	60913	7821	68734	
浔厂	43741	5565	49306	
辰关	12500	3800	16300	
武元城	1231	2[2]	1233	
临清工关	4573	3800	8373	
芜湖工关	70146	47000	117146	
龙江关	57607	55000	112607	

续表

荆州关	17687	13000	30687	
通永道	7115	3900	11015	
渝关	5000		5000	
南新关	30248	－78[3]	30170	
古北口	1213		1213	
盛京木税	2000		2000	
吉林木税	656		656	
潘桃口木税	6445		6445	
伊犁木税				无定额
合计	2206991	2792982	4999974	未含归化城钱数

资料来源：中国社会科学院经济研究所藏《清代关税收支报告表》第六本《各常关》；中国第一历史档案馆藏《军机处录副奏折》、《宫中档朱批奏折》，大清会典之工部与户部。

(1)另有正额钱9000串，盈余钱137串610文。
(2)武元城之盈余，嘉庆四年先定为1269两，是年复减至二两，见光绪《大清会典事例》卷九四二《工部八十一》。
(3)应征3922.019两，于北新关拨补4000两，故为负数。

以上就是嘉道时期对关税正额盈余的调整，以及最终的结果。至于道光晚期，随着五口通商，江海洋关、浙海洋关、厦门洋关和福州洋关之关税额系新增项目，故正额及盈余并无具体规定，而是尽收尽解。

(二) 调整相关政策

嘉道时期主要的制度调整，包括分赔章程大讨论、严厉追赔办法及盈余六成以内免议处等方面。

考虑到各关情形不一，道光三年，军机大臣会同户工二部议奏征收关税，称"各关税课之盈绌，由商货之多寡，而裕课必先恤商，恤商必先除弊"。但近来各关奸丁蠹吏,勒征卖放,及以正作罚,上下分肥;加之奸商偷漏绕越,粮船包揽夹带,百弊丛生,导致关税征收亏短日甚,而官员"转藉口年岁歉薄、商货短少","试思商民贸通有无,往来络绎,断不致逐年大相径庭,总由各员任听丁胥人等例外横征,通同舞弊,以致商人裹足不前,于榷务大有关系"。于是命各省督抚将各关因何亏短及商货如何流通,查明妥议章程具奏。同时,户部还乘机制订新的关税短收赔补章程,即"各按各任赔补",要各关及督抚就近察看情形,"应否照旧匀摊,或仍遵新例各按各任赔补",一并妥议具奏。①

在这一谕旨的号召下,各榷关及督抚纷纷奏复,成为一次牵涉范围极广的大讨论。不过,从事后的统计来看,绝大部分关都表示无庸修改旧章。如闽海关称,闽海关历年征收足额,征税章程"著仍照旧办理"。至税课如有绌收,"若各按各任赔补,月分衰旺不同,仍照旧例全年通计,按日匀摊,俾免偏枯"。② 天津海税、芜湖关、凤阳关、粤海关、太平关、杀虎口、归化城等处,亦都表示征收足额,毋庸改变章程,赔补章程亦无庸变化。③ 两江方面则表示,龙江、淮宿等关征收税课,与江西的九江关和赣关一样,不能按天而只能按月摊算,因为每年各月、各天的情况都不相同,难以一律规

---

① 《嘉庆道光两朝上谕档》,道光三年六月二十九日。
② 《嘉庆道光两朝上谕档》,道光三年十一月十一日。
③ 《宫中档朱批奏折·财政类·关税》,道光四年正月十六日,直隶总督蒋攸铦折;《宫中档朱批奏折·财政类·关税》,道光四年二月十八日,安徽巡抚陶澍折;《宫中档朱批奏折·财政类·关税》,道光四年二月二十五日,两广总督阮元、广东巡抚陈中孚折;《宫中档朱批奏折·财政类·关税》,道光四年二月二十八日,山西巡抚邱树棠折。

定。因为这一时期淮关长期征不足数,故两江方面不得不提出新的征税章程,如商贩到关验放宜速、扦量货物科宜平、保家钞户禁革宜严、绕越偷放宜惩巡役、胥吏揑单查察宜肃、看关守口家丁宜慎选少派。当然,以上举措并无新意,纯属塞责而已。①

也有个别关乘机调整了赔补的规定,如浒墅关、扬州关两关,奏准"请以三四五、九、十、十一凡六个月为旺月,定征十分中之六成,其余四成,遇闰随正计算,按月摊赔"。②从事后的奏章来看,这种办法执行起来,的确繁琐不堪。

到了道光十年,考虑到征税仍不时有短缺现象发生,清廷又发布上谕称,各省关税征收银两,本有定额,不容丝毫亏短,"近来各监督具奏征不足额者甚多","似此征收不力,年复一年,何所底止"。嗣后各关应如何立定章程,分别功过、赏罚之处,著户部会同内务府妥议具奏。③ 在此次讨论中,除了前面已经提到过的修改浒墅关及淮安关的盈余数额外,户部还提出了新的章程,即根据各关具体情况,分为"历来有盈无绌"、"从前间有短绌,近年尚能足额"及"历届均属亏短"三类,将盈余银定额,以"六成作为额内盈余"、"四成作为额外盈余",核计溢额、绌额,分别功过。其中历来有盈无绌各关"毋庸置议外","历年缺额之淮安、浒墅、扬州、临清等关,及间有缺额之九江、南新、凤阳、芜湖、西新等关",若六成额

---

① 《宫中档朱批奏折·财政类·关税》,道光三年十二月初十日,协办大学士两江总督孙玉庭折。
② 《宫中档朱批奏折·财政类·关税》,道光四年正月十九日,江苏巡抚韩文琦折。
③ 《嘉庆道光两朝上谕档》,道光十年三月三十日。

内盈余银"遇有短少,着落赔缴,仍按额内盈余短收分数,照旧例议处";四成额外盈余银"遇有短少,著落赔缴,免其处分","如应征盈余足额之外,复有溢收,亦按其分数,照新定章程给予议叙,以昭平允"①。在此后的奏报中,就经常可以看到完成额内盈余而额外盈余征不足数的情况了。② 这是清廷面临有些关长期征不足数、法不责众的实际情况,不得已而采取的变通办法。

关键的问题还在于严格追赔。嘉庆五年,清廷规定,赔款数在1000两以下者,"限半年完缴";1000两至3000两者,"限一年";3000两以上至5000两者,"限二年";5000两以上至10000两者,"限三年";10000两以上至20000两者,"限四年","均以接到部文之日起限,如仍不依限全完,即行革职。若革职后能于半年内全数完缴,准其开复"③。十七年,清廷规定的赔款时限比以前有所延长,数量在300两以下者,"限半年完缴";300两以上至1000两者,"定限一年完缴";1000两至5000两者,"定限四年";5000两至10000两者,"定限五年";10000两至20000两者,"定限六年";20000两以上者,"再加一年,以此递增",至10万两限十五年为止。如逾限不完,现任管关人员,由户、工部查明参办,"外任者,旗员、汉员均由该督抚咨部查参"④。

户部的这一规定,并不适用于浒墅、淮安、龙江、西新、九江、南

---

① 《清宣宗实录》卷一六七,道光十年四月丁亥。
② 如临清关的情况,参见《军机处录副奏折·道光朝·财政类·关税项》,道光十八年闰四月二十五日,山东巡抚经额布折。
③ 光绪《大清会典事例》卷一〇六,《吏部·处分例》。
④ 嘉庆《钦定工部则例》卷一〇二,《关税·关税盈余赔项》。

新、北新等五处，因为此五处向由内务府司员简放。而这些内务府派出的官员，一旦出现亏损，回京到旗，"往往以欠项较多不能依限赴部完缴，辄在本旗具呈恳请代奏缴银扣俸"。近来各关虽频年奏报亏短，总不至如浒墅、淮安两关动辄短至数万及十余万两之多，"迨有亏项，又复延宕，希冀以俸扣抵，徒有赔缴之名，并无完交之实"。于是道光十年，内务府奏准，嗣后此五处，遇有亏缺关税之员回旗，具呈缴扣俸一概不准，均令依限完纳，"限满不完即著革职监追，如监追后仍敢任意延宕，不行完纳，即著永远监追，其子孙代赔之项亦令依限完纳，不完照例监追。如系赤贫，取其参领佐领'家产尽绝'印甘各结，仍查明并无寄顿属实，方准据实奏明，以俸扣抵。"① 随后，户部表示，其余京外各关及嘉庆四年盈余定额之夔关等处亦应照办，"以归画一"②。

在全国统一调整之外，嘉道时期，也有个别关做出过单独调整：

关于嘉道时期张家口税收管理制度方面的变化，笔者在相关档案材料中发现了如下线索。道光五年，张家口税务监督英文称，清代旧例，恰克图、库伦等处商贩皮张及牛马驼羊，"令多伦诺尔同往查诘，明白于票内注明，赴张家口照例纳税进关，不准绕越，致滋偷漏等语"。但他自到任以来，体察商税情形，南来茶布、口外牛马驼羊，俱系照例报税，"惟圈内商人贩置恰克图等处皮张，进关并不照例纳税，亦不呈验原票"。统俟四、五月间出售时，始行陆续投税。考虑到圈城系在关内，其货物进关既不将货单呈验存贮之所，

---

① 《嘉庆道光两朝上谕档》，道光十一年八月初四日。
② 《军机处录副奏折·道光朝·财政类·关税项》，道光十一年八月二十七日，户部尚书禧恩折。

又不听监督稽查,"不为无弊",于是仍令该商等于货物到关时呈验货单,照例纳税,再行进关入圈。①

临清户关,自乾隆二十一年(1756年)以后,通常系委派临清直隶州知州就近经管。嘉庆五年,山东巡抚奏称,"惟查钞关重任,臣势不能亲理其事,仅委该州专司征解,殊不足以昭慎重,臣与两司悉心商榷,必须道员督察稽查。"故请改为济东道不时赴关,督同临清州办理,朱批亦称:"所办甚是,应令道员经理。"②而经过一年试办,山东巡抚却发现户关少收1万两,该州张光熙经理榷务一年届满,"不特盈余之项全无,即正额亦多不足"。③ 虽事出有因,亦引起清廷的重视。七年,巡抚和宁以该州有征解地丁钱粮之责,"恐其挪移滋弊",奏明改派济南府同知张晋专司其事,结果半年后张晋被革职。又派泰安府通判嵇承群管理,但因人地生疏,嵇承群办理关务"未能得力,且以他处佐贰派往驻扎,地非本管,呼应不灵,未免事多掣肘"。且知州经理,缺少了还可以追赔;若改委丞倅,倘有亏短,何能赔补?"且多一闲员用度,亦滋靡费"。于是,到嘉庆八年,清廷再次改变临清关之管理办法,仍交知州管理,以复旧制。④

天津海关征收向无定额,仅由天津县自行征解,自嘉庆十二年起,经钦差大臣托津等查明奏定章程,交由直隶总督管理,就近派

---

① 《军机处录副奏折·道光朝·财政类·关税项》,道光五年三月十五日,张家口税务监督英文折。
② 《宫中档朱批奏折·财政类·关税》,嘉庆四年七月二十六日,山东巡抚陈大文折。
③ 《宫中档朱批奏折·财政类·关税》,嘉庆五年七月十一日,山东巡抚惠龄折。
④ 《宫中档朱批奏折·财政类·关税》,嘉庆八年闰二月二十一日,山东巡抚铁保折。

委道府大员监收,定额40000两,以26000两为正额,以14000两为盈余,正额解部,盈余解贮藩库留充地方公用。因系海税,征收以每年开河至封河为止。此后,天津海关之征税,保持了极为完整的序列。这也是嘉道时期在关税制度化建设方面的一个例证。

(三) 鸦片战争后的调整

鸦片战争是中国近代史上划时代的重大事件,对于关税征收产生了重大影响。鸦片战争后,通过中英《南京条约》,英国人明确了五口通商权利。随着国门的洞开,洋货开始大量涌入中国。在随后的执行过程中,沿海各关随之做出相应调整。

其一,调整征税关期及额数。

由于第一次鸦片战争的关系,天津海关"因海洋不靖,商船稀少",经奏准,改变了天津海关以往每年关期均在本年内完成,即由开河至封河为时间段的办法,改为准其展限三个月,截期奏报,如有溢余,尽数报解。倘仍征不足额,即著照数赔补。[①]

关期变化最大的尚不在天津,而是新的通商口岸江海洋关(上海关)、浙海洋关(宁波关)、厦门关和福州关四洋关,要以粤海关之关期为关期,"所征西洋各国税银",亦与粤海关一体办理,每三个月即咨会粤海关一次,"仍由各海关另案题报"。[②] 这其实是在五口通商新因素出现后,清廷仍欲固守旧有的榷关体制,将其他几处

---

① 《军机处录副奏折·道光朝·财政类·关税项》,道光二十二年五月初二日,直隶总督讷尔经额折。

② 《宫中档朱批奏折·财政类·关税》,道光二十四年二月十四日,福州将军兼闽海关监督保昌折。

洋关纳入粤海关范围的努力。虽然这种努力更多的是文字游戏，而没有实质性的意义，但却一下子将此四洋关从原来的常关中分离了出来。

与此同时，针对四洋关的征税数量，清朝统治者最初坚持"粤海关原定税额"，即主张通筹沿海五关税收，"此后粤海关如有征不足数，应请暂于福州、厦门、宁波、上海四关所征西洋各国货税内拨补足数，即由各海关径自报拨，其额外赢余，各归各关，尽收尽解"。同时，还想循旧例，对五口征税试行三年，察看五口每年可征税银若干，再将粤海关定额匀归各口，作为定额，如有盈余，仍以额外盈余报拨。① 这实际上是由于清廷担心税收征不足数而采取的变通办法。不料经过试行，他们发现粤海关所征均在200万两以上，"不但有盈无绌，抑且多至数倍"，这才决定粤海关之原定额数，毋庸匀归各口分摊，而是改为各口所征，"尽收尽解"②，取代了以往的定额征解办法。

另一方面，因洋关挤压常关，导致闽海关不得不调整每年应征额数。据奏报，二十七年份闽海关少收，"实因夷船占销华船之货，致商船大半歇业"，于是恳请"将侵占常税之夷税拨补常税定额，通计盈绌"。③ 户部议复"尚系实在情形"，但将夷税分为两种类别，"款目繁多，恐滋迁就，与其拨补以无定之数，而易滋混淆，不若拨补以有定之数而便于稽核"，于是命其仿南北新关拨补之例通盘核

---

① 《道光朝筹办夷务始末》卷六七，第2677页。
② 中国近代史资料丛刊《第二次鸦片战争》（一），第373—375页。
③ 《宫中档朱批奏折·财政类·关税》，道光二十八年正月十五日，福州将军兼闽海关监督璧昌折。

算，每年从洋税项下拨银 25000 两作为定数，以补常税之不足。①

其二，区分华夷，加强巡洋缉查。

五口通商后，贸易流通格局大变，为适应此种新变化，清廷做出了不少政策调整。浙海关是通过添雇人役、增设公所卡巡，来加强巡洋缉私。据浙江方面奏报，宁波海口与西洋各国通商，内地货物以茶叶湖丝绸缎为大宗，"浙省海口纷歧，港汊丛杂，小民趋利若鹜，难保无偷漏走私之弊"。安徽、福建等省茶叶贩运来浙，均须经由钱塘江至萧山县属之义桥、新坝二处起运过塘，至宁波销售，故于此二处设充公所，派拨丁书常川住守。湖丝等项，则必须通过上游之大河头、宝幢河头及骆驼桥三处，故亦各设卡房一所。至宁波大半设立城外江东，"向系查验内地船货，各该商即在关前分帮停泊，兹与各国通商，未便同在一处查验，致形拥挤"，故决定在江北岸李家街头，设立盘验所一处，建造税房，搭盖棚厂，"以为夷船起货下货稽查盘验之所，使内地与外夷各船不相混淆，易于查察"。又因各国商船由镇海进口宁波，恐有水手登岸滋事，或奸民勾串夷人中途驳运等弊，复于盘验所及镇海口二处，各设巡船二只，雇募舵水选拨丁役，派委佐杂人员，分投稽查。所有开支，则均于"征存西洋各国税钞内照数支给"。②

厦门向为内地客商由海贩运货物、往来各省贸易输税之所，自五口通商以后，钦差大臣耆英"恐内地商船与夷商杂处，滋生事端，

---

① 《宫中档朱批奏折·财政类·关税》，道光二十八年六月初六日，福州将军壁昌、闽浙总督刘韵珂折。
② 《宫中档朱批奏折·财政类·关税》，道光二十四年十二月初七日，浙江巡抚梁宝常折。

又因鼓浪屿原设查税小口殊多不便",是以函商伊里布照知噗鼎查议明,将查税小口移至新屿,"以期两不相妨"①。清廷在议复这一要求时也称,厦门关口一经征税,"则商船巡船与英吉利船只同在一港,帆樯相摩,较之江浙各税口夷船业已退出情形不同"。② 一年后,厦门方面再奏,厦门汊港纷歧,岛屿错杂,货船到彼,最易走私,"现当各夷开市之际,夷商之偷漏,固当明示禁防,内地之奸民尤须严加惩创"。查有何厝乡、卓崎、深坞等处,均在厦门口外,水陆交通,从前内地商船贩货赴厦,各该处间有勾通走漏之事,内何厝乡人户众多,"民情犷悍,较卓崎等处尤甚"。自洋人至厦互市以来,该乡百姓以为有利可图,即开设私行,置造船只,"希图勾串夷船于口外卸货走私",因开市不久,各洋船皆直驶入口,未能与当地百姓接上关系,但以后则难保不生事端,故决定"将其行店船只拆毁",以绝后患。③

粤海关也开始加强相关缉私,以别华夷。据粤海关监督奏称,鸦片战争以后,茶叶、湖丝、大黄等项,多有走私,盖三水之思贤滘、虎门左近之三门、南海之九江沙头、东莞之石龙、香山之石岐、顺德之黄连、甘竹,此七处均有汊河可以绕道出海,"向无卡口稽查"。现在香港既准英人居住,不得不预防内地奸商绕道偷运,于是在此七处要口设立卡房,每卡派家人一名,书一名,役一名,巡丁十名,

---

① 《宫中档朱批奏折·财政类·关税》,胶片21,第2133—2134页。
② 《宫中档朱批奏折·财政类·关税》,道光二十三年七月十九日,福州将军兼闽海关监督保昌折。
③ 《宫中档朱批奏折·财政类·关税》,道光二十五年二月十六日,福州将军兼闽海关监督敬敩折。

水火夫二名,巡船水手八名,每月各给工食杂费,凡有销售外夷之物,均不准其绕道行走。①

其三,裁减浮费。

因为有常关与洋关之别,江海关出现了耗银之争。据奏称,江海关自二十三年九月二十六日开市,"开市之初税钞皆用洋银输纳,嗣因议令补水,该夷等每多龃龉,旋即改为银两输征,而所纳之银又皆成色低潮",上海道宫慕久通谕,倾熔每千两较解部足色元宝亏色银至三四十两不等,"当令该夷如数补水",但洋商"以税钞本应纳银,今以银上纳,系遵定章办理,不能再补",婉谕再三,坚执不允,"反称格外需索,欲缓通商"。为考虑大局起见,不能不通融办理,同意洋人要求。但此后洋商来华贸易日众,年纳税钞或五十万,或六十万,甚且多至七十余万,而其银两皆系九六、七成色,"各夷以初次收兑银色为准,不惟不能令其补水,兼亦不能令其易换"。如以此交部,则江海关必然大亏,故恳请仿粤海关章程,"在于征收税银内作正开销,以归画一,每两准销折耗银三分"。② 后来经过部议,认为江海关征收西洋各国税钞之案,此项折耗银两"自系无款可筹",惟所请三分,每年合计五六十万,则折耗多至一万数千两,"未免为数过巨,减去一分,折二分"。③

粤海关是裁费归公的大头。在旧有的体制下,粤海关例于正

---

① 《宫中档朱批奏折·财政类·关税》,道光二十三年八月二十二日,两广总督祁贡、粤海关监督文丰折。
② 《宫中档朱批奏折·财政类·关税》,道光二十九年九月二十日,两江总督陆建瀛、江苏巡抚傅绳勋折。
③ 《宫中档朱批奏折·财政类·关税》,道光二十九年十二月二十二日,两江总督陆建瀛、江苏巡抚傅绳勋折。

税之外，征收有羡余，"是以监督、洋商，一切公事得以从容措置"，无如日久弊生，各方皆受其害，"外夷积忿生事"。中英谈判时，英方代表噗鼎查"首以裁革洋商、删除浮费为请，实由于此"。伊里布抵粤后，英人又以正税之外，不能另有加增，"设有必不可少之项，应于则例内注明，正税若干，另项若干字样，以免另起釁端"。后经反复讨论，"始据应允将大宗货物税银逐一加增"。① 又因粤海关例有办理贡品开支，经此次裁革后，费无所出，但清廷并未想舍弃此来源，故仍命粤海关监督"查看情形，可否呈进，据实具奏"。经查，粤海关所有税款，均归正项奏销，"并无闲款可抵备贡之需"。惟查管关监督除每年应支养廉外，尚有每年更换各口书役酌缴备公银五、六万两，除每年解交造办处米艇规银3万两，"其余以资办公"。② 算是勉强解了燃眉之急。

以上变化，均系鸦片战争后清廷因五口通商导致新征税格局的出现，而采取的应对之策。从中不难看出，旧制度对新因素的应因，具有极大的惰性和保守性，清廷的办法，实质上是忙于补漏，被动应付，而缺乏主动性。这也表明，鸦片战争对关税征收所带来的影响，清廷统治者尚缺乏深刻的认识和通盘的考虑。

简言之，嘉道时期，面对新的情况及新的变化，清廷曾通过多方努力，调整办法，修改政策，力图通过完善制度建设，使得这一时期的关税征收有一个健康平稳的外部环境。而从实际效果来看，

---

① 《宫中档朱批奏折·财政类·关税》，道光二十三年八月二十七日，耆英、程矞采、两广总督祁贡、粤海关监督文丰折。
② 《宫中档朱批奏折·财政类·关税》，道光二十七年二月初□日，粤海关监督基溥折。

这一时期的关税征收,从总体上来说还是相对平稳的,并没有出现大规模的下降;尤其是鸦片战争结束后的一段时间,由于五口通商,洋货大量涌入中国,更是在一定程度上提升了当时的全国关税征收量。嘉道时期的关税改革,虽然还不免存在着这样或那样的问题,但从总体上来看,还是值得肯定的。

第五章 嘉道财政与社会

财政是国家为实现基本目标与职能,参与国民收入再分配的一种形式,并对当时的社会经济产生广泛而深刻的影响。由于牵涉面较广,这里仅选取与政治、经济及财政理论相关的内容,借以窥探嘉道时期财政与社会的互动关系。

一、政治与经济

财政与社会经济的关系密不可分。社会经济的发展与否,直接决定了财政运行的基础;而财政运行的良莠,又会反过来影响到社会经济的发展程度。当然,这两者也绝非一而二、二而一的关系。

(一) 吏治败坏

制度的实施离不开人,各级官吏是政策的执行者和推动者。嘉道时期吏治败坏已是一个不争的事实。关于嘉道时期的吏治问题研究,已经有不少学者做过探索,但这仍是研究嘉道时期财政不容回避的问题。吏治败坏最集中的体现在胥吏和幕僚身上。胥吏是指各级政府机构中的低级办事人员,可以分为书吏与皂役。据《大清会典事例》关于吏部、书吏等门所载可知，各衙门书吏有不同的名称，内阁为供事，各部院为堂书、经承，各总督、巡抚、学政衙门称为书吏，藩司、臬司、道、府、厅、州、县为典史，但通常称为书吏。皂役是各衙门中特别是州县衙门中那些执鞭供奔的杂役人员。胥吏之外还有幕僚，幕僚是清代政治体制中十分特殊的阶层，系各级官员私人聘请的顾问。幕僚一般学有专长，以自己的才能为聘主服务，主要从事刑名、律例、钱粮征收、会计、账房、公私文书起草等工作。

胥吏与幕僚本来是政府日常工作运转的必要组成部分，但在清代却出现了喧宾夺主的情形，他们实际控制了清政府从中央到地方各级机构的很大一部分权力，操纵着行政系统的运行，所谓"今夺百官之权，而一切归之吏胥，是所谓百官者虚名，而柄国者吏胥而已。"①正如清人韩振所说："天下之事，谁为政？曰：二显二隐。何谓'显'？曰：三公统六部，六部各统其曹，是谓内之显治；以司道察守令，以督抚察司道，是谓外之显治。何谓'隐'？曰：内掌曹郎之事，以代六部出治者，胥吏也；外掌守令司道督抚之事，以代十七省出治者，幕友也，是皆上佐天子以治民事，而其迹不见者也。"②金安清在《水窗春呓》中记载：乾隆六十年停止捐纳，"外官府以下皆正途，督抚司道则重用旗人，而吏治蒸蒸日上。旗人外放者大都世家子弟，正途入官者不过书生耳，而何以如此见效？则以有三老在焉。一老吏，二老幕，三老胥。一省必

---

① 顾炎武：《日知录集释》卷十七《通经为吏》。
② 韩振：《幕友论》，《清经世文编》卷二十五《吏政十一·幕友》。

有一省之老吏,皆曾为府州县同通而解组者,熟悉一省之情形,刚方端直,虽督抚到任,亦必修式庐之敬,后辈更争礼之,诸事求教,自有入德之门。老幕则皆通才夙学,不利场屋,改而就幕,品学俱优,崖岸尤竣,主者尊之如师,不敢以非礼非义相加。礼貌偶疏,即拂衣而去,通省公论,便哗然矣。至于吏胥亦皆老成谨笃,办事不苟,义所不可,本官不能夺其志。故有此三老朝夕相处,蓬生麻中,不扶自直。道光以后,此风渐微,三老者变而为老贪、老滑、老奸,无人敬礼,高才之士率唾弃之,而国家二百年纪纲法度皆失传矣。"[①]其实,这种想法未免太过于天真,胥吏问题绝非自道光朝才开始显现。

胥吏与幕僚的来源比较狭窄,主要是由困顿不得志的读书人和绍兴师爷等专业人士充当,一般由官员自拣,但上司荐幕的情形亦时有发生。道光二十六年,段光清署理建德知县,拜见首府时,首府问他幕友是否已请,段光清回答刑名、钱谷两席已定,首府大不高兴,说:"尔处朋友竟行自定,殊不知我处朋友皆上宪所荐也。"段光清解释说自己初任事,须赖幕友以襄事,今天大老爷要推荐朋友,是人情难却,但人情只能施之一小席,不可行之刑钱两大席。后来首府推荐了一个小席,段收下了。[②]段光清还谈到当时向他推荐的幕友非常多,甚至可以用"车载"、"斗量"来形容,稍微出色的,荐条都贴到签押房壁上;次一等的,荐条贴到内账房壁上。越到后期,"幕风"越差。据张集馨《道咸宦海见闻录》记载,旗员出身

---

① 金安清:《水窗春呓》卷下《三老一变》。
② 段光清:《镜湖自撰年谱》,道光二十六年十月。

的陕甘总督乐斌,"公事例案,阅之不甚了了",于是把奏折文案全部委托给幕友彭沛霖。彭沛霖因此招摇撞骗,官吏趋之若鹜。更奇的是,按察使明绪、兰州道恩麟、候补道和祥及同知章桂文,都与彭沛霖结为兄弟,登堂拜母,俨然一家人。① 何桂芳在《请查禁谋荐幕友片》中说得很清楚:"各省州县到任,院司幕友必荐其门生故旧,代办刑名钱谷,该州县不问其人例案精熟与否,情愿厚出束修,延请入幕,只因上下通气,申文免驳诘。"②

周询曾对清代四川的幕僚收入做过分析:"总督及布、按两司及盐茶道,皆管辖通省,其刑、钱脩金,岁均约一千数百两。督署若一席专办,则为二千余两,然当时各府厅州县,对此数署之帮办,三切皆例馈节敬,大席每节每郡邑多者二十金,少亦数金。督署且略厚,各小席多者十金,少亦四金,故此数署之大席,每年合脩金节礼多者可及七八千金,少亦三四千金,称为最优之馆也。即小席年亦有一二千金。此外各道、府、厅、州、县,刑、钱一席之脩金,则例以地方公务之繁简为等差。最高者每年一千四百四十两,次为九百六十,又次为七百二十,又次为五百六十,最低为三百六十。然道、府、直隶州所辖之州县,三节亦须馈本管道、府、州幕之节礼,其视所辖之多寡繁简而异,最多者合之脩金亦可得三四千两。各小席之脩金,大署不过二三百两,州县署则百两,且有数十两者,即有节礼可收之地,亦不过数百金,即为极优矣。"③ 可见州县幕僚是瓜分陋规的重要群体。

---

① 张集馨:《道咸宦海见闻录》,中华书局1981年版,第201—202页。
② 葛士浚:《皇朝经世文续编》卷二三《吏政八》。
③ 周询:《蜀海丛谈》卷二《幕友》。

与此相伴,则是较为清廉或者胆小的官员,面对毫无弹性的征税制度而束手无策。道光二十九年,理藩院主事强谦并其妻那氏、妾刘氏自缢身亡,究其原因乃是"伊在八沟充当税差,短交户部税课、理藩院饭银,并牵控部院司官及八沟税务弊端"。①

嘉庆帝对吏治败坏有深刻的认识。亲政之初,他即发布上谕称,内外衙门书吏积惯舞弊最为恶习,外省各官遇有题升、调补、议叙、议处、报销各项,并刑名案件,"每向部中书吏贿嘱,书吏乘机舞弊,设法撞骗,是其惯技"。至运京饷铜、颜料各项,解员尤受其累。自投文以至批回,稍不满欲,多方勒掯,任意需索,动至累百盈千,名曰"部费",公然敛派,即督抚亦往往明知故纵,至外省督抚藩臬以及州县各衙门,凡应办事件,亦不能不经书吏之手,藉端滋弊,甚至上下勾通,均所不免。现当吏治肃清之时,岂容猾吏蠹书从中播弄,嗣后各省官员务须正己率属,廉洁自持。② 嘉庆四年,他痛斥两江总督费淳虽然操守公正,居官清廉,但对吏治过于姑息,"即如去年匿名首告胡观澜一事,汝未奏闻,但令伊告病,遂完此事。伊同盐政家人通同舞弊,卑鄙不堪,此等劣员岂可姑容? 又富纲在漕督任内,滥取陋规,声名狼藉,汝亦不奏,朕以三省付汝,若如此缄默保位,如何其可?"③希望能痛改积习。

嘉庆还屡下求言之旨,不过效果不佳。嘉庆四年,洪亮吉针砭时政,上奏《乞假将归留别成亲王极言时政启》中,表示"今天子求

---

① 《嘉庆道光两朝上谕档》,道光二十九年十月初四日。
② 《嘉庆道光两朝上谕档》,嘉庆四年十月二十四日。
③ 《宫中档朱批奏折·财政类·盐政》,嘉庆四年五月二十四日,两江总督费淳折。

治之心急矣,天下望治之心亦孔迫矣,而机局尚未转者,推原其故,盖有数端。"他提出了处事太缓、集思广益之法未备、进贤退不肖似尚游移、用人行政尚未尽改、风俗则日趋卑下、赏罚仍不严明、言路似通而未通、吏治则欲治肃而未肃等原因。他揭露嘉庆帝赏罚不明,吏治未肃,并表示"吏治一日不肃,则民一日不聊生,而欲天下之臻于至治不可得。夫欲吏治之肃,则督、抚、藩、臬其标准矣。"十余年以来,督、抚、藩、臬之贪欺害政,比比皆是。出巡则有站规、有门包,常时则有节礼、有生日礼,按年则又有币费。升迁调补之私相馈谢者,尚未在此数也。以上诸项,"宁增无减,宁备无缺,无不取之于州县,而州县则无不取之于民。"钱粮漕米,前数年尚不过加倍,近则加倍不止。督、抚、藩、臬以及所属之道、府,无不明知故纵,否则门包、站规、节礼、生日礼、币费无所出也。而州县亦藉是明言于人曰:"我之所以加倍加数倍者,实层层衙门用度,日甚一日,年甚一年。"究之州县,亦恃此督、抚、藩、臬、道、府之威势,以取于民,上司得其半,州县之入己者亦半。初行之,尚或有所畏忌,至一年二年,则已成为旧例,牢不可破矣。诉之督、抚、藩、臬、司、道,皆不问也。千万人中,抑或有不甘冤抑,赴京上控者,然不过发督、抚审究而已,派钦差就询而已。"执事试思百姓告官之案,千百中有一二得直者乎?"即使钦差上司稍有良心者,亦不过设为调停之法,使两无所大损而已。若钦差一出,则又必派及通省,派及百姓,必使之满载而归心始安。"是以州府亦熟知百姓之伎俩不过如此,百姓亦习知上控必不能自直,是以往往至于激变。"①这一番震耳

---

① 洪亮吉:《乞假将归留别成亲王极言时政启》,《碑传集》卷四。

欲聘的言论，震动朝野，但洪亮吉却被发往边疆效力。嘉庆十四年，给事中花杰弹劾盐商查有圻私加盐价，查有圻与大学士戴衢亨有姻亲关系，结果花杰被贬职。御史李仲昭再次弹劾查有圻，又被调任户部后革职。一方面是言官受打击，一方面则是言官打击清正官员。治河大臣王秉韬节约费用，河工所用料物，按额定数目采买，河员滥报账目和工程，皆一一驳斥，结果言官纷纷弹劾王秉韬。

道光帝即位，军机大臣英和提出了清查陋规的建议，以便切断吏治腐败的根源。英和是嘉道时期著名的理财大臣，早在嘉庆十九年，英和就曾极力反对捐纳这种饮鸩止渴的办法。尽管英和认为，军需善后并河工抚恤各事宜，通盘筹计，约需银一千万，现在内库存银一千二百四十万，"若少为支用，加以各处商捐，又前经奉旨停止各处工程，并暂停巡幸，每岁可节省银百余万，一时足敷办理。惟应于此时预筹万年经久之道，务使入浮于出，岁有所余，则国用常足。"现在开捐，无论不能得一千万之数，即得一千万之数，将现在军需、河工、抚恤各事办集，而岁入岁出，国家大计，亦应预为筹划。他提出了不谒陵，不木兰行围的办法，且"嗣后秋弥亦应请酌定年限，间岁一行，于肆武绥藩大典，仍不致有旷废，无庸每岁前往。"如此则国家经费所有省者，不过数十万，而于直隶民力、蒙古生计所全，实裕国之道。各处工程，业经奉旨停止，每岁可省数十万、百余万不等。详查一切正项经费之外，历年添出各款，斟酌轻重，可裁则裁，可减则减，务使岁入之数浮于岁出一，一时不见有余积，"久行之国计日臻充裕矣"。他还提议在新疆等地开采金矿、银矿,但并没有得到推行。① 道光继位后,英和进一步得到重用。"道光初年,任大司农,综计天储,十年后或不继,百计筹之"②。据《清史稿》记载:"宣宗方锐意求治,英和竭诚献替。面陈各省府、州、县养廉不敷办公,莫不取给陋规,请查明分别存革,示以限制。上采其言,下疆吏详议,而中外臣工多言其不可,诏停其议,遂罢直军机,专任部务。"③对于这个建议,道光帝非常看重,嘉庆二十五年九月,他发布上谕,表示自雍正年间议设养廉,由督抚以至州县,藉以为办公之资,迄今将近百年。督抚司道俸廉较厚者尚敷公用,府厅州县养廉只此定额,而差务之费、捐摊之款,日益加增,"往往有全行坐扣、禄入毫无者"。虽在洁清自好之吏,一经履任,公事丛集,难为无米之炊,势不得不取给陋规,以资挹注。而不肖者则以为少取多取,转恣意征求,除办公之外,悉以肥其私囊。上司心知通省官吏莫不皆然,岂能概行纠劾,遂阳禁而阴纵之,"于是箕敛溢取之风,日甚一日;而闾阎之盖藏,概耗于官司之朘削。民生困敝,职此之由"。在他看来,与其私以取之,何如明以与之? 直省相沿陋规,如舟车行户、火耗平余、杂税存剩、盐当规礼,其名不一,有此邑有而彼邑无者,有彼邑可裁而此邑断不能裁者,"与其号为禁革,巧取如常,上司可藉以恐吓属员,小民可藉以控告长吏,何如明定章程,立以限制,使无所藉口乎?"当然,各省情形不同,督抚应督率藩司,将所属陋规,逐一清查,"应存者存,应革者革,勿博宽厚之名,勿为

---

① 英和:《恩福堂奏稿》,手抄本,中国社会科学院近代史所图书馆藏。
② 英和:《恩福堂笔记》卷上,上海古籍出版社1985年版。
③ 《清史稿》卷三六三《列传一百五十·英和传》。

溪刻之举,务各秉公详议,期于久远可行"。①

一天后,考虑到上谕容易引起误解,道光帝又再次发布上谕:"朕久闻外省地方官浮收勒折,科敛民财,日甚一日。而总以俸廉坐扣,不敷办公为词。朕抚恤黎元,岂能置之不问。然使不戒视成,遽绳以法,则地方官之办公竭蹶,实亦不免苦累。"是以昨降谕旨,令各督抚将所属陋规逐一清查,应存者存,应革者革,期于久远可行,此朕爱民之心,不能不兼以恤吏。然立法伊始,尤当计及万全。稍一不慎,其后必滋流弊。各省地方情形不同,其所取陋规,亦名目不一。而地方官每岁办公之费,又视乎其缺之繁简。总在该督抚藩司悉心查核,就各府州县情形通盘筹画,"须知朕此次降旨交议之意,原因爱惜民力,为闾阎多留盖藏。非为不肖有司头会箕敛,取赢于民也。凡议存之项,必当酌盈剂虚。上无伤乎国体,下悉协乎舆情。只期该地方官足敷办公而止,于平日滥收滥取之数有所减,无所增,方为允协。"②根据以上精神,御史郑家麟奏称清查陋规,必须督抚严查密访,从容办理,不至有名无实。道光帝对此极为欣赏,认为所奏甚是:"各省地方陋规相沿已久,皆以俸廉不敷办公为词,而年甚一年,靡有底止,是以前降谕旨,令各督抚清查陋规,分别应存应革,俾州县不能诿为赔累,而小民不致以有限之脂膏,日受朘削,此朕爱民之心,不能不转筹恤吏之道,非欲特宽禁防,听不肖官吏之饱其溪壑也。"③道光帝的改革决心似乎很大,但并没有持续多久,因为"中外臣工多言其不可,诏

---

① 《清宣宗实录》卷四,嘉庆二十五年九月甲子。
② 《清宣宗实录》卷五,嘉庆二十五年九月己巳。
③ 《清宣宗实录》卷七,嘉庆二十五年十月癸丑。

停其议"。①

之所以出现这种局面,显然是由于英和的建议触犯了既得利益集团,才遭到了朝野上下众多官员的反对。中央以礼部尚书汪廷珍和吏部侍郎汤金钊为代表,地方则以两江总督孙玉庭和四川总督蒋攸铦为代表。汤金钊上疏称:"陋规皆出于民,地方官未敢公然苛索者,畏上知之治其罪也。今若明定章程,即为例所应得,势必明目张胆求多于例外,虽有严旨不能禁矣。况名目碎杂,所在不同,检察难得真确,转滋纷扰。无论不当明定章程,亦不能妥立章程也。吏治贵在得人,得其人,虽取于民而民爱戴之,不害其为清,非其人虽不取于民而民嫉仇之,何论其为清,有治人无治法。惟在督抚举措公明,而非立法所能限制。"金钊疏入,道光帝手批答曰:"朝有诤臣,使朕胸中黑白分明,无伤於政体,不胜欣悦!"②孙玉庭则称:"自古有治人无治法,果督抚两司皆得人,则大法小廉,自不虑所属苛取病民,非然者,虽立限制,仍同虚设,弊且滋甚。各省陋规本干例禁,语云作法于凉其弊犹贪,禁人之取犹不能不取,若许之取,势必益无顾忌,迨发觉治罪,民已大受其累。府厅州县禄入无多,向来不能不藉陋规为办公之需,然未闻准其加取于民,垂为令甲者。诚以自古无制禄之经也。伏乞停止查办,天下幸甚。"③广东巡视康绍庸亦称,如将陋规名目逐条上达朝廷,"上渎圣听,于体制似亦未协。"④经过这番讨论,道光帝最终扭转了态度:"朕初自热河回京时,召见英

---

① 《清史稿》卷三六三《列传一百五十·英和传》。
② 《清史稿》卷三六四《列传一五一·汤金钊传》。
③ 《清史稿》卷三六六《列传一五三·孙玉庭传》。
④ 陈其元:《庸闲斋笔记》卷四。

和询以政治,据奏各省府州县养廉,不敷办公,莫不取给陋规,日益加增,不若通谕督抚藩司,逐一查明,分别应存应革,定以限制。"他称自己当时恰逢父丧,心绪不佳,又值初亲政事,于天下吏治民生情形未悉。英和人本明白,性复敢言,听其言似为近理,因降旨令各督抚体察情形,详议具奏。结果遭到汤金钊、陈官俊、汪廷珍等人的反对,皆以此事为不可行,"以朕意本以爱民,不能不兼恤吏,务当计及万全,不可重滋流弊,朕心已悟此举之非矣"。后经方受畴来京,"即奏称格碍难行"。昨蒋攸铦入对,"更力陈其不可"。本日又据孙玉庭等奏称,"清查陋规,后来之获益未睹,而目前之纷扰已甚,舆情不协,国体有关等语,所言尤为剀切详明"。于是道光帝认为此事不但无益于民生,且有伤国体,"幸而内外臣工,知其不可,尚肯据实驳正,若皆缄默不言,听其舛误,其失可胜言乎?"于是他宣布各督抚停止查办。至于英和本人,冒昧建言,"若将英和遽下吏议,恐在廷大臣以言为戒,转非朕虚衷延访之意,惟若仍留枢密之地,恐不足以服众心,英和著毋庸在军机大臣上行走。"①英和被赶出军机处,官降一级,专任部务,改革尚未开始便胎死腹中,吏治的弊端得以进一步发展。

曹振镛是道光朝著名的人物,对于道光后期的政治起了非常重要的作用。据记载:"道光初,曹太傅振镛当国,颇厌后生躁妄,门生后辈,有入御史者,见必戒之曰:毋多言,毋豪意兴。由是台谏务缄默守位,浸成风俗矣。"②又称:"宣宗倦于大政,苦于章奏不能

---

① 《清宣宗实录》卷十,嘉庆二十五年十二月乙未。
② 朱克敬:《瞑庵杂识》卷四,岳麓书社1983年版。

遍阅,振镛在枢府,乃献策曰:今天下承平,臣工好作危言,指陈阙失,以邀时誉,若遽罪之,则蒙拒谏之名,此后中外章奏,皇上无庸遍阅,但择其最小节目之错误者谴责之,则臣下震于圣明,以为察及秋毫,必无敢肆者。宣宗从之。其嗣后章奏中,有极小错误,必严斥罚俸降革,中外震惊,皆矜矜小节,无敢稍纵,语多吉祥,凶灾不敢入告。及洪杨难乱,互相隐讳,莫敢上闻,至于屡陷名城,始为奏达,皆曹振镛隐蔽之罪酿成之。"① 在这种风气的影响下,吏治更难有起色。

因吏治败坏而引发的农民起义也不少。事实上,嘉道时期的抗税斗争、秘密结社、白莲教起义等等,多多少少都与吏治相关。道光二十五年,浙江奉化发生张名满、赵顺年聚众抗粮事件,奉化知县王济在群众完粮时增加粮价,李汝霖审讯此案时,又"擅责生监,以至人心不服"。张名满在奉化县考时,"挟制完粮减价",浙江巡抚梁宝常等带兵弹压,抗粮群众"辄敢抗拒官兵",经过斗争,抗粮群众退出县城到汪家村等处,继续抵抗至十月,才被镇压下去。② 道光二十九年,江苏苏州、常州等府因灾,"有饥民呈请平粜,禀府不理,致酿抢夺之事"。③ 对于农民起义,作为最高统治者的嘉庆帝也承认系官逼民反:"推求其故,必因连年地方官朘削脂膏,激成事变。小民等困于诛求,遂为贼所诱胁。今见贪墨之员尚未尽黜,恐投归后仍遭侵虐,不能各遂其生。且当室庐焚毁、荡析离居之时,无良吏为之抚绥,仍难安业,

---

① 《清朝野史大观》卷七。
② 《清宣宗实录》卷四二一,道光二十五年九月庚辰。
③ 《嘉庆道光两朝上谕档》,道光二十九年九月十一日。

是以观望逡巡。"①

(二) 八旗生计

八旗生计是清代困扰政府的重要社会问题,这里仅分析其中与财政相关的部分。清军入关后,对作为国家统治支柱的旗人尤其是满洲八旗予以多方照顾:对从龙入关的官兵,均发给远较蒙古、汉军八旗优厚的官俸钱粮;通过圈地或拨补的方式,在京畿五百里之内以及盛京附近建立皇庄、王庄、官庄、旗庄以及旗地,借此从中获取稳定的收益。此后历代皇帝对此亦极为重视:"普加赏赉,复经诸臣节次条奏,如准令屯居种地,添盖空房,清查入官地亩,移驻双城堡屯田,外官准带旗亲随任、诸大政陆续举行。凡可以利益旗人者,无微不至。"②但经过近百年的发展,旗人人口猛增,兼以俗尚奢侈,生计日窘,按舒赫德的说法,即"我朝定鼎之初,八旗生计颇称丰厚者,人口无多,房地充足之故也。今百年以来,其觉穷迫者,房地减于从前,人口加有什佰,兼以俗尚奢侈,不崇节俭,所由生计日消,习尚日下,而无所底止也"③。加以清政府为避免旗人被汉化,保持八旗武装力量长久不衰,不准旗人出旗为民,从事农工商诸业,致使众多旗人生计日趋困难。

嘉道时期解决八旗生计的基本思路是增加养育兵额、移民屯田。雍正、乾隆时期,清廷经常通过增加养育兵额的办法来解决部

---

① 《清仁宗实录》卷四九,嘉庆四年七月辛巳。
② 英和:《恩福堂奏稿》,手抄本,中国社会科学院近代史所图书馆藏。
③ 舒赫德:《敬筹八旗生计疏》,《皇清奏议》卷三四。

分旗人生计问题。这一原则在嘉庆时期亦得到继承。嘉庆十年十一月初十日,嘉庆帝称,京城满洲蒙古八旗生齿日繁,而国家经费有常,甲兵设有定制,势不能于额外增添饷项。八旗人数众多,生计不免拮据,"而少年子弟无所执业,亦恐启游惰之风"。考虑到巡捕五营所辖马兵一项,本系招募充当,虽系绿营,究系在京城当差,"向来汉军八旗及内务府汉军人均准挑补,满洲、蒙古子弟尽可一律充当,不特豢育有资,且得归营管束"。希望有关部门查明缺额多少,再确定可以分配给八旗的名额是多少。① 不过,嘉庆帝的建议遭到大臣禄康的反对。九天之后,嘉庆帝再次发布上谕表示,自己在发布命令之后,既而思满洲蒙古闲散子弟,挑充五营马兵,与绿营一体当差,恐不免沾染习气,致滋流弊。"朕从不回护己过,原欲俟议上时再行降旨停止",现在既然有大臣禄康提出,"与朕意适相符合,实属可嘉。能如此尽心国事,方不愧为大臣之道。"禄康又提议将差马拨出 2000 匹交与张家口牧放,计每月可省马乾银 5000 两;于八旗满洲蒙古闲散内每旗满洲额增养育兵 200 分,蒙古额增养育兵 50 分,八旗共增养育兵 2000 分,每月给银 1 两 5 钱,每月统计用银 3000 两,照汉军养育兵之例,毋庸给与米石,"所奏俱属可行"。② 经过这一番处理,实际上又为八旗增加了养育兵名额。嘉庆十一年,嘉庆帝还曾准备恢复业经裁撤的天津满营旧制,使八旗闲散人员食粮当差,只因河工经费紧张才作罢。不过,他仍决定用生息的办法,"添养育兵,可得实济",令广储司、造办处

---

① 《嘉庆道光两朝上谕档》,嘉庆十年十一月初十日。
② 《嘉庆道光两朝上谕档》,嘉庆十年十一月十九日。

各拨银十万两,户部拨银五十万两交商生息,所生息银增养育兵五千余名。①

移民屯田亦为一种可行的途径。嘉庆十七年四月,嘉庆帝表示:"八旗生齿日繁,京城各佐领下,户口日增,生计拮据。虽经添设养育兵额,而养赡仍未能周普。朕宵旰筹思,无时或释。"考虑到国家经费有常,兵额已经无可再增,"各旗闲散人等,为额缺所限,不获挑食名粮,其中年轻可造之材,或闲居坐废;其或血气方刚,游荡滋事,尤为可惜。因思东三省,原系国家根本之地,而吉林土膏沃衍,地广人稀,闻近来柳条边外,采参山场,日渐移远。其间空旷之地,不下千有余里,悉属膏腴之壤。"乾隆帝曾分拨拉林,给与旗人田亩,至今享其利。嘉庆帝决定仿其事,让地方官查明"自柳条边外至采参山场,其间道里共有若干,可将参场界址移近若干里,悉数开垦,自此以外,所有间旷之地,计可分赡旗人若干户,并相度地势,如何酌盖土锉草房,俾藉栖止;其应用牛具籽种,每户约需若干;再该处现有闲散官员,是否足资统束,抑或须增设佐领骁骑校之外,一并详细妥议章程,并绘图贴说具奏。"②十九年,继任吉林将军的富俊积极开展移民屯垦,他建议先调吉林闲散旗人1000人为屯丁,每人发银25两、籽种2石,官置牛具,每人给荒地30晌,以20晌耕种,10晌留荒,四年后征粮晌1石,十年后再移住京旗,人给熟地15晌,荒地5晌,余10晌荒熟各半,给原屯丁为恒产,免

---

① 《嘉庆道光两朝上谕档》,嘉庆十一年十二月二十五日。
② 《清仁宗实录》卷二五六,嘉庆十七年四月甲辰。

征其税。他还详细开列有关章程,获得嘉庆帝的批准。① 接着就有"伯都纳屯田"与"黑龙江屯田"之举。

移民屯垦曾一度取得了很好的进展。至道光元年时,当地已开垦屯田9万余晌,成效显著,富俊请移京旗3000户,并预先伐木筑室,按户准备给与房间、地亩、牛具、盘费等项。道光帝甚为高兴:"八旗生齿日繁,而甲饷设有定额,屡经筹议加增,于旗人生计仍未能大有裨补。惟因地利以裕兵食,乃万年之长策。"应照所请,自道光四年为始,每年移驻二百户,分为四起送屯。② 不过,从事后的奏报可知,此次吉林屯垦花销极为巨大,仅双城堡屯田制备窝栅牛具,并修理公所仓廒住房等项,已动用银170500余两。③

对于部分宗室无房居住的情况,清廷则采取责令宗人府及八旗都统衙门择地建房、调剂旧房,甚至直接由政府负责迁移到盛京的办法。对于迁回盛京之举,嘉庆帝表示:"我八旗子弟,生龄益繁,亿万黎民,辐辏京邑,物产昂贵,此必然之势也。设官分职,经费有常,岂能岁增禄糈乎?亦未能尽用宗室,置满洲蒙古汉臣于闲地,非善政也。"为了让宗室返朴归真,他令盛京将军和宁、工部侍郎富俊等人,在盛京小东门外建房八十区,固以垣墉,聚族而居。迁移过程中,考虑到长途跋涉,特命官雇大车,付给官价,置备行装,启程后还逐日发给盘费并由大臣照料,沿途文武官员护送,"共

---

① 双城县档案馆:《嘉庆二十年拉林试垦计划及章程史料》,《历史档案》1987年第3期。
② 《清宣宗实录》卷十二,道光元年正月戊午。
③ 《嘉庆道光两朝上谕档》,道光三年四月十三日。

用帑项万有一千有奇"①。

但这些办法皆系治标不治本。尤其是清廷顽固坚持不让旗民从事生产劳动,是导致八旗生计问题的重要原因。嘉庆二十一年,御史罗家彦奏请允许旗人从事手工业活动,受到嘉庆帝的严饬:"该御史条陈,以为旗民生计艰难,欲令八旗老幼男妇,皆以纺织为业。当奏上时,朕即觉其事不可行,今该都统等所奏,果众论俱以为事多窒碍,公同议驳。"嘉庆帝还特意召集诸皇子、军机大臣人等,再次宣布清语骑射的基本原则,"当万世遵守。若如该御史所奏,八旗男妇,皆以纺织为务,则骑射将置之不讲,且营谋小利,势必至渐以贸易为生,纷纷四出,于国家赡养八旗劲旅、屯住京师本计,岂不大相刺谬乎? 近日旗人耳濡目渐,已不免稍染汉人习气,正应竭力挽回,以身率先,岂可导以外务,益远本计矣!"他还表示,"罗家彦此折,若出于满洲御史,必当重责四十板,发往伊犁。姑念该御史系属汉人,罔识国家规制,但伊识见如此,竟欲更我旧俗,岂能复胜言官之任? 着革退御史,仍回原衙门以编修用。"②其结果自然是相关的建议偃旗息鼓。

道光继位后,旗人生计问题再次提出。与前几朝相比,在分析旗人生计艰难的原因时,道光朝更多地、更直接地接触到了问题的根本,即旗人不事生产。之后采取的措施,主要是更有效地使用用于维持旗人生活的经费和放松不利于旗人从事经济活动的限制,而不是像康、雍、乾、嘉各朝那样,靠增拨经费、增加旗人领取饷项

---

① 《清仁宗实录》卷二七七,嘉庆十八年十月丙辰。
② 《嘉庆道光两朝上谕档》,嘉庆二十一年十一月初九日。

的名额,来缓解旗人生计艰难的矛盾。关于这一点,中国第一历史档案馆编的《道光初筹议八旗生计史料》(《历史档案》1994 年 02 期)有较为详细的披露。

关于八旗生计,大学士伯麟称:"伊等总以身系旗人,全赖国家豢养而不耕不织,又不自谋生理,且以满洲在京作小买卖为耻。一切度日,皆仰给于官。我朝亿万斯年,户口繁增,安能源源接济。"①对于添饷增设兵额一事,镶黄旗都统英和明确表示反对,他认为添饷一节,原非国家经久之谋,不过一时调剂之计。福彰阿等人奏请添兵九千八百二十名之多,"施惠不为不厚,析计之则每佐领下不过添马甲三四名、养育兵一二名,于现在八旗情形未见有济"。八旗兵丁之所以贫困者,"总缘生齿日繁、家无恒产,专仰给于朝廷,不能自谋生计"。今于数年后每佐领下才添食饷者四五人,而数年中生齿岂止四五人,后来生齿更繁,又将如何办理?他还表示,嘉庆十年、十一年两次增添养育兵额,酌拨步甲马兵额缺,"未能大有裨益,其明验也"②。

如何解决这一难题,喀什噶尔参赞大臣武隆阿的建议是让旗人自食其力:"然则旗人生计非调剂不可,而调剂之法,舍自食其力外无良策。"由于养尊处优,不劳工作,"始则鄙之不屑为,年复一年,性成习惯,竟至为之而耻于同类"。甚至还出现了旗人穷困至极,不能

---

① 《军机处录副奏折·内政类》,道光元年六月初十日,大学士伯麟为密陈调剂旗人生计三款事奏折,引自中国第一历史档案馆:《道光初筹议八旗生计史料》(《历史档案》1994 年 02 期)。
② 《军机处录副奏折·内政类》,道光元年八月十六日,镶黄旗满洲都统英和等为议驳福彰阿请售旗地一折并请清理旗地事奏折,引自中国第一历史档案馆:《道光初筹议八旗生计史料》(《历史档案》1994 年 02 期)。

在城中居住,或依居坟墓,或寄居屯乡,"意在务农而无田可耕,坐视有田之家享于尊贵、耻于同类,甘受佃户之欺,而不肯稍通其有无,殊可慨也"。欲令自食其力,惟有各得其所,归农、归工、归商贾。旗人旧例,"并无农工商贾之禁,然旗人之不务农工商贾者,固由于无田地资本,更由于聚族而居,非服官即当兵,食俸食饷"①。

英和的建议则是加大屯田力度,尤其是要将双城堡屯田的经验加以推广,将移驻双城堡之利详细开示,"谕以尔等贫苦,难以度日,皇上施恩将双城堡地亩赏给耕种。尔等并无产业,今得地二顷,又有房屋、家具、牛种、临行路费、沿途供应,此系何等厚恩。尔等到彼安分种地,尽可丰衣足食。两年移驻者现俱有信来京,称为乐土,尔等何尚犹疑?"如此则善政可告成功,旗人永享乐利之福,而双城堡地亩、房间、努项均归实用,"藉人以尽地利,即藉地利以养人。我国家亿万斯年,户口日增,土地亦日辟。此则旧例之必应推广而两有益者也"②。但随着旗民的迁入,曾作为移民典范的双城堡当地生态环境开始恶化,道光十一年,御史恒青奏称,"该处地半沙漠,既无城郭,又少村庄,商贾无利可图,不往贸易。且井泉稀少,汲饮维艰,兼之旗人不谙耕作,易被人欺,所种地亩,入不敷出,不如在京可谋生理,是以本年愿往者甚属寥寥。"③虽奏折内容受

---

① 《军机处录副奏折·内政类》,道光元年十月二十六日,喀什噶尔参赞大臣武隆阿等为密陈妄议旗人生计缘由事奏折,引自中国第一历史档案馆:《道光初筹议八旗生计史料》《历史档案》1994 年 02 期)。

② 《军机处副奏折·内政类》,道光五年四月二十六日,镶黄旗满洲都统英和等为筹计旗人疏通惩劝之法事奏折,引自中国第一历史档案馆:《道光初筹议八旗生计史料》《历史档案》1994 年 02 期)。

③ 《清宣宗实录》卷二○三,道光十一年十二月戊戌。

到道光帝的申饬,但想必当系实情,故到了后期,双城堡屯田的吸引力下降。

作为清朝的统治阶级,满族八旗虽然受到了朝廷的多方扶持,但由于统治者无法从根本上调整相关政策,也无力大包大揽地供养所有旗人的生计,所以问题仍然难以得到解决。时人沈起元称:"盖一甲之丁至今而为数丁数百丁者比比,于是一甲之粮昔足以赡一家者,必不足以赡数十家数百家,势也。甲不能遍及,而徒使之不士、不农、不工、不商、不民,而环聚于京师数百里之内,于是其生计日蹙,而无可为计。非旗人之愚不能为生也,虽有干木陶朱之智,不能为生也。岂惟旗人不能自为计,虽尧舜之仁不能为计也。"他还进一步建议:"莫若于汉军之内稽其祖籍,以一人承占,或以材,或以辈行,其余子孙则散之出旗,军者军之,汉者汉之,军有甲粮可以自给,余归四民,任其所之,使其谋生,则宿卫无虚籍,而辇下无穷民,所裨于军国大计者非浅鲜矣。"① 提出对八旗制度进行根本性的改革,但这样的建议显然过于超前。

(三) 银贵钱贱

清代实行银两与制钱并行流通的货币形式。国家度支和大宗交易多用银,所谓"国家地丁课程俸饷捐赎,无不以银起数"②,"部司库藏,皆以银为出入"③;铜钱则主要用于民间的日常经济活动,尤其是农民以谷帛易钱、以钱购物,不过,交纳赋税时不能直接以

---

① 沈起元:《拟时务策》,《皇朝经世文编》卷三五。
② 包世臣:《再答王亮生书》,《安吴四种》卷十六。
③ 《嘉庆道光两朝上谕档》,道光二十六年二月初一日。

钱文,而必须折色兑银缴纳。在清代的政治生活、经济生活和社会生活中,银钱比价是一个非常复杂的问题。银钱比价虽是金融问题,但会在很大程度上影响财政的收支水平、收支结构及百姓的赋税负担。不过,考虑到相关学术著作已经对此问题做了相当深入的研究,而银钱比价与财政问题也并非一而二、二而一的关系,故此处亦只是点到为止。

所谓银贵钱贱,就是纹银每两所换制钱在一千文以上,反之则为银贱钱贵。清前期,银钱比价相对稳定,始终在一千文左右波动,幅度不大。但到道光年间,银与钱的比价发生巨大变动,银贵钱贱以直线上升的趋势发展,成为严重困扰清统治者和危害人民的痼疾。

据奏折来看,嘉庆时期的银钱比价尚为平稳。嘉庆元年四月二十七日,上谕称,上年(乾隆六十年)四月,库平元宝银1两合制钱1080文,本年四月,库平元宝银1两合制钱1172文,比上年每两多换钱98文。嘉庆帝担心"钱价较贱,是否与民间有益",特意询问顺天府尹张若渟、莫瞻菉等人,结果据称,"目下商贩带银出京,置买粮石者甚多,是以银价较昂,钱价较贱。俟过时价平,便无轩轾之虞。且民间用钱者多,每两多换数十文,与小民日用似觉有益。"可见当时还认为适当的银贵钱贱对老百姓还有一定的益处。①

到了嘉庆四年,时人还表示"钱价原无一定",不会永远银贵钱贱。当时长芦盐政董椿称:"数年以来,每易库平纹银一两,需制钱

---

① 《嘉庆道光两朝上谕档》,嘉庆元年四月二十七日。

一千二、三百文不等,今自嘉庆四年春间起,远年行销各处每易库平纹银一两止需制钱一千数十文至一千一百数十文不等。"①这说的是山东的情况。嘉庆九年,直隶总督颜检等又奏报河北的情况,他们在奏折中称,乾隆五十一年以前,当地每库平银一两易制钱不过八九百文,乾隆五十三年,"钱价递贱",五十七、八年起至嘉庆二、三年间可易制钱1378文;至四、五年间,"钱价较昂";近年则又发生变化,"以钱易银多寡牵算,每库平纹银一两仍需一千四五十文",与乾隆时期相比"未甚悬殊"②。

不过,到了道光时期,银钱比价已经大幅度上升。据《上谕档》可知,道光八年左右,"通省银价库平一两值京钱二千五六七百文不等"。正是由于银价日昂,官方便将负担转移到普通百姓头上。即如山东省征收钱粮,折钱便日加日多,宁海州每银1两折收京钱4200文,诸城县每银1两折收京钱4260文。黄县还发生了因为加增钱粮所引发的百姓"滋事"。其实根本原因在于"银价昂贵,倾解不敷",故而发生了"今年加一百,明年加二百,日加日多,靡有底止"。③ 当然,由于制钱制度较为混乱,而且全国地域广阔,各地差异很大。比如道光十二年,江南一带的,库平纹银1两约计合制钱仍为"一千二三百文"。④

鸦片战争爆发后,这一问题愈益严重,对整个社会经济生活产

---

① 《宫中档朱批奏折·财政类·盐政》,嘉庆四年四月二十五日,长芦盐政董椿折。
② 《宫中档朱批奏折·财政类·盐政》,嘉庆九年正月十七日,直隶总督颜检等折。
③ 《嘉庆道光两朝上谕档》,道光八年十二月十八日。
④ 《嘉庆道光两朝上谕档》,道光十二年七月十六日。

生了巨大的冲击,使社会矛盾更加尖锐化。鸦片战争之后,是银钱比价波动最为剧烈的时期。当代学者在探讨这一复杂问题,尤其是清代的纹银与铜钱之间的换算比例时,无一例外都会引用严中平等编《中国近代经济史统计资料选辑》中的数据。具体来说,就是引用以下表格:

白银外流下的中国银钱比价表(1798—1850年度)(单位:两/串)

年份	银一两合铜钱数	指数(1821=100)	年份	银一两合铜钱数	指数(1821=100)
1798	1090	86	1826	1271	100
1799	1033	82	1827	1341	106
1800	1070	85	1828	1339	106
1801	1040	82	1829	1380	109
1802	997	79	1830	1365	108
1803	967	76	1831	1388	110
1804	920	73	1832	1387	110
1805	936	74	1833	1363	108
1806	963	76	1834	1356	107
1807	970	77	1835	1420	112
1808	1040	82	1836	1487	117
1809	1065	84	1837	1559	123
1810	1133	89	1838	1638	129
1811	1085	86	1939	1679	133
1812	1094	86	1840	1644	130
1813	1090	86	1841	1547	122
1814	1102	87	1842	1572	124
1816	1177	93	1843	1656	131
1817	1217	96	1844	1724	136
1818	1245	98	1845	2025	160

续表

1820	1226	97	1846	2208	174
1821	1267	100	1847	2167	171
1822	1252	99	1848	2299	182
1823	1249	98	1849	2355	186
1824	1269	100	1850	2230	176
1825	1253	99			

资料来源:严中平等编:《中国近代经济史统计资料选辑》,科学出版社1955年版,第37页。

根据该书的说明可知,此表格的资料来源为河北宁津县(现已归入山东德州)大柳镇统泰昇记商店出入银两流水账、买卖总账。由于该表系来源于当时商号的直接经营收入,其资料的真实可靠性是极强的,这也是它屡屡为研究者所重视的根本原因。

不过值得注意的是,同一时期各地的银钱比价存在着一定的差异。比如,笔者在中国第一历史档案馆查阅关税档案,以及在中国社会科学院经济研究所查阅抄档时,发现了道光时期张家口税关的一些银钱比价资料,正好可以与上面表格的情况做一对照。

张家口征收税款,系银、钱并纳。在嘉道时期,张家口征收的税钱数量约在2000串左右,而张家口税务监督通常的办法是将其中的大部分折成银两,与征收的税银一并计算,使得征税略有盈余;而剩余的钱文,则是作为各口巡役巡查往返盘费、署内饭食及其他零散开销,不入奏销册。非常可惜的是,在嘉道时期的绝大部分时间里,张家口税务在奏报相关情况时,并没有将税钱兑换成税银的数量做出明确的说明,因而我们无法做出系列的变化表格,而只能根据已有的材料,做出不成系统的表格。

道光时期张家口税关钱银兑换情况表

公元	关期	兑换钱数	折成银数	银钱比价	资料来源
1830	9.10.2—10.9.1	1626	1200	1355	朱批,十年十月十二日,张家口监督恩铭折。
1831	10.9.2—11.9.1	1633	1200	1361	朱批,十一年十月十八日,张家口监督崇福折。
1832	11.9.2—12.9.1	1697	1230	1380	录副,十二年九月二十九日,张家口监督庆伦折。
1833	12.9.2—13.8.1	1656	1245	1330	抄档,十三年九月初六日,张家口监督关圣保折。
1834	13.8.2—14.8.1	1676	1260	1330	朱批,十四年九月初九日,张家口监督恒泰折。
1835	14.8.2—15.7.1	1709	1290	1325	抄档,十五年八月十七日,张家口监督保岱折。
1836	15.7.2—16.7.1	1746	1293	1350	抄档,十六年八月十九日,张家口监督常兴折。
1837	16.7.2—17.7.1	1964	1251	1570	抄档,十七年八月十八日,张家口监督明谊折。
1838	17.7.2—18.6.1	1929	1253	1540	录副,十八年七月初九日,张家口监督图壁折。
1839	18.6.2—19.6.1	2055	1223	1680	朱批,十九年七月初二日,张家口监督宝龄折。
1841	20.6.2—21.5.1	1969	1250	1575	抄档,二十一年六月十五日,张家口监督成福折。
1842	21.5.2—22.5.1	2054	1300	1580	抄档,二十二年六月十七日,张家口监督麟翔折。
1843	22.5.2—23.5.1	2106	1398	1571	朱批,二十三年六月十六日,张家口监督同文折。

续表

| 1844 | 23.5.2—24.4.1 | 2324 | 1400 | 1660 | 朱批,二十四年五月十八日,张家口监督仙保折。 |
| 1846 | 25.4.2—26.4.1 | 2594 | 1235 | 2100 | 录副,二十六年五月十一日,张家口监督呈麟折。 |

说明:来源于中国社会科学院经济研究所抄档《清代关税收支报告表》第6本《各常关》的数据,表中简称"抄档"。来源于中国第一历史档案馆《宫中档朱批奏折·财政类·关税》(胶片号21)的资料,表中简称"朱批"。来源于中国第一历史档案馆《军机处录副奏折·道光朝·财政类·关税项》(胶片号218、219)的资料,表中简称"录副"。

如果以1830年至1850年为时间段,从把上面表格中的数据与"严表"的数据做图例处理,则可以得到以下曲线示意图:

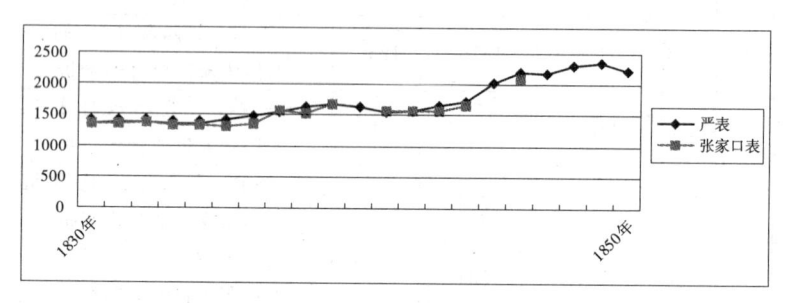

"严表"与张家口税务银钱比价示意图

通过以上曲线示意图至少可以发现:第一,张家口地区的银钱比价与当时宁津县的银钱比价走势有相似之处,即都有着逐步上升的波动趋势,这也正是白银外流而导致的"银贵钱贱"的结果。从这一点来看,至少当时北方地区的银钱比价,受到共同因素的影响,而表现出大致相同的走势。

第二,虽然趋势相同,但两组数据也存在着一定的差异。通过曲线图可知,张家口地区的银钱比价变化幅度要较宁津县的小,也就是说,张家口地区的银价要略贵于宁津地区。这种差异是否系由南北差异所引起,尚须其他资料加以补充论证。

第三,正是由于银钱比价存在着地区性的差异,故严表中所称的"白银外流下的中国银钱比价(1798—1850年度)"即可能是名实不符。

其实,关于这一点,已经早有学者注意到了。以《中国近代货币史资料》为例,其所载的1846年各地银钱比价就很有说明力:

1846年各地银钱比价表

省份	银1两合制钱	省份	银1两合制钱	省份	银1两合制钱
山西	1700—2000	河南	2200—2300	江苏	1800—2000
安徽	2000	江西	1900	福建	1900
湖北	1800—1900	湖南	1800—1900	陕西	1800
甘肃	2000	广东	1500	广西	1600
云南	1580—1640	贵州	1600		

资料来源:《中国近代货币史资料》第一辑上册,第118—120页。

当然,以上所列各省兑换比例也只是一个大概,因为省区之内亦各有变化。但不管如何,这一时期,银贵钱贱是一种大致的趋势。王庆云称:"自嘉庆末年钱法日久而弊,而银之外泄亦日多。由是钱价一贱近三十年即不复贵,至今日每两易钱二千,较昔钱价平时盖倍之,较贵时几及三倍。"① 道光二十五年,银价上涨更甚,御史刘良驹奏称:"银价之昂未有甚于今日者,京中纹银每两易制

---

① 王庆云:《石渠余纪》卷五《纪银钱价值》。

钱几及二千文,外省则每两易制钱二千二三百文不等",而且"其势日就增加,尚无底止"。① 次年,包世臣在《致前大司马许太常书》中说:"南方银一两皆以二千为准,北京闻更甚于此。"② 由以上各种记载可见,道光末年银钱比价已是嘉庆初年与鸦片战争前的两倍以上。

关于这一时期银贵钱贱的原因,学者已经有过较多的论述,但均承认鸦片贸易导致白银外流系主要原因。包世臣曾言:"鸦片之价,较银四倍,牵算每人每日至少需银一钱,则苏域每日即费银万余两,每岁即费银三四百万两。统各省名域大镇,每年所费不下万万。"只因吸食鸦片,白银流入外洋,每年国家正供并盐、关各课,不过四千余万,而鸦片之一项散银于外夷者,且倍差于正赋,"夫银币周流,破产不息,何以近来银价日高、市银日少?究厥漏卮,实由于此"③。关于这一点,西方人也承认:"鸦片主要是用现金即纹银支付的,但据报告,现银差不多全部流出了这个国家。"④

银贵钱贱的急剧变动,对社会各阶层产生了很大的冲击。鸦片战争前,钱庄、票号等通融银钱的信用机构,在全国各省已普遍存在,在银贵钱贱的情况下,因为"民恐钱票化为废纸,必争就钱庄取钱,旬日之间,远近麇至,钱庄大者犹可挹注,其小者猝不能应"⑤,结果只能"关门逃匿"。另一方面,由于民间各种贸易往往

---
① 《嘉庆道光两朝上谕档》,道光二十六年二月初一日。
② 包世臣:《致前大司马许太常书》,《安吴四种》卷二十六。
③ 包世臣:《齐民四术》卷二《庚辰杂著二》。
④ 姚贤镐编:《中国近代对外贸易史资料》第1册,中华书局1962年版,第519页。
⑤ 许楣:《钞利条论》,《皇朝经世文续编》卷六十《户政三十二·钱币下》。

大宗论银,而零卖论钱,"银贵以来论银者不加而暗加,论钱者明加而实减,以致商贾利薄,裹足不前。"由于社会购买力的降低,以致道光末年"富商大贾倒罢一空,凡百贸易,十减五六"①。骆秉章在其奏稿中承认:"向之商贾,今变而为穷民;向之小贩,今变而为乞丐。"②在这场社会危机中,农民所受的冲击最为猛烈。银贵钱贱客观上降低了农产品和手工业产品的价格,道光末年江南经济发达地区出现了"农夫织妇,毕岁勤劳,低估以售之,所得之钱不可输赋"③的现象。而官府和地主也将损失转嫁到百姓头上,"银价昂贵,每届征收钱粮,比照先年银价,已及三倍",加上解运周折,"繁难特甚。"④

银钱比价的变化,加重了百姓的赋税负担。有人曾言,"国家岁入,统地丁、盐课、关税,不下三四千万两,无非取之于民间。夫民间之所出,粟米之属而已。而国家之所取者,乃在至少至贵之银。置其所有,征其所无,粟愈益贱,银愈益贵。始以粟易钱,则粟贱而钱贵,向之每石入三千文者,今入一千数百文,是十折而为五六。继以钱易银,则钱贱而银贵,向之每两出一千余文者,今出二千文,是又十折而为五六。以银准粟,昔之一两,今之三两也。是民之出银也,常以三两而供一两之用;而国家之入银也,直以一两而竭吾民三两之力。如是,而民安得不贫,民既日贫,赋益难力,逋欠则年多一年,亏短则任多一任。"⑤林则徐也认为:"近年以来,银

---

① 冯桂芬:《用钱不废银议》,《显志堂稿》卷十一。
② 骆秉章:《采买难盐济食分岩纳课济饷折》,《骆文思公奏议》卷五。
③ 马敬之:《银币论一》,《皇朝经世文续编》卷五十八。
④ 成毅:《专重制钱论下》,《皇朝经世文续编》卷五十八。
⑤ 《清朝续文献通考》卷二十《钱币二》。

价之贵,州县最受其亏,而银商贪缘为奸,每于钱粮紧迫之时,倍抬高价。州县亏空之由,与盐务之积疲、关税之短绌,均未必不由于此。"①银贵钱贱成为财政税收征不足数的重要原因。

总之,银贵钱贱,国家课税、兵民商工,无一不受其害,清政府陷入"税金不能入库,国家濒于破产"的危险境地。饱受剥削压迫,财尽苦极,走投无路的广大农民,被迫铤而走险,道光末年全国各地抗捐抗租斗争和会党起义此起彼伏,预示着一场大规模的人民反抗斗争即将到来。因此,可以说道光末年"银贵钱贱"加剧所引起的严重社会问题,是咸丰初年太平天国运动爆发的一个重要原因。

二、财政思想

财政思想对财政政策具有重要影响。清代前期,清廷沿袭传统的财政观念,坚持以节流手段为主,以开源为辅。嘉道时期,随着财政收支格局和时局的变化,从最高决策者的财政指导思想到一般官僚知识分子,都开始发生相应的变化。

(一) 指导思想

财政指导思想将直接决定财政政策的选择。作为传统社会最高统治者的嘉庆帝和道光帝,会不可避免地带有他们所处时代的

---

① 林则徐:《会奏查议银昂钱贱除弊便民事宜折》,《林文忠公政书·江苏奏稿》卷一。

深深烙印。大致而言,他们的财政指导思想可以理解为以农为本的民本思想,带有较为浓厚的保守色彩。

嘉庆帝在即位前就经常表示:"民为邦本,本固邦宁。治国之艰,首重者民生也。人君勤于政事孜孜于宵衣旰食,所虑者惟民。民既安于常经,而后釐其庶务不难矣。"①即位后,嘉庆帝仍然主张勤俭治国。嘉庆六年,湖北饥荒,湖广总督书麟和湖北巡抚倭什布认捐数千金赈济地方,受到嘉庆帝的表扬,但经过他的深思熟虑,又认为国家设官分职,务在养民,"培植民之生业,使之家给人足,各安其生,不致流而为匪,国本自固矣。是居官清正者为国之宝,贪黩者为国之害,其理信而有征。"督抚为一方之表率,其经费稍形匮乏,不肖者必藉口搜括,百般科敛,即清廉者亦失其素守,渐成贪吏,"上下祺利,国事尚可问乎"? 现在一切陋规俱行裁革,只恃养廉为生计,"若捐廉办公,以何费用,岂不仍取之于民耶? 我国家经费,岁用不下数千万,偶遇水旱偏灾,不惜帑金,立施厚泽,此皆各直省大吏所亲见者,何乃以涓滴之资,希图见好,博能事之名,遂巧取之计,朕非好货之主,不必以此尝试,徒见轻于朕耳,近因湖北偶聚难民,正值军需用度浩繁,书麟、倭什布各捐数千金散赈,地方立即安堵,特予议叙,以奖其急之举,然此事终不可为法,恐流弊至于需索属员,仍剥削朕之百姓,特书此谕,以儆官心,愿吏治永清,民生永静,藏富于民,国本自固,天子不问有无,奚较量此锱铢进奉以为升转哉,诸臣共体朕意,信守无忽。"②他认为,每至捐廉、捐输

---

① 嘉庆:《味余书室全集》卷三六《思其艰以图其易论》。
② 《清仁宗实录》卷八二,嘉庆六年四月辛酉。

者,无非是官僚借捐输之名派及府州县,"府州县势必取之百姓,层层派累,仍不过朘削闾阎。所谓捐输者,初非出自己赀,其名为捐银五万,而摊派之项谅不止此。种种情形,岂能逃朕洞鉴!""况此端一开,各省纷纷效尤,成何政体?"他还再次表示:"百姓犹朕之子,焉忍剥削?乃朕谆谆诰诫,至再至三",而仍然有些人不相信,巧为尝试,"是直不以朕为贤君,视为好货之主矣!"①

正是由于嘉庆帝耻于言利,所以表现在财政方面,就是不轻言兴事,"清心"、"省事",以不变应万变,一再强调要遵守祖宗之制,以"守成"为施政指导思想。国子监祭酒法式善条奏改革事件,他驳斥道:"朕以皇考之心为心,以皇考之政为政,率循旧章,恒恐不及"②,将其解职。道光帝即位后,亦把"守成"放在首位,他一再表示:"规模制度,典册具存。朕曷敢更易,一守成宪,犹惧不及,何好恶之有?"③嘉庆五年,大臣松筠提出了请弛私盐私铸等禁各款,结果遭到嘉庆帝的训斥"俱系变乱成法,纰缪已极",结果由总督降为副都统,发配伊犁。④

嘉庆十年十月,户部在讨论酌留常例捐款各条时,提出了京外文武大员准其捐复革职留任一款,嘉庆帝认为"此不可行"。在他看来,大员等身罹吏议,应行罢黜,经讨论后改为革职留任,"实因一时人才难得,不忍遽令废弃,本属格外恩施。如果奋勉办公,其开复自有一定年限,且亦有不至年限即加恩准其开复者"。今若一

---

① 《清仁宗实录》卷八八,嘉庆六年十月丙午。
② 《清仁宗实录》卷五六,嘉庆四年十二月己未。
③ 《清宣宗实录》卷二,嘉庆二十五年八月丁酉。
④ 《嘉庆道光两朝上谕档》,嘉庆五年四月十二日。

概准其捐复,则大员等恃有此例,毫无畏忌,"且今日甫罹重谴,而明日即可捐复,是有赀者脱然为无过之人,而无赀者日久不能开复,殊非政体。"若以此藉口谋利,以待他日捐复,"而朕施恩留任者,转似利其所蓄,上下交征利,国事不可问矣。"①嘉庆十九年二月,协办大学士两江总督百龄、江苏巡抚朱理联名奏请江苏及各省当铺按照成本多寡,"将息银输纳二成,分作五年给还"。但户部认为,国家理财制用,政有常经,即权宜取济,亦当准事理之平。若商民权子母、逐锥刀,"其事至为纤细,岂应官为核计?"今该督抚等欲按当商成本,责以输纳,又恐取民非制,请分五年如数给还,"无论一出一入甚滋繁扰,试思地方官勒借所部财物,尚干功令,况以经国之需而谋及庶人,不已亵乎?"在他们看来,典当商人大抵市侩居多,"强其所不欲而滥及名器,亦太不计利弊重轻矣"。嘉庆帝亦表示,现在帑项虽未饶裕,然综核出入,尚不至即形支绌,何遽谋及下策若此?百龄等人由翰林出身,见识如此,"实属鄙陋",一并交部议处。② 由此亦可见嘉庆帝对于理财的态度。

遵守祖制、守成的结果,表现在赋税政策中,就是体现为"不加赋"。嘉庆帝说:"我朝取民有制,从无加赋之事。"③嘉庆四年,漕运总督蒋兆奎以诸物昂贵,旗丁运费不敷,奏请每石加收一斗作为运费,嘉庆帝以"事属加赋,断不可行"加以驳斥。蒋兆奎又提出每船借给帮费的通融办法,嘉庆帝仍然予以驳斥:"若谓时值物价较昂,则又不独旗丁为然,如各官俸廉、兵丁粮饷,概因物贵议加,有

---

① 《嘉庆道光两朝上谕档》,嘉庆十年十月十七日。
② 《嘉庆道光两朝上谕档》,嘉庆十九年二月二十六日。
③ 光绪《大清会典事例》卷一七二《户部·田赋·催科禁令》。

是理乎？"在他看来，蒋兆奎的做法"巧避加赋之名，仍有加赋之实"。虽然蒋兆奎"忿激求去，效明季挂冠之状"，仍然说服不了嘉庆帝。① 王庆云亦称："我朝定制百余年矣，地丁之外，分毫无取焉。后之谋国者，亦善守成规焉可矣。"②虽然在实际操作中，不加赋根本做不到，但作为最基本的财政指导思想，却一直是嘉道时期的基本财政准绳。

对于矿业政策，其指导思想也一脉相承。嘉庆皇帝害怕局势动乱，他的一系列政治经济举措都以稳定局势为原则。嘉庆四年，宛平民众潘世恩、汲县民众苏廷禄呈请在直隶邢台等县境内开采银矿，给事中明绳辄据以入告，四月十九日嘉庆帝发布上谕，阐明了他要执行的矿业政策及其理由："朕恭阅世宗宪皇帝殊批谕旨，于开矿一事，深以言利扰民为戒，圣训煌煌，可为万世法守。"在他看来，矿藏于山，非数人所能采取，亦非数月所能毕事，必须千百为群，经年累月，设立棚厂，凿砂煎炼，"以谋利之事，聚游手之民，生衅滋事，势所必然"。即便是官为经理，尚难约束多人；若听一二商民集众自行开采，其弊将无所不至。"此在边省犹不可行，而况近依畿辅？他府犹不可行，而况地近大名？各该处向有私习邪教之人，此时方禁约之不暇，顾可听其纠集耶？"他还认为，国家经费自有正供常赋，虽然川陕起义还没有平定，但国用本无虞不足，"安可穷搜山泽，计及锱铢？"潘世恩、苏廷禄"揣摩迎合，觊觎矿苗，思擅其利，乃敢藉纳课为词，以小民而议及帑项，

---

① 《清仁宗实录》卷五六，嘉庆四年十二月壬辰。
② 王庆云：《石渠余纪》卷三《纪丁随地起》。

实属不安本分",责令将其押递本籍,交地方官严行管束,毋许出境滋事。给事中明绳系宗室,"今以开矿事冒昧转奏,明系商人嘱托,冀幸事成分肥而已,殊属卑鄙",所以将其交部议处。① 其回绝的态度可谓坚决。

嘉庆六年三月,伊犁将军保宁等奏请开采塔尔巴哈台所属各处金矿,亦遭到嘉庆皇帝的反对和训斥。嘉庆帝称,乾隆年间,伍弥乌逊等奏请采挖,且奉指严行禁止,"今若官为开采,势必招集多人,奸良莫辨,并恐内地甘凉一带游民,纷纷踵至。此等无籍之徒,聚之甚易,散之则难,于边地殊有关系。"此事"沾沾目前小利,并不计及久远",所请不准行,相关官员亦受申饬,并仍著保宁等将产金处所严厉封禁,勿令偷挖滋事。②

这种禁矿政策一直坚持到嘉庆晚年均未改变。嘉庆十九年(1814年)为了解决日益严重的则碑困境,嘉庆皇帝命吏部尚书英和等筹划节流之道,英和上《开源节流疏》,主张开矿以开源,他说:"节流之道,既应讲求。开源之计,不得以事涉言利概行驳斥。"新疆自乾隆以后,岁支兵饷百数十万两,内地颇受其累。但当地向有金矿银矿,可惜朝廷担心聚集多人,滋生事端,长久加以封禁。考虑到天地生财,原以供生人之用,开之而矿苗旺盛,裕课足民,固属全美。如果能办理有效,足敷该处兵饷,则内地经费日见宽舒。另外,其他各省矿厂,亦俱久经封闭,弃同泥沙,"应请毋庸封闭,或官为经理,或任富商经理",无论所得多少,取之于天,并非取之于民,实属有益

---

① 《清仁宗实录》卷四三,嘉庆四年四月丁未。
② 《清仁宗实录》卷八十,嘉庆六年三月甲申。

无损。且可赠养贫民,虽集多人而多人借以谋生,人有谋生之路即无滋事之心,如果虑其滋事,不令谋生,"未免因噎废食"。① 对英和这一建议,嘉庆皇帝仍然以开矿流弊滋多为由予以拒绝。

鸦片战争后,由于财政困难,道光帝一改过去禁止民间采矿的规定,弛矿禁,任民开采。为此,道光在二十四年四月的上谕中,明确提出弛矿禁:"自古足国之道,首在足民,未有民足而国不足者。"天地自然之利,原以供万民之用,如果经理得宜,自可推行无弊。开矿一事,前朝屡行而官吏因缘为奸,久之而国与民俱受其累。云南、贵州、四川、广西等处,向有银厂,每岁抽收课银,历年以来照常输纳,并无丝毫扰累于民,"可见官为经理,不如任民自为开采,是亦藏富于民之一道"。云南等省除现在开采外,尚多可采之处,民间如果有愿意开采者,准照见开厂一律办理,"断不可假手吏胥,致有侵蚀滋扰阻挠诸弊"。②

按照这一精神,相关省份立即采取行动,申报开矿者不断出现。五月,广西开始开采北流县铁矿。当时各地已经开采的矿,广西银矿有蕉木、南丹、桂红三厂,贵州铜矿有威宁等属之柞于、殊拱矿、棵布夏三厂,福集妈姑等十一厂,清平县属之永兴寨厂;水银矿有贵筑县属之红岩、白岩厂,兴义府属之回龙厂,八寨厅属之羊五加河厂。云南银矿有角麟、太和、息宜、白羊、东异、殊山、白达姆、石羊土革镇、铜厂坡、金牛、三道沟等十一厂;金厂有开化府、鹤庆府、永北厅之四厂。广西、贵州、云南银、铜、金各厂矿均有开采。

---

① 英和:《开源节流疏》,《清经世文编》卷二六《户政一·理财上》。
② 《嘉庆道光两朝上谕档》,道光二十四年四月初九日。

这时又奏请开采的金矿有他郎通判所辖均勇著、三股墙、小凹子三厂,银矿有镇远厅所属之兴隆山、文山县属之白得牛寨,广通县属之象山三厂。另外,湖南也奏请开采二处金矿。① 可见已经成燎然之势。

林则徐在接到道光帝命其查勘滇省矿厂的圣旨后,即奏称此举是"裕国足民利用厚生之至意",因为"有土有财,货原恶其弃于地;因利而利,富仍使之藏于民",果能经理得宜,自可推行无弊。云南跬步皆山,本无封禁,小民趋利若鹜,矿旺则不招自来,矿竭亦不驱自去。更重要的是,"滇人生计维艰,除耕种外,开采是其所习",如果能放开民间开采事宜,"如其地可聚千人者必有能活千人之利,聚至数百人者亦必有能活数百人之利"。与此相反,国家开矿则举步维艰,必然要设立各级管理人员,层层经理,弊端必多。既外如此,则"似仍招集商民,听其朋资伙办,成则奖励,歇亦不追",官方定以合理的课税标准,一切自然妥贴。②

当然,亦有一些地方官员,对采矿态度并不积极,有的甚至吁请停办,"间有一二省分遵旨招商开采者,然而,因经埋不得其人藉名渔利而并无其实,疆臣每因噎废食,吁恳停办"。道光对此有所了解,故他在二十八年十一月,又诏谕各省督抚查勘矿厂,酌量开采:"开矿之举,以天地自然利还之天下,可以富国,可以养民无疑义。"以前之所以封禁,一方面是担心聚集多人,难以弹治;另一方面则是担心矿苗不旺,徒亏成本。但云南等省原有

---

① 参见冯士钵、于伯铭《道光朝的财政拮据及"开源节流"措施浅探》,《中州学刊》1986 年第 5 期。

② 林则徐:《查勘矿厂情形试行开采折》,《林文忠公政书》丙集《云贵奏稿》卷九。

铜厂、西山亦有煤窑,"民之仰食者甚众,未闻有械斗之难治"。铜厂间有停歇,其人即他往觅食,谋生之念滋事之心,"全视地方官办理如何耳"。① 相对于嘉庆帝,道光帝在开矿上的态度明显要通融了许多。

(二) 变革理论

嘉道时期的财政思想较为活跃,异彩纷呈。除陶澍等人身体力行,直接推行关于漕运、盐政等财政改革;林则徐、黄爵滋等人的禁止鸦片流入外,亦有不少学者从不同角度对财政的各个面向加以阐释。

嘉道时期的著名学者俞正燮、汤鹏等人均主张"重商轻税"。俞正燮为道光时举人,他认为四民皆本,"四民皆王者之人,君臣之义,无所逃乎天地之间,不应商贾独以仁政不事君,专以征科苛责农民。上下相接以义,商贾若是末,则圣王循天之理,不得因末为利。若重征以抑末,则如何禁绝之,乃反诱而征之哉!"②

汤鹏,道光二年进士,曾任户部主事等职。他亦主张减少苛杂之征,认为"毋算商车,毋算缗钱,毋税入市,毋税间架,毋税农具,毋税青苗,毋税谷,毋税酒,毋税麹,毋税醋,毋税书籍纸扎,毋税蔬果竹木柴薪,毋税金银珠玉铜铁沙矾,毋税食羊、乳牛,毋税鱼箄、鸭埠,毋收责,毋率贷,毋系囚入縑,毋买奴输估。是故税宜减而薄者,致治之政也。税弥繁而弥厚者,叔季之政也。"汤鹏所列减税项

---

① 《嘉庆道光两朝上谕档》,道光二十八年十一月十二日。
② 俞正燮:《癸巳类稿》卷二《征商论》。

目,主要精神就是要减税。与此同时,他还主张自由贸易,"货出于市,毋出于官。货出于市则便,出于官则不便",反对官方专利经商,认为层层设官,与民争利,必然官多、役多、费多。①

魏源作为道咸时期著名的经世派思想家,对财政制度有一套完整考虑。针对当时的财政困难,魏源提出了开源兴利的方案:"食源莫如屯垦,货源莫如采金与更币。"②关于"食源",魏源提出,"阜食莫大于屯垦,屯垦莫急于八旗生计。以君养人,不如使人自养,虽尧舜犹病博施而济众。"对于八旗子弟的腐败,魏源深感担忧,指出八旗子弟,乾隆初年已有数十万,至今百万,"而所圈近京五百里之旗地,大半尽典于民,聚数百万不士、不农、不工、不商、不兵、不民之人于京师,而莫为之所,虽竭海内之正供,不足以赡。"③关于开采金银矿藏,魏源认为:"天地自然之利,当与民共之,不当以无用弃之。"如果国家开矿资金不足,则可以采取"民采官税"的办法,利用民间资本广开利源。他表示:"但官不禁民之采,则荷锸云趋,裹粮鹜赴。官物置局,税其什一二,而不立定额,将见银之出不可思议,税之人不可胜用,沛乎若泉源,浩乎如江河,何必官为廾采,致防得不偿失,财不足用乎?"又称:"有官采官铸之权,即有私采私铸之禁,日增月益,法令斯繁,非民乐犯铜铁之禁,而不趋采金之利也。"魏源还主张发展铸造银币,"仿铸西洋之银钱,兼行古时之玉币、贝币",以利国利民。④

---

① 汤鹏:《浮邱子》卷十《医贫篇》,岳麓书社 2010 年版。
② 魏源:《魏源集》下册《军储篇一》。
③ 魏源:《魏源集》下册《军储篇四》。
④ 魏源:《魏源集》下册《军储篇三》。

包世臣横跨乾、嘉、道、咸时期,对当时的财政问题论述极多,如农政、漕运、盐政、河工、银荒、货币以及鸦片等问题都有论述,且在东南一带官员中有较大的影响,"东南大吏每遇兵、荒、河、漕、盐诸巨政,无不屈节谘询,世臣亦慷慨言之"①。关于财政的总体思路,包世臣主张是减轻百姓的财政负担,不要竭泽而渔:"仓库空虚,非天下之公患也,患民急而已。然而一二言利之臣,方与搜刮锱铢,事邻剽窃,遂致膏屯于上,泽竭于下,是速贫之术也。"他主张本末并重,并末皆富,在强调发展农业的同时也不能忘记工商业,因为"无农则无食,无工则无用,无商则不给,三者缺一,则人莫能生也"②。他还表示:"今法为币者,惟银与钱,小民计工受值皆以钱,而商贾转输百货则以银,其卖于市也,又科银价以定钱数,是故银少则价高,银价高则物值昂。又民户完赋亦以钱折,银价高则折钱多,小民重困,是故银币虽末富,而其权乃与五谷相轻重。本末皆富,则家给人足。"③

道光时期,王鎏提出了发行不兑换纸币来充实国库的主张,在当时影响颇大,他的思想集中于《钱币刍议》一书。王鎏把发行纸币作为解决财政困难的手段,并高举"足君万先"理论:"三代以上,君民相通,但有足民之事,更无足君之事。必民足而后君足,犹子孙富而父母未有贫焉,此有子所言而天下可共知也。三代以下,君民相隔,既有足君之事,又有足民之事,且必君足而后民足,犹父母富而子孙亦免于贫焉,此昔人所未及言而天下或未知也。夫欲足

---

① 《清史稿》卷四八六《文苑列传三》。
② 包世臣:《说储上篇前序》,《安吴四种》卷七。
③ 包世臣:《庚辰杂著二》,《安吴四种》卷二六。

民,莫如重农务穑,欲足君莫如操钱币之权,苟不能操钱币之权,则欲减赋而绌于用,欲开垦而无其资,何以劝民之重农务穑哉?故足君尤先。"在他看来,铸造不足值大钱,实行铸币贬值,虽然也可以"足君",但作用总是有限的。只有发行纸币,才可以无穷无尽:"凡以他物为币皆有尽,惟钞无尽,造百万即百万,造千万即千万,则操不涸之财源。"①他还想出了一次性发行三十年国用纸币的办法,一劳永逸地解决财政困难,但这种方法显然是利用通货膨胀,掠夺百姓财富,满足统治者之需。他还认为,通过发行纸币,可以解决鸦片之祸,让白银外流变成白银内流:"洋人欲得中国之货,必先以银买钞。彼之银有尽,我之钞无穷,则外洋之银将尽入中国。"②针对王鎏的建议,当时许多学者都提出了针锋相对的批驳。比如包世臣即揭露了王鎏的发钞动机不纯:"凡善谋国者,夺奸民之利权,以其七归之良民,而以其三归之公上,事乃易行而可久",总的原则就是"损上益下",损上愈多,则下行愈速,"然益上之指,总上利民,乃可久而无弊。若一存自利之见,则有良法而无美意,民若受损亦未见其必能益上也"③。显然,王鎏的建议不可能在当时得到实施。

除学者外,官员们亦参加到改革财政的大讨论中。针对银贵钱贱,各省督抚相继提出了不少建议。道光二十四年,江西巡抚吴文镕奏请设法贵钱贱银。在他看来,国家承平日久,合计能铸钱的14省,每岁额可铸钱114万串,"流行百数十年以来,钱固已日见

---

① 王鎏:《钱币刍言·钱钞议一》。
② 王鎏:《钱币刍言·与包慎伯明府论钞币书》。
③ 包世臣:《再答王亮生书》,《安吴四种》卷二六。

多矣",然使钱日多而银并未少,"亦不致畸重畸轻之甚",无如耗银之端百出,银且日趋于少。他提出了五条建议:体察民情、统一钱价、规定解钱规模、按旧章扣平余、加大力度疏通制钱。① 似并无新意。

两年后,江南道监察御史刘良驹提出了著名的《条奏银钱画一章程》,认为银贵钱贱的原因,"实由于用银太重,用钱太轻"。朝廷虽然铸钱很多,但百姓除日用之外,"殆无用钱之处,此纹银所以日重也"。他提出的建议是认为银钱不应有所偏重,"应请嗣后定为银钱兼用之制"。每纹银1两,由部酌中定价,准核制钱若干,比如近年来户部奏准各省捐输案内以制钱1500文抵银1两之例,并再由部臣将每年经费出入逐款稽核,每年所入之项何项必须收银,何项可银钱并收,何项可一律收钱,酌为银钱入数定额,每年所出之项,何项必须放银,何项可银钱并放,何项可一律放钱,亦酌为银钱出数定额,其收钱放钱即依新定银价折算,"但令制钱入数出数两足相抵,随收随放,既无贯朽之虞,亦于向来银项奏销毫无亏损"。另外,他还提议盐课关税等项银钱兼收、河工岁修料物等项改发制钱、京外官俸及各省兵饷等项均可搭放钱文、常捐亦可交钱抵银。但以穆璋阿为首的户部认为,此事只可试办,等行之有效再全面推广,应先由各省督抚等复核。此事后无下文。②

随后,内阁学士朱嶟又提出改善银贵钱贱局面的建议,认为现在的弊端不在钱荒而在钱滥,欲救其弊,固莫利于收钱,尤莫利于

---

① 《嘉庆道光两朝上谕档》,道光二十四年五月初二日。
② 《嘉庆道光两朝上谕档》,道光二十六年二月初一日。

停铸。但他所认同的办法不过仍然是河工用钱、军饷放钱,收税定银钱比价等。对于他让各省暂停造钱,让钱升值等办法,仍遭户部反对,认为朱嶟"殊不知现在银贵钱贱,实由银少,非由钱多,若中外鼓铸同时减停,设银与钱并绌,小民将何以为用?"①

道光二十八年,礼科给事中江鸿升提出了请铸大钱的办法。据称近年银价过昂,从前制钱1000文作银1两数已逾倍,"州县收漕苦累,百姓纳粮苦累,盐课关税苦累",欲济银之不足,"惟有铸大钱一法,以与银参酌并用,庶足以剂银价之平"。大钱之议,前此有广西巡抚梁章钜等人提出过,大都议铸当千、当五百、当百,拟于其中厚取钱息,但如此则工本轻而钱直重,"私铸必多,奸伪滋起"。他认为可以铸当五十、当十大钱,但须工本如五十、十文之数,"铜质必净,轮廓必精,铢两必准",奸民即欲私铸而无利可图,不待严禁而自止。不过,户部在议复时认为,道光二十六年,安徽巡抚王植就曾经详考历代钱法,认为自汉迄明,凡铸当五当十大钱并当千当百当五十者,亦屡见诸史册,"大约旋用旋罢,旋铸旋废,未有行至数年而物价能平,公私称便者"。其原因无非是由于所值之数不及所当之数。此奏本意虽好,但"种种滋弊,恐银价未必能平,而物价转致腾踊,于民间日用诸形窒碍"。②

道光朝后期,针对改善库储的建议极多,无非是老生常谈,鲜有过人之处。比如道光十七年,工科给事中张修育奏筹裕库储。他的建议仍然老套,诸如请厘定盐引科则、请整饬榷务、请厘正常

---

① 《嘉庆道光两朝上谕档》,道光二十六年三月三十日。
② 《嘉庆道光两朝上谕档》,道光二十八年十一月二十八日。

例、请筹裕铜斤、请酌定勒追例限、请酌办估变逾限。① 鸦片战争后,因清廷财政遭遇极大危机,为解决此困难,清廷让各省督抚齐思办法,其中盛京将军禧恩奏称:

> 理财之道,当崇本而抑末,地丁出于农民,税课取诸商贾,实为制赋之常经。在昔有关市之征,今关有征而市无征,周官亦有任商以阜财货,今仅税行货之商,而不课居货之贾。农民终岁勤动,而什一之赋,亘古为昭,乃富商大贾,坐拥丰资,操其奇赢,以攫厚利,竟无应输之课,殊不足以昭平允。如当铺一行,其资本自数千两至数万两不等,以利之最轻者谕之,千金之本,可得百金之利,万金之本,可得千金之利,而其岁输贴税不过数金,又安用此区区者耶?……如银号钱局粮栈布庄绸缎,百货之商,亦复类是,窃计各商之在城市镇口,其生意之大者不下数百万,次则数十万,最小之地方,亦必有数万金,于什一余利之中,征其十分之一,以成本计之,则万取百焉,千取十焉,各处所出无多,断不至于苦累。……其实有资本在一千两以上者计其余利,岁可得银百两,仍按什一之制,每年征课银十两,资本多者以次递加,原有行贴即不再征税,以免重复。千两以下者惟经商成本非恒产,应准随时增减,毋使各商虑恐作为定额,即洋盐等商偶遇河工军务要需,准予报效者,亦实为保卫闾阎不得已借资其力,非有所利于上也。

但户部在议复此议时表示,现值筹用孔亟之时,一切经费自应从长策划。向商铺抽税的难度在于无法清查资本,"其中或一人独

---

① 《嘉庆道光两朝上谕档》,道光二十七年五月十八日。

开,或数姓合开,各铺情形既有不同,各省风俗又多互异,设非逐户挨查,断难核其确数,而市肆随在皆有,该州县安能躬亲履勘,势不能不令佐杂人员纷纷四出",小商亦不免阴受其害,也不敢据实声报。另外,除去各商房舍铺垫赊欠虚账悉免征收,所有行贴者并不再收贴税,"殊未平允",此议不准行。①

道光二十八年十月,户部亦提出了改善库藏的办法。定郡王载铨等认为,现在经费日绌,"实因中外生齿日繁,生财之源不敌耗财之众,加以连年夷务军旅河工赈饷,在在皆糜国帑,左藏不充,职此之故"。然补救之法,又不能违背常理,"或稽查以核实,或折价以便民,或疏畅以行引,或节制以止滥",大抵不出钱粮漕米盐务河工开矿数大端。其中地丁钱粮积欠应清查、漕米可以改收折色、长芦山东之盐法可以酌效两淮、河工浮费宜节冗员应裁,大体为虚词,但最后也特意提到矿厂可以广开采。至初行试办之法,旧矿则弛其禁,新矿则定其地招募商人自出工本经理,官只十取其一二以为税,采办数多者,商则给予优奖,官则给予议叙,万一得不偿失,即行封闭,是在商且无抑勒之苦,在官更无赔累之虞。② 与前面的建议并无二致。

以上主张,或进步,或保守,或开明,或顽固,都是当时社会经济的思想沉淀。而随着时间的流逝,具有近代色彩的财政主张,开始在华夏大地迅猛萌芽、滋长,中国的财政思想又翻开了全新一页。

---

① 《军机处录副奏折·道光朝·财政类·关税项》,道光二十三年七月十二日,大学士穆彰阿等折。
② 《嘉庆道光两朝上谕档》,道光二十八年十一月十二日。

结论:有量变而无质变的嘉道财政

"财者天下之大计,财有数而用无常,考其盛衰,足以知其理乱。"①财政是研究国家与社会经济发展两者之间关系的纽带,既受政治变动、时局变化的影响,通过财政征收和支出又会对社会经济产生巨大的影响。财政收支规模的大小和增长速度受政府财政政策的影响,也受到政府征税能力的影响,但更主要的是受经济发展水平的制约。总的看来,清嘉道时期的财政支出规模保持着缓慢扩张的态势,收支相抵后一般出现盈余。鸦片战争后的十年间,财政岁入及其结构,和康雍乾各朝相比,亦基本相同,地丁、盐课和关税仍然是财政岁入的三大支柱,特别是地丁银,仍然是财政收入的主体。这说明,虽然已经步入半殖民地半封建时期,但传统国家的财政体制仍未发生根本性的变化。当然,这种脱节不可能保持长久,财政问题最终还得与社会性质相吻合。

从财政管理机构的设置与职权范围来看,清前期的财政管理体制具有高度中央集权的特点,地方缺乏必要的财权,嘉道时期,这一格局仍未发生变化。关于财政收支,嘉道时期尚能大致保持平衡,收入方面没有发生较大的变化,支出虽有大幅度的增长,但

---

① 孙鼎臣:《畚塘刍论》卷二《通论唐以来国计》,咸丰九年刊本。

尚没有走到崩溃的边缘。即如道光晚期的银库案爆发,也只能说是一个意外,并不是财政制度出了根本性的问题。时人评论,道光二十三年库丁盗帑事发,亏银九百余万,道光帝责管库诸王大臣分年赔缴,又通饬内务府部院各衙门裁减浮费,"斥三苑三山珍货,命有司变价,库亏之数,数年弥补全完",自二十三年至三十年,户部奏每岁入数三千七八九百万不等,出数三千六七八百万不等,"岁计略有赢余,道光二十年内库犹八百余万两"。① 如果再将视野放宽,把嘉道时期的财政与咸同时期做比较,前者的优越性更是不言而喻。简言之,这一时期清朝政府的财政虽然不及以往充盈,但也绝非一无是处,也正是从这个角度来看,"道光萧条"说似值得商榷,可以将其概括为"有量变而无质变"的过渡型财政。

作为最高统治者的嘉庆帝、道光帝,他们节俭自励,甘居表率,道光帝的节俭人所皆知,嘉庆帝也绝非昏君,曾多次以实际行动来节省经费。嘉庆九年十月,嘉庆帝欲到五台山"为民祈福",本为旧例,结果经大臣商议,"以三省甫定,民气未苏,警跸所临,虽事事轻减,而长途供亿,不能不借资民力",取消行程。② 与此相对应,诸如前文已经分析过的漕运、盐政、关税等方面的改革值得肯定。主持改革的官员,如英和、陶澍等人,也并非庸才,一度的漕粮改海运、盐政改票法,都进行得有声有色。

当然,此间的财政在走下坡路,却是没有疑问的。嘉道时期,清廷对全国财政的控制能力已降至极低的水平,财政危机初步形

---

① 孙鼎臣:《畚塘刍论》卷二《通论唐以来国计》,咸丰九年刊本。
② 英和:《恩福堂奏稿》,手抄本,中国社会科学院近代史所图书馆藏。

成。嘉道时期的财政管理效率,从总体上说,有日趋低下的势头。道光十年,给事中徐法绩奏称,直省每年正杂钱粮开除实在款目,多不能逐案清结,或开除在数年前,报销在数年后,或暂行借垫,久忘归款,或多年挂搭,未经剔出,旧案未结,新案又来,头绪既已纷繁,款目又复参错,"上司以闲款充私用,属员以新款弥旧亏,公项可使拖欠,私利则必取盈,间有动拨不发,则以别款支专销为解,名为拨空,虽经户部节年行查,而外省延不登复,则亦不复究诘。是有用之钱粮,皆悬于空虚之外,吏蚀官侵,久皆无着"。至如现任官员积欠,本属有力完缴,往往于去官身故,无力完缴时,始行参出;借支养廉为数无多,往往服官多年,尚未扣缴;至清查各款,咨查各款,抄产变价各款,色目繁多,户部应查不查,应催不催,及虽查而或漏查,虽催而可漏催,皆所难免,"是外省弊混之故,实亦户部稽查之疏也"。①

与此同时,财政集权制度也开始崩溃。清廷通过解京协饷制度来控制全国财政,这种中央集权的财政,有几个特征:其一,没有真正的地方税,中央与地方均行使同一套税种,如地丁、盐课、关税、杂税。其二,所有税率和税基均由中央决定,但税收的核定和征收则由地方官府负责。其三,财政分配上,中央占绝对优势,地方存留有限,地方财政十分脆弱。通过京协饷制度,清廷可以调动全国的财政收入,这在人少事简的条件下尚可维持,至嘉道时期,中央指定的拨款常被移作他用;外省应解银两欠项日多,中央户部库存日绌,协饷多不到位,致使京协饷制度濒临

---

① 《皇朝政典类纂》卷一六五《国用》。

崩溃。为弥补巨额亏空,清廷要求地方官吏自行设法解决,这就是嘉道时期影响极坏的"设法"政策,也是经过皇帝允许的弊政。"设法"政策的出台,其根本原因正如章学诚所言:州县仓库空虚,缓急俱不可恃,情知亏空为患,而上下相与讲求弥补,谓之"设法"。"天下未有盈千百万已亏之项,只此有无出纳之数,而可为弥补之法者也。设法者,巧取于民之别名耳"①。地方经费不可能永远处于亏缺状态。嘉庆十六年在对各省库贮款项进行彻底清查时,发现各省有附贮、赏项、存剩、公捐提解等银四款,皆不报部。嘉庆帝将此四项经费赏赐地方,即是对既成事实的承认,同时也表明清廷对财政的控制能力日益削弱,出现上有政策、下有对策的状态。

嘉道时期吏治腐败,较以前更为明显,而这种恶化对财政产生了深远影响,以致有"康熙年间多清官,雍正以后无清官"之谣。②冯桂芬曾言:"今天下之大害,大都在上下两损,而归中饱。有专蠹国不蠹民,官吏转率民以蠹国者,营民也,河工也,盐务中诸色人等也。有专蠹民不蠹国者,钱粮也。有国与民交蠹者,关也,贡也。"③关于道光时期吏治败坏,张际亮写道:"为大府者,见黄金则喜;为县令者,严刑非法以搜括邑之钱米,易金贿大府,以博其一喜。全十大饥人几相食之后,犹借口征粮,借名采买,驱迫妇女逃窜山谷,数日夜不敢归里门,归而鸡豚牛犬一空矣。"④官场之中,

---

① 章学诚:《上执政论时务书》,《章学诚遗书》卷二十九。
② 汤成烈:《治赋篇二》,《皇朝经世文续编》卷三四。
③ 冯桂芬:《改土贡议》,《校邠庐抗议》,中州古籍出版社1998年版。
④ 张际亮:《答黄树斋鸿胪书》,《张亨甫文集》卷三,同治福州刻本。

求官以自私起见,山东宦场气习,"当其在省,寅僚之燕集","不闻其咨诹治道,思作好官,惟计较某州某县孰肥孰瘠,日思得一美缺,便我私图","寅缘钻刺,探听风声。小不如意,怨谤上司。甚者播散谣言,希图挟制,转相将效仿,习为风气,牢不可破"①。曾署两江总督的梁章钜生动地刻画了群僚的昏庸:"近时,有作首县十字令者:一曰红,二曰圆融,三曰路路通,四曰认识古董,五曰不怕大亏空,六曰围棋马钓中中,七曰梨园子弟殷勤奉,八曰衣服整齐,言语从容,九曰主恩宪德,满口常称颂,十曰座上客常满,樽中酒不空。"②当时的官场已经逐步形成官员贪污集团化、官职商品化、官吏商人化的趋势。因为统治格局是"以人君总其成于上,而分其任于督抚,督抚总其成于上,而分其任于州县"③,官官相卫也就在所难免。嘉庆四年,山东帮漕船39只,各州县帮贴陋规银5000两,通州坐粮厅验米费400两,仓场衙门、科房、漕房等费自80至20余两不等,领运千总使费银700两,守备年规银412两,生节规16两,总漕、巡漕及粮道各衙门皆有陋规。事件曝光,嘉庆帝也不得不说:"姑念人数过多,事属已往,免其深究。"④道光十年,书吏蔡绳祖私雕假印案,所涉及官员户部堂官23人,司员78人,国子监厅员3人,而冒捐者则多达32708人之多。⑤

在嘉道时期,陋规已经演变成为一种特殊的薪俸,在地方称陋

---

① 徐栋:《牧令书辑要》卷二,同治八年崇文书局刻本。
② 梁章钜:《归田琐记》卷七《首县》。
③ 《清仁宗实录》卷七九,嘉庆六年二月己酉。
④ 《清仁宗实录》卷五六,嘉庆四年十二月丙申。
⑤ 《清宣宗实录》卷一七七,道光十年十月戊戌。

规,在京城则成为部费。部费的征收导致吏治更加腐败。"军需报销,自乾隆朝刊颁则例,准销各款,有条不紊。然蒇事之后,造册请销,一收一支,不能针孔相符,于是部吏得以持其短长,严加驳诘。而所谓部费一款,每百几厘几毫者,数遂不赀。自帅臣以逮末僚,凡厕身行间,均摊追赔,无一漏脱。存者及身,死者子孙,久迫追呼,非呈报家产尽绝,由地方官验明加结,具文咨部,不能定案。其有前经帅臣奏咨,后难结算者,则归用兵省分州县流摊,名为军需挪垫、兵差挪缺等款,亦动经数十年,始得归补,而州县又不胜其累。是以部费一说,视为固然,万口同声,略无隐讳。盖自停遣督饷大员后,每遇征伐,帅臣兵饷兼操,内而户部,外而藩司,支数可稽,用数可考,而军中大小将吏,得以多立名目,肆为侵冒,皆恃部费为护符,贪狡成风,真堪痛恨。"[1]官员之间往来的开销也很大,外调官辞行要向同僚赠送一笔留别经费,即所谓的别敬。据《道咸宦海见闻录》的作者张集馨记载,他出任陕西粮道的出京留别共费17000余两,任四川臬司共费13000余两,任贵州藩司共费11000余两,调任河南藩司又花掉12000余两,年节应酬及红白事体尚不在内。嘉道时期,陋规案频繁发生,仅检索《清实录》和《上谕档》,就可以发现不少曝光的案件,如嘉庆二年方受畴收受生日年节陋规、嘉庆四年宜兴家人私受门包陋规、嘉庆十年贵州钱局监督收受书吏陋规、嘉庆十五年吴江生监串通知县收受漕规案、嘉庆二十二年道府收受陋规案、道光十一年直隶清河道徐寅第收受陋规案、道光二十年长芦盐运司收受商人陋规案、道光二十八年山东巡抚收

---

[1] 吴庆坻:《蕉廊脞录》卷二。

受程仪节寿案、道光二十九年山西巡抚王兆琛收受商人节规银案,私下的陋规则必然更多了。

官场风气日渐奢靡,形成官、士、工、农相率效仿的局面。嘉道时期的举人鲁一同曾言:"思天下之困,不专银少,由衣食之源不足;衣食不足,由物力之艰;物力之艰,由靡费之众;靡费之众,由风俗之奢,由百官之奢。官奢于上,士华于下,工作于市,农效于野,斫朴为雕,皆官之由。"①对于末世情态,龚自珍在鸦片战争前夕愤然写道:"今中国生齿日益繁,气象日益隘,黄河日益为患,大官非不忧,主上非不咨,而不外乎开捐例、加赋、加盐价之议,譬如割臀以肥脑,自啖自肉,无代受者。自乾隆末年以来,官吏士民,狼艰狈蹶,不士、不农、不工、不商之人,十将五六。又或食烟草,习邪教,取诛戮,或冻馁以死,终不肯治一十之丝、一粒之饭以益人。承乾隆六十载太平之盛,人心惯于泰侈,风俗习于游荡,京师其尤甚者。自京师始,概乎四方,大抵富户变贫户,贫户变饿户,四民之首,奔走下贱,各省大局,岌岌乎皆不可以支月日,奚暇问年岁?"②

与此同时,清廷仍然固守"量入为出"的原则。以量入为出为财政原则,财政手段必然以节流为主;以量出制入为财政原则,财政手段则会以开源为主。清前期,宏观税负水平虽然偏低,但财政尚能保持平衡,并维持量入为出原则,故手段多以节流为主。嘉道时期,清廷对全国财政的控制能力已降至极低的水平,即便有巨额的支出,如军需、河工及赈济等,也仍然凭临时的调补来支持,可见

---

① 鲁一同:《与左君第二书》,《通甫类稿》卷二,台湾文海出版社1969年版。
② 龚自珍:《西域置行省议》,《龚自珍全集》上册,中华书局1959年版,第106页。

当时的统治者,尚缺乏长远的打算和通盘的考虑。① 道光帝甚至称:"譬如人家一所大房子,年深月久,不是东边倒塌,即是西边剥落,住房人随时粘补修理,自然一律整齐,若任听破坏,必至要动大工。"② 岩井茂树将其概括为"原额主义"。当然,所谓的明清国家财政的"原额主义",并不是指租税收入和财政支出全然没有变化,而是随着社会的发展、国家机构活动的扩大而财政必然要相应增大,缺乏弹性的正额收入与之发生了不整合。为了弥合这种不整合,正额外财政的派生不可避免。③ 嘉道时期在财政上最大的问题是,当岁出突然增大时,其岁入不足以应付这种开支,所以不得

---

① 例如关税收入例应解部,但嘉道时期,关税收入被大量应用于军需、河工等应急事务中,对于风雨飘摇的清朝财政,起到了很好的补漏作用。这里仅就其中的大者列举一二。嘉庆初年,因川陕楚办理善后事宜需用较多,清廷降旨令各关监督等将本年征收银两,凑足10万两,或五万两之数,解往河南存藩库候拨。根据这一旨意,各省各关纷纷行动。到八年七月,各关陆续奏报起解银数已足敷善后之用。嘉庆十年,两江总督铁保、河道总督徐端称,河工紧要,准从淮安、浒墅等6关库存银拨100万两解贮河库,经查明,当时淮安关可拨银6万两,浒墅10万两,龙江155000两,扬州关77000两,凤阳关45000两,江海关1万两,共可拨487000两。嘉庆二十四年,又因河南黄河北岸武陟漫口办理大工,清廷再次大规模调拨关税。其中淮安关征存税银40万两、浒墅关40万两、粤海关75万两,共155万两,拨付工地。因此间各省动用关税的情况为多,影响了户部的正常财政分配方案实施,引起户部不满,特奏请改革。嘉庆十七年,户部奏称,查例每年冬季各直省督抚各将次年一岁应需俸饷预估册报,听部按数拨给,倘藩库银两不敷,或动盐课关税,或请内帑,由部随时具奏。但近年以来,南河年例岁修预购料物,以及各直省或因兵饷不敷等项,均非迫不及待之款。该督抚等往往亦将本省关税银两自行奏请动拨,"殊非慎重钱粮之道",况关税一项向系关期满后,依限解交部库之款,"尤未便任其在外拨用",故奏请令各直省非急迫不乱拨。道光四年,户部又再次上奏,"外省督抚毋得自行指拨关税"。(以上参见嘉道时期《军机处录副奏折・财政类・关税》相关奏折)这种关税的经常性调拨,也为日后的地方省份截留财政收入和督抚权重做了很好的实践铺垫。

② 张集馨:《道咸宦海见闻录》,道光二十七年八月二十二日,中华书局1981年版。
③ 〔日〕岩井茂树:《中国近世财政史の研究》,京都大学学术出版社会,2004年版。

不采用临时性的筹措财政经费的方法,亦即捐输和报效。实际上,这无非是一种变相的勒索。

列宁曾说:"自然界和社会中的一切界限都是有条件的和可变动的,没有任何一种现象不能在一定条件下转化为自己的对立面。"①当时西方已经迈入资本主义时代,赋税已经由经常性财政支出的来源,变成满足生产性财政支出的途径,影响生产的结构和方向。清廷墨守成规,面对财政中的新问题,诸如支出扩大后如何从正常的赋税调整中予以解决、币值变动情况下如何调整赋额等,都没有提出和推行妥善可行的对策。由于非常支出的膨胀,已不能再顾及传统的财政原则,而是处处变通办理,或挪用常例收入,或新增非常税目,完全以支出规模为核定标准。可以断言,即便没有发生后来的太平天国起义,清代的财政体制也到了必须做全新调整的时候。

---

① 列宁:《论尤尼乌斯小册子》,《列宁选集》卷二第 850 页。

附：道光地丁统计表

道光朝直隶地丁征收表（单位：两）

年份	额征	蠲缓	实征	已完	应带征	带征已完	合计应征	合计共征
元年							1338990	1290956
二年			1305191	1268998	33799	21958	1338990	1290956
三年			866752	844855	99687	94154	966439	939009
四年			1749446	1738939	583143	573789	2332589	2312728
五年	1916662	194745	1721916	1622031	385871	292883	2107787	1914914
六年	1917478	59756	1857722	1799913	275740	229731	2133462	2029644
七年	1970626	156900	1813725	1742158	308868	259206	2122593	2001364
八年	1906183	134250	1771933	1704185	379799	218778	2151732	1922963
九年	1907797	66046	1841751	1779670	256681	95246	2098432	1874916
十年	1960960	138261	1822699	1795324	228045	136201	2050744	1931525
十一	1908112	83414	1824698	1824698	170724	95117	1995422	1919815
十二	1961595	186139	1775456	1763637	53966	51262	1829422	1814899
十三	1908942	48140	1860802	1854032	161015	157067	2021817	2011099
十四	1909340	138818	1770522	1756562	94942	79538	1865464	1836100
十五	1962929	127989	1834947	1812799	61087	58994	1896034	1871793
十六	1909468	49323	1860144	1848909	121097	96696	1981241	1945605
十七	1910516	145085	1765431	1747775	75702	45579	1841133	1793354
十八	1967687	81836	1885851	1847537	102548	73639	1988399	1921176
十九	1914938	68705	1846233	1798557	90030	45046	1936263	1843603
二十	1915387	103661	1811726	1790595	160582	100300	1972308	1890895
二一	1969051	50511	1918540	1895785	117581	75976	2036121	1971761
二二	1915899	55651	1860247	1833206	136667	47863	1996914	1881069
二三	1969332	78480	1890852	1874752	89526	39025	1980378	1013777
二四	1915909	82281	1833628	1816243	78873	33516	1912501	1849759

续表

二五	1915931	172030	1743901	1706646	55489	39333	1799390	1745979
二六	1962007	229466	1732541	1674410	61619	30120	1794160	1704530
二七	1916025	399631	1516393	1422829	89615	37781	1606008	1460610
二八	1916213	105664	1810549	1741669	218695	167439	2029244	1909108
二九	1969721	130258	1839462	1801423	144208	73280	1983670	1874703
三十	1916429	79399	1837029	1787507			1837029	1787507

资料来源：中国社会科学院经济研究所藏抄档，《清代各省钱粮征收表》第一册。

说明：(1)本表数据以两为单位，两以下省略。(2)凡本年缺数据者，按前后两年数据平均。元年无数据，则以二年数据补入；三十年无数据，则以二十九年数据补入。前一年数据系补入者，以前二年数据补入。(3)无应征数者，以实征数补入。凡数据系补入者，皆以黑体标出。以下各表同。

道光朝山东地丁征收表（单位：两）

年份	额征	蠲缓	实征	已完	应带征	带征已完	合计应征	合计共征
元年							2076390	1845356
二年			2076390	1845356			2076390	1845356
三年			2305385	2129255			2305385	2129255
四年			2466631	2254733	442069	191866	2908700	2446599
五年	2755146	136299	2618846	2370537	295800	97299	2914646	2467836
六年	2756266	253015	2503251	2316877	330313	86382	2833564	2403259
七年	2756303	37295	2719008	2543721	561079	151318	3280087	2695039
八年	2755111	75981	2679130	2541718	344354	157325	3023484	2699043
九年	2756232	65487	2690744	2554757	379801	144881	3070545	2699638
十年	2756269	48562	2707706	2587934	453040	167737	3160746	2755671
十一	2755787	87828	2667958	2550667	652586	157402	3320544	2708069
十二	2755169	148319	2606849	2509174		132220	**2739069**	2641394
十三	2757564	148954	2608609	2540154	209355	78789	2817964	2618943
十四	2756482	146818	2609663	2528019	324943	73772	2934606	2601791
十五	2757669	266483	2491186	2402804		45316	**2536502**	2448120
十六	2771433	649658	2121774	2022351		32031	**2153805**	2054382
十七	2770315	321791	2448524	2285164		56318	**2504842**	2341482
十八	2771472	343269	2428202	2242080		88228	**2516430**	2330308
十九	2772177	242880	2529296	2324411	628784	99187	3158080	2423598

续表

二十	2772177	337829	2434348	2193636	619380	96174	3053728	2289810
二一	2772214	374177	2398037	2273341	847441	106421	3245478	2379762
二二	2772177	297694	2474483	2229019	786098	48709	3260581	2277728
二三	2764193	226114	2538078	2318894	1118798	72904	3656876	2391798
二四	2758376	366188	2392187	2213788	1042187	39034	3434374	2252822
二五	2758376	468615	2289760	2090467	566701	35298	2856461	2125765
二六	2758398	645310	2113087	1913163	554767	13393	2667854	1926556
二七	2758377	571301	2187075	1957799	769071	58180	2956146	2015979
二八	2758377	396746	2361631	2199220	1110375	101527	3472006	2300747
二九	2757294	266654	2490639	2375623	1433239	62155	3923878	2437778
三十	2758377	267791	2490585	2260148			2490585	2260148

资料来源:中国社会科学院经济研究所藏抄档,《清代各省钱粮征收表》第一册。

道光朝山西地丁征收表(单位:两)

年份	额征	蠲缓	实征	已完	应带征	带征已完	合计应征	合计共征
元年							2647186	2647186
二年			2647186	2647186			2647186	2647186
三年			2657395	2657395			2657395	2657395
四年			2647186	2647186			2647186	2647186
五年	3022755	365359	2657395	2657395			2657395	2657395
六年	3022755	365359	2657395	2653208			2657395	2653208
七年	3025675	378489	2647186	2647186			2647186	2647186
八年	3022755	365359	2657395	2657395			2657395	2657395
九年	3022755	365359	2657395	2657395			2657395	2657395
十年	3025676	379442	2646233	2646233			2646233	2646233
十一	3022755	366313	2656442	2656442			2656442	2656442
十二	3025675	404477	2621198	2621198			2621198	2621198
十三	3022755	389730	2633025	2633025	23684	22142	2656709	2655167
十四	3022755	367720	2655034	2655034	1541	1541	2656575	2656575
十五	3029566	395080	2634485	2634485	2437	2437	2636922	2636922
十六	3026646	395407	2631238	2631238	3879	3879	2635117	2635117
十七	3026646	393999	2632646	2632646	13690	13690	2646336	2646336
十八	3022929	378498	2644430	2644430	36096	34214	2680526	2678644
十九	3026646	376026	2650619	2650619	10383	7030	2661002	2657649

续表

二十	3026646	368635	2658009	2649993	7698	3321	2665707	2653314
二一	3022929	375029	2647900	2639178	14607	14607	2662507	2653785
二二	3026646	369209	2657444	2644606		341	2657785	2644947
二三	3022929	385105	2637822	2628803		709	2638531	2629512
二四	3026646	377467	2649177	2635536		19676	2668853	2655212
二五	3026646	372070	2654576	2634870		6378	2660954	2641248
二六	3022926	378636	2644292	2411900		12576	2656868	2424476
二七	3026646	473265	2553381	2458027		247553	2800934	2705580
二八	3026646	389250	2637396	2623258		214219	2851615	2837477
二九	3022929	382686	2640243	2614009		32125	2672368	2646134
三十	3026646	373655	2652991	2642367		28483	2681474	2670850

资料来源:中国社会科学院经济研究所藏抄档,《清代各省钱粮征收表》第二册。

道光朝河南地丁征收表(单位:两)

年份	额征	蠲缓	实征	已完	应带征	带征已完	合计应征	合计共征
元年							2644793	2391215
二年			2366250	2195778	278543	195437	2644793	2391215
三年			2365750	2167346	368267	198617	2734017	2365963
四年			2531883	2309127	564322	357517	3096205	2666644
五年	2813447	525983	2287464	2203990	367165	219070	2654629	2423060
六年	2813121	354842	2458279	2130429	293333	177190	2751612	2307619
七年	2845279	545771	2299508	2141990	726227	391128	3025735	2533118
八年	2796763	315624	2481138	2333503	552188	306128	3033326	2639631
九年	2796873	339439	2457434	2320910	351041	274394	2808475	2595304
十年	2844309	437458	2406851	2247457	259107	154984	2665958	2402441
十一	2791040	368097	2422943	2270535	260582	214521	2683525	2485056
十二	2834580	633185	2201394	2060466	152534	126234	2353928	2186700
十三	2791221	687550	2103670	1964344	502855	315247	2606525	2279591
十四			2459628	2137457	698257	323793	3157885	2461250
十五	2813865	354633	2459231	2103059	709582	302289	3168813	2405348
十六	2771177	350880	2420296	2068464	793452	338765	3213748	2407229
十七	2771242	320295	2450947	2137100	624042	402049	3074989	2539149
十八	2811534	318319	2493214	2095410	591772	347801	3084986	2443211
十九			2441163	2107620	476757	288226	2917920	2395846

续表

二十	2769127	333308	2435818	2178678	522561	284680	2958379	2463358
二十一	2812459	625192	2187266	1961152	287838	164067	2475104	2125219
二十二	2771428	672635	2098793	1841719	401778	170885	2500571	2012604
二十三	2814761	707109	2107651	1881185	355570	199337	2463221	2080522
二十四	2771418	801409	1970009	1758532	399655	203010	2369664	1961542
二十五	2770873	658191	2112682	1798495	541253	177475	2653935	1975970
二十六	2813391	766095	2047296	1635125	567530	360359	2614826	1995484
二十七	2771940	1398912	1373028	1146602	210302	82410	1583330	1229012
二十八	2803982	1093447	1710535	1457472	665009	277663	2375544	1735135
二十九	2406777	0	2406777	1865449	1489289	673494	3896066	2538943
三十	2771020	410856	2360163	1819369	1424682	314603	3784845	2133972

资料来源:中国社会科学院经济研究所藏抄档,《清代各省钱粮征收表》第二册。

道光朝江苏江宁道地丁征收表(单位:两)

年份	额征	蠲缓	实征	已完	应带征	带征已完	合计应征	合计共征
元年							683473	542880
二年			530912	512712	152561	30168	683473	542880
三年			516957	472565	153599	38851	670556	511416
四年			584532	558366	177762	71522	762294	629888
五年	723555	114620	608935	568872	235919	83760	844854	652632
六年	632087	213397	418690	386718	192221	43687	610911	430405
七年	726627	126419	600208	557290	180505	82544	780713	639834
八年			513424	484172	140879	49646	654303	533818
九年	721359	91184	630175	587305	120484	56410	750659	643715
十年	726627	107427	619200	559891	106942	60386	726142	620277
十一	592945	223636	369309	331857	105866	55467	475175	387324
十二	721060	315444	405616	356415	143318	49491	548934	405906
十三	705989	200655	505334	441730	116682	36477	622016	478207
十四	721067	126260	594807	540506	143809	63736	738616	604242
十五	726337	156195	570149	503947	134373	52625	704522	556572
十六			594594	520830	193708	41547	788302	562377
十七	720817	112652	608165	543536	225925	35378	834090	578914
十八	726645	108232	618413	544291	225456	46865	843869	591156
十九	721375	226820	494555	445445	121308	59931	615863	505376

续表

二十	683987	228366	455621	400497	154914	34241	610535	434738
二十一	678635	258281	420353	353402	120292	39016	540645	392418
二十二	678306	192533	485773	408260	189370	35466	675143	443726
二十三	723750	200034	523716	440032	154492	50609	678208	490641
二十四							740959	5085935
二十五			546793	480168	256918	46378	803711	526546
二十六	726824	223943	502881	438341	231017	12828	733898	451169
二十七	721809	138555	583254	503000	268281	13854	851535	516854
二十八	623485	296608	326877	278194	334681	35385	661558	313579
二十九	672340	294918	372542	298969	71883	7403	444425	306372
三十	716827	194505	522322	469697	132114	26147	654436	495844

资料来源：中国社会科学院经济研究所藏抄档，《清代各省钱粮征收表》第三册。

道光朝江苏苏州道地丁征收表（单位：两）

年份	额征	蠲缓	实征	已完	应带征	带征已完	合计应征	合计共征
元年							1811708	1455346
二年			1204046	1179028	607662	276318	1811708	1455346
三年			682925	651340	704530	280323	1387455	931663
四年			1206423	1190938	983964	259128	2190387	1450066
五年	1289356	5121	1284235	1268949	957429	550847	2241664	1819796
六年	1289609	63061	1226548	1201203	960457	464282	2187005	1665485
七年	1296925	10295	1286630	1277960	960844	441526	2247474	1719486
八年			1285624	1274648	871421	396520	2157045	1671168
九年	1291075	49571	1241504	1224061	873993	383387	2115497	1607448
十年	1297785	47618	1250167	1225396	786068	292122	2036235	1517518
十一	1284577	246946	1037631	1012878	613203	324447	1650834	1337325
十二	1297963	89324	1208539	1208539	707420	407663	1915959	1616202
十三	1200240	244581	1045659	1001003	728660	362841	1774319	1363844
十四	1291719	168452	1123267	1123267	793607	339524	1916874	1462791
十五	1298189	144412	1153777	1153777	1005202	554372	2158979	1708149
十六					1145858	570174	2331847	1783812
十七	1291656	34531	1257125	1257125	1247591	602350	2504716	1859475
十八	1298055	155292	1142763	1142763	970438	649934	2113201	1792697
十九	1292083	346356	945727	945727	907656	549490	1853383	1495217

续表

二十	1260970	492658	768312	768312	890527	422107	1658839	1190419
二一	1282749	631663	651084	651084	955450	400228	1606534	1051312
二二	1055219	416645	638574	639823	937525	277604	1576099	917427
二三	1298076	465118	832958	832958	1191720	444144	2024678	1277102
二四							2371306	1348956
二五			949675	949675	1768259	471135	2717934	1420810
二六	1299754	349300	950454	950454	1764620	365417	2715074	1315871
二七	1293143	187026	1106117	1106117	1197485	441191	2303602	1547308
二八	1291943	498690	793253	793253	1345319	504097	2138572	1297350
二九	985951	710956	274995	274995	692917	249661	967912	524656
三十	1293430	318641	974789	974789	333511	205219	1308300	1180008

资料来源：中国社会科学院经济研究所藏抄档，《清代各省钱粮征收表》第三册。

道光朝安徽地丁征收表（单位：两）

年份	额征	蠲缓	实征	已完	应带征	带征已完	合计应征	合计共征
元年							1614501	1156732
二年			1174379	1087340	440122	69392	1614501	1156732
三年			845464	789242	297556	66113	1143020	855355
四年			1149168	1104769	371827	105158	1520995	1209927
五年	1289801	77851	1211949	1111756	428881	162184	1640830	1273940
六年			1190291	1105137	397582	147588	1587873	1252725
七年			1225176	1131053	348295	151203	1573471	1282256
八年	1288384	116319	1172065	1084949	219596	81952	1391661	1166901
九年	1288595	108896	1179698	1092963	258414	71463	1438112	1164426
十年	1289970	136906	1153063	1025573	247302	79607	1400365	1105180
十一	1157353	309737	847616	729667	230445	71725	1078061	801392
十二	1285767	410082	875685	805939	312003	123554	1187688	929493
十三	1263431	348751	914679	749027	360751	114175	1275430	863202
十四	1289689	184872	1104816	925099	682059	142460	1786875	1067559
十五	1290065	219980	1070084	888430	311206	139585	1381290	1028015
十六	1289689	82853	1206835	1066021	701914	223984	1908749	1290005
十七	1289503	87875	1201627	1087986	395731	180497	1597358	1268483
十八	1289746	74507	1215239	1071091	487253	99378	1702492	1170469
十九	1270039	279605	990433	861584	314246	99181	1304679	960765

续表

二十	1289371	280139	1009239	864958	330526	95413	1339765	960371
二十一	1236719	396864	839854	699360	308503	79854	1148357	779214
二十二	1289371	270316	1019054	883917	442049	89833	1461103	973750
二十三	1282416	143607	1138809	976655	551634	132414	1690443	1109069
二十四	1289371	158363	1131007	985962	579031	135533	1710038	1121495
二十五	1289255	109717	1179537	1029637	320923	104217	1500460	1133854
二十六	1289630	117124	1172506	1030116	279647	79521	1452153	1109637
二十七	1279787	141817	1137970	1031754	293539	84346	1431509	1116100
二十八	1197255	300331	896923	791085	207537	57608	1104460	848693
二十九	1173708	428271	745437	662215	324425	168485	1069862	830700
三十	1289056	230209	1058846	825172			1058846	825172

资料来源：中国社会科学院经济研究所藏抄档，《清代各省钱粮征收表》第四册。

道光朝江西地丁征收表（单位：两）

年份	额征	蠲缓	实征	已完	应带征	带征已完	合计应征	合计共征
元年							2423720	1488956
二年							2423720	1488956
三年							2423720	1488956
四年							2423720	1488956
五年							2423720	1488956
六年			1522362	927382	901358	561574	2423720	1488956
七年	1586401	0	1586401	927906	958171	557738	2544572	1485644
八年	1573400	0	1573400	927753	1059959	640473	2633359	1568226
九年	1573402	0	1573402	891632	1063419	602834	2636821	1494466
十年	1586409	39797	1546611	843837	1127166	636084	2673777	1479921
十一	1573599	107585	1468509	723503	1195001	593796	2663510	1317299
十二	1586382	10931	1575451	785401	1360823	658916	2936274	1444317
十三	1574478	129500	1447501	733867	1476094	699699	2923595	1433566
十四	1574478	178974	1400489	703451	1474534	617525	2875023	1320976
十五	1587007	833231	781609	473974	1549795	590716	2331404	1064690
十六							2768369	1306969
十七	1574015	6140	1567874	716356	1637461	832892	3205335	1549248
十八	1587026	29937	1557088	710469	1984177	951265	3541265	1661734
十九	1573951	79773	1495760	681296	1915297	899656	3411057	1580952

续表

二十	1573765	25746	1548018	695515	1876392	874831	3424410	1570346
二十一	1586962	59390	1528127	662117	1862954	814274	3391081	1476391
二十二	1573951	28134	1545817	687674	1917491	902451	3463308	1590125
二十三	1586403	0	1586403	665441	1932802	808876	3519205	1474317
二十四	1573408	102470	1470938	637832	2051498	783201	3522436	1421033
二十五	1573579	0	1573579	625546	2187861	734469	3761440	1360015
二十六	1592344	143994	1448350	572154	2867321	741930	4315671	1314084
二十七	1573347	16763	1556584	606936	3006550	747276	4563134	1354212
二十八							4024857	1338369
二十九	1586360	115847	1472362	543265	2014219	779261	3486581	1322526
三十							3486581	1322526

资料来源:中国社会科学院经济研究所藏抄档,《清代各省钱粮征收表》第四册。

道光朝福建地丁征收表(单位:两)

年份	额征	蠲缓	实征	已完	应带征	带征已完	合计应征	合计共征
元年	1234190	199731	1034459	473136	893167	377894	1927626	851030
二年	1234268	200923	1033345	512647	1015819	365438	2049164	878085
三年	1234192	199731	1034460	531846	1171078	407364	2205538	939210
四年			1033325	500973	1266462	388866	2299787	889839
五年			1034454	507121	1409984	427258	2444438	934379
六年	1234186	199731	1034454	509834	1510060	398587	2544514	908421
七年	1234268	200923	1033344	513546	1634318	439037	2667662	952583
八年	1234276	199770	1034505	515111	1714033	407894	2748538	923005
九年	1234101	199770	1034330	515161	1825371	412824	2859701	927985
十年	1234201	200923	1033278	516081	1905861	388142	2939139	904223
十一	1234157	199737	1034419	517484	2027698	393054	3062117	910538
十二	1234237	200929	1033308	450596	2151590	454396	3184898	904992
十三	1234186	199737	1034449	488088	2271986	458715	3306435	946803
十四	1234187	198609	1035577	516517	2367677	419970	3403254	936487
十五	1234272	199801	1034470	518434	2467937	377799	3502407	896233
十六	1234199	198609	1035589	518796	1126433	367098	2162022	885894
十七	1234200	198649	1035550	519002	1276146	368650	2311696	887652
十八	1234284	199808	1034475	519378	1424083	375351	2458558	894729
十九	1234207	198375	1035831	513544	1564069	374824	2599900	888368

续表

二十	1234231	198415	1035816	517881	1711988	381262	2747804	899143
二十一							2904153	895362
二十二	1234243	198301	1035941	481746	2024562	409835	3060503	891581
二十三	1234320	202406	1031914	479107	2166008	401751	3197922	880858
二十四							3354260	853023
二十五	1234252	198301	1035851	418822	2474747	406367	3510598	825189
二十六							3002887	852637
二十七	1234257	198341	1035916	363491	1459261	516594	2495177	880085
二十八	1234257	198301	1035955	352145	1615092	519553	2651047	871698
二十九	1234334	199494	1034840	318763	1779348	524796	2814188	843559
三十	1234263	198301	1035962	335181	1952640	558771	2988602	893952

资料来源：中国社会科学院经济研究所藏抄档，《清代各省钱粮征收表》第四册。

道光朝浙江地丁征收表（单位：两）

年份	额征	蠲缓	实征	已完	应带征	带征已完	合计应征	合计共征
元年			2148018	1962518	193958	12932	2341976	1975450
二年			2173198	2025221	295056	185390	2468254	2210611
三年			1766422	1638852	229362	102250	1995784	1741102
四年			2190701	2069503	520470	209582	2711171	2279085
五年	2159276	7473	2151802	2030904	444911	227617	2596713	2258521
六年	2159604	15031	2144572	2056597	390980	171511	2535552	2228108
七年	2191265			2074008	317476	179566	317476	2253574
八年	2164232	167391	1996841	1904575	222908	103319	2219749	2007894
九年	2158704	20367	2138337	2032364	347055	109129	2485392	2141493
十年	2119915	26940	2162974	2009680	339611	93700	2502585	2103380
十一	2158310	166450	1991860	1867188	424911	144725	2416771	2011913
十二	2189939	185783	2004155	1888472	343710	106913	2347865	1995385
十三	2159160	100305	2058854	1915689	590944	131666	2649798	2047355
十四	2159200	79830	2079370	1959047	691410	96274	2770780	2055321
十五	2189303	531532	1657771	1558725	414531	101455	2072302	1660180
十六	2157599			2051419	1078940	232410	2283829	2283829
十七	2157463			2028249	1005341	196558	2224807	2224807
十八	2189354			1996866	901839	158874	2155740	2155740
十九	2109033			1884556	872195		1884556	1884556
二十	2137016			1840787			1840787	1840787

附:道光地丁统计表 393

续表

二十一			1516760	1218795			1516760	1218795
二十二			1737286	1514450			1737286	1514450
二十三			2061449	1793470	1736992	91176	3798441	1884646
二十四			2040119	1797932	2093910	54044	4134029	1851976
二十五			2079935	1679920	1507544	20273	3587479	1700193
二十六			1701103	1379664	1954294	9329	3655397	1388993
二十七			2049266	1666772	2699656	37340	4748922	1704112
二十八			2019728	1165673	3044809	17095	5064537	1182768
二十九			1205356	981556	3881769	19094	5087125	1000650
三十			1525641	1228863			1525641	1228863

资料来源:中国社会科学院经济研究所藏抄档,《清代各省钱粮征收表》第五册。

道光朝湖南地丁征收表(单位:两)

年份	额征	蠲缓	实征	已完	应带征	带征已完	合计应征	合计共征
元年							898129	883619
二年			898129	883619	0	0	898129	883619
三年			886040	886040	0	0	886040	886040
四年			897229	897229	5681	5681	902910	902910
五年	898223	1889	896340	896340	399	399	896739	896739
六年	898223	49982	848241	848241	1405	1405	849646	849646
七年	898298	2543	895754	895754	33656	33656	929410	929410
八年	898150	366	897784	897784	2165	2165	899949	899949
九年	898150	359	897791	897791	6302	6302	904093	904093
十年	898213	5481	892732	892732	4665	4665	897397	897397
十一	898065	42257	855807	828818	33	33	855840	828851
十二	898213	20625	877587	877587	17074	17074	894661	894661
十三	898065	33650	864414	864414	2944	2944	867358	867358
十四	898065	38947	859118	859118	1465	1465	860583	860583
十五	898213	126516	771696	731347	18368	4944	790064	736291
十六	897442	0	897442	850407	50266	27583	947708	877990
十七	897442	11903	885538	847659	48790	10846	934328	858505
十八	897589	15747	881842	851718	12730	960	894572	852678
十九	897442	32104	865337	842164			865337	842164

续表

二十	897442	32279	865162	851545			865162	851545
二十一	897589	41031	856558	845445			856558	845445
二十二	897442	26796	870645	859880			870645	859880
二十三			887955	884386			887955	884386
二十四	897442	35853	861588	861588			861588	861588
二十五	897442	12489	884952	884959			884952	884959
二十六	897589	14737	882852	882852			882852	882852
二十七	897442	20761	876680	876680			876680	876680
二十八	897442	67587	829855	781348			829855	781348
二十九	897589	86270	811319	791437			811319	791437
三十	897442	47546	849896	800399			849896	800399

资料来源：中国社会科学院经济研究所藏抄档，《清代各省钱粮征收表》第六册。

道光朝湖北地丁征收表（单位：两）

年份	额征	蠲缓	实征	已完	应带征	带征已完	合计应征	合计共征
元年							1110953	982652
二年			995520	946978	115433	35674	1110953	982652
三年			919344	874285	95681	26122	1015025	900407
四年			909660	885681	53726	24497	963386	910178
五年	1107205	160080	947124	914389	47075	20475	994199	934864
六年	1107205	136705	970499	945539	53255	45778	1023754	991317
七年	1108095	174531	933564	924036	24756	16656	958320	940692
八年	1107219	134691	972528	972528	18226	18226	990754	990754
九年	1107223	71776	1035447	1035447			1035447	1035447
十年	1108099	132890	975209	964198			975209	964198
十一	1106694	460226	646467	613556	11011	709	657478	614265
十二	1107569	329203	778366	739083	32911	25694	811277	764777
十三	1106694	413066	693628	667201	39437	34052	733065	701253
十四	1106694	232772	873921	852892	33792	24427	907713	877319
十五	1107569	479373	628196	609717	21329	13831	649525	623548
十六	1106690	174321	932368	910448	25977	19324	958345	929772
十七	1106694	157536	949157	949157	71602	32443	1020759	981600
十八	1107569	160682	946887	946887	43909	13193	990796	960080

续表

十九	1106694	387581	719112	719112	13806	2815	732918	721927
二十	1106694	380661	726032	726032	263	263	726295	726295
二一	1107574	511580	595994	595994			595994	595994
二二							808124	807851
二三	1107574	219580	887994	887994	1959	1414	889953	889408
二四	1106698	363817	742881	742881	4669	4669	747550	747550
二五	1106698	233578	873120	873120			873120	873120
二六	1107574	300071	807503	807503	162	162	807665	807665
二七	1106698	275794	830904	830904	4531	4531	835435	835435
二八	1106698	551800	554897	554897			554897	554897
二九	1107574	651144	456430	456430			456430	456430
三十	1106698	339210	767488	654526			767488	654526

资料来源：中国社会科学院经济研究所藏抄档，《清代各省钱粮征收表》第六册。

道光朝陕西地丁征收表（单位：两）

年份	额征	蠲缓	实征	已完	应带征	带征已完	合计应征	合计共征
元年							1340798	1339936
二年			1339243	1339243	1555	693	1340798	1339936
三年			1331744	1331744	1425	791	1333169	1332535
四年			1339420	1339420	633	633	1340053	1340053
五年	1331723	776	1330947	1330947	201	201	1331148	1331148
六年	1331517	0	1331517	1331517	570	570	1332087	1332087
七年	1339416	0	1339416	1339416			1339416	1339416
八年	1331504	233714	1097789	1097789			1097789	1097789
九年	1331504	233714	1097789	1097789			1097789	1097789
十年	1339398	0	1339398	1333972	10565	10565	1349963	1344537
十一	1331500	440	1331060	1331060	5426	5426	1336486	1336486
十二	1339398	0	1339398	1339398	440	440	1339838	1339838
十三	1331490	2915	1328575	1328575			1328575	1328575
十四	1331490	0	1331490	1331490	2915	2551	1334405	1334041
十五	1339372	0	1339372	1339372	364	364	1339736	1339736
十六	1331474	655	1330819	1330748			1330819	1330748
十七	1331454	0	1331454	1331454	71	71	1331525	1331525
十八	1339339	0	1339339	1339339	655	0	1339994	1339339

续表

十九	1331097	7009	1324087	1324087	655	0	1324742	1324087
二十	1331441	0	1331441	1331441	6487	6487	1337928	1337928
二十一	1339339	5978	1333359	1333359	1177	0	1334536	1333359
二十二	1331441	1	1331439	1331439	5978	5978	1337417	1337417
二十三	1339337	4827	1334509	1334509	1177		1335686	1334509
二十四	1331439	0	1331439	1331439			1331439	1331439
二十五	1331439	0	1331439	1331439			1331439	1331439
二十六	1339337	20870	1318461	1306609			1318461	1306609
二十七	1331439	26895	1304544	1287731			1304544	1287731
二十八	1331439			1331439			1331439	1331439
二十九	1339155			1339155			1339155	1339155
三十	1331252			1331252			1331252	1331252

资料来源：中国社会科学院经济研究所藏抄档，《清代各省钱粮征收表》第七册。

道光朝甘肃地丁征收表（单位：两）

年份	额征	蠲缓	实征	已完	应带征	带征已完	合计应征	合计共征
元年							395379	268564
二年	287668	11266	276402	253238	118977	15326	395379	268564
三年	283555	15969	267585	250268	138205	7014	405790	257282
四年	287668	35976	251691	234888	164489	5217	416180	240105
五年	283559	12357	271202	251884	148041	18336	419243	270220
六年	283561	25210	258351	244792	225395	7384	483746	252176
七年	287650	240379	47270	471664	40775	9097	88045	480761
八年	285540	152025	131515	111656	33512	7529	165027	119185
九年	283515	16277	267238	256354	30840	7622	298078	263976
十年	287626	9052	278574	245432	65356	9896	343930	255328
十一	283527	41472	242054	232129	27300	5339	269354	237468
十二	287371	10928	276442	262165	92583	28352	369025	290517
十三	283267	27234	256033	247439	55174	31637	311207	279076
十四	283267	31805	251462	242222	42993	7090	294455	249312
十五	287382	38684	248698	242950	35248	13510	283946	256460
十六	283276	26334	256941	244844	74079	5898	331020	250742
十七	283276	29077	254198	242724	61537	2055	315735	244779

续表

十八	287348	35837	251511	238253	76158	5244	327669	243497
十九	283248	28742	254505	236075	116036	3611	370541	239686
二十	283248	44625	238622	220225	124347	12037	362969	232262
二十一	287315			239751	137008	8159	247910	247910
二十二	283213	44582	238630	228997	76038	1853	314668	230850
二十三	287315	25790	261525	236771	161329	13634	422854	250405
二十四	283213	30220	252992	228837	201487	6485	454479	235322
二十五	289013	33268	255745	227451	87590	1195	343335	228646
二十六	293201	26707	266493	223789	123244	5096	389737	228885
二十七	289011	436	288574	232164	165201	8456	453775	240620
二十八	289011	26618	262392	221123	170269	1612	432661	222735
二十九	292447	24757	267690	242296	166329	37048	434019	279344
三十	284357	3013	281343	248486	139790	1879	421133	250365

资料来源:中国社会科学院经济研究所藏抄档,《清代各省钱粮征收表》第七册。

道光朝四川地丁征收表(单位:两)

年份	额征	蠲缓	实征	已完	应带征	带征已完	合计应征	合计共征
元年	768536	0	768536	768536	0	0	768536	768536
二年	790302	0	790302	790302	0	0	790302	790302
三年	768536	0	768536	768536	0	0	768536	768536
四年	795302	0	795302	795302	0	0	795302	795302
五年	768536	0	768536	768536	0	0	768536	768536
六年	768536	0	768536	768536	0	0	768536	768536
七年	795296	0	795296	795296	0	0	795296	795296
八年	768630	86885	681744	681744	0	0	681744	681744
九年	768630	91223	677406	677406	0	0	677406	677406
十年	795396	0	795396	795396	0	0	795396	795396
十一	768630	0	768630	768630	0	0	768630	768630
十二	795503	0	795503	795503	0	0	795503	795503
十三	768730	2124	766606	766606	0	0	766606	766606
十四	768731	0	768731	768731	0	0	768731	768731
十五	795503	705	794797	794797	0	0	794797	794797
十六	768901	0	768901	768901	0	0	768901	768901
十七	768001	658	768243	768243	0	0	768243	768243

续表

十八	795683	2427	793894	793894	0	0	793894	793894
十九	768901	0	768901	768901	0	0	768901	768901
二十	768901	0	768901	768901	0	0	768901	768901
二十一	795683	0	795683	795683	0	0	795683	795683
二十二							795683	795683
二十三	795683	0	795683	795683	0	0	795683	795683
二十四	768902	0	768902	768902	0	0	768902	768902
二十五	768902	0	768902	768902	0	0	768902	768902
二十六	795683	0	795683	795683	0	0	795683	795683
二十七	768902	0	768902	768902	0	0	768902	768902
二十八	768902	0	768902	768902	0	0	768902	768902
二十九	795683	0	795683	795683	0	0	795683	795683
三十	768902	0	768902	768902	0	0	768902	768902

资料来源：中国社会科学院经济研究所藏抄档，《清代各省钱粮征收表》第七册。

道光朝云南地丁征收表（单位：两）

年份	额征	蠲缓	实征	已完	应带征	带征已完	合计应征	合计共征
元年			212004	210575	0	0	210575	210575
二年			212582	211775	0	0	211775	211775
三年			210073	209382	0	0	209382	209382
四年			212434	211315	0	0	211315	211315
五年			212401	210930	0	0	210930	210930
六年			212254	212254	0	0	212254	212254
七年	212496	281	212214	212214	0	0	212214	212214
八年	212396	1075	211321	211321	0	0	211321	211321
九年	212249	0	212249	212249	0	0	212249	212249
十年			212302	212302	0	0	212302	212302
十一			212254	212254	0	0	212254	212254
十二			212449	212449	0	0	212449	212449
十三	212401	7160	205241	205241	0	0	205241	205241
十四			212255	212255	0	0	212255	212255
十五			212497	212497	0	0	212497	212497
十六			212400	212400	0	0	212400	212400
十七			212249	212249	0	0	212249	212249

附：道光地丁统计表

续表

十八		212497	212497	0	0	212497	212497
十九		212403	212403	0	0	212403	212403
二十		212250	212250	0	0	212250	212250
二十一		212502	212502	0	0	212502	212502
二十二		212255	212255	0	0	212255	212255
二十三		212501	212501	0	0	212501	212501
二十四		212399	212399	0	0	212399	212399
二十五		212255	212255	0	0	212255	212255
二十六		212497	212497	0	0	212497	212497
二十七		212398	212398	0	0	212398	212398
二十八						211787	211787
二十九		211177	211177	0	0	211177	211177
三十						211177	211177

资料来源：中国社会科学院经济研究所藏抄档，《清代各省钱粮征收表》第八册。

道光朝贵州地丁征收表（单位：两）

年份	额征	蠲缓	实征	已完	应带征	带征已完	合计应征	合计共征
元年	121664	45212	76452	76452	0	0	76452	76452
二年	123749	45532	78217	78217	0	0	78217	78217
三年	121667	45212	76455	76455	0	0	76455	76455
四年	123750	35532	78218	78218	0	0	78218	78218
五年	121667	45212	76455	76455	0	0	76455	76455
六年	121667	45212	76455	76455	0	0	76455	76455
七年	123750	45532	78218	78218	0	0	78218	78218
八年	121667	45212	76455	76455	0	0	76455	76455
九年	121667	45212	76455	76455	0	0	76455	76455
十年	133750	55532	78218	78218	0	0	78218	78218
十一	121667	45843	75824	75824	0	0	75824	75824
十二	124041	45571	78470	78470	0	0	78470	78470
十三	121920	45212	76708	76708	0	0	76708	76708
十四	121667	45212	76455	76455	0	0	76455	76455
十五							76455	76455
十六	121664	65209	76455	76455	0	0	76455	76455
十七	121667	57504	64163	64163	0	0	64163	64163

续表

十八	123749	57698	66051	66051	0	0	66051	66051
十九	121664	57380	64284	64284	0	0	64284	64284
二十	121664	57501	64163	64163	0	0	64163	64163
二十一	123747	57739	66008	66008	0	0	66008	66008
二十二							66072	66072
二十三	123747	57610	66137	66137	0	0	66137	66137
二十四	121664	57286	64378	64378	0	0	64378	64378
二十五							65259	65259
二十六	123747	57607	66140	66140	0	0	66140	66140
二十七							65209	65209
二十八	121664	57386	64278	64278	0	0	64278	64278
二十九	123747	57895	65852	65852	0	0	65852	65852
三十	121794	57286	64508	64508	0	0	64508	64508

资料来源:中国社会科学院经济研究所藏抄档,《清代各省钱粮征收表》第八册。

道光朝广东地丁征收表(单位:两)

年份	额征	蠲缓	实征	已完	应带征	带征已完	合计应征	合计共征
元年							1169096	1112552
二年			1117440	1098640	51656	13912	1169096	1112552
三年			1091740	1076399	56544	27883	1148284	1104282
四年			1117384	1102483	44001	17561	1161385	1120044
五年	1091714	0	1091714	1080635	41341	23590	1133055	1104225
六年	1091696	0	1091696	1081662	28828	20718	1120524	1102380
七年	1117313	0	1117313	1109490	18143	9101	1135456	1118591
八年	1091628	0	1091628	1088001	16865	9191	1108493	1097192
九年	1091621	202	1091418	1091418	11300	6514	1102718	1097932
十年	1126651	0	1126651	1126651	4887	4173	1131538	1130824
十一	1092220	0	1092220	1092220	815	815	1093035	1093035
十二	1118343	39	1118304	1118304			1118304	1118304
十三	1092274	71816	1020458	1020458			1020458	1020458
十四			1055660	1053745			1055660	1053745
十五	1118118	0	1118118	1118118	3885	3885	1122003	1122003
十六	1092464	0	1092464	1090260	19814	16472	1112278	1106732
十七	1092453	0	1092453	1092453	5544	4570	1097997	1097023

续表

十八	1118093	0	1118093	1118093	6427	5342	1124520	1123435
十九	1090819	0	1090819	1090819	4904	2362	1095723	1093181
二十	1092478	0	1092478	1092478	2542	1239	1095020	1093717
二十一	1118116	0	1118116	1118116	1302	328	1119418	1118444
二十二	1092453	0	1092453	1092453	974	229	1093427	1092682
二十三	1118106	0	1118106	1118106	745	0	1118851	1118106
二十四	1092442	0	1092442	1092442	745	0	1093187	1092442
二十五	1093298	0	1093298	1093298	221	221	1093519	1093519
二十六	1118169	0	1118169	1118169			1118169	1118169
二十七	1092513	0	1092513	1092513			1092513	1092513
二十八	1093330	0	1093330	1093330			1093330	1093330
二十九	1118291	0	1118291	1118291			1118291	1118291
三十	1092643	183426	909217	728552			909217	728552

资料来源:中国社会科学院经济研究所藏抄档,《清代各省钱粮征收表》第八册。

道光朝广西地丁征收表(单位:两)

年份	额征	蠲缓	实征	已完	应带征	带征已完	合计应征	合计共征
元年							450198	319665
二年			343938	293437	106260	26228	450198	319665
三年			336951	308746	130533	52739	467484	361485
四年			343944	313388	106598	23067	450542	336455
五年	336966		336966	304114	114087	35303	451053	339417
六年	336969		336969	321766	111636	30535	448605	352301
七年	343969		343969	329759	96304	24049	440273	353808
八年	336994		336994	324825	86472	16493	423466	341318
九年	336999		336999	320694	82147	13402	419146	334096
十年	343997		343997	323650	85050	9266	429047	332916
十一	337019		337019	307389	96132	15031	433151	322420
十二	344009		344009	334875	110731	23539	454740	358414
十三	337025		337025	333229	96325	21312	433350	354541
十四	337028		337028	315070	78808	5416	415836	320486
十五			337025	324987	36405	18879	373430	343866
十六	337042		337042	329698	36571	14486	373613	344184
十七	337041		337041	327802	29428	4692	366469	332494

续表

十八	344033		344033	333009	33975	5408		378008	338417
十九	337044		337044	333568	39590	11090		376634	344658
二十	337051		337051	334046	31976	1222		369027	335268
二十一	344046		344046	330165	33759	1474		377805	331639
二十二	337054		337054	333302	46165	11265		383219	344567
二十三	344045		344045	321814	38631	906		382676	322720
二十四	337055		337055	327034	59976	13708		397031	340742
二十五	337058		337058	291240	26313	3740		363371	294980
二十六	344049		344049	324277	68390	35467		412439	359744
二十七	337060		337060	304182	52694	11046		389754	315228
二十八	337065		337065	320188	74526	22634		411591	342822
二十九	344056		344056	327194	64538	54340		408594	381534
三十								408594	381534

资料来源:中国社会科学院经济研究所藏抄档,《清代各省钱粮征收表》第八册。

参 考 文 献

《宫中档朱批奏折·财政类》、《军机处录副奏折·财政类》,中国第一历史档案馆藏。

《内阁大库现存清代汉文黄册》,档案号文2509—2602;6211—6807,中国第一历史档案馆藏。

联合报文化基金会国学文献馆整理:《道光起居注》,该馆1985年版。

中国社会科学院经济研究所藏抄档:《清代关税收支报告表》、《清代各省钱粮征收表》、《中国近代经济史资料·财政门·清代黄册·户部银库类》。

中国第一历史档案馆编:《嘉庆道光两朝上谕档》,广西师范大学出版社2000年版。

中国第一历史档案馆编:《道光九年两淮盐务史料》,《历史档案》1997年第4期。

中国第一历史档案馆编:《嘉庆后期两淮盐务史料》,《历史档案》1999年第1期。

中国第一历史档案馆编:《道光年间海运漕粮史料选辑》,《历史档案》1995年第2—3期。

中国第一历史档案馆编:《道光初筹议八旗生计史料》,《历史档案》1994年第2期。

中国第一历史档案馆编:《道光五年议行漕粮海运事宜史料》,《历史档案》1988年第3、4期。

《户部漕运全书》(道光朝),道光十六年刻本。

《大清十朝圣训》,台湾文海出版社1964年版。

《户部银库奏案辑要》,京师官书局铅印本,中国社会科学院近代史研究所图书馆藏。

《清仁宗实录》,中华书局1986年影印本。

《清宣宗实录》,中华书局1986年影印本。

包世臣:《安吴四种》,光绪十四年刊本。
《道光七年捐纳》,中国社会科学院近代史研究所图书馆藏。
《海运续案》,抄本,北京大学图书馆藏。
财政部盐务署编:《清盐法志》,1920年排印。
陈康祺:《郎潜纪闻》,中华书局1984年版。
陈其元:《庸闲斋笔记》,中华书局1989年版。
陈忠倚编:《皇朝经世文三编》,龙文书局光绪二十八年石印本。
戴衢亨等修:《清朝文献通考》,浙江古籍出版社2000年影印版。
单渠等撰:《两淮盐法志》(嘉庆朝),同治九年扬州书局重刊本。
董醇:《议漕折钞》,抄本,中国社会科学院经济所图书馆藏。
方濬颐:《淮南盐法纪略》,淮南书局同治十二年版。
冯桂芬:《显志堂稿》,校邠庐光绪二年本。
冯桂芬:《校邠庐抗议》,中州古籍出版社1998年版。
福禄堪:《青浦事件信稿》,《近代史资料》1957年第2期。
福祉等纂:《户部漕运全书》(光绪朝),光绪二年刻本。
葛士濬编:《皇朝经世文续编》,上海宏文阁光绪二十四年铅印本。
龚自珍:《龚自珍全集》,中华书局1959年版。
故宫博物院文献馆编:《史料旬刊》,1930年版。
韩文绮:《韩大中丞奏议》,道光年间刻本。
贺长龄等编:《清经世文编》,中华书局1992年影印版。
户部纂修:《户部则例》,咸丰年间刻本。
纪昀:《历代职官表》,广雅书局光绪二十二年刻本。
贾桢等纂:《筹办夷务始末》(咸丰朝),台湾文海出版社1970年版。
蒋攸銛:《绳枻斋年谱》,台湾文海出版社1968年版。
昆冈等纂:《大清会典》(光绪朝),商务印书馆光绪三十四年石印本。
李鸿章等纂:《大清会典事例》(光绪朝),商务印书馆光绪三十四年石印本。
李星沅:《李文恭公全集》,同治四年刊本。
李星沅:《李星沅日记》,中华书局1987年版。
李元度:《国朝先正事略》,台湾明文书局1985年版。
李岳瑞:《春冰室野乘》,北京古籍出版社1999年版。

梁廷枬:《粤海关志》,广东人民出版社 2002 年版。
刘锦藻:《清朝续文献通考》,光绪三十一年铅印本。
麦仲华:《皇朝经济文新编》,台湾文海出版社 1987 年版。
欧阳兆熊等:《水窗春呓》,中华书局 1984 年版。
琦善等纂:《江苏海运全案》,道光六年刻本。
钱实甫编:《清代职官年表》,中华书局 1980 年版。
《大清会典事例》(乾隆朝),乾隆二十九年武英殿刻本。
求自强斋主人:《皇朝经济文编》,光绪二十七年石印本。
孙鼎臣:《畚塘刍论》,咸丰九年刊本。
孙静安:《栖霞阁野乘》,北京古籍出版社 1999 年版。
陶澍:《陶澍集》,岳麓书社 1998 年版。
陶澍:《陶文毅公全集》,道光二十年两淮刻本。
陶澍编:《海运诗编》,道光六年刻本。
童濂编:《(增订)淮北票盐志略》,同治七年木刻本。
托津等纂:《大清会典事例》(嘉庆朝),台湾文海出版社 1991 年版。
王家相:《艺斋奏稿》,道光十九年王氏刻本。
王茂荫:《王侍郎奏议》,黄山书社 1991 年版。
王庆云:《石渠余纪》,北京古籍出版社 1985 年版。
王守基:《盐法议略》,光绪丙戌十月粤东刊本。
王延熙等辑:《皇清道咸同光奏议》,台湾文海出版社 1969 年版。
魏源:《圣武记》,中华书局 1984 年版。
魏源:《魏源集》,中华书局 1976 年版。
席裕福等纂:《皇朝政典类纂》,上海图书集成局光绪二十九年铅印本。
徐鼒:《度支辑略》,台湾文海出版社 1987 年版。
徐鼒:《未灰斋文集》,咸丰八年刻本。
姚莹:《寸阴丛录》,中国社会科学院近代史研究所图书馆藏。
姚元之:《竹叶亭杂记》,中华书局 1997 年版。
英和:《恩福堂笔记》,上海古籍出版社 1985 年版。
英和:《恩福堂奏稿》,手抄本,中国社会科学院近代史所图书馆藏。
张集馨:《道咸宦海见闻录》,中华书局 1999 年版。

昭梿:《啸亭杂录》,中华书局1997年版。

何泉达选编:《清实录江浙沪地区经济资料选》,上海社会科学院出版社1983年版。
李允俊主编:《晚清经济史编年》,上海古籍出版社2000年版。
梁方仲编:《中国历代户口、田地、田赋统计》,上海人民出版社1980年版。
林振翰:《盐政辞典》,中州古籍出版社1988年版。
彭泽益编:《中国近代手工业史资料(1840—1949)》,中华书局1962年版。
彭泽益选编:《清代工商行业碑文集粹》,中州古籍出版社1997年版。
严中平等编:《中国近代经济史统计资料选辑》,科学出版社1955年版。
姚贤镐编:《中国近代贸易史资料(1840—1895)》,中华书局1962年版。
中国人民银行总行参事室金融史资料组编:《中国近代货币史资料》第一辑,中华书局1964年版。

陈峰:《漕运与古代社会》,陕西人民教育出版社2000年版。
陈锋:《清代财政政策与货币政策研究》,武汉大学出版社2008年版。
陈锋:《清代军费研究》,武汉大学出版社1992年版。
陈锋:《清代盐政与盐税》,中州古籍出版社1988年版。
陈秀夔:《中国财政史》,台湾正中书局1968年版。
陈支平:《清代赋役制度演变新探》,厦门大学出版社1988年版。
戴一峰:《近代中国海关与中国财政》,厦门大学出版社1993年版。
邓绍辉:《晚清财政与社会变迁》,四川人民出版社2000年版。
邓亦兵:《清代前期关税制度研究》,北京燕山出版社2008年版。
郭蕴静:《清代商业史》,辽宁人民出版社1994年版。
何烈:《清咸同时期的财政》,台北"国立编译馆"中华丛书编审委员会1981年版。
何平:《清代赋税政策研究》,中国社会科学出版社1998年版。
黄国盛:《鸦片战争前的东南四省海关》,福建人民出版社2000年版。
黄仁宇:《十六世纪明代中国之财政与税收》,三联书店2001年版。
李伯重:《江南早期的工业化(1550—1850年)》,社会科学文献出版社2000年版。

李文治、江太新:《清代漕运》,中华书局1995年版。
李治亭:《中国漕运史》,台湾文津出版社1997年版。
梁义群:《近代中国的财政与军事》,国防大学出版社2005年版。
罗玉东:《中国厘金史》,商务印书馆1936年版。
茅海建:《天朝的崩溃》,三联书店1995年版。
倪玉平:《博弈与均衡:清代两淮盐政改革》,福建人民出版社2006年版。
倪玉平:《清代漕粮海运与社会变迁》,上海人民出版社2005年版。
倪玉平:《清朝嘉道关税研究》,北京师范大学出版社2010年版。
彭雨新:《清代关税制度》,湖北人民出版社1956年版。
彭泽益:《十九世纪后半期的中国财政与经济》,人民出版社1983年版。
祁美琴:《清代榷关制度研究》,内蒙古大学出版社2004年版。
申学锋:《晚清财政支出政策研究》,中国人民大学出版社2006年版。
史志宏、徐毅:《晚清财政:1851—1894》,上海财经大学出版社2008年版。
史志宏:《清代户部银库收支和库存统计》,福建人民出版社2008年版。
孙文学:《中国关税史》,中国财政经济出版社2003年版。
孙翊刚主编:《中国赋税史》,中国财政经济出版社1996年版。
汤象龙:《中国近代财政经济史论文选》,西南财经大学出版社1987年版。
谢世诚:《晚清道光咸丰同治朝吏治研究》,南京师范大学出版社1999年版。
王业键:《清代田赋刍论》,人民出版社2008年版。
吴承明:《中国的现代化:市场与社会》,三联书店2001年版。
吴廷燮:《清财政考略》,1914年校印本,中国社会科学院经济研究所图书馆藏。
吴琦:《漕运与中国社会》,华中师范大学出版社1999年版。
吴兆莘:《中国税制史》,商务印书馆1998年版。
许大龄:《明清史论集》,北京大学出版社2000年版。
许涤新、吴承明主编:《中国资本主义发展史(第一卷)》,人民出版社1985年版。
杨端六:《清代货币金融史稿》,三联书店1962年版。
周析棣:《中国财政史》,上海人民出版社1981年版。
周育民:《晚清财政与社会变迁》,上海人民出版社2000年版。

周志初:《晚清财政经济研究》,齐鲁书社2002年版。

陈连营:《危机与选择——嘉庆帝统治政策研究》,中国人民大学博士学位论文,1999年。

陈支平:《清道光二十九年财政岁入岁出数字厘正》,《中国社会经济史研究》2009年第2期。

范毅军:《走私、贪污、关税制度与明清国内货物流通税的征收——明清时期关税资料性质的检讨》,台湾《"中央研究院"近代史研究所集刊》第22期,1993年。

何本方:《清代的榷关与内务府》,《故宫博物院院刊》1985年第2期。

何本方:《清代户部诸关初探》,《南开学报》1984年第3期。

贾允河:《清嘉道时期的吏治与财政积弊研究》,中国人民大学博士学位论文,1998年。

赖惠敏:《清代皇族的经济生活》,台湾《"中央研究院"近代史研究所集刊》1995年6月。

李伯重:《"道光萧条"与"癸未大水"——经济衰退、气候剧变及19世纪的危机在松江》,《社会科学》2007年第6期。

廖声丰:《清代常关与区域经济》,上海师范大学博士学位论文,2006年。

林满红:《嘉道年间货币危机争议中的社会理论》,台湾《"中央研究院"近代史研究所集刊》1994年6月。

刘隽:《道光朝两淮废引改票始末》,《中国近代经济史研究集刊》第1卷第2期,1933年5月。

刘隽:《咸丰以后两淮之票法》,《中国近代经济史研究集刊》第2卷第2期,1934年5月。

倪玉平:《〈汇核嘉庆十七年各直省钱粮出入清单〉所载关税额辨析》,《历史研究》2008年第5期。

倪玉平:《王庆云〈石渠余纪〉所载道光关税额辨析》,《近代史研究》2008年第5期。

倪玉平:《政府、商人与民众——试论陶澍淮北票盐改革》,《盐业史研究》2005年第1期。

彭泽益:《论鸦片战争赔款》,《经济研究》1962年第12期。
彭泽益:《清初四榷关地点和贸易量的考察》,《社会科学战线》1984年第3期。
彭泽益:《清代四川井盐工场手工业的兴起和发展》,《中国经济史研究》1986年第3期。
王业键:《清雍正时期(1723—1735)的财政改革》,台湾《"中央研究院"历史语言研究所集刊》1961年7月。
魏秀梅:《曹振镛政绩考》,台湾《"中央研究院"近代史研究所集刊》1999年6月。
吴建雍:《清前期榷关及其管理制度》,《中国史研究》1984年第1期。
许檀、经君健:《清代前期商税问题新探》,《中国经济史研究》1990年第2期。
张晓堂:《乾隆年间清政府平衡财政之研究》,中国人民大学清史研究所:《清史研究集》第七辑,光明日报出版社1990年版。
周育民:《道光二十二年财政收支考》,《上海师范大学学报》1986年第2期。
朱诚如:《嘉庆朝整顿钱粮亏空述论》,《管窥集》,紫禁城出版社2002年版。

〔英〕哲美森:《中国度支考》,上海广学会1897年版。
〔美〕费正清、刘广京编,中国社会科学院历史研究所编译室译:《剑桥中国晚清史1800—1911年》,中国社会科学出版社1985年版。
〔日〕岸本美绪:《康熙年间の谷贱についての——清初经济思想一侧面》,《东洋文化研究所纪要》第89册,1981年。
〔日〕岸本美绪:"The Kangxi Depression and Early Qing Local Markets", *Modern China*, 10.2, 1984。
〔日〕阪野正高:《1848年青浦事件の一考察——清末官人の條約解釋の一例とに》,《人文學報(都立大)11》1954年2月。
〔日〕加藤原:《中国经济史考证》,商务印书馆1973年版。
〔日〕日野勉:《清国盐政考》,东京,东亚同文会1905年版。
〔日〕松浦章:《清代の扬州关について》,关西大学《文学论集》第43卷第2号,1993年。
〔日〕香坂昌纪:《论清朝嘉庆年间的国家财政与关税收入》,《社会科学辑刊》1993年第3期。

〔日〕香坂昌纪:《清代における关税贏余银两の制定について》,《东洋学集刊》第 14 号,1956 年。

〔日〕香坂昌纪:《清代の北新关と杭州》,《东北学院大学论集》第 22 号,1990 年。

〔日〕香坂昌纪:《清代中期の杭州と商品流通——北新关を中心として》,《东洋史研究》第 51 卷第 1 号。

〔日〕岩井茂树:《中国近世财政史の研究》,京都大学学术出版社 2004 年 2 月。

〔日〕佐伯富:《清代鹽政の研究》,京都东洋史研究会 1956 年版。

〔英〕莱特:《中国关税沿革史》,姚曾廙译,商务印书馆 1963 年版。

E-Tu Zen Sun, "The Board of Revenue in Nineteenth-Century China", *Harvard Journal of Asiatic Studies*, Vol. 24, 1962—1963.

Harold C. Hinton, *The Grain Transport System of the Ch'ing Dynasty*, Far Eastern Quarterly Press, May, 1952.

Harold C. Hinton, *The Grain Tribute System of China*(1845—1911), East Asia Research Center, Harvard University 1970.

Jane Kate Leonard, *Controlling from Afar*, the Daoguang Emperor's Management of the Grand Crisis, 1824—1826, Center for Chinese studies, the University of Michigan, 1996.